RECHERCHES
SUR
LA PHILOSOPHIE ET LE LANGAGE

VALÉRY : LA PHILOSOPHIE, LES ARTS, LE LANGAGE

M. Allain-Castrillo
N. Bastet
K.A. Blüher
M. Broc-Lapeyre
N. Celeyrette-Pietri
J.C. Gateau
M.T. Giaveri
P. Gifford
U. Heetfeld
J. Jallat
S. Kao
A. Kaufmann
S. Lantieri
J. Levaillant
H. Laurenti
F. de Lussy
E.A. Moutsopoulos
R. Pickering
R. Pietra
J. Robinson-Valéry
B. Stimpson
V. Ugo
S. Yeschua

CAHIER DU GROUPE DE RECHERCHES SUR LA PHILOSOPHIE ET LE LANGAGE
Université des Sciences Sociales de Grenoble

1989

Groupe de Recherches sur la Philosophie et le Langage, 1989
U.A. 1230 CNRS

Université des Sciences Sociales de Grenoble
Domaine Universitaire - 38040 St-Martin-d'Hères
Adresse postale : 47 X - 38040 Grenoble Cedex
Tél. 76.82.56.46

ISSN 0754-331X

ISBN-VRIN 2-7116-8257-9

IN MEMORIAM HENRI JOLY

Avant que nos travaux ne commencent, je voudrais rappeler le souvenir de celui sans lequel ce colloque n'aurait pu avoir lieu, Henri Joly. Certains d'entre vous savent la stupeur qui nous a saisis à l'annonce de sa mort brutale. En plein cœur de l'été, emporté par une mer qui n'avait rien d'un *« toit tranquille »*, disparaissait celui qui avait créé notre Groupe de Recherches sur la Philosophie et le Langage, devenu Unité Associée du CNRS, dont l'emblème, amoureusement choisi par lui – ce petit dauphin d'une mosaïque grecque – est reproduit sur la couverture de nos *Cahiers*.

Avec Henri nous perdions un collègue que nous connaissions depuis plus de vingt ans. Nous aurons l'occasion, les uns et les autres, de dire, ailleurs, quel philosophe il fut : un savant exemplaire – outre ses nombreux articles, sa thèse sur Platon est, on le sait, l'un des ouvrages de référence sur la philosophie grecque – mais aussi un professeur admiré, exigeant mais stimulant –, et ce ne sont pas les étudiants, ici présents, qui me démentiront.

Mais en-deçà ou au-delà de son enseignement et de son œuvre, je voudrais parler de l'ami. Depuis plusieurs années, Henri m'incitait à organiser un colloque sur l'esthétique. J'avais été quelque peu rétive, arguant que les esthéticiens que je connaissais appartenaient à des territoires trop diversifiés et j'ajoutais, un peu pour m'esquiver, qu'il en serait autrement s'il me demandait un colloque sur Valéry. Je pensais qu'une telle perspective le ferait hésiter à l'idée que d'autres, moins ouverts que lui – il a traduit l'un des ouvrages du grand historien de l'art, Erwin Panofsky – trouveraient le thème trop marginal par rapport à la philosophie. Je me trompais, puisqu'Henri me donna tout de suite son accord, grâce auquel vous êtes ici, et je vous en remercie.

Henri possédait à la fois le sens aigu de ce qui fait la spécificité de la philosophie, mais sans dogmatisme, sans exclusive, sans impérialisme, et une curiosité infinie (on connaît l'intérêt qu'il portait au théâtre), tout en méprisant l'éclectisme. Ce qui frappait en lui, c'etait un art très élaboré de la conceptualisation : nous avons tous en tête telle formule par laquelle il caractérisait l'un ou l'autre d'entre nous, tel aphorisme par lequel il résumait une situation, telle expression qui signait l'un de ses mouvements d'humeur, – car il en avait. Henri c'était aussi une réceptivité et une écoute qui le faisaient vibrer à tout ce qui pouvait arriver d'essentiel à celui avec qui il s'entretenait, comme s'il se perdait en lui. Et lorsque le malheur vous touchait, la lettre qu'il vous envoyait était souvent relue.

Dans la dernière conversation que nous avons eue, à propos du colloque, fin juin – comment aurais-je pu penser que c'étaient les ultimes paroles que nous échangions ! – Henri m'engageait à choisir avec soin les restaurants où conduire les conférenciers. Je prêchais la frugalité, inhérente au régime des subventions de l'Éducation Nationale, il m'exhortait à cette hospitalité conviviale faite de générosité*.

Je n'en dirais pas plus. Par pudeur. Par respect aussi. Je vous confierai simplement que, lorsqu'on m'apprit par téléphone, le 26 août, sa mort – il y a tout juste un mois –, mon mouvement premier fut d'annuler ce colloque. Je vous demande pardon de ne pas avoir pensé alors aux travaux que vous étiez en train d'élaborer. Cette réaction spontanée n'était sans doute pas la bonne, et Henri l'aurait récusée pour qui le seul impératif catégorique était la tâche philosophique, l'application, quelquefois euphorique, souvent austère, à la recherche. C'est à elle donc que, durant ces journées, nous nous consacrerons, seule plage de sens – il faut s'efforcer de le croire, mais ce n'est pas vrai ! – dans l'inanité de tout. Cette inanité, cette indéfinie répétition de l'apparaître des choses, indifférent à la pensée humaine, Valéry l'a dit, mieux que quiconque, dans ces vers de *La Jeune Parque,* qui évoquent désormais, pour moi, celui qui, aujourd'hui, nous manque tant :

« Là, l'écume s'efforce à se faire visible ;
Et là, titubera sur la barque sensible
A chaque épaule d'onde, un pêcheur éternel.
Tout va donc accomplir son acte solennel
De toujours reparaître incomparable et chaste,
Et de restituer la tombe enthousiaste
Au gracieux état du rire universel ».

A ce rire universel, celui de la dérision, nous ne pouvons répondre que par la gravité de notre fidélité. Je ne pense pas qu'Henri ait imaginé retrouver, comme le Socrate de l'*Apologie,* ses amis de là-bas (ἐκεῖ) – il n'y croyait guère. Mais je sais que ceux d'ici (ἐνταῦθα), ne l'oublieront jamais.

Grenoble, le 26 Septembre 1988
Régine PIETRA

* Françoise Joly m'a remis, au mois de novembre 1988, une lettre (non envoyée) qu'Henri m'écrivait de Grenoble, le 17 août, quelques jours à peine avant sa mort, le 22, sur les récifs du Cap Corse. Commentant la circulaire envoyée aux différents conférenciers, il me donnait, avec cette attention à l'autre qui le caractérisait, ses ultimes conseils : « (...) Enfin, si tu le permets, le *ton* de l'invitation en Chartreuse me paraît un peu sec comme le « retour possible » sur Paris tout aussitôt (...) N'eût-il pas été mieux de prévoir un dîner de clôture et une nuit supplémentaire, au moins pour les volontaires ? ».

AVANT-PROPOS

Les actes recueillis ici sont issus du colloque international qui s'est tenu à l'Université des Sciences Sociales de Grenoble (Département de Philosophie, UFR des Sciences Humaines), du 26 au 29 septembre 1988. Autour du thème de ce colloque, « Valéry : la philosophie, les arts, le langage » se sont rassemblés à l'invitation du Groupe de Recherches sur la philosophie et le langage, plus d'une vingtaine de conférenciers appartenant à un grand nombre de pays étrangers (Angleterre, Écosse, Espagne, Grèce, Israël, Italie, RFA, USA, etc.), à diverses Universités de Paris (Paris XII, VIII) et de province (Aix-en-Provence, Nice, Montpellier, Grenoble I, II, III), au CNRS et à la Bibliothèque Nationale : recherche internationale donc, mais aussi pluri-disciplinaire, puisque se côtoyaient des philosophes, des littéraires, des linguistes, des architectes, des mathématiciens, etc. L'amitié attentive des communicants, ainsi que de très nombreux participants (quelques quatre-vingt personnes), a permis, malgré les circonstances douloureuses que nous avons dites, que se déroulent des discussions fructueuses. Les contributions furent de haut niveau et je tiens à remercier tous les conférenciers. Je voudrais aussi dire ma gratitude à tous les membres de notre UA et particulièrement à ceux qui m'ont aidée et soutenue dans l'organisation et le déroulement de ce colloque : Monique Broc-Lapeyre, Janine Chêne et Jacques Lambert. Enfin ma reconnaissance, à la fois filiale et respectueuse, va à Madame Agathe Rouart-Valéry qui nous a fait l'honneur de sa présence.

*

* *

C'est au philosophe Simon Lantieri qu'il revint d'ouvrir ce colloque. Avec la spontanéité expressive de son style oral (impitoyable pour celui qui collationne les textes !) Simon Lantieri aborde son sujet, « Valéry devant les paradoxes de la philosophie », en dégageant la contradiction majeure dans laquelle Valéry s'est constamment débattu : d'une part la tentative d'un *système* au formalisme rigoureux, de l'autre la jouissance prise à l'exercice mental, à la conscience de soi et de ses pouvoirs. D'un côté ce qui confinerait à un automatisme superbement réglé, de l'autre l'hyperconscience, la vigilance, la maîtrise totale de toutes les opérations. A ces deux voies, inconciliables, on peut mettre des noms : pour l'une, Leibniz, le Wittgenstein du *Tractatus ;* pour l'autre, Hume, la tradition expérimentale et ses critères de vérificabilité, le behaviorisme. C'est à cette dernière assurément que vont les préférences de Valéry, attentif à se garder de toutes les aberrations d'un langage – celui de la philosophie ? – qui tourne à vide. Mais la tentation du système, dont la pureté mathématique reste le modèle, aura été grande.

Ned Bastet arrivera à une conclusion quelque peu différente. Certes la perspective n'est pas tout à fait la même : moins épistémologique, plus ontologique et plus vécue à la fois. « Penser ce qui n'existe pas », tel est le titre d'un propos où les exigences contradictoires de Valéry sont portées à leur paroxysme : d'abord affronter le réel dans sa singularité (bien avant que nos catégories figées et nos significations l'aient banalisé) dans sa présence irrécusable, dans son surgissement existentiel, sa brutalité... Bientôt ce réel apparaîtra comme la réponse de Moi, l'Autre d'une *énergie* qui se dépense à réduire ce sur quoi elle fond : activité intellectuelle qui entraîne tout dans son mouvement centripète et transforme en idées et fantasmes ce qu'elle vide de substance. Dès lors l'esprit qui a tout réalisé, s'alimente de ses propres produits, au point que ne lui reste comme dernière jouissance que celle de se *sentir penser*. Ultime spasme extatique que l'on confondrait avec la mort.

Un corpus constitué de notes-résumés, établi sans doute aux alentours de 1939, vient d'être exhumé par Florence de Lussy de l'ensemble des copies dactylographiées. Les différentes rubriques de ce corpus éclaire d'un jour nouveau – cru et cruel – les idées favorites de Valéry. On le voit acharné à procéder à l'élimination des idées métaphysiques, celles d'Etre, de sujet, etc. Le système apparaît comme débris de je ne sais quel grand jeu. Tout se passe comme si le connaître avait absorbé l'être, comme s'il se décomposait (dans tous les sens du terme) en schémas, formes, figures, sans cesse défaites. La passion du *pur* s'épuise à la recherche d'une... fiction. En accord l'un avec l'autre, Florence de Lussy et Ned Bastet confirment que nous sommes bien là, comme le dirait Valéry, à l'extrême Nord humain, au bout de tout... de rien.

La pensée valéryenne ne peut que gagner, pensons-nous à être mise en relation avec d'autres pensées, amies ou ennemies. De ces confrontations enrichissantes nous aurons maints témoignages. Ainsi, par exemple, tout semblait préparer Valéry et Ortega y Gasset – dont s'occupe ici Monique Allain-Castrillo – à un échange fertile : même âge, même classe sociale, même situation familiale, même culture humaniste. Pourtant, sauf une fois, le courant passa mal. Des deux côtés (espagnol et français) on devait contribuer à entretenir un malaise, d'où la compétition n'était pas absente. Mais derrière ce difficile ajustement – médiatique, dirait-on aujourd'hui – une profonde connivence qui s'alimente dans le perspectivisme de Nietzsche. Au cœur de la pensée d'Ortega y Gasset et de Valéry les mêmes notions triomphent : celles de point de vue, de manière de voir, de relativité, de variation entre « moi et ma circonstance ». Cette mobilité du sujet *et* de l'objet qui fait éclater les références classiques de toute connaissance, les penseurs contemporains – Foucault, Deleuze, Lyotard, Levi-Strauss – ne cessent d'en prendre la mesure.

C'est de Nietzsche encore qu'il s'agit dans l'amusante confrontation que Monique Broc-Lapeyre fait de Nietzsche et de Valéry, montrant que derrière les sentiments ambivalents (bien connus) de Valéry vis-à-vis de Nietzsche (forte stimulation mais irritation) il y a un théâtre aux scènes multiples où les personnages vont jusqu'à perdre leur identité. Le meneur de jeu ici n'est pas celui qu'on croit : Nietzsche, l'histrion, entraîne son dénonciateur dans son jeu à un point tel que Valéry sera réduit à le parodier. Étrange transfert affectif qui fait encore mieux ressentir l'irréductibilité de leur opposition concernant les rapports de la vie et de l'esprit : recherche valéryenne d'une autonomie, sinon d'une séparation, de ces instances, effort constant de Nietzsche pour que l'esprit retourne à la vie, sa seule source.

Autre parallèle celui qu'entreprend Judith Robinson-Valéry en traitant des rapports entre Alain et Valéry. Les liens entre les deux hommes sont souvent évoqués (cf. le déjeuner chez Lapérouse), rarement approfondis. Estime réciproque fondée sur une reconnaissance intellectuelle mutuelle ; mais les sensibilités sont différentes : d'où une certaine gêne quelquefois. L'essentiel n'est pas là, cependant. Car Alain (qui trouvait dans la littérature une perspicacité psychologique que la philosophie ne révélait pas toujours) a compris la poésie valéryenne (le commentaire de *La Jeune Parque* est, ici, privilégié) plus et mieux que certains ne l'ont pensé ; il en a souligné l'aspect physiologique, sauvage même, il a montré l'interfécondation de la beauté et de la vérité ; il a, enfin, qualifié d'*épique* cette Jeune Parque qu'il voit plus héroïque que blessée : interprétation éthique où la maîtrise de soi copie la lucidité valéryenne.

J'aimerais dire à Paul Gifford que je me félicite d'avoir imposé un temps de parole calculé « avec un sens de l'économie qui ferait peur à un Écossais » (je le cite) car jamais les valéryens n'auront entendu sur le problème de l'expérience mystique un exposé si lumineusement cartésien, et donc français (cette dernière équivalence ne me paraît pas toujours d'une évidence aveuglante !). Et pourtant confronter William James et Valéry sur ce terrain n'était guère commode, car ces deux penseurs sont antithétiquement symétriques : d'un côté le pragmatique pour qui le croire est affirmation de la vie, de l'autre le rationaliste, bien souvent sceptique. Le premier n'est pas mystique par tempérament mais il s'intéresse au fait mystique et à son histoire ; il en analyse les caractéristiques (l'ineffable, la qualité noétique, la fulgurance, la passivité) et manifeste à son égard un accueil favorable. Le second, qui « sent en mystique », est, au contraire, plus récalcitrant. Au tribunal de la Raison, la mystique lui apparaît comme une métaphysique primitive, impressionniste, dont l'expérience est trop particulière pour être conceptualisée. Montrer la singularité de ces deux démarches et s'interroger sur leur éventuelle rencontre « devait être tenté »...

Après avoir essayé d'approfondir le Valéry philosophe, nous être livrés à certaines comparaisons, le temps était sans doute venu d'entrer dans l'analyse précise non seulement des textes valéryens, mais aussi de leur genèse. Jeannine Jallat réactive la contradiction d'un Valéry dénonciateur du roman et pourtant écrivain de contes. Comment dans cette perspective situer le statut narratif de l'*Introduction à la méthode de Léonard de Vinci* ? « Suivre Léonard... ». Il s'agit bien ici d'un personnage et de ses aventures... Bientôt, cependant, celui-ci sera congédié... au profit d'une méthode où se confondent l'énonciateur et le sujet de l'énoncé, pour dire le récit d'une trouvaille qui tient à la fois du roman, du drame et du conte. Mais une telle approche est bien plus perceptible au lecteur des manuscrits et brouillons qu'à celui du texte définitif qui élide et gomme le vécu, la solitude, la mort. A une énonciation chargée d'affects fait place un lyrisme intellectuel. Et si, plus tard, Valéry nous donne de vrais contes, proches des récits et rêves, scénarios du visible, leur écriture narrative ne sera possible qu'à être lacunaire, inachevée, histoires brisées...

Problème d'écriture encore que Jean Levaillant aborde dans « Teste et l'impossible réel ». Réévoquant, comme N. Bastet et F. de Lussy, cette violente passion valéryenne qui est d'explorer le plus lointain concevable, l'impossible, le lieu central du pouvoir de connaître, Jean Levaillant montre que *La Soirée avec Monsieur Teste* est cette dramatisation de l'impossible. *La Soirée* n'est pas un récit mais un ensemble de structures brèves qui s'emboîtent de façon aussi complexe que les lois de la pensée testienne, auxquelles une seule chose – capitale – échappe : la douleur, ce « terrible objet ». Avec elle, l'espace bascule et bouleverse les prérogatives ; une nouvelle configuration se dessine où l'écriture invente le sens, jamais achevé, qui la justifie.

Sous le titre « Plus je pense, plus je pense, ou concerto pour cerveau seul », Nicole Celeyrette-Pietri nous livre le secret – celui peut-être de toute écriture ! – de ce texte difficile (et pour cela inachevé ?) qu'est *Agathe.* Texte où la poésie et l'abstraction conjuguent leurs plus hauts pouvoirs pour nous faire comprendre et entendre ce qu'il en est de la pensée (de ses associations) et de la musique des mots, lorsqu'ils s'assemblent au gré d'une rêverie... bien réglée. Nous sommes ici à la frontière de la veille et du sommeil, en ce moment (mimé) où le senti a perdu l'habitude sécurisante du perçu et où il oscille à la recherche du mot qui le retiendra au bord de l'oubli. Texte infiniment rare qui illustre, mieux que tout, le titre de notre colloque : ici la philosophie est devenue un art, celui du langage, ici l'éminemment formel est, pourtant, d'une beauté inouïe.

Silvio Yeschua nous invite à relire l'*Eupalinos* de Valéry à la suite du *Phèdre* et du *Phédon* de Platon. On a trop souvent négligé – Valéry nous y incitait, mais c'était pour nous égarer – les quelques allusions à ces dialogues. Or la figure du Socrate platonicien, hésitant – si l'on en croit le songe de Socrate et l'épisode de Cébès dans le *Phédon* – entre la poésie, la musique (à composer) et la pensée-parole du philosophe est bien proche de celle de Valéry qui « opte, écrit Yeschua, pour le « ou », pour l'oscillation perpétuelle entre les deux pôles (...) : Écrire *ou* ne pas écrire ».

Écrire : la notion, on le voit n'est pas simple. Pour la saisir dans son surgissement, Robert Pickering choisit de se situer en deçà de l'analyse de G. Genette, pour qui le cratylisme de Valéry – tel est le problème traité – opère entre son et sens, afin de le montrer à l'œuvre dans des strates plus enfouies, celles de l'écriture comme geste, tracé. Certes Valéry ne cessa de se ranger du côté d'Hermogène. Mais son nominalisme présente des failles. Dès 1896 Valéry rêve de créer une « écriture/dessin/idéographie ». Ce rêve, ce désir, les *Cahiers* le mettent en scène, constamment. R. Pickering en repère le scénario nous donnant à lire la première tentative d'explication de ces dessins dont on sait l'importance : dessins qui sont, à la fois, mouvement, inscription, expérience, regard, présence de l'étrangeté, attente, épreuve de l'arbitraire, schéma de l'abstraction, etc. C'est dire qu'admettre l'aspect conventionnel du signe, ce n'est pas forcément en prendre son parti définitivement... Loin de là.

Plus classique, E.A. Moutsopoulos s'attache à saisir la structure génératrice du poème : structure bivalente où le rythme le dispute au sens, le sensible à l'intelligible, l'arbitraire à la nécessité, la liberté à la contrainte... Par une très grande fidélité à sa propre pensée et à la lettre du texte valéryen, Moutsopoulos dit, en multipliant les citations, l'importance du langage chez Valéry.

L'intervention d'Huguette Laurenti (spécialiste des problèmes du théâtre) qui se situait après la représentation de *L'Idée fixe,* donnée par le théâtre du Reflet avec Barjon et Laudenbach, nous permettait de revoir et de réentendre la pièce, en soulignant ce qui nous avait, peut-être, échappé : d'une part le caractère théâtral, scénique d'une conversation à bâtons rompus, certes, mais assez hautement intellectuelle ; de l'autre la mise en scène par Valéry des concepts de sa propre philosophie, aussi bien dans leur contenu que dans leur force d'expression, au point qu'ici langage et pensée se jouent bien des tours...

Valéry parlait dans les rapports entre l'auteur et son lecteur de « malentendu créateur » ? Poids du « je » ? Sans doute. Calcul des effets sur l'autre ? Assurément, bien que l'auteur soit le seul lecteur idéal. C'est dire que le rapport à l'autre dans la lecture est à la fois impossible et nécessaire. Cela, on le sait aujourd'hui mieux que jamais, pour avoir compris que la signifiance textuelle est, par nature, en soi, obscure. Friedrich, Cohen, Riffaterre nous l'ont appris. Shushi Kao nous le rappelle dans une communication au beau titre blanchottien : « L'autre, l'obscur, du discours ». Pour le dire autrement : il y a une intransitivité du message poétique d'autant plus parfait qu'il *résiste ;* alors on se tait et on parle de ce silence...

Formant transition entre le langage de la littérature et celui des arts, le langage de la science n'a pas été oublié. Étrangement, il a sollicité la recherche dans son commencement – une jeune chercheuse de langue allemande qui s'intéresse aussi bien à Valéry qu'aux découvertes récentes de la neurobiologie – et dans son couronnement, en la personne de A. Kaufmann,éminent spécialiste français, de réputation internationale, de la Théorie des ensembles flous.

Ülricke Heetfeld s'attache à montrer l'étroit parallélisme qu'il y a entre les intuitions valéryennes dans le domaine du fonctionnement mental et les résultats les plus récents des sciences cognitives. Concernant la mémoire, l'imagination créatrice, ou encore – pour employer le langage valéryen – le phénomène demande-réponse, et la conception du Moi Pur on ne peut qu'être frappé par la ressemblance entre ce que révèlent les sciences actuelles, quant au traitement de l'information par le cerveau, et les schémas élaborés par Valéry.

A. Kaufmann voit en Valéry le penseur qui, d'une part, réconcilie les sciences et les arts, révélant (*cf.* Léonard de Vinci) que les processus sont, dans les deux cas, très analogues et qui, d'autre part, a su réfléchir, en avance sur son temps, aux outils nécessaires aux sciences humaines : conjuguant la rigueur des sciences exactes et la plasticité de l'humain, les mathématiques floues affinent leurs instruments, en préférant à la mesure la valuation, aux probabilités l'incertain. La subjectivité fait désormais partie intégrante de l'objectivité pour rendre compte de l'intelligence, aussi nécessaire à l'élaboration des programmes informatiques et aux systèmes experts qu'aux subtiles nuances auxquelles la poésie nous rend sensibles.

Inaugurant la réflexion sur Valéry et les arts, Vittorio Ugo prend la parole, en tant qu'amateur de Valéry, mais spécialiste de l'architecture. Il analyse dans le dialogue *Eupalinos* les rapports entre construire, connaître (on sait que le Socrate valéryen hésita entre les deux) et douter (rappelons cette chose vague, matière à doutes, rencontrée sur la plage). Là encore comme souvent – et nous aurons l'occasion de le répéter – les intuitions valéryennes se révèlent pertinentes mais la connaissance historique (ici, de l'architecture) est ignorée, tout comme les courants de la modernité (Bauhaus, De Stijl, l'Esprit Nouveau, l'expressionnisme, le Mouvement Moderne) pourtant vivants autour de 1920. Les rapports de Valéry et de l'architecture sont ceux d'un amateur éclairé, qui a longtemps médité Viollet-le-Duc, et d'un poète-philosophe, pour qui les métaphores architecturales sont le meilleur moyen de dire ce qu'il en est de l'acte de penser, et non, comme le fera plus tard Heidegger, de l'acte d'habiter.

Jean-Charles Gateau devait faire œuvre d'iconoclastie en s'interrogeant sur la cécité valéryenne concernant l'art plastique du XXe siècle. J.C. Gateau dévoile derrière les accusations, souvent injustes, de mercantilisme, de mode, adressées à l'art de son temps, les vrais griefs : le refus de l'idéologie du travail, de la maîtrise rationnelle, de la longue patience de la maturation, le bannissement du dionysiaque, et donc de l'expressionnisme et du surréalisme. Mais Valéry manifeste aussi – on pourrait s'en étonner – une totale insensibilité au cubisme. Il ne semble pas être sorti de l'esthétique de la représentation, de la *mimesis*. Il a refoulé le pulsionnel, à l'œuvre dans la modernité, et a refusé, par confort intellectuel, ce qui pourtant lui importait, les puissances de déconstruction dont la peinture de son époque était la manifestation.

K.A. Blüher s'était donné un sujet pointu, comme on dit aujourd'hui, en parlant de « Valéry et l'esthétique du cinéma ». Pour le traiter – Valéry a peu disserté sur cet art – il était nécessaire de faire appel à des textes rares et inédits. Ceux-ci nous révèlent que tout en pensant le pire du cinéma, cette entreprise d'abrutissement, Valéry projetait sur lui le meilleur : il a su appréhender la spécificité de ces signifiants visuels que sont les images filmiques, imaginer le méta-film, qui serait le film du film, ne pas ignorer le point de vue du spectateur-consommateur. Il a médité la ressemblance entre le cinéma et l'activité onirique, dénoncé l'illusion de réalité qui paralyse le travail mental. Comparé au théâtre, le cinéma ne fait pas le poids... Mais Valéry n'avait sans doute pas, alors, les éléments nécessaires à un jugement équitable...

Avec un sens tout musical des nuances Brian Stimpson a cerné les rapports ambivalents qui lient Valéry et la musique. Car la musique aura bien été la grande tentation : il y a, en effet, en elle un irrésistible attrait, quelque chose de dionysiaque par l'effet qu'elle peut avoir sur notre système nerveux, mais aussi, plus insidieusement encore, pour quelqu'un comme Valéry, la séduction d'une combinatoire totalisante. Valéry aura cherché toute sa vie, non pas, comme on l'a trop dit, à reprendre à la musique son bien, non pas à vider le langage de tout aspect dénotatif, mais une troisième voie, celle de ce langage-musique capable de dire tout ce qui n'a pas encore trouvé ses mots, langage musique au plus proche de la parole intérieure.

Hegel, nul ne l'ignore, plaçait la poésie en tête de la hiérarchie des arts. A elle, l'honneur de conclure. Ce « Saint LANGAGE », cette « auguste voix » ou encore cet « océan sonore », Maria Teresa Giaveri s'est employée à nous les faire entendre en retranchant, à l'aide des avant-textes et des brouillons la genèse du *Cimetière Marin*, ce « poème du retour aux origines du jeu entre le rythme et la parole, entre la sensation et la pensée ». D'abord le rythme, forme vide que, bientôt, une voix venant du plus lointain vient remplir : voix chantante, celle de la langue maternelle ; puis, la parole qui, sur le papier, balbutie, dès les premiers vers : « Mer-toi » ; « Mer-toit » ; « Mère-toit » ; ou, éloquemment, se tait : Mère-toi. D'un côté le culte païen et sensuel rendu aux déités incontestables : la mer, le ciel, le soleil. De l'autre, sur les bords de cette perenne Méditerranée, l'apprentissage de l'universalité de la pensée, de la lucidité spirituelle.

« La sensation me crée (...) la réflexion, le sens, qui la suit, me perce » écrit Valéry, commentant l'un des vers du *Cimetière Marin* que nous ne séparerons pas de ceux qui le précèdent, car ils résument avec force la thématique même (Philosophie, arts, langage) de notre colloque :

« Zénon ! Cruel Zénon ! Zénon d'Elée !
M'as-tu percé de cette flèche ailée
Qui vibre, vole, et qui ne vole pas !
Le son m'enfante et la flèche me tue ! »

SIGLES ET ABRÉVIATIONS

Sauf indications spéciales, les références aux écrits de Valéry sont les suivantes :

Oeuvres I (Paris, Gallimard, 1957). . . . . *Oe,* I, p.
Oeuvres II (Paris, Gallimard, 1960) . . . .*Oe,* II, p.
Cahiers (Paris, CNRS, 1957-1961), fac similé intégral des 261 cahiers, 29 vol.)
. . . . ex : C, XIX, 15 ou XIX, 15
Cahiers (anthologie établie par J. Robinson-Valéry) (Paris, Gallimard, La Pléiade, 1973-74, t. I et II) . . . . .ex : C1, p. – C2, p.
Cahiers 1*894-1914* (Paris, Gallimard, 1987 : t. 1 ; 1988 : t. 2)
Correspondance Paul Valéry-André Gide (1890-1942) (Paris, Gallimard, 1955)
. . . . *Corr. VG,* p.
Correspondance Valéry-Fourment (Paris, Gallimard, 1957) . . . . . *Corr. VF,* p.
Lettres à Quelques-uns (Paris, Gallimard, 1952). . . . . *LQQ,* p.

Simon LANTIERI
Université de Provence

PAUL VALÉRY
DEVANT LES PARADOXES DE LA PHILOSOPHIE

« L'erreur de la philosophie fut de croire au langage et à la possibilité d'en tirer autre chose que... du langage » (XXVII, 686 ; C1, 752). « Je crois que personne aujourd'hui ne prend plus au sérieux, ni même seulement au tragique, – une *explication* quelconque de «l'univers» – ni un dogme politique d'ailleurs, ni peut-être un idéal. Chacun peut lire six journaux, six doctrines à cinq centimes chacun. L'ensemble de ces machines d'opéra intellectuel plus ou moins coûteuses est enfin comme nul (...) Elles coexistent sans autres fureurs que leurs fureurs connues. Les contradictions qui existaient entr'elles font partie de leur conservation d'ensemble » (VI, 175 ; C1, 544-45).

Et encore : « Or je lis mal et avec ennui les philosophes – qui sont trop longs et dont la langue m'est antipathique. (...) Par [exemple] j'ai toujours tenu la « doctrine de l'évolution pour une sorte de formule de développement d'idées et d'expressions – (et non d'êtres). C'est aussi une manière de classer des ressemblances. Car le fait lui même, même *chez l'embryon,* échappe jusqu'ici à nos moyens de *compréhension* qui se résument en *FAIRE* ».

... C'est la *forme* [de la pensée] qui m'intéresse. Le *fond* de la pensée n'est rien – et les théories qui n'aboutissent pas à des *procédés,* lesquels jugent les thèses – ne me font *aucun effet.* SPINOZA. Chez Descartes, c'est l'individu qui m'apparaît. Etc. » (XXIV, 762 ; C1, 197).

Ce que nous cherchons à faire, c'est non pas à exposer les critiques que Valéry adresse aux philosophes et à la philosophie, non pas à rendre compte des *démontages* qu'il opère en montrant que la mise en place des concepts philosophiques ne se fait que dans l'ignorance des règles qui conditionnent l'emploi de structures syntaxiques et sémantiques, mais à explorer les schèmes des attitudes qui, chez Valéry, déterminent l'insuffisance des procédés conceptuels de la philosophie, l'imposture dont les philosophes sont eux-mêmes inconscients.

En commençant l'exposé de la question ou plutôt des problèmes que me posent le choix même de mon titre : « P. Valéry et les paradoxes de la philosophie », je me sens *doublement* embarrassé. Quelque peu d'abord par l'ambiguïté du mot paradoxe que je vais rapidement non pas dissiper mais, peut-être, atténuer, en proposant simplement de considérer que la fonction essentielle du paradoxe – c'est l'énonciation d'une proposition ou d'une série de propositions qui ont l'apparence de la vérité, mais qui sont des erreurs. Resterait alors à en faire la typologie et la topologie. Pourquoi ou comment ne pas penser ici aux *Topiques* aristotéliciennes – des variétés de paradoxes et analyses qui nous conduisent à les désigner par le même mot ? En un sens Valéry est un maître de cette taxinomie, bien qu'il ait déployé ses principaux efforts à démontrer les mécanismes d'élaboration, de production, des paradoxes de la philosophie qui n'ont d'égal que leur séduction sur des esprits moins avertis que ceux de Valéry ; et, pour lui, ils sont légion.

Mon deuxième embarras repose sur le sentiment que – *toutes autres choses inégales par ailleurs* – je me trouve dans la même situation que Valéry tout au long de l'entreprise des *Cahiers.* Emprisonné dans le programmatique. Chez moi cet élément, cette détermination programmatique, procède, sûrement, de l'insuffisance de mes analyses. Chez Valéry elle a, assurément, d'autres causes et d'autres fonctions.

D'autres causes qui sont intuitivement et subtilement indiquées, lorsque Valéry écrit dans les *Cahiers :* « Il me manque un Allemand qui achèverait mes idées » (V, 671 ; C1, 69). Cela en première analyse introduirait ou pourrait introduire une indication sur les limites ou même les insuffisances de la totalité de ses attitudes mentales. Peut-être y a-t-il là une ouverture sur les formes d'impossibilité de construire et de clore *un système* (Spinoza, Hegel, Kant considérés comme des synthèses impossibles).

En fait cette impossibilité de structure systémique, ou systématique tient selon nous à trois sortes de facteurs : le premier facteur me semble constitué par ce que décèle l'antinomie entre construction et conclusion systémiques et la notion d'exercice spirituel, contenue, d'ailleurs, dans l'attitude générale de la pensée valéryenne ; dans l'insistance des schèmes de *Gladiator ;* dans toute l'activité intellectuelle de Valéry qui lui fait privilégier, la production, l'acte productif ou créateur au produit. Le produit est un effet – je dirais presque – inévitable, mais non délibérément recherché. Et, par ailleurs, les effets de la création dans les perspectives ouvertes par une esthétique de la réception seront examinés non plus tellement en amont, mais plutôt en aval, dans l'ensemble des conséquences que l'œuvre va engendrer chez ses consommateurs, disons si l'on préfère, auditeurs ou spectateurs. En un sens *la posture mentale* de Valéry correspond curieusement, mais très exactement, à la formule de Husserl : « Le philosophe est un commerçant *perpétuel* ». Une telle posture mentale conduit ou plutôt conduisait tout penseur à refuser à toute autre structure que celle de la conscience, ou plutôt de l'acte conscient, la possibilité de produire du sens.

Il y a chez Valéry une sorte de cartésianisme qui laisserait le penseur sur la crète aiguë, sur la position angoissante qui est celle du penseur au terme de la deuxième méditation métaphysique – je suis, mais pour combien de temps ? pour autant que je pense – Valéry ne pouvant recourir aux privilèges ou aux sortilèges de la garantie finale d'un Dieu non-trompeur.

Cette impossibilité conduit Valéry à une situation de vertige devant l'angoisse que peut produire le caractère redoutable de la menace : cesser d'apporter aux opérations de la pensée le maximum d'attention consciente dont l'esprit, au moins l'esprit valéryen, est capable. Rien qui soit possible et constamment vérifiable et revérifiable sans cette présence de la conscience à la connaissance à la fois intuitive et précise de toutes ses opérations. Tous les textes qui désignent la nécessité de *Gladiator* indiquent à profusion que l'esprit ne saurait *déléguer* ses pouvoirs et se séparer de la *jouissance* de l'exercice de la pensée. En ce sens donc, s'il y a une tentation du système chez Valéry, elle est immédiatement refusée par la jouissance de l'efficacité de toutes sortes d'excercices spirituels. Et si Valéry a pu écrire qu'il entendait par méthode « l'organisation systématique d'un ensemble d'opérations *extériorisables* qui mieux que l'esprit fasse le travail de l'esprit », il s'est immédiatement éloigné de ce que la méthode entraînait comme perte, l'adhésion intime à soi dans la productivité, la créativité de toute opération mentale. Le produit n'est qu'un effet secondaire et, finalement, négligeable, d'une activité qui ne s'épuise jamais, en aucune manière, dans ses œuvres. Si les textes de *Gladiator* (cf. C1, 323 à 377) indiquent avec force et netteté l'ensemble des postures mentales de Valéry, ils laissent entrevoir ce qui, outre les observations critiques dressées par Valéry contre les paradoxes de la philosophie, constituera une contradiction propre à l'édification souterraine de la philosophie propre de Valéry lui-même. Concernant donc cet « embarras », nous proposons de trier ainsi les problèmes :

a) l'identification de l'attitude mentale ou plutôt des postures mentales qui conduisent Valéry à désigner les paradoxes de la philosophie,
b) faire l'analyse des présupposés ou des réquisits dont le recensement doit permettre de dresser une table des schèmes valéryens – schématisme valéryen comme il y a un schématisme kantien et un schématisme bergsonien,
c) nommer ce qui, chez Valéry, au-delà des paradoxes de la philosophie, d'abord énoncés, désigne une des contradictions intérieures à sa propre problématique. Et ceci sous la forme de deux tentations contradictoires que nous désignons ici par les termes tentations humiennes, tentations leibniziennes. Entendons par là antinomie entre formalisme et « conscientialisme », à charge pour nous de préciser le sens de ces termes, ici, et la nature des opérations mentales qu'ils désignent et essaient de justifier.

Et d'abord donc ne pas renoncer à l'application de l'esprit à soi-même. Ce qui, en d'autres termes, désigne d'une part le refus de l'existence d'un inconscient psychologique, d'autre part, la délégation des pouvoirs de l'esprit à une pensée aveugle qui s'objectiverait et traduirait les structures formalisables de ses opérations dans une symbolique codifiée.

Tous les textes de Valéry sont ici éclairants. Ils induisent en nous de décrire d'abord la posture mentale propre à Valéry, à ces commencements et recommencements nécessaires, capables d'assurer à l'esprit la certitude de son existence dans la jouissance de l'efficacité de ses opérations.

Ce que nous trouvons ici c'est une attitude qui est en quelque sorte préalable à la découverte par Valéry du schématisme de structures, qui conduiront ensuite à la dénonciation du paradoxe de toute philosophie. C'est dans les exigences de ses propres mécanismes intellectuels que Valéry découvre l'oubli, l'inconscience et l'ignorance dont les philosophes sont coupables, aveugles justement à des erreurs qui se multiplient à mesure que la philosophie ne sait pas assez qu'elle est une « affaire » de langage et qui, pour son traitement, suppose une parfaite conscience des relations entre les concepts et le langage qui les produit. Il les produit dans l'ignorance où il est des stratégies qui le définissent. « L'erreur de la philosophie, écrit Valéry, fut de croire au langage et à la possibilité d'en tirer autre chose que du langage » (XXVII, 686; C1, 752). Et parlant des systèmes philosophiques : « L'ensemble de ces machines d'opéra intellectuel plus ou moins coûteuses est enfin comme nul » (VI, 175 ; C1, 544-45).

Transitivité : ce terme ne cesse de désigner chez Paul Valéry une forme générale d'attitude mentale où l'extrême attention de l'esprit à ses opérations doit le conduire à éviter toute « substantialisation », toute « réification » de processus qui doivent toujours être évalués comme des moments de phases.

L'identification de ces phases doit assurer l'homogénéisation quantitative d'effets qui postulent les équivalences finales entre physique, physiologique et mental ou cérébral de la totalité des éléments du système : Demande-Réponse. Dans ce projet, réitéré au point de devenir une forme de thème quasiment obsessionnel, il s'agit de régler méthodiquement toutes transformations, d'en établir les lois – transformations afférentes à tous les éléments du système C.E.M., de les *représenter,* de les exprimer. C'est l'oubli ou la méconnaissance de ces passages et l'ensemble de relations qu'ils rassemblent et tiennent dans leur relativité qui engendrent les « monstres » des créations substantialistes, où l'arrêt, la fixation, le gel qui atteint la nature transitive des formations verbales créent les illusions de la philosophie.

Transformations qui établiront les équivalences entre hétérogène et homogène ; expression, représentation seront les tâches d'une conscience obsédée par l'extrême attention portée à ses propres opérations, présence continue de soi à soi. Éviter d'être le jouet d'effets de langage : le langage philosophique qui, ignorant les modalités de son propre fonctionnement, n'obéit ni aux conditions de vérifiabilité des langues scientifiques : vérifiabilité *a priori* ou vérifiabilité expérimentale, ni à celles qui répondent aux exigences de la sensibilité esthétique qui enveloppe toutes les formes de création poétique. De toutes façons aussi les produits, effets du système, de tout système, les réponses sont, lorsque précisément on abandonne dans les « objectivations » la jouissance de l'acte créateur, comme des « scories » qui ne retiennent plus la jouissance d'un esprit en acte. Valéry insiste lorsqu'il soutient que cette transitivité doit, en outre, éviter une hypertrophie du fiduciaire et des menaces qu'il recèle pour la rigueur des opérations et surtout leur possibilité de vérifiabilité. Critère dont la présence est absolument nécessaire.

Cette transitivité implique enfin le postulat d'une clôture du système considéré comme un ensemble fini. « La vraie philosophie me paraît devoir se réduire – ou confondre – ou s'élever à un *art de penser* qui soit à la pensée naturelle ce que la gymnastique, la danse, etc., sont à l'usage accidentel et spontané des membres et des forces.

La pensée traitée comme possibilité, les actes de pensée comme susceptibles d'être *fins* – en soi. En somme, en tant que l'action mentale est volontaire – et pour autant qu'elle l'est, soit que la volonté directe ou indirecte s'y peuvent appliquer – et que certaines habitudes peuvent être contractées volontairement » (XIV, 216-217 ; C1, 361) et aussi : « Philosophie « sportive » sans illusions – le nageur, le danseur, *qui ne vont nulle part* » (XVI, 558 ; C1, 355).

« Il n'y a qu'une philosophie de concevable – et ce serait un *art de penser*. Car il y a un art de penser, comme de marcher, de respirer, de manger et – d'aimer. Et cet art doit être indépendant de ce que l'on pense. On a cru que la logique était cet art : elle n'en est qu'une partie et un moment. Il faut, avant la logique, préparer ce qu'elle aura à conserver et à ordonner.

Cet art est un art de transformer, de distinguer, d'évaluer. En un mot de reconnaître et de développer les *pouvoirs*. Il s'agit d'abord de les observer – Ici une certaine *vision* » (XVI, 611 ; C1, 365). Et « Il y a une équitation mentale. Il y a un dressage de « l'esprit ». Je ne vois pas d'autre « philosophie » (XX, 545 ; C1, 370).

Tout gravite autour de la pureté et de l'efficacité d'exercices spirituels et intellectuels qui doivent envelopper le maximum d'efforts et de conscience et contenir le surgissement possible du *néant* coextensif, pour Valéry, au risque de manquer de présence à soi. Manque de présence à soi impliqué dans tout développement de pensée aveugle – mécaniquement assuré par une méthode systématique applicable.

C'est cette indispensable attention consciente à la totalité en acte de tout le moi qui fait l'essence de *Gladiator.* Mais elle introduit la contradiction dont la « philosophie » de P. Valéry ne dominera pas les oppositions méthodologiques : pouvait-il choisir entre les vérifications « humiennes » et l'art de la preuve leibnizienne ? Sans doute pas. Mais les projets et les ambitions contradictoires sont demeurées vives tout au long des *Cahiers.* Sans doute, en partie au moins, à cause d'une des constantes des attitudes mentales de Valéry. Comment décrire ces constantes ? Nous dirions volontiers ceci : La jouissance essentielle de ces exercices intellectuels est dans la multiplication des possibles imaginés lors de la rencontre et de l'examen des notions dont la diversité étonne. Le bonheur de l'intelligence est dans la puissance créatrice de chemins qui montrent la richesse d'analyses qui font « se lever » autant d'implications inattendues. La pensée est toute entière dans cet infini de potentialités notionnelles dont l'esprit ne parvient pas à se rassasier.

Comment dès lors imager le choix d'une pensée aveugle qui se reposerait dans l'accomplissement automatique de calculs qui mettrait l'esprit en « congé » ? Cela ne se pouvait pas, même si certaines allusions montrent que « les possibles » contenus dans l'imagination d'un système restaient une des tentations dont le chatoiement est resté présent. Mais écoutons encore *Gladiator :* « Le but ne soit pas de faire telle *œuvre,* mais de faire *en soi même* celui qui fasse, puisse faire – cette *œuvre.*

Il faut donc construire de *soi* en *soi,* ce *soi* qui sera l'instrument à faire telle œuvre » (XVIII, 29 ; C1, 368). Et aussi : « Le sport est la culture de *l'économie* psychophysique des actes. Si la production mentale fait partie de notre *système d'ensemble,* alors il y a un *sport de l'esprit,* c'est-à-dire : Il y a des modes d'action de rendement plus favorable que les autres » (XV, 23 ; C1, 362).

Gladiator serait en somme le code – le livre sacré de *l'action pure* – du pouvoir dans le possible – remettant (grâce au système) la pensée, le psychisme à son rang.

La notion de pureté – le schème même de la pureté est souvent utilisé par Valéry – est une sorte de résultat dont l'obtention et l'application stricte sont parmi les éléments essentiels de l'opérationnalité de l'esprit. Mais ce résultat n'est en fait obtenu que par l'application extrême de l'attention consciente à ses contenus et aux mécanismes mentaux qu'ils impliquent. Valéry le souligne ainsi : « Des notions pures – (pures au sens physicochimique) » (XVIII, 55 ; C1, 368). Et encore : « (Traité de la pureté) « La *pureté* est la conséquence de la *conscience* » (XV, 524 ; C1, 362). Et plus loin : « *(Gladiator)* Traité de la pureté. Celle-ci exige dissociation, dissection préalable, donc « scepticisme » – Et institution du *fini* – pour venir à édification » (XVII, 549 ; C1, 367). « Il n'y a que 2 choses qui comptent, qui sonnent l'or sur le comptoir. L'une, que je nomme *Analyse* et qui a la « pureté » pour objet » (XVII, 819 ; C1, 368).

Le schème de la pureté est donc un des principes *régulateurs* de la pensée valéryenne. Il s'agit en fait de *délivrer* l'esprit de l'emploi de notions qui ne correspondraient plus à une expérience mentale où la conscience serait dépouillée de toute espèce de contrôle de ses opérations. Valéry cartésien ? Il l'a pensée et certains de ses commentateurs aussi. Le schème de la pureté recouvre assurément la clarté et la distinction cartésiennes des idées. Mais elle est surtout, cette pureté, défiance à l'égard des illusions, du fiduciaire, de tout fiduciaire.

La pureté, la clarté et la distinction, valéryennes et cartésiennes, sont sous la stricte dépendance du contrôle que la conscience assure sur tous ses actes, toutes ses opérations, et sur son impossibilité de « congé », d'abandon. Sur une indispensable présence à elle-même. Nous sommes dans une forte tradition « cartésienne », même si Valéry ne la revendique pas, du moins, ne la revendique pas ici, à ce sujet. Les textes de Valéry parlent ainsi. Et nul besoin d'évoquer la moindre référence à l'ombre d'un sujet kantien et encore moins d'un « sujet Levi-straussien » (un transcendantal sans sujet...). Cette présence est revendiquée à la fois comme instance de vérification et donc de vérité et comme instance de jouissance indissociable du caractère valéryen de ses exercices spirituels. Ainsi nous lisons : « Consciousness et définitions. Rendre le langage *conscient* – comme un acte conscient.

Ne pas se servir avec soi même de mots dont on ne connaît pas la valeur par rapport à ce qu'on veut dire. Ce qu'on veut dire est extra-verbal. Les mots sont des étrangers. Ils sont le point de l'acte mental où la conscience de l'acte *cesse*. Définir c'est pour user de conscience plus avant. L'écrivain comme un virtuose qui étudie, rend conscient ses doigts » (XII, 673 ; C1, 355).

Pour Valéry l'emploi d'un mot dont on ne possède pas toutes les instances qui engendrent sa possibilité de définition est un risque réel d'inconscience, ou plutôt celui du surgissement d'un automatisme qui plonge la conscience dans un sommeil où triomphe l'oubli de ses propres opérations. Définir c'est prolonger la maîtrise de la conscience et c'est, en tout cas, référer les constituants des termes à l'acte mental qui les produit. Valéry écrit : « Excellent de ne pas trouver le mot juste – cela y peut prouver qu'on envisage bien un fait mental, et non une ombre du dictionnaire » (II, 191 ; C1, 385). Et aussi : « Les philosophes inventent autant de notions qu'il leur en faut enfant – et c'est un droit – mais ils ne se préoccupent guère de la *saisissabilité* de ces notions – Et c'est une grave erreur.

... Le langage a fait ses mots plutôt pour désigner que pour relier. Il les a fait isolément » (II, 704-705 ; C1, 387). Et encore : « Le langage organise forcément la pensée – mais d'une certaine façon qui n'est pas la rationnelle – ou la rigoureuse, – ou la naturelle – mais l'historique. Il organise chaque esprit historiquement, limitativement » (II, 324 ; C1, 385).

Suivent des textes où Valéry indique les prolégomènes méthodologiques à sa réforme, ainsi : « J'ai cherché la rénovation dans la précision. L'infirmité des systèmes vient de ce que, bâtis sur des expériences mentales toujours intimes et habillés de mots – on est fatalement forcé à un certain moment de quitter l'expérience personnelle pour un langage où l'expérience n'a pas été faite et où on ne saurait pas la faire. On est conduit en même temps à ne pas suivre d'assez près l'expérience et à fausser ce qui en a été fait. Deux sources d'erreurs » (II, 377 ; C1, 386).

Ainsi le vrai sens des mots ne tient qu'à la décision de contrôler tout effet de dérive inconsciente, esthétiquement parfois réussie – qui introduit des instances débarrassées de toute nécessité opératoire. Encore que cette opérativité n'est pas de nature purement logique [pensée aveugle de l'algèbre par exemple] mais implique une action continue sur des contenus de conscience, des actes conscients. Cette conscience opère incessamment des ajustements entre la pensée et les signifiés qu'elle désigne. La conscience doit contrôler *l'usage du langage dans tous ses effets.* Pas d'effets qui puissent échapper à cette vérification permanente. Rien qui se mette à vivre une vie indépendante de cette présence de l'intellect à la variété, l'identité, la spécificité de ses propres opérations. Ces idées, notions et concepts de la philosophie n'ont de prestige que par l'ignorance de ces conditions rigoureuses d'attention à soi. Il y a une « magie » des abstractions qui projettent l'esprit dans les chimères de possibles dont les charmes tournent toujours le dos à la vérifiabilité mentale[1].

Dans ces conditions Valéry pourra écrire : « Il n'y a ni concepts, ni catégories, ni universaux, ni rien de ce genre. Ce qu'on prend pour de telles choses – ce sont des *signes indiquant des transformations* – desquelles le mécanisme nous échappe. Les termes de ces transformations sont des représentations. *Ce sont des signes indiquant des indépendances et des dépendances.* Ces indépendances résultent de substitutions – inexplicables dans leur mécanisme. Et de plus : la difficulté vient du langage. C'est l'emploi du même mot dans plusieurs séries ou phrases différentes qui fait croire à un concept sous ce mot[2]. Or nul mot isolé n'a de sens. Il a une image *mais quelconque*, et le mot ne prend SON sens que dans une organisation – par *élimination* entre SES sens (...) » (II, 855-56 ; C1, 388-89).

Peut-être aussi faut-il encore citer, pour quelques précisions supplémentaires, ces indications de Valéry : « Le système extérieur des mots d'une langue est souvent irrégulier ayant été poursuivi suivant le besoin, et par saccades, sans perspective ni but que particulier (...) ces systèmes verbaux cherchent toujours et infructueusement à devenir *purs.*

En somme tout langage réel comporte un certain système de décomposition plus ou moins exacte, plus ou moins complète – du chaos de la connaissance. Les systèmes des langues existantes sont-ils les seuls possibles ? » (III, 62 ; C1, 390).

Et contre les abstractions ou plutôt contre les abstractions-substances ou résultant de substantification de processus, dont la transitivité devrait être maintenue à tout prix, Valéry écrit : « L'élimination systématique de ce qui est *parole* est le point capital de ma philosophie » (IV, 442 ; C1, 395).

On peut imaginer ici que certains modèles de cette possibilité d'élimination existent. Nous en découvrirons un, remarquable entre tous dans les modalités de la pensée mathématique, et plus généralement scientifique. Dans les mécanismes de la pensée mathématique se trouvent assemblés et ordonnés les schèmes déterminants de l'activité de l'esprit valéryen. Nous les énumérons rapidement, car cette étude, qui souhaiterait pouvoir être prolongée, ne nous permet que la mise en place, sans véritables liaisons ordonnées et subordonnées, des schèmes suivants : transitivité, opérationnalité, fonctionnalité, double vérifiabilité, rejet systématique des abstractions substantialisantes, témoins de l'arrêt du contrôle que l'attention consciente doit constamment produire sur toutes opérations de l'intellect... La mathématique est là comme modèle et processus d'entraînement de la pensée au refus de tout mauvais fiduciaire. Ces textes de Valéry, ici, abondent et surabondent. Lisons en quelques-uns : « Les signes mathématiques ne correspondent qu'à des opérations et à des opérations connues » (II, 74 ; C2, 779). « C'est seulement dans les recherches mathématiques que l'art de prolonger l'existence d'êtres idéaux est cultivé – rarement en musique même » (II, 141 ; C2, 779). On devrait noter ici le refus implicite d'accorder à la philosophie le même pouvoir, le même privilège [contre Platon ?...]. Et encore : « L'indépendance des opérations d'avec leurs contenus, voilà le fait intellectuel éminent. Quand les contenus sont *créés* par les opérations mêmes, c'est-à-dire quand les opérations remarquées sont désignées, isolées et qu'on en forme les combinaisons, alors on est en mathématiques »[3] (II, 241 ; C2, 780).

Mais Valéry revient toujours, aussi, à la pure fonctionnalité des êtres mathématiques et aux caractères de leurs définitions, ainsi qu'à la pure transitivité des opérations qu'elles commandent. Ainsi : « Faire des mathématiques – c'est-à-dire rendre visible et tangible tout le travail propre de l'esprit sur une question donnée – introduire éléments et opérations en pleine lumière – cela est tout à fait enivrant. Réduire à la quantité pour former les éléments du calcul c'est réduire aux opérations mêmes – et réunir ces quantités par d'autres opérations – tout cela est mouler l'esprit. Les signes mathématiques ne correspondent qu'à des opérations et à des opérations connues » (II, 74 ; C2, 779).

Sans doute faudrait-il ici indiquer qu'il ne s'agit pas de deux attitudes contradictoires. Ni Hume, ni Valéry n'auraient récusé la nécessité logique, rationnellement justifiable de machines à penser, ni bien sûr la nécessité de formaliser et d'axiomatiser ; simplement, et chez Valéry avec une netteté irrécusable, le plaisir que l'esprit peut prendre au contrôle de ses propres opérations est tel qu'il y a quelque répugnance à s'absenter ainsi du meilleur de soi. Et cependant Valéry a très bien défini l'esprit des méthodes impliquées dans l'expression des formalisations de la pensée lorsqu'il définit la méthode par ses possibilités de formalisation objective.

Et l'on savourera sans doute combien cette détermination qu'il va souvent essayer d'éviter pour rester avec acharnement présent à la sensation du travail de son propre intellect est parfaitement décrite par Leibniz lorsqu'il écrit : « J'ai deux machines, l'une arithmétique, l'autre géométrique ; la première tout à fait transportable, fait pour les plus grands nombres des additions, des soustractions, des multiplications, des divisions, *presque sans aucun travail de l'esprit,* par son action propre de machine. La seconde inaugurera, sans tables, sans calculs, sans dessins, une nouvelle méthode de détermination machinale des équations analytiques ; des proportions et transformations des figures ; une méthode de progrès géométrique orienté, autant qu'il est besoin, vers la pratique de la vie ». Leibniz, Lettre à Antoine Arnault, citée par Lucy Prenant – *Les œuvres choisies de Leibniz,* Paris, Garnier, p. 35).

D'autres textes de Leibniz sont d'ailleurs aussi éloquents. Ainsi parlant de la caractéristique universelle, Leibniz indique : « Mais le principal serait qu'elle nous donnerait *filum meditandi,* c'est-à-dire une méthode grossière et sensible mais assurée de découvrir des vérités et de résoudre des questions *ex-datis ;* comme les opérations et formules qu'on apprend aux apprentis d'arithmétique conduisant en même temps pour ainsi dire leur main et leur esprit » (*ibid.*, p. 44).

Valéry précise sa pensée ainsi : « Il y a *mathématique* quand on peut réussir heureusement la substitution d'un système d'actes à un objet de pensée » (IX, 68 ; C2, 795). « L'Algèbre est l'expression réduite aux actes » (XI, 855 ; C2, 803). « Les mathématiques sont l'art de la fonction transitive de l'esprit, dont elles essaient de rendre – présentes, conscientes, de classer, ordonner, exploiter à fond les propriétés de permanence et de variation » (XII, 234 ; C2, 803). « La mathématique pure est une sorte de préfigure, de promesse et de modèle à l'état bienheureux de tous les possibles de l'esprit » (XII, 405 ; C2, 803). « La mathématique est science des *actes sans choses* – et par là des choses que l'on peut définir par des actes. *Faire, pouvoir* sont ses mots essentiels » (XVIII, 202 ; C2, 811). « La mathématique est une manière de penser – une pensée – la seule –

qui *soit* (ou qui puisse être) ce qu'elle *représente* et qui *représente* ce qu'elle *est* » (XIV, 182 ; C2, 805). « Ce qui n'existe que moyennant un NOM n'est guère qu'un NOM » (XXVII, 23) et : « Toute ma philosophie s'est réduite à me passer des mots qui n'ont de sens que par la supposition qu'ils en ont un » (XXV, 456 ; C1, 201).

Refuser donc l'être à toute abstraction, toute position d'abstractions qui sont autant d'arrêts sur la transitivité des vraies opérations mentales : « On voit que ce qui semblait un *Etre* devient une *image mentale*, et par conséquent, *perd* toutes les propriétés *implexes* de conservation, localisation, action, etc., pour ne garder que celles d'une image instantanée. De même, une *abstraction* peut perdre son apparence d'opération faisable ou imitable, pour ne garder que *transitivité*, laquelle est de mon fonctionnement verbal.

Cette analyse s'est imposée à moi comme défense contre les effets du *crédit*, les valeurs fiduciaires excessives – qui entreprennent sur la *sensibilité* générale. La *vitesse* de *réflexe* fait leur pouvoir, de même qu'elle fait la force du *souvenir* » (XXVII, 356-7 ; C1, 217).

« L'élimination systématique de tout ce qui est *parole* est le point capital de ma philosophie », écrit Valéry (IV, 442 ; C1, 395). Tout en fait gravite autour de la fascination que les mots exercent sur l'esprit qui ignore les mécanismes même de son propre fonctionnement. Ce qui implique toujours un principe que nous nommerions peut-être principe de complétude. Nous désignerions par ce terme le postulat valéryen de tenir la totalité des échanges, relations, ensemble des demandes-réponses, C.E.M. comme un système à la fois fini et fermé. Ce qui implique que soit qualifié et représenté comme homogène tout ce qui peut apparaître comme hétérogène. Rien en principe ne doit pouvoir résister à cette exigence méthodologique fondamentale, même si elle demeure tout au long des *Cahiers* un réquisit d'ordre programmatique. Sur ce point aussi on peut regretter que Valéry n'ait pas mieux connu Leibniz, de même qu'il a ignoré Hume. Deux philosophes qui caractérisent très bien les attraits des deux pôles contradictoires de ses « postures » mentales essentielles. Finitude, complétude, complémentarité et clôture sont évoquées et traitées avec insistance. Bornons-nous, ici, à en rappeler l'importance : « Je suis toujours hanté de l'idée de trouver des notions pour la Connaissance générale. Il doit être possible de trouver des notions quasi-quantitatives [c'est-à-dire non numérables mais combinables et mieux combinables que celles fournies par le langage et la logique] – qui contiennent des conditions permanentes de la connaissance et s'étendent à la *perception* comme à la *transformation* » (X, 353 ; C1, 815).

Les principes de cette méthodologie appellent ici un certain nombre de remarques. Elles devraient permettre une sorte de conclusion provisoire. Nous les regroupons sous trois chefs :

1. l'examen du néo-positivisme de Valéry,
2. la double tentation humienne et leibnizienne,
3. l'esquisse de rapports plus subtils de Valéry à la philosophie et la nouvelle importance du « style » en Philosophie.

Abordons, rapidement hélas, ces trois questions :

1. le néo-positivisme de Valéry : Qu'est Valéry ou plutôt que pourrait-il devenir si la recherche, enfin alertée et éveillée par le mouvement de cet esprit, ramenée à l'œuvre, débarrassée des pauvres clichés dont le grand public continue à être la victime se mettait à lire philosophiquement son œuvre, à accepter de cet « amateur » des leçons qui deviendraient très vite magistrales ? Résumons rapidement les points qui surgiraient à coup sûr :

a) en un sens la position de Valéry reste très voisine de celle du Wittgenstein du *Tractatus*, celui qu'on désignait encore, il y a une quinzaine d'années, comme le 1er Wittgenstein. Quant au 2e Wittgenstein nous ne l'évoquons pas ici, et, d'ailleurs, ce qui correspondrait à la deuxième problématique de Wittgenstein – celle des jeux de langage – est intégrée, ou même dépassée par Valéry dans l'ensemble de ses thèmes et de ses analyses. Sa typologie des langages et les « exercices » réitérés à l'intérieur de ces types rencontrent « les jeux de langage » Wittgensteiniens (dans un behaviorisme élargi, non évoqué par Wittgenstein lui-même),

b) l'entreprise valéryenne prolonge les premières interrogations, les premières remarques, par l'évocation de procédés et de méthodes qui sont analogiquement à rapprocher de ce que fera Rudolf Carnap dans son traité de sémantique et surtout dans sa *Logische Syntax der Sprache* (Syntaxe logique de la langue),

c) les intuitions de Valéry, les analyses très nombreuses, la mise en place d'un appareil méthodologique de déduction de tout l'hétérogène de l'existence et de l'expérience à un homogène fondé sur un médium, instrument universel de mesure. Ce médium pouvant être la langue – débarrassée de toutes ses imperfections (les imperfections des langues maternelles). Cette méthode devra figurer, représenter (dit le plus souvent Valéry) l'ensemble des figures et des structures qui relieront dans la continuité l'apparente discontinuité hétérogène des phénomènes corporels, mondains (qui appartiennent au monde objectif) et des faits de conscience, objets, eux, de prises de conscience successives. Mais cet ensemble méthodologique n'est jamais formalisé ou axiomatisé. Ce que Russell et Carnap ont essayé de faire. Si Valéry ne l'a pas fait c'est, sans doute, en raison de son behaviorisme à la fois élargi et intégral. Ce n'est pas simplement la part des règles logiques que le langage contient qui intéressait Valéry mais la totalité traduisible en relations symboliquement exposées des relations C.E.M. Il a nettement indiqué que ce système de relations transcrites dans une langue aux termes homogènes ou plutôt disant ce qui est homogène dans le physique, le mental, le corporel ne serait établi que par des avancées jusqu'ici inconnues de la psychologie et la neurophysiologie. Ainsi dans les *Cahiers,* « Physiologie et Physiologie du langage – Celui qui saura nouer le langage à la physiologie – saura beaucoup, et nulle philosophie ne prévaudra contre ceci » (XVIII, 179 ; C1, 446).

Toute énonciation, toute construction de mots, toute utilisation de mots dans l'exhaustivité des modalités et des modulations de leurs rapports, quels que soient les types de syntaxe ou de sémantique requis, ne relève jamais, à tout jamais que de l'ensemble des lois qui déterminent conduites, comportements et pensées comme expression ultime du système C.E.M. dont les inconnues doivent, aujourd'hui, faire partie de la seule vraie et définitive recherche. La dynamique des comportements contient et explique la variété des usages et des fonctions du langage, y compris l'emploi qu'en font les philosophes, sur la base des ignorances essentielles qui enveloppent leurs travaux et les méprises qui les habitent.

Valéry dira aussi : « Ma visée fut toujours de tout concevoir comme fonctionnement ou produit de fonctionnement.

En particulier, je fais la chasse aux « abstractions substantives », aux soi-disant êtres de raison, concepts et autres figures de la rhétorique philosophique.

Tout, finalement, doit pouvoir se réduire en : 1. « *Ceci que je touche du doigt* en prononçant un Mot ; 2. *Cela que je fais ou mime/en prononçant* un Mot. Ce qui ne se réduit point à ces actes » (XXVII, 359 ; C1 860). Et encore : « Quant à la philosophie, à laquelle je reviens, elle s'est accoutumée à considérer les mots comme problèmes, non de linguistique mais d'essences et de choses en soi. L'observation servant à illustrer, à soutenir, mais non à engendrer les connaissances et leur représentation par le langage – Je crois au contraire que l'essentiel est dans le *faire* et son acquisition.

Ils auraient dû, à mon avis, ne pas considérer dans le langage donné, autre chose qu'un instrument de pratique et de fortune sur lequel il est vain de s'attarder.

Le *langage* est la constitution d'un système quasi organique de transmission et d'échange, à éléments quasi réflexes. Si je fais signe à quelqu'un de venir, ou d'apporter quelque chose, ce signe séparé de la circonstance ne fait venir personne. Mais ainsi séparé, je puis le faire alterner rapidement avec un signe *d'arrêt.* J'aurais obtenu ainsi une contradiction – au moyen de l'indépendance de l'acte avec toute circonstance » (XXIII, 690 ; C1, 724). (Importance absolue de la *circonstance. Cf.* Korzybski *pas de sujet identique à soi*. une logique des occurrences et des circonstances. *Cf.* Piaget : *importance des variables*). C'est dire que le philosophe, *dans le moment qu'il est philosophe,* et *spécule,* est *saisi par une phase de transformation particulière* qui porte sur l'usage du langage *(et non sur l'essence même des choses ou de la pensée).*

« La plupart des problèmes et difficultés « philosophiques » se réduisent à des erreurs sur la vraie nature du langage, et en particulier sur celle qui conduit à isoler les mots et ne tenter de les considérer comme autre chose que des moyens *d'échange* » (XXIII, 805 ; C1, 725) (échange d'information à information, ou encore transformation qui s'élabore en phases et en phrases où l'on passe d'un plan réflexe, moteur, actif à une prise de conscience réflexive qui s'appuyant sur des mots ou créant des mots isole ces mots du processus neurologique et moteur, l'essentialisant, le substantifiant et créant par une sorte *d'arrêt* sur le parcours du processus : stimuli-réponses, demandes réponses, l'illusion que le *fiduciaire* est *réel,* est *le réel.* « On donne par exemple au mot *Réalité* une vertu propre, isolable -- quand il n'y a qu'à observer pour voir

1. que c'est un membre de contraste,
2. que celui qui s'en fait une idole lui communique visiblement sa propre excitation et emprunte à la table sur laquelle il frappe une sensation d'existence qu'il *transporte* inconsciemment et verbalement à quelque objet... verbal toujours contestable » *(ibid.).*

2. Leibniz ou Hume : Notre étude a été jalonnée de références constantes à deux projets : celui de Leibniz, explicitement désigné par Valéry, celui que nous avons caractérisé par l'épithète de humien, même si ce mot et celui de hume n'ont jamais été utilisés. Disons, pour resserrer ce qu'il faudrait d'autres développements pour justifier, que, si le projet d'une nouvelle et autre caractéristique universelle a été souvent décrit par Valéry, il nous a semblé incompatible avec le primat d'une sorte d'hyperconscience, tenant pour insupportable le spectre contenu dans la pensée aveugle d'un système méthodologique qui impliquerait de suspendre toute présence de l'esprit à la maîtrise vigilante de toutes ses opérations. Dilemme spécifiquement valéryen : tentation du système et de la construction d'un appareil formel libérant l'esprit du contrôle, qui finit par épuiser sa capacité nerveuse d'attention : impossibilité pour la pensée d'abandonner sa passion d'être présente à soi, transitivité absolument nécessaire, incompatibilité entre le formalisme algébrisé d'un modèle définitif du fonctionnement de l'esprit et la nature même des exercices spirituels valéryens – Les exercices spirituels et matutinaux d'un Valéry qui reprend possession de soi quotidiennement, font de lui le héros d'une aventure intellectuelle qui remplit tout à fait la mission que Husserl assignait, parmi d'autres, au philosophe : être un commençant perpétuel[4].

3. Ne serait-il pas possible, enfin, de découvrir en filigrane, quelque fois, explicitement, plus rarement, une attention, que Valéry, assignerait à la philosophie : une vocation nouvelle, une fonction qui l'intégrerait aux tâches de la pensée efficace. Valéry en effet a écrit que « la philosophie est aussi l'art de ramener l'esprit à lui même » – Comment ? D'abord : 1. *par la prise de conscience* du caractère essentiellement transitif, opératoire, fonctionnel et objet de transformations essentiellement subjectives (C.E.M.) des mots (rien en eux qui disent l'essence des *choses* – (cf. la critique de la *chose en soi* chez Valéry et l'infléchissement du sens kantien) : ceci n'est possible que chez celui qui accepte le traité *valéryen* de la réforme de l'esprit ; 2. intérieurement à la philosophie : avant toute réforme valéryenne, et, même, indépendamment de cette réforme. Ainsi : « La vraie valeur de la philosophie n'est que de ramener la pensée à elle même, ce qu'elle fait parfois *sans le vouloir, ni le savoir,* par le détour de ses inventions, qui, plus aventureuses sont-elles, ou bien plus symétriques et ordonnées, éclairent d'autant plus la nature mentale propre et le mode de production et de développement de l'esprit comme *fonction* particulière – et pas du tout comme représentation conforme de ce qui est, – *et n'est pas lui* » (XXIV, 82 ; C1, 728).

Peut-être aussi conviendrait-il d'indiquer que, en philosophie, autant qu'en littérature le *sens* si souvent cherché, si souvent oblitéré, si souvent apparemment absent, trouve son plein développement par le style, dans le style, seule vraie antidote au « non-sens » dont la philosophie paraît être la matrice nourricière – N'est-ce pas Deleuze qui implicitement répondrait à cette attente lorsqu'il écrit dans *Le Magazine littéraire* (septembre 1988) : « Le style en philosophie c'est le mouvement du concept (...) Le style, c'est une mise en variation de la langue, une modulation, et une tension de tout le langage vers un dehors (...) On écrit toujours pour donner la vie, pour libérer la vie là où elle est emprisonnée, pour tracer des lignes de fuite. Pour cela il faut que le langage ne soit pas un système homogène, mais un déséquilibre, toujours hétérogène : le style y creuse des différences de potentiel entre lesquelles quelque chose peut passer, se passer, un éclair surgir qui va sortir du langage même, et nous faire voir et penser ce qui restait dans l'ombre autour des mots, ces entités dont on soupçonnait à peine l'existence. Deux choses s'opposent au style : une langue homogène ou, au contraire, quand l'hétérogénéité est si grande qu'elle devient indifférence, gratuité, et que rien de précis ne passe entre les pôles » (p. 19). Et encore : « Les philosophes apportent de nouveaux concepts, ils les exposent, mais ils ne disent pas, ou pas complètement les problèmes auxquels ces concepts répondent. Par exemple, Hume expose un concept original de croyance, mais il ne dit pas pourquoi et comment le problème de la connaissance se pose en sorte que la connaissance soit un mode déterminable de croyance. L'histoire de la philosophie doit, non pas redire ce que dit un philosophe, mais dire ce qu'il sous-entendait nécessairement (*nécessairement pour lui,* c'est moi qui souligne), ce qu'il ne disait pas et qui est pourtant présent dans ce qu'il dit » (p. 16).

NOTES

1. « Il ne serait pas inutile d'établir des séries de convergences entre les procédés ou « contrôles » valéryens et les méthodologies de certains philosophes et épistémologues. Une étude devrait être tentée qui :
1) rendrait compte des analogies entre la vérifiabilité valéryenne et le primat cartésien de l'évidence dans ses deux requisits de clarté et de distinction,
2) mettrait en relief, dans l'*Enquête sur l'entendement humain* et surtout dans le *Traité de la Nature humaine* de Hume, combien le présupposé de la présence continue de la conscience à ses états est commun à Valéry et au philosophe écossais. Sur les analogies entre Descartes et Hume, d'ailleurs, restent toujours incisives et éclairantes les remarques proposées par Jean Laporte (in *Le Rationalisme de Descartes,* PUF, Paris, 1948),
3) indiquerait les points de rapprochements et, là aussi, plus nettement, les divergences entre la vérifiabilité valéryenne et la falsifiabilité de Karl Popper,
4) analyserait combien la méthode d'examen valéryenne est voisine de celle de Wittgenstein. Encore que l'approche par Valéry de ces problèmes s'adosse constamment à un authentique, spécifique et singulier « behaviorisme » (cf. le système C.E.M., qui est absent de « l'analytique » de Wittgenstein,
5) enfin une réelle convergence se manifeste entre le « système » valéryen et les écoles dites de « sémantique générale », dont le chef de file fut Alfred Korzybski. Le projet fondamental de celui-ci fut une entreprise de réforme complète de la logique ou des logiques, dont l'âme lui semblait avoir été et continué à être la logique aristotélicienne. La logique de l'identité a procédé à l'analyse des conséquences philosophiques d'observations proposées par ces linguistes, et, à certains égards, logiciens, que furent Worf et Sapir. L'examen de la position valéryenne devant la logique aristotélicienne et les « logiques » en général se dessine en filigrane dans son « système » et fera l'objet, par nous, d'études ultérieures. La *General Semantics* de Korzybski n'a pas été, pour l'instant, traduite en français.
2. Valéry indique ici, même si cette opération n'est pas explicitement désignée et théoriquement et dogmatiquement analysée et justifiée, les mécanismes et les modalités « d'extraction » des catégories aristotéliciennes dont l'action joue dans une indivision, pour certains naturelles, entre les formes du jugement et les structures propres à la syntaxe de la langue grecque. Cette communauté sera dénoncée, on le sait par Trendelenburg, Benveniste et sous un aspect très « révolutionnaire » par A. Korzybski et son école de sémantique générale. On notera ainsi que les critiques adressées par certains post-kantiens et néo-kantiens à la déduction transcendantale des concepts purs de l'entendement porteront sur le caractère empirique et non vraiment transcendantal de cette « extraction » qui, à partir des formes du jugement déposé dans les structures de la langue, ôte à la déduction la spontanéité, apanage essentiel de l'entendement par opposition à la passivité de la sensibilité.

3. La séparation des opérations de leurs propres contenus est le trait essentiel de l'algèbre et de toutes les formes d'analyses. Mais la formalisation et la symbolisation codifiée des opérations est le point de départ de possibilités de « calculs logiques » qui permettent justement la « mise en congé » de l'attention consciente et du contrôle qu'elle voudrait ne pas vouloir abandonner. Mais disons que la tentation de la « philosophie » valéryenne oscille entre deux pôles. Pour être bref disons le pôle « humien » et le pôle « leibnizien ». Ces deux tentatives ont pour but et pour fonction le souci de la vérification. Mais l'un, dans la postérité « cartésienne », si du moins on accepte la bien remarquable interprétation de Jean Laporte dans *Le Rationalisme de Descartes* – place tout effort de vérification dans la présence de la conscience-mind à ses propres contenus ; lorsqu'il s'agit de revenir de l'usage d'un terme au type de conscience qu'on en a – éliminant toute notion qui ne pourrait faire l'objet d'une telle expérience. L'autre – Leibniz – estime que la pensée pourra confier certains de ses travaux au caractère « aveugle » de mécanismes dont l'esprit se déchargera.

   Jean Laporte dans le *Rationalisme de Descartes* (PUF, Paris, 1946) a placé l'essentiel des aspects méthodologiques de l'attitude cartésienne dans la postérité directe de l'empirisme de Hume. Descartes, contre Leibniz, est pour lui le philosophe hostile à tout procédé mécaniste d'instauration de machines où la « pensée aveugle » autorise la conscience et ses contrôles à se « mettre en congé ». Cette position permet à Jean Laporte d'introduire l'idée d'un « empirisme » cartésien qui reposerait sur la priorité accordée à la présence du contenu de conscience contre tout formalisme notionnel dont la virtualité exclurait les procédés de vérification analysés par Hume. Leibniz, Boole et son Algèbre ou le « piano mécanique » de Stanley Jevons seraient accusés des mêmes fautes, dont Hume et Descartes se seraient en quelque sorte prémunis, ainsi, bien sûr, que Valéry lui même.
4. Même si cette formule peut aussi définir le style de certains radicalismes – les tentatives de philosopher sans présupposés : Descartes, Hume, Husserl lui-même.

Ned BASTET
Université de Nice

« PENSER CE QUI N'EXISTE PAS »

Les aventures de la Raison ne sont pas toujours innocentes ni l'exigence de rigueur exempte de troubles secrets. Sans doute conviendrait-il de lire dans le même temps, et comme en contrepoint, un certain discours philosophique dans la cohérence apparente de ses articulations et de son procès et cet ailleurs de la pensée qui, par en dessous, dans la pénombre des instincts, j'entends ici les plus constitutifs de l'être, la sous-tend, la commande et lui communique la vibration de son pathos secret. Ainsi de l'intellectualisme valéryen – mais il le sait lui-même : « Oui, soit, répond-il dans un des *Cahiers* à un article de L. Lavelle, « intellectualiste », mais c'est chez moi (sinon chez d'autres) une forme de *sensibilité*. Mais alors, ajoute-t-il, le jeu et le chaos recommencent. » (1)

Il s'agirait donc de mettre en lumière ce jeu et ce chaos qui perce, reconstituer une singulière dialectique de positions et de négations successives, d'inversions et de retournements, qui pousse en avant dans un dynamisme irrépressible mais aussi dans une croissante inquiétude, jusqu'au blasphème final du Solitaire contre l'Esprit, une démarche qui s'était d'abord voulue d'un strict positivisme. Dans cette quête d'une ontologie sans Etre (en parallèle à celle d'une « mystique sans dieu ») qui me paraît comme secrètement aspirer le bondissement de cette pensée, je ne voudrais retenir ici que les deux moments initiaux : la rencontre brute de l'être donné (qui, partant du choc premier de la sensation, conduit au douloureux sentiment d'une sorte de dérobement de l'être) – et l'intervention décisive de l'intellect qui tente, en annulant le réel, de lui substituer l'acte du seul Moi – en attendant que cet acte même, bientôt remis en question, ne relance encore le questionnement et la quête d'une conscience trop lucide, impitoyable et affamée.

La Sensation donc d'abord – la rencontre avec ce qui « est ». Point de tentation idéaliste ici : le monde est déjà là, et c'est précisément son tort. Le Moi s'éveille en s'y heurtant dans l'entre-deux trouble de la sensation et le perçoit d'emblée, non comme invite, don, site naturel où s'installer, objet de connivence mais comme altérité pure, résistance surtout. « Le réel, écrit-il, est ce qui résiste. A quoi ? A moi » (2). Au départ, cet absolu – l'être-là de cette sensation, le seul réel : « La sensation pure et simple est le *réel* et rien d'autre ne l'est (...) *C'est ce qui est plus fort que moi*. Le réel est essentiellement présent » (3) – seule présence qu'il reconnaît « instantanée /.../ incontestable, inimitable, indescriptible » (4). Rien en-deçà de cette sensation par quoi tout commence ». Le réel est ce qui a puissance de sensation /.../ la véritable chose en soi... l'étalon d'existence » (5) – la « réalité absolue » (6). Elle apparaît, et c'est son signe, dès l'abord étrangement dérangeante, « gênes, dit-il, dans le cours naturel *d'ensemble* » (7) de notre neutralité sensible et se manifeste par « des signes organiques profonds ou superficiels /.../, modifications sensibles, vulnérables » : ce sont réponses de notre corps à quelque question du monde qui nous échappe et qui doivent s'interpréter comme simple « intervention », c'est-à-dire, selon la terminologie valéryenne, sans lien intelligible entre l'effet, et sa cause qui demeure inconnue.

Point de départ absolu, brêches dans une nuit insaisissable : « *Sentir* commence, précède et achève tout. Et *donc* est *tout*. Par quoi il est impossible d'aller en-deçà et au-delà de ce *mot*. Un *mot* qui est un *point limite* ou bien un réflecteur total qu réfléchit tout et n'absorbe rien » (8) – « surface » (9) mais aussi déjà « texte et intermédiaire /.../ comme la vitre, croyant toucher au travers, vitre avec transparence et relets mêlés qu'il faut séparer – sa réfraction, sa déformation, etct. » (10), si bien, ajoute-t-il, que « tout est interne parce que la frontière s'éloigne » (11) et que la réalité, à la limite, ne serait en définitive que « l'effet produit par l'état naissant des choses », quand elles sont encore « trop jeunes » (12). Mais « il suffit de s'arrêter sur le réel pour le changer en songe » (13), la pure sensation ne luit que dans l'instant premier et nous lui imprimons sitôt notre dérive.

C'est que l'esprit cherche en ce réel brut ce qu'il a pour caractère essentiel de ne pouvoir donner. L'objet de la sensation « est ce qu'il est – Ne *demande* rien et ne *donne* rien. En équilibre sensible ou sensoriel parfait » (14). Nous nous heurtons à l'absolue mutité du monde qui n'a rien à nous dire » : « Le réel est muet. Ne signifie rien. La sensation ne dit rien. Elle domine ou disparaît. Des *faits* ! Équimacules. » (15) et « *Ce qui est* est *ce qui n'a pas besoin de moi* » (16), se refuse à mon langage, à ma prise, à mon besoin d'appropriation, d'interprétation, « détermine entièrement » l'acte de ma pensée et réduit à zéro « son degré de liberté /.../ son possible » (17).

« Cela *est*, dit-il encore, qui se dérobe et pour autant qu'il s'y dérobe, à l'étreinte. L'être est (par définition) ce que je sens d'impossible à saisir » (18).

Or rien de moins supportable pour nous que d'en accepter la radicale in-signifiance, de n'y point projeter notre besoin de signe mais, tout indûment, comme le dit le cahier (inédit) « Saure » : « Consentez, rendez-vous à bien comprendre – et *même à le vouloir* – que ce qui est ne rime à rien, n'a aucun *sens*. Et c'est en quoi il est.

En effet, s'il eût un sens, il ne serait donc qu'un *signe*, mais un signe suit toujours une convention (et on ne voit pas cette convention). Une fois ceci bien saisi, tout devient – ce qu'il est ». Cet « Absolu » (19) n'est que silence cependant qu'à l'inverse tout ce qui n'est pas « entièrement soluble en *sensations* » n'est, dira-t-il, que « littérature » (20). Mais il est vrai alors que « le réel par lui-même n'a aucun intérêt /.../. Le réel pur est inutilisable. Il n'a aucun avenir /.../ insaisissable /.../ matière amorphe » (21), que c'est par delà lui que « la discussion commence avec *le Signe* et autres valeurs »(22), cependant qu'au ras de notre vrai contact avec lui, « le monde... ne signifie rien » (23), s'enferme dans « le non-langage, le non-symbole, le sans-nom » (24).

Surface opaque et sourde, le réel définitivement se dérobe à mon esprit, oppose sa nudité informe à son besoin de signifiance et à son exigence d'ordre et de cosmos, le pullulement, le « grouillement » de ses « équimacules », un chaos qu'on ne peut même pas dire hasard car ce serait lui attribuer quelque infraction à un ordre présupposé. Par dessus tout, il dresse face à nous son « étrangeté » et, abrupt, son arbitraire : « Toute chose qui est, si elle n'était, serait énormément improbable » (25) et comme « tirée au sort ». Nous regardons avec stupeur ce brouillard – ou ce « rideau de théâtre » – qui nous semble masquer le vrai paysage, mais celui-ci tout inconnu : « J'essaye, dit-il, de « comprendre » – de contenir ce qui me contient. J'essaye mille combinaisons – et ceci et cela. Et par l'idée et par l'analogie. Parfois je regarde cet univers comme un rêve – et je tente de deviner quelles choses réelles en sont la substance éveillée – Si l'on s'éveillait de ce qui est ? ». Mais il sait trop bien que c'est la veille qui définit le rêve et que nous ne rêvons par le réel. Reste cet esseulement ahuri de celui qui, dira un fragment de *L'apocalypte Teste*, « sent trop fortement non tant le néant que l'arbitraire de tout » et se réduit à « un étonnement et un sursaut – comme non fait pour être ce que tu es » (26).

Plus encore, cette intensité de présence nue, d'altérité infinie semble à certains moments comme absorber tel un corps noir l'observateur lui-même, le réduire à néant, l'enfoncer dans son épaisseur ténébreuse, le regarder à son tour jusqu'à la fascination : « La sensation d'un état actuel des choses, écrit-il, est presque insupportable. La station du regard et bientôt la sensation bizarre d'être d'abord *autant* regardé par les choses que les choses le sont par soi -- puis, de l'être – bien davantage, infiniment plus – car il y a toujours finalement plus de *puissance* des choses que de *puissance de soi* » (27). Sans doute pareille expérience d'hypnose hagarde n'apparaît-elle que par brusques déchirements, « aux fissures et lacunes d'un système », celui de notre « connaître » habituel qui nous aide à voiler la face médusante des choses.

Mais cet entre-aperçu de l'être pur, ces instants fugitifs où s'amenuise le tissu familier de notre « connaissance », nous affrontent d'un coup à une sorte d'intuition négative, à un noir absolu, à un évanouissement : « L'impossibilité de ce qui est, sentiment assez fréquent chez moi » (30) ou encore « rien ne me paraît moins nécessaire que ce qui est » (31).

C'est qu'à la vérité un Ego qui s'éprouve au centre caché du Tout, ne peut se percevoir dans son ipséité spontanée ou, du moins, ne saurait s'accepter que comme unique fondement – le seul légitime et le seul nécessaire – de l'exister même du Monde.

« Je ne comprends que ce que j'invente ; et il y a bien des choses que je n'eusse pas inventées » (32). Mais il n'est rien justement en ce monde qui soit œuvre, émanation et reflet de ce moi. Écoutons l'étonnement scandalisé qui le confond devant l'altérité pure de ce Tout : « Tu n'es pas moi. Car rien n'est... *moi*, ô *Moi* ! » (33). Le péché essentiel de l'être donné-là est de n'être point consubstantiel à ce moi qui le regarde, les ponts sont coupés, nul échange, nul va et vient entre cet Autre infiniment Autre et une conscience qui ne peut s'accepter que comme auto-suffisance. L'être refusé au monde va dès lors refluer dans la seule affirmation du Moi, dans « ce fond de (son) être étranger à toutes choses » (34) mais qui se perçoit nécessairement comme le seul fondement du Tout – le seul, veux-je dire, qui le légitimerait. Encore faudrait-il ajouter que, dans cette dérobade absolue, ce Moi lui-même semble parfois à son tour défaillir, s'effondrer dans un doute, qui n'atteint pas seulement tout ce qui se manifeste dans ses déterminations singulières mais jusqu'à la racine ontologique, à l'authenticité de son existence : « Rien ne prouve que ce que nous appelons notre Moi /.../ ait une existence absolue... et ne soit pas un effet, une production de la sensibilité générale corrélative du *non Moi* et ne soit rien de plus profond que peut l'être une condition de fonctionnement... » (35).

Ainsi, l'exister par lui-même, qu'il se manifeste comme heurt aveugle contre ce mur du dehors ou dérobade soudaine du substrat intérieur, ne se manifeste au départ chez Valéry que dans le choc d'une présence qui aveugle, dans le froid soudain « sur les épaules » d'une « sensation panique » presque « impossible à soutenir » (36) – « Rien de plus *incroyable et inconcevable* que l'existence » (37) – rien qui plus directement le jette aux affres d'un cul de sac, à l'angoisse de la « chute » dans l'être.

Et c'est ici qu'intervient un premier renversement décisif, où le Moi, « furieux d'être pris dans cette affaire d'être sans l'avoir voulu » (38) et convaincu que « tout est permis contre cette combinaison, le Monde, où on l'a entortillé », va entreprendre par tout moyen – et d'abord par celui qui lui paraît le plus efficace, l'intellect – de substituer à cet Etre-Néant un espace qui, lui, soit habitable parce que connaturel, par ce double procès de destruction et de recréation qui est pour lui la fabrication de l'idée, ce « réel de seconde espèce qui efface l'oppressant et l'inutilisable de celui auquel il est d'abord contraint. La raison d'État justifiera le terrorisme intellectuel mais ce ne sera jamais que développer logiquement, systématiquement, la stratégie d'une vaste opération défensive :

« N'oublie pas que l'homme ne fait jamais que se défendre... contre des circonstances ou des conditions créées. L'action la plus originale, l'entreprise la plus neuve et la plus hardie, le forfait le plus gratuit (et, faudrait-il ajouter, toute l'entreprise de l'intelligence) – ne sont que des réponses qui se font à quelque piqûre profonde. Et l'être bondit loin de Dieu » (39).

Quels que soient, selon Valéry, le mode d'apparition et l'essence de cet esprit qui n'est qu'un « aspect modulé » de notre sensibilité profonde, « un moment de la réponse du corps au Monde » (40), c'est d'abord dans cette fonction de réponse nerveuse quasi immédiate que le perçoit Valéry, si bien que le Tout lui-même apparaît d'emblée non point tant présence objective affrontée et répondue que partie intégrante du ré-acte qui se déclare dans le Moi, modalités et modifications singulières de son être à lui.

« Intelligent ? », se demande-t-il. « Non, nerveux, nerveux. Tout réflexe. /.../ Tellement que le Monde, tout le réel, toutes les choses, il les sent, les traite en réactions nerveuses de son être, en réponses, en détentes et développements finis. /.../ L'univers est compris sous le sigle R » (41). Si, en un sens, l'esprit commence théoriquement par un « arrêt » (« comme celui de l'animal arrêté par une glace » (42)) où l'homme se ressent « absorbé, en arrêt, en *opposition*, au sens astronomique ! » (43), cet instant du face à face est quasiment fictif tant la réponse de l'esprit se fait instantanément active, appropriatrice et « annulatrice » tout à la fois. Ce qui apparaît dans cet acte immédiat, ce n'est donc point l'être du Monde qui solliciterait une attention, une écoute, une volonté d'adéquation, mais, d'entrée de jeu et à l'état de réflexe, le bondissement d'une « *energeia* » de l'esprit qui prend les devants et qui agresse, d'un instinct de saisie qui veut faire du Monde opposé sa proie pour la convertir en sa substance :

« Il y a des jours où je me sens, devant les choses qui viennent aux yeux ou à l'esprit, comme un tigre ou un condor devant l'espace ou la jungle – presque *trop prêts*, surabondants, en charge d'énergie, encombrés de leur ressort et le ressentant jusqu'aux extrémités. J'y vois une réaction violente... d'*élimination*, de séparation, du type Moi/Non Moi qui est *l'acte de notre essence...* » (44). Foyer tout puissant d'où fuse l'énergie en même temps que centre convergent d'imparables organes prédateurs dont s'enivre ce texte destiné à l'*Apocalypte Teste* : « Une Tête – un implexe formidable enfermé – une Tête munie des moyens et modes de développements et de transformation les plus variés (...) excitant un réflexe tout spécial, le *réflexe du Carrefour* dont le centre est le *Moi pur*, le n° 1 » (45). Sans doute prend-il réflexivement conscience que ce primat n'est qu'illusion (« L'esprit, avouera-t-il, ne doit pas être plus « universel » que l'être qui le supporte. Il ne semble l'être (pour soi-même) que par ignorance, impuissance de reconnaître son extrême particularité. ») (46) mais cette « illusion » d'être à part et origine lui est essentielle : il est de l'essence de la conscience de se sentir avant tout comme un trop, un surplomb du regard et un excès d'activité créatrice : « Il semble que nous ayons plus d'esprit que nous n'avons d'« être », plus d'esprit qu'il n'en faut pour n'être que nous » (47). D'où ce trop-plein d'activité transformatrice, ce besoin de reprise, de réemploi, de recréation, cette ivresse de l'homo à « exercer tout pouvoir qu'il se sent », comme « les enfants qui touchent à tout ». « On croit, poursuit-il, que les choses l'attirent et qu'il en est curieux. Mais ce sont les pouvoirs de toucher, de manier, de modifier qui, bien plutôt, le travaillent et prennent les choses pour prétexte /.../ » (48). Non seulement « il suffit d'observer autrement que d'autres pour que cela soit comme invention » (49) mais toute perception engendre en fait en cet esprit qui s'éprouve d'abord comme projet d'une énergie en acte la fascination démiurgique de répétrir, recréer, « la tentation d'en faire quelque chose... Que faire d'une montagne ? » (50).

Ce n'est pas assez dire : il ne suffit pas de transformer les choses dans l'instant et par l'acte qui les appréhende. La visée unique est de les changer entièrement en soi, dans sa substance, de leur imposer la forme où l'on se ressent et l'évidence d'être devenues choses de soi, d'être devenues soi :
« Le pensement le plus personnel. Tu n'épuiseras pas le Monde. Mais toi-même. Et c'est l'important car le Monde ici veut dire l'informe (c'est le contraire du cosmos). Mais tu es ta forme et tu n'en sortiras pas /.../ Tu pressens ta forme, tu ressens les forces de cette forme. Puisque tu es né, il faut changer en elle et en ta substance ce qui t'entoure » (51).

On ne saurait affirmer son être propre que par le refus radical de celui du réel, ce que dit clairement le dialogue de l'*Idée fixe* :
– « Pourquoi ne voulez-vous pas consentir à ce qui est ? »

– « Parce que ce serait cesser de consentir à être. » (52).
L'être, à vrai dire, ne se partage pas. Il faut bien devenir le dévorant ou le dévoré.

L'Intellect n'aura donc de cesse qu'il n'ait vidé toute chose de ses conditions et modalités d'existence propre pour lui faire assurer son propre statut, qu'il ne l'ait « dé-réalisée », énuclée de son noyau opaque d'objet existant : « Penser, écrira-t-il, c'est s'écarter de ce qui est, former autre chose qui n'est pas et subir ou exploiter les propriétés de *ce qui n'est pas* » (53).

Ce n'est pas le Moi pur seulement, c'est la conscience active d'abord qui ne peut se prononcer et se déclarer que contre le Tout, « en opposition totale et contraste essentiel avec le quoi que ce soit » (54). Elle aussi peut se prétendre « refus universel » (55), « le contre Tout » (56), « la propriété de résister à l'action de l'univers » (57). Si la caractéristique de l'être du Monde était de s'éprouver à la mesure de la résistance qu'il opposait au Moi, l'esprit à son tour ne peut se reconnaître dans sa nécessité et son droit à être que par son pouvoir concurrent de résistance et, finalement, d'englobement et d'annulation. « Le ciel étoilé nous réduit à zéro, mais *fermer les yeux* réduit à zéro le ciel étoilé. Nous sommes à deux de jeu. » (58).

Fermer les yeux – ou, pareillement, les ouvrir puisque regarder ou penser le Monde, c'est déjà en fait le réduire à merci, pousser à terme sa visée d'« élimination première » (59) d'une réalité qu'il ne peut « sciemment ou non souffrir » (60). C'est la passion secrète de l'Intellect qui a besoin, d'abord, de réduire cette présence foisonnante et multiforme à un ensemble, à un bloc homogène et opposé, à cet « univers » qui n'est en soi que fiction mais qu'il rameute de force dans l'unité d'un Étant pour pouvoir s'y opposer à son tour en tant qu'acte unique et continu d'une Égoïté qui ne s'affirme, par-delà sa propre fragmentation et ses risques d'évanescence, que par l'énergie de son refus et le totalitarisme de son Fiat recréateur. Passion jamais aussi hardiement et clairement affirmée que dans ce très beau texte de « Tel Quel » :

« La passion de l'intellect veut tout abolir par l'acte de tout reconstruire. L'esprit invente l'« Univers », afin de pouvoir d'un seul coup, d'un seul *mot*, affronter, enfermer et donc consommer toutes choses. Il suppose l'Unité, dont il a besoin pour adversaire bien défini. Il cherche à tout résumer dans une seule « loi », comme cet empereur souhaitait que le genre humain n'eût qu'une seule tête /.../. Les autres font de l'Univers un système complet en soi-même, qui leur semble toutefois se chercher dans leur pensée une expression finale et symétrique de ses transformations, une sorte de figure mentale suprême : comme si, la multitude des phénomènes accomplis une fois représentés à un instant, dans un instant, par un instant, – on pût ensuite – ou bien... *mourir en paix*, ou bien commencer à s'occuper sérieusement de quelque objet, – moins futile et moins particulier que... *ce qui est.* » (61).

« Tout abolir pour tout reconstruire » – substituer à l'opacité de l'étant la transparence propre de l'intellect, à l'indubitable et inconcevable » de cet être-là qui « ne peut s'exprimer que par l'absurde » (62) un autre indubitable mais concevable, celui-là, qui est celui de mon acte mental, installer l'être que je crée dans le vide conquis sur l'être d'abord donné, s'ouvrir un libre espace dans le « ce qui n'existe pas », telle est pour Valéry l'activité essentielle, obstinée, récurrente de l'intervention de l'esprit dans le Monde, tout occupé, dira-t-il, à « montrer vrai ce qui n'est pas /.../ et à faire faux ce qui est » – ou, d'une seule et décisive formule : « L'objet propre, unique et perpétuel de l'esprit est ce qui n'existe pas » (63).

« Je pense donc je ne suis pas – je me distingue de tout ce qui est /.../ La conscience est division » (64). C'est précisément se constituer un autre lieu que celui de l'être, ce qu'il appelle « l'espace de l'esprit » où s'ouvrent mille et mille fois plus de chemins qu'il n'en faut », soustraire au monde cette sphère fermée, sans « fissure », « enceinte bien close », univers sécurisant et de pure indépendance puisqu'on y est qu'entre soi et soi, ce grand cercle « de la connaissance » en liaisons indirectes, « occasionnelles », dira-t-il, et toujours abolissables avec le « petit cercle de la sensibilité brute – réel pur » (65), là où « Rien alors n'a d'importance » (66) – « anti-vie », « anesthésique » (67), pur espace intérieur où abriter « le corps de son esprit » (68), « comme les maisons que se sont construites les hommes pour s'abriter des hasards du ciel. » (69).

Si « tout être pensant rêve de domination universelle » (70), il ne l'obtient, illusoirement, que dans cette île intérieure et sur son monde d'esclaves, ses « idées », produits de quelque transmutation quasi magique et forcenée de l'opaque réluctance du réel en dociles schémas mentaux – et il n'est personne plus conscient que Valéry lui-même et de ce processus et de sa secrète finalité : « Mon mouvement le plus désespéré, le plus certain fut celui qu'exprimaient pour moi seul et sans autre rigueur, ces mots : tout par l'intelligence, tout remplacé, combattu, attaqué, défendu par l'intelligence – ce nom, quel sens s'y attachait ? Il est certain que j'appelais d'abord ainsi le pouvoir de changer l'eau en vin /.../ la volonté de supprimer /.../ ces formations, (qui) étaient contre moi /.../ Il y avait quelque chose d'une religion dans ce propos. » (71). Stratégie découverte dès l'enfance qui substitue à la défaillance de l'énergie musculaire la promptitude du « réacte » intérieur et nerveux et devenue besoin, besoin pathologique : « Mon vice fut de tout faire et de me défendre de tout par des idées. Trouver *l'idée*. Tout ce qui n'est pas idée et qui ne se répond et ne se termine par cette création instantanée de cette espèce m'est insupportable. » (72). Il suffit alors de s'en tenir strictement à ce que l'on sait toujours pouvoir, fantasmagoriquement, dominer, plus concrètement encore « dévorer » et convertir en sa substance : « Tout ce que l'homme peut délimiter, circonscrire, devient tôt ou tard sa proie » (73), « je dévore par la pensée ce qui est de la nature de la pensée. Le reste m'échappe et je ne le poursuis point. » (74) : A l'angoisse d'un affrontement voici que se substitue la volupté tranquille d'une auto-susception, la quiétude d'une autophagie indéfiniment et réversiblement « toujours recommencée ».

C'est qu'ici – et tel est le miracle valéryen de l'« idée » et le principe essentiel de sa noétique – comprendre un objet réel c'est le réduire schématiquement à la somme d'actes miens, et ces actes, nous le verrons, imaginés, mimés, « potentiels » – par lesquels je puis me percevoir le fabriquer ou, plutôt, en fabriquer quelque équivalent ou substitut qui me soit concevable, c'est-à-dire imaginable en fait –, lui imposer une « modélisation » dans un système d'images par moi secrétées et qui viendrait comme se plaquer sur son mystère nouménal « et sur l'insaisissable de sa « présence ». L'intellect chez Valéry n'est rien d'autre que ce pouvoir de « produire la résolution ou annulation par substitutions mentales » (75) de ses objets, « résolution » qui tend, ajoute-t-il, à tout remplacer par des actes ou des systèmes d'actes – l'acte le plus général en ce sens étant le retour à un état antérieur, l'annulation » – ce qui revient, en résumé, à « donner » à toute chose « une solution en nous /.../ qui me justifie quant à elle, l'annexe... » (76)..

Il conviendrait de pouvoir s'arrêter ici un moment et d'aiguiser l'analyse de ce processus appropriatif qui ne va pas sans quelque ambiguïté : contentons-nous d'en schématiser le mécanisme, tel que ne cesse de le définir Valéry dans son questionnement sur les principes et la limitation de toute connaissance. « Comprendre complètement, dit-il, c'est pouvoir reproduire la chose non comme écho mais comme acte de soi /.../ C'est là faire mon fait » (77). C'est combiner au plaisir sadique de la dévoration l'ivresse ludique de jouer avec l'impondéré, d'essayer tour à tour tous les masques de l'esprit » – « lequel n'est qu'une propriété d'être sans être, de faire sans faire, d'animer et d'inanimer » (78). Dans ce « théâtre de solitude » où cet esprit se veut souverain metteur en scène, le voici qui jouit de ses simulacres, de sa dextérité à faire jouer ses marionnettes dans lesquelles il perçoit bien et reconnaît ses propres doigts.

Car si « comprendre, c'est savoir faire » (79), comme il est dit à satiété, si « j'ai compris cet objet quand je me le suis expliqué par un système d'actes miens » (80), comprenons qu'il s'agit d'actes imaginaires, d'une mimique ressentie à vide comme les gestes imaginaires de l'esprit qui n'emprunte au corps que des schémas moteurs et la sensation d'énergie naissant de ses actes et nullement d'imposer ces actes au réel : c'est le miracle de cet acte potentiel qui nous arrache à la fatalité de l'irréversibilité du Monde.

« L'acte réversible, dira-t-il lyriquement, est le chef d'œuvre de la nature – ce pourquoi elle termine son ouvrage et le remet aux mains de l'esprit /.../

Mais cet acte – le pouvoir de cette invention, le pouvoir

Le *ce qui ne compte pas*. Invention prodigieuse.

Faire le même acte à vide et en charge.

Toute la pensée développée revient à ceci. Faire le *ce qui ne compte pas*, ce qui n'engage pas... » (81). Mais, précisément, il n'est rien de commun entre faire un acte à vide et le faire « en charge » : l'esprit, reconnaît-il, est ce « grand Simulateur » qui déréalise toute chose pour n'en faire que les gestes imaginaires de sa mécanique intérieure. Il lui suffit de procéder à « la substitution d'un simple élément reconnaissable /.../ à la chose complètement connue » (82) après l'avoir soumise à quelque « préparation » préalable dans son laboratoire qui la réduit à un schéma mental : « La préparation, précise-t-il, consiste à la traduire ou à la représenter par des éléments maniables simplifiés » (83) – mais « maniables, une fois encore, par la gestuelle imaginée de l'esprit ». La meilleure définition, peut-être, que Valéry ait jamais donnée de ce qu'il entend par connaissance, nous l'emprunterons au quinzième tome des *Cahiers* : « comprendre, y lit-on, c'est *reproduire*... mais au moyen de nos moyens... La compréhension est donc une répétition de l'apparence ou phénomène les rendant des effets réguliers de nos fonctions ou pouvoirs, des *effets particuliers* d'un système nôtre plus *général*... Il faut que la chose à comprendre puisse entrer dans ce monde » (84) – Dès lors, « la chose ressemble à l'esprit » (85) mais c'est qu'elle a cessé de ressembler à elle-même.

L'esprit n'est plus alors que ce lieu où se déploie, dans une circularité sans contrainte, le jeu souple et heureux de ses propres métamorphoses fugacement déguisées en choses du dehors. « Toutes choses alors, écrit-il, sont enfermées dans une sorte d'enceinte où elles s'échangent ». Sous l'individuation superficielle des figures, ce qui se perçoit en profondeur, c'est l'homogénéité fondamentale, l'équivalence de leur substance, la continuité modulée de la ligne, et par-dessus tout, le geste décisif du tracé – la griserie de la « manœuvre mentale systématique » (86) dont il avoue que « le sens et le goût /.../ remplacent pour (lui) toute philosophie. » (87).

Cette « dynamique de la sensibilité totale », dont il dit qu'il la « pressent depuis toujours » (88), ce « fonctionnement » ressenti comme l'être même de l'esprit (« Je fonctionne donc je suis » (89)) et dont toute chose n'est plus désormais qu'un segment de transmission d'un unique flux énergétique » (90), impose « l'homogénéité fonctionnelle » (91) de tous ses contenus apparemment discrets comme autant de « scintillations de la mer sous le soleil », d'« écumes intimes » (92), luisances et chatoiements de cet unique Moi. « Comprendre, écrit-il, c'est finalement être soi – et on ne comprend rien au-delà /.../ Un esprit véritablement précis ne peut comprendre que soi » (93). Il n'est plus rien alors que des combinaisons de l'esprit, le serpent indéfiniment fait et défait ses nœuds au travers desquels sa méditation (et son autosusception) murmure.

Il est vrai que, parvenu à ce point, l'univers entier de la pensée prend allure de « fantasmagorie », s'apparente au « rêve », que, comme le dit ce texte contemporain du *Solitaire*, « tout se réduit à *apparences* /.../ c'est psychisme. Tout dès lors se vaut » (94), qu'une inquiétante indifférenciation risque de tout recouvrir. Mais aussi « comment veux-tu que les combinaisons de ton esprit donnent autre chose que des combinaisons de ton esprit ? ». « Toute opération sur ce moi ne produit que moi. La couleur unique repousse sous toute nouvelle couche. Je galope vers le bout de ma queue. Je traîne ma cause. » (95) : voici l'esprit prisonnier de sa chambre de miroirs enfermé dans sa propre lumière, se nourrissant sans répit de sa substance homogène qu'il tente de saisir comme totalié, « phénomène total, écrit-il, c'est-à-dire le tout de la conscience » (96). Ou encore « le système entier de la pensée m'a dominé et non quelque pensée » tout en devant reconnaître qu'« il est aussi quelque pensée – (qu')il n'est que quelque pensée et (que) tenter de le concevoir, c'est tenter de former une pensée qui soit à la fois telle et toute » (97). Aporie dernière où butent ce besoin et cet effort de remonter, par delà la surface mouvante et foisonnante de nos incessantes productions psychiques, jusqu'à leur principe créateur qui semble se dérober. « La pensée masque ce qui pense » (98) et toute tentative de « faire contenir toutes les pensées dans l'une d'entre elles » (99) s'avère d'emblée, comme par quelque relation d'Heisenberg nouvelle, structuralement illusoire. De la même façon que « si ma main droite saisit ma gauche, elle en fait un corps étranger » (100) « si la pensée peut ou veut penser à la pensée, elle fait *quelque chose* – elle se fait quelque chose qui ne peut être substantiellement différent de ce qu'elle forme en général et appelle Pensée cette fois-là ».

On ne saurait, à vrai dire, légitimement envisager, au niveau du moins de quelque saisie intellectuelle, une théorie connaissance de la connaissance, sinon comme un simple « rêve à l'état purement verbal » (101). Impossible que mon esprit me donne directement « *l'idée* d'esprit » (102).

« Je ne sais rien de plus ridicule, tranche-t-il, qu'une théorie de la connaissance. Le serpent peut se mordre le bout de la queue. Mais s'il rêve d'aller plus avant, c'est rever qu'il aura sa tête dans sa gueule. » (103).

Mais si toute entreprise proprement cognitive échoue à se saisir de ce substrat qui la soutient et la fascine, peut-être reste-t-il un autre chemin pour nous conduire à « cette acropole » invisible, à l'antécédence absolue d'un acte vide qui se dérobe à n'importe laquelle de ses manifestations – et qui, à son tour, comme le réel pur initial, nous affronte à un « mur d'impossibilité » : ces moments privilégiés où l'esprit valéryen croit pouvoir s'attester, s'entresaisir par l'expérience de lui-même, par quelque autofruition ambiguë qui nous renvoie en dernière analyse à la seule évidence dont nous étions partis, à l'unique étalon de réalité : la sensation – mais qui n'impliquerait plus ici quelque dehors mais la seule manifestation de l'esprit à lui-même – de l'esprit ou du corps ?

Sous des modes divers, au travers de métaphores qui vont du pur miroir entr'aperçu dans le clignotement de l'instant à l'ivresse d'une sorte d'explosion énergétique, plusieurs textes valéryens tentent de dire sa hantise de « l'informité centrale » : de la pensée sans objet, cet « extremum d'une épiphanie de l'esprit à lui-même dans tel moment de calme et de lucidité /.../ où tant la transparence est complète, tant on y voit net et tant un objet particulier manque à la vision»» que « l'intelligence » « s'étonne » et « se détourne » de toute détermination « comme d'un accident pour revenir à son miroir » (104) – à moins qu'elle ne succombe à l'envahissement d'une « *energeia* » presque sauvage et qui emporte comme fétus tout l'appareil ordinaire de l'intellect :

« Parfois, je sens comme une bouffée de force à la tête, tout le goût d'un plaisir de penser pour penser, du penser-pur , du penser comme de se détendre et de se reprendre d'un nageur libre dans l'eau sans température sensible... Du penser avec conscience que ce ne sont que des formes naturelles de mon pouvoir de penser, sans croyance à la conformité de ces compositions, de ces figures – à la vérité, aux certitudes /.../ de ces transformations » (105). Mais c'est pour ajouter tout aussitôt « ce qui fait l'énergie de ceci – c'est que le réel de cet état qui en serait le parfait – est aussi impossible à atteindre que le zéro absolu. Une *sorte de mort* pourrait seule y donner accès » – une sorte de mort, un spasme dernier qui exhausserait enfin la Pensée à quelque forme indifférenciée d'extase et qu'au terme d'une vie l'*Apocalypte Teste* se donnait mission d'affronter.

NOTES

1. XXV, 491.
2. XXVIII, 549.
3. XXIX, 897.
4. XXV, 396.
5. XXIV, 409.
6. XXV, 447.
7. XIII, 223.

8. XXIV, 567.
9. XXIX, 640.
10. XX, 697.
11. *Ibid.*
12. XXIX, 234.
13. XXIV, 8.
14. XXIX, 410.
15. XXIV, 581.
16. XXIX, 312.
17. XX, 897.
18. V, 204.
19. XIX, 286.
20. XXVI, 307.
21. XV, 204.
22. XXI, 75.
23. XXVIII, 643.
24. XXIX, 192.
25. V, 633.
26. XII, 853.
27. XX, 653.
28. VI, 193.
29. Cahier inédit « P.V. 1918 » conservé à la B.N.
30. XVIII, 688.
31. XVIII, 482.
32. VII, 754.
33. XVIII, 681.
34. IX, 231.
35. XXIX, 619.
36. XIV, 319.
37. *Ibid.*
38. VIII, 379.
39. XXIII, 548.
40. VIII, 153.
41. V, 113.
42. XXIX, 158.
43. XXIX, 594.
44. XXI, 332.
45. XXVIII, 890.
46. XV, 509.
47. *Mélanges OE*, I, 377.
48. XIX, 424.
49. XXVI, 194.
50. XXVI, 209.

51. VIII, 629-630.
52. *L'idée fixe OE*, II, 222.
53. XXIX, 349.
54. XXIII, 17.
55. XX, 58.
56. VIII, 345.
57. VII, 582.
58. XXVIII, 344.
59. XIV, 88.
60. XXVI, 388.
61. *Tel Quel OE*, II, 545.
62. *Ibid.*, 737.
63. *Mauvaises pensées OE*, II, 785.
64. IX, 433.
65. XXIX, 729.
66. *Ibid.*
67. XXIX, 590.
68. XXVI, 417.
69. XXI, 552.
70. II, 422.
71. V, 903.
72. XIV, 261.
73. V, 491.
74. III, 5.
75. XXIX, 856.
76. V, 677-678.
77. V, 400.
78. VII, 352.
79. « L'homme et la coquille », *OE*, I, 819.
80. *Ibid.*, 896.
81. XXI, 43.
82. XXVI, 269.
83. XVI, 95.
84. XI, 355.
85. *Ibid.*
86. XXVII, 343.
87. XXVII, 232.
88. XXIX, 822.
89. VIII, 838.
90. « Alors la chose est fonctionnement, ressemble à l'esprit », XI, 355.
91. XXIX, 517.
92. XIV, 639.
93. VI, 463.
94. XXV, 181.

95. Dossier inédit de « Mon Faust », B.N.
96. XII, 722.
97. XIV, 275.
98. XXI, 610.
99. VII, 452.
100. XXIX, 510.
101. XXIX, 299.
102. XXIX, 524.
103. XXIX, 299.
104. IV, 81.
105. XVIII, 506.

Florence de LUSSY
Bibliothèque Nationale Paris

UN SYSTEME ÉCLATÉ

Le « Système » que Valéry a forgé au cours de sa jeunesse rebelle et auquel il fait constamment référence dans ses *Cahiers* en parlant de « mon Système », n'a que peu de chose à voir avec ce qu'en philosophie on entend par ce mot. Peut-être seulement une prétention à intégrer toutes les données offertes au psychisme en une seule saisie intellectuelle. Mais chez notre auteur (je ne dis pas philosophe !), ce terme de « système » serait plus proche des notions de « stratagème » ou d'« astuce » permettant d'accoler par le biais d'une « commune mesure » les éléments les plus disparates qu'appréhende notre conscience. Assez élaboré pour exciter la curiosité, ce « système », qui en 1897-1898 prendra le nom d'« Arithmetica universalis », porte la marque d'une sorte de terrorisme intellectuel : *tous* les phénomènes doivent passer sous la férule d'une mathématique toute puissante... Plier et se soumettre, tel est le mot d'ordre.

En réalité, ce « système » valéryen ressemble plutôt à une nébuleuse non stable. Au fil des ans, elle subit une évolution, s'infléchit, conservant un même noyau central (c'est-à-dire la même vision-intuition qui avait présidé à sa conception) ; mais le ton perd de son âpreté et de son éclat passionnel. Le « Système » s'enrobe, nous allons le voir...

Mais si nous désirons avoir un aperçu de l'ensemble des vues « philosophiques » de Valéry, ou plutôt du faisceau de ses idées favorites ; si nous essayons de saisir son système (le terme étant pris cette fois selon son acception classique), nous nous heurtons à la masse effrayante des notes qu'il accumulait et ne cessait d'amplifier en se recopiant, en faisant recopier ses copies qu'à son tour il reprenait, prolongeait ou annotait...

Il a tenté, nous le savons, d'ordonner ce déferlement, en codifiant ces notes, en définissant un cadre conceptuel concrétisé par un corps de rubriques, corps assez flottant d'ailleurs, plusieurs fois remanié, perdant des concepts pour en accueillir d'autres, nouveaux venus... Cela reste imprécis (et, en un sens, cela doit l'être, puisque les entrées sont multiples et déterminent une combinatoire presque infinie). Cela est cependant utile. Que ferions-nous sans l'anthologie de Judith Robinson-Valéry !

Pour notre bonheur, mais presque par hasard, j'ai découvert non pas un « compendium » de la philosophie de Valéry (ce serait trop beau), mais un « corpus » – restreint – de « notes-résumés » sur lesquelles Valéry s'efforce de livrer en la fixant (ou de la fixer en la livrant) l'essentiel ou l'essence de sa pensée. Cette liasse maigre, mais lourde de sens, aussi intéressante par ses exclusions que par le choix des thèmes et la convergence qui se dégage, ne manque pas de déconcerter. Les thèmes abordés sont les thèmes éternels de la philosophie et des philosophes. Valéry serait-il un philosophe ? Mais n'a-t-il pas « rêvé » sa philosophie et n'a-t-il pas « forgé » son image du philosophe ?

I – PRÉSENTATION DU DOSSIER

Ce dossier existait. Encore fallait-il le repérer ! Après le classement des milliers de pages qui forment le « corpus » des copies dactylographiées des *Cahiers* (267 volumes actuellement reliés...), je me suis trouvée il y a quelques mois confrontée à l'inévitable résidu. Ces liasses résiduelles sont d'ailleurs le cauchemar des conservateurs. Un certain nombre de feuillets de cette liasse m'apparut constituer un ensemble à part. Certaines particularités de frappe et de disposition avaient frappé mon regard[1]. Bientôt je remarquai la présence en tête des pages de chiffres romains révélant des séquences et donc des tentatives de regroupement. Il me souvint alors d'avoir vu de semblables feuillets au cours de mon travail de classement des copies dactylographiées des *Cahiers*, et même ailleurs... Je retrouvai en effet des éléments de ce « corpus » dans les volumes de « Notes diverses » (postérieures à 1900) que j'avais constituées à partir de cette masse de réflexions notées qui n'avaient pas de destination spéciale et que je ne pouvais affecter à aucun dossier d'œuvre ou d'ensemble d'œuvres. Ce « corpus » n'est probablement pas complet. Je pressens qu'il conviendrait d'y adjoindre un certain nombre de notes non référencées n'excédant pas une page et, pour cette raison précisément, n'offrant pas les caractéristiques me permettant formellement de les distinguer de centaines d'autres semblables en apparence. Le fait n'est qu'à demi regrettable, parce que l'intérêt de ce « corpus » gît dans l'embryon de synthèse que constituent les séquences. Ce sont les efforts de rassemblement, les enchaînements, qui donnent tout leur sens à ces dactylographies.

Comment dater le « corpus » ? Le problème est ardu. J'avoue n'avoir pas de certitude à offrir, seulement une conviction qui m'est personnelle. Certains textes sont de toute évidence repris tels quels, et plusieurs se situent très haut dans le temps. De plus, certains rapprochements avec des textes datés sont fallacieux comme c'est le cas, par exemple, pour cette note (extraite d'un *Cahier* de 1914) sur le thème de l'Attention :

> « Je comprends *ceci* moyennant attention. Mais au contraire *cela*, clair quand je n'y insiste pas, s'obsurcit par l'attention. [...] Je songe à une planche fragile, bonne pour franchir le fossé, et qui casse si l'on s'y arrête. »
>
> (Copies dact., « Attention » VI, 86).

Or la conférence d'Oxford, *Poésie et pensée abstraite*, prononcée en 1939, reprend cette réflexion en l'étoffant de rhétorique (*Oe*, I, 1317-1318). Et pourtant cette date de 1939 – ou du moins les alentours de cette date – semblait si bien convenir ! Mon flair m'y conduisait. En considérant cette fois le cadre conceptuel du « corpus », je reconnus les idées favorites des années du grand discours sur Descartes, prononcé à la Sorbonne en 1937. En tout cas *L'Idée fixe* était passée par là ! Oserai-je dire que la maigreur de la rubrique « Eros », si considérable pour certaines périodes, m'annonçait les mêmes années sans émoi charnel, qui ont précédé la terrible aventure ultime. D'autre part, le thème du « Moi » est peu représenté ici. Il est fixé dans ses composantes essentielles ; il est comme décanté et stabilisé dans ses définitions et subdivisions. La violente résurgence du *Solitaire* est postérieure.

Le grand intérêt de ce « corpus » est de permettre d'observer le tassement des rubriques, leur diminution en nombre, leur quasi superposition dans certains cas. Il y a un resserrement du champ qui permet de dégager quelque chose qui ressemble à une synthèse, et cela peut-être à l'insu de Valéry lui-même. Comme dans le phénomène de l'aimantation, figuré par la limaille de fer attirée par les pôles, des forces travaillent son champ de conscience et « tassent » sa pensée.

Une dernière question préalable se pose : dans quel dessein Valéry a-t-il rédigé ces « notes-résumés » ? Et qui est à l'origine de ce travail ? Je n'ai qu'une supposition à présenter et elle est discutable. J'imagine volontiers que l'égérie qui a poussé Valéry à resserrer ses idées a pu être Lucienne Julien-Cain. On lui doit déjà la copie, dactylographiée par ses soins, d'une grande partie des textes que Valéry avait dactylographiés lui-même (en les remaniant) lors d'une première tentative, se situant dans les années 1910-1912, de tirer parti de ses notes journalières.

Valéry aura, d'une part, procédé à un choix dans ses *Cahiers*, et aura, d'autre part, dicté. Le « corpus », tel qu'il se présente, est une mise au net due aux soins d'une secrétaire.

II – DES IDEES FAVORITES EN GUISE DE SYSTEME

L'image de cercles concentriques m'est venue à l'esprit lorsque je considérai à nouveau les rubriques de ce « corpus » pour le hiérarchiser à la fois rationnellement et selon l'importance des liasses qu'elles composent. Voici comment j'envisage la disposition des rubriques (je ne conserve que les rubriques larges, sans tenir compte des subdivisions) :

PHILOSOPHIE DIEU	(gros dossiers pour de sérieux réglements de compte)

	Ψ REVE	(dossiers imposants ; tout est là)
[Gravitent autour :]	SYSTEME RÉEL UNIVERS–HASARD–LOGIQUE TEMPS GLADIATOR HOMO MOI	
[Suivent de minces dossiers :]	EGO et LES AUTRES EROS AFFECTIVITÉ–COEUR ATTENTION ATTENTE IMAGINATION– INTUITION	
[Puis, leur « score » ayant bien baissé :]	ART–ESTHÉTIQUE–CRÉATION LITTÉRATURE POÉSIE	

Il reste une rubrique – centrale, celle-là, et neuve – que je réserve pour la suite de mon propos.

Cet inventaire n'a rien de strict. Il est entaché d'arbitraire. Les réflexions de Valéry sont à multiples entrées et, de plus, joue ici cet effet d'entassement dont je parlais plus haut. Néanmoins, cet inventaire me paraît refléter assez fidèlement, quant à ses proportions et quant à sa hiérarchie, le contenu du « corpus ».

1 – Des cercles concentriques

L'originalité de cet ensemble réside dans sa relative monotonie. Les points d'attaque diffèrent certes, et c'est même là un des nœuds de la méthode valéryenne qui privilégie le déplacement incessant de l'angle de vue ; mais, qu'il soit continu ou brisé (il est beaucoup plus souvent brisé que continu), le corps de l'énoncé aboutit fréquemment à des formulations voisines, sinon quasi similaires. L'image des cercles concentriques prévaut ici. Autour de quelle notion centrale ? Obsédé par la volonté d'embrasser le « tout » psychique, Valéry met en relief l'évocation d'un milieu ambiant, élastique, qui compose ce qu'il appelle le « corps de l'esprit ». Le maître mot de Valéry à ce moment-là est le mot « viscosité », qui souligne l'interdépendance des phénomènes qui agitent ce milieu ; il parle d'« oscillations dans un fluide visqueux » (Copies dact., « Ψ » I, 2).

Cette totalité est « sujet de lois sans hérédité – de lois mécaniques » (*Id.*, « Rêve » I, 13). Mais cette « machine secrète » est « entièrement invisible » (*Id.*, 15). C'est un « monstre réel ignoré » (« Ichtus », *in* « Notes diverses » III, 118). Les termes de « machine » et, plus encore, de « mécanique », rappellent les anciens modèles de la pensée valéryenne, ceux qu'il a privilégiés au temps de l'*Introduction*. L'expression de « charme fermé ; – dévidement naïf » (Copies dact., « Rêve » I, 25) remémore, quant à elle, les moulins de sensations et d'images du poème *Été*.

Ici le modèle s'est pour ainsi dire « épaissi » ; les retentissements ne sont pas immédiats ; ils sont plus lents. Ce sont des entrecroisements d'ondes amorties. Il y a flux et reflux. C'est un milieu marin. Cette masse cachée remue faiblement, quoique ébranlée dans son entier par les ondes qui la parcourent. Elle possède une force d'inertie considérable. Elle colle à la conscience qui s'en détache avec difficulté :

> « Je m'arrache à chaque instant à ma nature profonde et je retombe à chaque instant à mes propriétés stables » (*Id.*, « Ψ » I, 1).

Cette masse marine constitue notre « fond » et tient l'esprit prisonnier :

> « Que la pensée a sa place et sa valeur bornée. Elle a beau errer, fermenter, enfanter, s'écarquiller, – elle est comprise entre des bornes et des heures, elle a des résistances invisibles, des rechutes ou reflux déterminés et retombe à partir d'un point. Mais elle ne sait pas qu'elle s'abaisse – et ce *genre* de mouvement qui l'enfle et la désenfle. » (*Id.*, « Ψ » I, 14).

Cette thématique s'amorçait en 1932, année de *L'Idée fixe*, précisément, qui révéla un néologisme devenu fameux, l'« implexe » (domaine des potentialités). Pour parler du tissu psychique profond, Valéry inventa un autre mot, le « subjectile » :

> « Tout ce que nous percevons, produisons, sentons est sur une certaine *trame* dont nous percevons parfois le grain, la matière, la texture – mais en général nous n'en percevons que la peinture. Il faut accommoder à ce subjectile, c'est-

à-dire savoir qu'il existe pour l'entretenir. »[2] (XV, 740).

2 – *Une anti-métaphysique*

Cette place considérable accordée à cette présence cachée, à ce milieu tout-puissant permet à Valéry de procéder à l'élimination – élégante et séduisante, pourrait-on dire – du problème de l'Etre. Il n'a de cesse qu'il ne l'ait radié et extirpé de son champ philosophique. Les oscillations fatiguées d'une masse très proche de l'inertie font du retour à l'UN une sorte de retour au néant :

> « Chaque sensation se réduit à un néant – à une simple *défectuosité* d'une sorte d'isolement – ou à une infraction à un néant – à une continuité identique. » (Copies dact., « Phil. » I, 7).

D'ailleurs, c'est par ce retrour à la matrice de l'esprit, c'est-à-dire à son régime d'activité minimale, que Valéry espérait réduire les opérations de l'esprit à des schémas simples, isolables[3]. Les résidus derniers, ce qu'il appelle des « formations et tracements » donnant lieu à des transformations, constituent la structure fine de l'esprit vue à l'échelle microscopique, pourrait-on dire. Il devient alors assez aisé de passer de l'être aux figures, lesquelles, dans leur généralité (ou similitude) supportent une mise en équation. Nous retrouvons là, dans une formulation très « raide » l'antique problème des « Nombres plus subtils » (N + S). Voici comment notre philosophe se résume touchant cette « question d'assimilation des *opérations* (ou relations) aux *êtres* » :

> « Un groupe d'opérations et un *corps* de nombres ont des analogies évidentes.
> Il s'agit de montrer ou de découvrir qu'une *figure* (être) peut entrer dans une équation avec des opérations, ou modifications.
>
> – Que la figuration de variations se rapporte à la figure qui varie. »
> (*Id.*, « Rêve » I, 20).

3 – *L'Absorption du sujet*

L'absorption du sujet (c'est-à-dire de l'être du sujet) est alors radicale. Il n'y a plus que « figure qui varie ». Mais, si nous avons vu dominer jusqu'à présent le modèle des N + S, conçu par Valéry dans sa jeunesse rebelle, qui, en intégrant de force la sensorialité dans le mathématisable, fait triompher la mathématique, un second modèle tend à se surimposer au premier, inversant les pôles : la tension sensorialité/mathématique est toujours aussi vive, mais, cette fois, la sensorialité est proposée comme étalon de la fameuse « commune mesure ».

En effet, cette masse intérieure aux mouvements marins, ce « corps de l'esprit » qui se manifeste par traces et figures *sensibles*, consomme l'impossible amalgame de l'abstrait et du sensoriel au profit de la sensation. Une attention extrême portée aux mécanismes de l'intellect ne laisse dans le filet de la conscience qu'une poignée d'impressions sensibles. La figure se fait sensible.

Parler de la « nature sensible de la pensée »[4], c'est renverser les frontières qui séparent l'être du connaître, la matière de l'esprit, l'extranéité de l'intranéité. Instaurant le règne de l'ambigu et du variable, Valéry est passé maître dans l'art de desceller les catégories...

On pourrait conclure à un système fondé sur la primauté absolue de la sensation, c'est-à-dire, en philosophie, à un sensualisme idéaliste, si, en réalité, nous n'avions pas affaire ici à l'analyse d'un POETE.

III – AGATHE *OMNIPRÉSENTE. UNE PHILOSOPHIE « POÉTIQUE »*

Dans le dossier « Gladiator » de notre « corpus », une des notes-résumés m'apparut belle et prenante comme un poème. Je me vis contrainte de la lire mentalement comme s'il s'agissait d'un poème. Or ces lignes ne sont rien d'autre que le « scénario » du poème *Agathe*. Ainsi le squelette du poème est encore un poème. Une introduction brévissime de quatre mots, la force de désir qui s'y exprime, le climat d'attente anxieuse et émerveillée qu'elle suscite, nous situe d'emblée en poésie :

« Le voici, le but. –

> Saisir, faire sentir [au moyen, parmi, avec comme matière et comme trame, structure fine – (des phénomènes élémentaires demi-psychiques, demi-physiques, quasi chimiques – durées de phosphorescences mémoriales, au travers desquelles d'autres choses, paroles internes, images, – puis reprise, l'heure ou une phrase entendue (il y a cinq minutes) durant encore – ou un frais de doigt au lobe de l'oreille et un passage de demi-idées, – *choses capables de se développer jusqu'à des idées et des nettetés*, mais cette fois non, – un rappel, etc. –)] quelque principale pensée... [etc.] ».

Le commentaire qui fait suite à cette concentration de poème renvoie au cœur du « Système » et à cette obsession de néant, par résultat nul ou retour à l'équilibre que nous avons dite, ou, plus précisément ici, à l'exaltation de la notion de chance (le hasard contre la nécessité...). L'« akmé » du poème énonce l'avènement *chanceux* d'une idée quelconque :

« Une idée, selon tout ceci, une nette (de quoi que ce soit) serait un achèvement entre mille avortements – arrangement et achèvement... Chances. »

Puis il va plus loin encore car il légitime par le jeu associatif et par la notion de suite la dissolution au sujet :

« On n'est pas à chaque instant – un instant – un terme d'une suite simple ; et pourtant on est constitué de tels termes. [...]

L'achèvement *accidentel* doit être distingué de l'achèvement *fonctionnel.*
L'achèvement local de l'achèvement général –
L'achèvement comme choc de celui comme fonction, outil, rôle. – »
(Copies dact., « Glad. » I, 9 -11 – d'après un *Cahier* de 1912. Cf. *C*, IV, 800-801).

Dans une telle perspective, « on », c'est-à-dire HOMO, oui, « nous », nous ne sommes qu'achèvements accidentels, locaux, effets de chances par conséquent !

Cette visée philosophique donnée à un poème, ou plutôt, cette forme poétique que revêt la recherche à caractère philosophique chez Valéry, définit son univers. Son type de questionnement, les problèmes qui l'occupent, ses idées favorites, le ramènent inviciblement vers ces zones de l'analyse où l'outil de langage n'est plus celui de l'argumentation pure ou de la dialectique. Il n'y a plus tant à expliquer qu'à montrer. Des figures se proposent, dont l'expression elle-même est figurée. « La pensée intellectuelle grossie à la structure d'une sensibilité » est génératrice d'images, et de processus mouvants et tâtonnants. Gardons à l'esprit que pour Valéry la poésie est une pensée à tâtons, une pensée d'aveugle ultra-sensible. Songeons que le cœur du cœur de cet avatar tardif de son « Système » a pour titre « Ichtus »! qu'il explicite lui-même ainsi : « Bêtes des profondeurs »... Cet appel direct à l'inconscient ouvre tout grand la porte à l'analyse de type psychanalytique, avec cette réserve toutefois, et fondamentale, que Valéry ne prend en compte (ne *veut* prendre en compte) que les profondeurs de l'intellect. Il s'agit de la bête de l'intellect et non de la bête charnelle. Cette restriction – non mineure – et cet imposant non-dit sont par eux-mêmes remarquables et non exempts de signification psychanalytique précisément.

Cette thématique, Valéry l'aborde par trois points de vue différents, ce qui ne saurait étonner. Notre auteur-philosophe possède un intellect qui fonctionne par disjonctions brutales, comme un courant à haute tension qui court-circuiterait constamment. A l'intérieur de chacune des parties définies par l'un de ces points de vue, l'énoncé est soumis lui aussi à de constantes ruptures. Si la thématique est très voisine de celle d'*Agathe*, si le vocabulaire présente beaucoup de similitudes aussi, l'accent est mis ici sur l'ambiguïté du statut de l'externe et de l'interne. L'« Ichtus », c'est l'ambigu haussé au niveau du concept...

« I –
Bêtes des profondeurs. – Dans les profondeurs de la mer, l'être vivant produit son, mouvements, lumière, électricité...
Soit selon des variations tenant aux variations du milieu, saisons, ruts, températures – soit selon des variations instantanées réflexes. – Ils ne voient que ce qu'ils éclairent. – Ils n'éclairent que ce qui les intéresse – etc.

*

* *

Moi-même aussi, si je m'entends et intérieurement, je produis pour recevoir – et je ne *suis* que par ma production et je ne me connais que par ma réception.
[etc.]

II –
Nous sentons bien que le rêve est figuré (et figure) par ce qu'est la vie dans la mer.
A l'extrême fond, le rien ou presque rien ; la constance, la vase déserte.
Plus haut – c'est le royaume éclairé par ceux seuls qui y vivent.
Faune et flore du moment photique.
Chaque idée n'a que sa lumière propre ou que l'éclairement d'une autre qui passe, peut s'éteindre.
Il n'y a guère de reflets. Chaque être a ses heures personnelles.
[etc.] »
(Notes diverses, III, 117 et 120 – d'après un *Cahier* de 1912. Cf. *C*, IV, 730-731 et 734).

« Faune et flore du moment photique », cette définition de la structure la plus fine de la « particule » d'être, pourrions-nous dire, au sein du tissu d'« intra-conscience », est caractéristique de l'ambiguïté dont nous parlions : le « moment » souligne l'instantanéité du phénomène, et la particule « photique » rappelle l'ambiguïté des définitions de la lumière en science physique : à la fois onde et corpuscule.

IV – UNE FORMIDABLE DICHOTOMIE

Une systématisation ordonnée autour de la notion d'inertie ! Quelle dévitalisation ! Les postulats de Valéry : 1/ recherche du régime minimal de l'esprit ; 2/ recherche – presque exclusive – du sensible de l'esprit, fondées elles-mêmes sur un présupposé matérialiste ou plus exactement sensualiste, limitent de fait le champ de son examen et, à mon sens, amoindrissent la crédibilité du « Système ». Mais songeons que ces postulats reflètent une lutte avec des démons intérieurs et des tendances profondément incrustées : hantise de la « mère intérieure », besoin d'enveloppement, d'auto-protection ; il s'agit toujours de se serrer à soi. Jeannine Jallat a déjà dit tout cela, et excellement. Je renvoie à sa communication, « Effets d'imaginaire dans le Système. Le « Système DR » », publiée dans *Approche du « Système »* (*Cahiers Paul Valéry*, 3). L'image qui domine son psychisme est bien, en effet, celle de la fameuse « petite maison ». Cette pulsion de mort, cette sorte d'attirance vers le néant témoignent d'une négativité que l'on pourrait qualifier de passive. Corrélativement, et comme par compensation, une extrême violence caractérise les refus positifs de Valéry. Une formidable dichotomie s'est instaurée, avec des oscillations extrêmes qui le portent d'un pôle à l'autre de son univers « spirituel ».

Les notes de ce « corpus » ont effacé et comme gommé les accents de révolte et les effets de compensation. Il en subsiste cependant. Voyez comme se succèdent sur une même page l'expression des deux attitudes fondamentales de Valéry devant la vie (il s'agit toujours de la rubrique « Ichtus ») :

« ....

Il n'y a que des reflets. Chaque être a ses heures personnelles.

*

* *

Il y a autour de chaque, des frontières invisibles, comme si on n'était pas pourvu d'actes pour certains franchissements. – Quelque ange ne comprendrait pas pourquoi un homme ne sort pas d'un cercle inexistant où il se croit enfermé – ou dans lequel il l'est pour ne pas concevoir le reste de l'espace. »

(Notes diverses, III, 120 – Cf. *C*, IV, 731).

Nous surprenons là – dans ce grand écart –, à vif, la redoutable dichotomie des principes sur lesquels Valéry essaya de construire sa vie, ou plutôt d'échapper à sa vie :

A. Une tendance première et presque toute-puissante au repliement ; et sa tendance contraire, symbolisée par la figure de l'Ange ;

B. L'obsession de la clôture, symbolisée par l'usage massif des modèles scientifiques de systèmes fermés ; et l'ivresse du franchissement, l'échappée dans le Moi pur ;

C. Une tendance à l'intériorisation sur le mode de la fusion ; et son extrême opposé : la hantise de l'altitude qui permet de voir, et donc de s'abstraire, de s'arracher, de se dégager. Ce qui, allégoriquement, se traduit par l'image de la « bête des profondeurs » et par cet « au-dessus de la mêlée » que représente la notion de Moi pur, faite d'énergie et de violence ; dans sa connotation orgueilleuse, c'est le moment « Sémiramis » ;

D. C'est encore – et enfin – l'opposition entre la désagrégation du sujet (qui est le thème caché d'*Agathe* : « Le voici, le but... ») et son exaltation dans cette fiction qu'est le Moi pur (dont la richesse significative et la multiplicité des résonances apparaît bien ici), même si Valéry a *cru* désubstantifier ce concept en le définissant comme acte pur et en posant ce postulat : Moi est Autre, Moi dans mon acte de connaître, en tant que capacité de connaissance. « *Etre Autre* (ou la connaissance) », note Valéry (Copies dact., « Rêve », I, 2).

« Si nous n'étions qu'idées ! », soupire-t-il, « Il suffirait de nous connaître et nous serions, par là seul, autres choses » (Copies dact., « Ego », V, 233).

La voilà la grande fissure du « Système » et ce qui justifie l'intitulé de cette communication. Entre en compte aussi dans cette expression de « Système éclaté » la fragmentation de l'énoncé valéryen due à la pratique quasi systématique, obsessive même, du changement d'échelle. Le sport intellectuel préconisé par « Gladiator » repose essentiellement sur ce perpétuel dégagement de l'esprit. On ne s'étonnera pas, dans ces conditions, de la fréquence des occurrences du mot « désagrégation » ou de ses synonymes dans le « corpus » :

> « ...les impressions se *défont* en éléments qui constituent, par un mode de classement autre que le temps, des *fonctions* fermées. » (*Id.*, « Univers », I, 145)

ou :

> « Moi-même, vu par un certain angle, vu dans ma suite, dans mon détail, vu en gros ou très finement – se désagrège... » (*Id.*, liasse compl., 4).

Éclatement de la pensée, tournoiement de la pensée chez ce grand déstabilisateur qu'est Valéry.

Mais Valéry est-il un philosophe ? Ses *Cahiers* nous révèlent-ils une philosophie ? L'extraordinaire arbitraire du point de départ : créer « mon système », avec un langage « mien », destiné à mon seul usage, voilà une entreprise qui ne se situe pas de prime abord dans l'aire philosophique. Un étonnant usage du concept de « vérité » : « La vérité, ici un goût, ou une passion pour ce qui ressemble à la netteté d'un jour de soleil » (*Id.*, « Dieu », VIII, 212), brutalise la pensée. Cette passion pour ce qui ressemble à la netteté d'un jour de soleil, ce goût du « pur », n'est pas sans rappeler l'exercice systématique et passionné du doute chez Descartes. Mais celui-ci se forge un instrument pour appréhender le vrai. Il n'assimile pas l'instrument au but à atteindre...

Assurément Valéry *veut* ce qu'il considère comme *devant être*. Il y a chez lui rébellion déclarée, tempête froide, à mille lieues de la sérénité de l'examen philosophique :

« Non – non – mon système : figures, éléments de figures et fonctions de figures. » (*Id.*, « Glad. », I, 15).

Sa philosophie ? un modèle cristallin. Son philosophe ? une tête de cristal. Ce sont des fictions.

« Je me propose d'imaginer un homme ». Et ce sera Léonard dont il ne cessera de rêver les capacités inhumaines. Et ces fictions sont porteuses de tragique : l'Ange pleure. Il a voulu sortir « d'un certain cercle inexistant ».

NOTES

1. C'est-à-dire qu'elles ne comportent pas les éléments du code établi par Valéry et qui renvoient à un *Cahier* précis. Néanmoins, ce fait, par lui-même, ne suffit pas à les distinguer du flot commun, un dixième des copies ne comportant pas de référence.
2. Cette façon de voir était dans l'air, à la même époque. En 1923, Miguel de Unamuno s'exprimait en termes presque identiques. Chez ce dernier, ce « subjectile » devient l'« intraconscient » :

   « Dans une succession d'impressions distinctes, il y a un fond de continuité, un halo qui enveloppe ce qui précède avec ce qui suit ; la vie de l'esprit est comme une mer éternelle sur laquelle des vagues roulent et se succèdent, un éternel crépuscule enveloppant jours et nuits, et où se fondent les couchers d'idées comme leurs aurores. Il y a un véritable tissu conjonctif intellectuel, bref, un fond intraconscient. »

   (*L'Essence de l'Espagne*, trad. par Marcel Bataillon, Gallimard, 1967 (« Les Essais », 128), p. 89).
3. Une note de 1940-1941 confirme la méthode et l'importance des mécanismes du rêve pour Valéry :

   « Le passionnant des réflexions sur le rêve consiste dans la sensation d'entrevoir [...] un cas particulièrement simple, –(comme dans la mécanique céleste, sans frottements !) où la conscience, les productions mentales, les valeurs affectives, – forment un système fermé, isolé, *au plus loin de l'action à forces extérieures* – (comme les astres livrés à l'inertie et à leurs actions réciproques pures) [...] » (XXIV, 48 : C_2, II, 186).
4. Valéry a pu être influencé par les idées de Catherine Pozzi qui prônait l'existence d'une « peau d'âme », source sensible emprisonnant toutes les activités de l'esprit et les « informant » en quelque sorte. Elle s'était même plusieurs fois plainte de ce que Valéry lui avait « volé » sa doctrine du *De libertate* (premier titre de son essai *Peau d'âme*).

Monique ALLAIN-CASTRILLO
Madrid

CROISÉE DE PERSPECTIVES : PAUL VALÉRY ET ORTEGA Y GASSET

Grenoble, capitale hier des Jeux Olympiques d'hiver de 1968, est aujourd'hui le théâtre d'exercices spirituels philosophiques et langagiers ; serait-ce un signe de réconciliation entre Corps et Esprit valéryens et entre le Moi et sa Circonstance ortéguiens, du « faune dialectique » avec sa « pensée vitale » ? Cette ville, qui incarnait aux yeux de Stendhal, selon Valéry, « toutes les vertus antipassionnelles... qu'il avait observées de près, subies, blasphémées dans son enfance, qui lui avaient rendu Grenoble et toute la province française odieuse », est, de loin, si l'on peut dire, pour Ortéga, fuyant en 1936 les premières affres de la Guerre Civile, le point de chute, le hâvre, le refuge où il séjournera pendant deux mois, avec sa famille, avant de s'installer à Paris, puis en Hollande, en Argentine et au Portugal. De Marseille, où ils étaient arrivés en bateau français provenant d'Alicante, les Ortéga parvinrent à La Tronche, « donde comienza la carretera de la Grande Chartreuse, a la izquierda la de Vizille y en el fondo el valle del Grésivaudan, del cual decía Luis XI que era el jardín de Francia », comme précise son fils, le docteur Michel Ortéga y Spottorno[1]. Ils furent logés dans un hôtel bon marché qui leur parut très agréable et où le philosophe espagnol recevait les visites régulières d'un disciple de Bergson, le catholique Jacques Chevalier. Ils prenaient ensemble leur petit déjeuner quotidien. Commandeur de la Légion d'Honneur, Ortéga y Gasset ne devait connaître aucun problème de résidence en France. Étouffante aux yeux de Stendhal, selon Valéry, libératrice à ceux d'Ortega, selon son fils, voilà deux ou quatre points de vue bien différents de la ville de Grenoble. Puisque de perspectivisme nous allons parler, rappelons ces mots de Valéry à propos d'Henri Beyle : « Je viens de relire un *Lucien Leuwen* qui n'est pas tout à fait celui que j'ai tant aimé il y a 30 ans. J'AI CHANGÉ et IL A CHANGÉ » (*Oe*, I, 553. Nous soulignons). Donc, déplacement double du sujet et de l'objet, qui nous renvoie aux théories modernes sur la Vérité, depuis l'herméneutique de Gadamer et l'indéterminisme de Karl Popper jusqu'au perspectivisme de la philosophie française contemporaine des années 60 à 80[2].

Les fils de la relation entre Paul Valéry et Ortega y Gasset – regard de l'un sur l'autre – se tissent à un niveau plus bas qu'avec Unamuno, entachés de la part de Valéry d'une certaine indifférence, malgré un admiratif « ce conquistador de la philosophie » rapporté par Mathilde Pomès, et de celle du philosophe espagnol d'un malaise évident et de relents freudiens. Valéry n'a jamais cité Ortega dans ses *Oeuvres*, nonobstant leurs nombreuses convergences, traitement réservé d'ailleurs à tout le monde ou presque par le poète du *Cimetière marin*, mais avait inscrit son nom, dans les *Cahiers*, sur la petite liste des personnes à voir lors de son premier séjour en Espagne, en 1924. Valéry a rencontré Ortega à Madrid, l'a remercié très chaleureusement par écrit, fait au moins une excursion avec lui dans le sud de la France jusqu'à Arcachon, mais l'a évité à Paris, comme tout le monde encore, d'où l'amertume d'Ortega, réduit à dialoguer, dans la solitude de son exil parisien, avec les statues, selon une expression restée célèbre en Espagne. Un peu plus de compréhension de la part du poète français lui aurait peut-être évité l'agression intempestive et les réflexions envieuses publiées dans le journal de Buenos-Aires, La Nacion, en 1940, passage qui fut repris dans les *Oeuvres complètes* du philosophe espagnol[3]. Je traduis : « ... la France s'est obstinée à posséder toujours UN poète comme elle avait UN président de la République et, velis nolis, en a exagéré l'importance... De là la situation tragicomique du pauvre Paul Valéry, dernier mandarin des Lettres françaises, intellectuel authentique, indiscutablement, mais au souffle court, élitiste, maniériste, au débit exigu et, comme tout esprit stérile, se trouvant obligé à la contorsion pour survivre. De cet homme qui eut été un excellent collaborateur d'une revue plus ou moins régionale, on fit, par décret, LE poète de la France. Et ainsi, le distingué bonhomme (en français dans l'article ortéguien) a dû s'essouffler et s'efforcer de galoper derrière sa propre justification... ». C'est ce qu'on appelle vulgairement perdre les pédales ou sortir de ses gonds, comme si les tristes années parisiennes d'Ortega et la Défaite de Juin 40 venaient se cristalliser exclusivement sur la tête de Valéry, chantre officiel du pays vaincu. Dans son livre de 1948, *Las Profecías se cumplen* (Les Prophéties s'accomplissent), l'essayiste catalan Joan Estelrich transcrit un dialogue entre P. Valéry et lui-même au sujet de l'histoire et de la philosophie. L'auteur de *Charmes* commente le mauvais traitement final que lui fait subir un père jésuite et il conclut qu'il a contre lui les philosophes, les historiens et les croyants, ce que ressentait souvent Ortega. Estelrich de commenter alors, entre parenthèses : « Je me gardai soigneusement de lui révéler ce qu'Ortega avait écrit de Valéry à Buenos-Aires », et que je viens de traduire. Il est possible, et même probable, que ce soit une réponse indirecte, inconsciente ou subconsciente, à la boutade malencontreuse de Bergson : Ortega « se croit philosophe mais il n'est qu'un journaliste de génie ». Quelles qu'aient été les éventuelles omissions de Valéry vis-à-vis d'Ortega, il ne méritait en rien cette ruade qu'Ortega essaya d'escamoter, en 1944, derrière la formule « mi amigo Paul Valéry », retrouvant ainsi le ton de la lettre de Paul Valéry à Ortega y Gasset, présumée de 1924 et qui porte simplement « vendredi » : « Je pars comblé. Il y a six jours, Madrid était pour moi une expression géographique ; mais en six jours, vos amis et vous-même en avez fait une des plus précieuses stations de mon souvenir. Je quitte avec un immense regret et un sentiment de reconnaissance profonde cette ville et ces jeunes hommes qui m'ont fait l'accueil le plus chaleureux et le plus touchant... semaine enchantée. Cette Residencia (celle de Lorca et de Dali, entre autres) calme, vivante, florissante et fleurie... a été pour moi une douce demeure de l'esprit »[4]. L'amertume de la mauvaise réception d'Ortega en France est toujours présente en Espagne. On nous reproche un spectaculaire retard en ce qui concerne le domaine de la traduction, nos préventions mesquines, le malentendu avec Gallimard qui a retardé la publication des *Oeuvres complètes* ortéguiennes reprise enfin par Klincksieck en 1988, notre chauvinisme conceptuel universellement xénophobe...[5] « A mon avis, il y a d'autres raisons et l'une d'entre elles est le provincialisme dans lequel s'enferme la France intellectuelle qui lui fait surestimer des philosophes comme Valéry, Alain, Sartre... Moraliste de la Décadence, Valéry est entravé par un humanisme classique dont l'étroitesse surprend », lit-on dans un article de presse madrilène[6]. Encore une étape désagréable à franchir et, ce lest lâché, nous pourrons prendre de la hauteur ! Drieu la Rochelle, dans une lettre à sa femme de 1929, parle d'un fameux déjeuner où coïncidèrent fâcheusement Valéry et Ortega, « lamentable exhibition. Valéry fatigué, sceptique, blagueur, l'Espagnol scandalisé »[7]. Un repas de grands écrivains européens, commente, dans ses *Témoignages*, Victoria Ocampo, fondatrice de *Sur*, la grande revue argentine : « ... M. Teste... sa parole est extraordinairement rapide... Que disait ce jour-là Valéry si rapidement que son interlocuteur Ortega n'arrivait pas à comprendre ? A peu près ceci : les résultats de la Science sont démontrables. La philosophie n'arrive jamais à des solutions qui se puissent démontrer. La philosophie ne le peut pas. Qu'est-ce que la philosophie ? un art, l'art des idées... guère autre chose »[8]. Ortega, étranger et gêné par la diction de Valéry, ne saisissait que quelques mots. Galimatias et supplice, selon Victoria Ocampo. Maintenant que le sac des regrets et désagréments est vidé et que nous connaissons un peu moins mal la qualité du regard des deux écrivains l'un sur l'autre, essayons de découvrir, de mon modeste point de vue, pas plus négligeable que n'importe quel autre selon Valéry et Ortega, le lieu géométrique de leurs perspectives réciproques.

Il faut se méfier, bien sûr, dans le domaine du comparatisme, de pousser à l'excès le parallélisme entre deux écrivains, mais je ne résiste pas à la tentation de faire cet exercice, tant les analogies entre Ortega et Valéry sont saisissantes[9]. Nés dans un milieu bourgeois, avec seulement 12 ans de différence – 1871 pour le Français et 1883 pour l'Espagnol – ce qui les rend pratiquement contemporains – génération de 1898 à 1914 – étant donné la différence de temps historique entre leurs deux pays, ils mourront au même âge d'une maladie des voies digestives après une douloureuse période d'exil intérieur ou extérieur, leur disparition provoquant de véritables manifestations tant à Paris qu'à Madrid et déclenchant une discussion religieuse intestine dans l'entourage familial et amical. De petite taille et de santé relativement fragile, mariés presqu'au même âge, aux abords de la trentaine, Valéry et Ortega eurent 3 enfants, leurs filles, « aux yeux de bourrache éblouie », pour reprendre l'épithète de la comtesse de Noailles qualifiant le regard marin du poète sètois, devenant, dans les deux cas, les gardiennes privilégiées du legs paternel, et leurs épouses supportant, avec grâce et dignité, la gloire des deux écrivains, qui ne surent échapper toujours aux méfaits de la vie des salons. Considérés comme des éducateurs de l'Europe occupés à déniaiser le Monde, théoriciens de *La Deshumanisation de l'Art* et de la Poésie Pure, sachant parler de tout (philosophie, art et langage), ils ont enseigné au Collège de France et à l'Université de Madrid, créé le Centre universitaire méditerranéen de Nice et l'Instituto de Humanidades de Madrid, lancé des revues – Commerce et la Revista de Occidente – parcouru l'univers en offrant leur bonne parole, trouvé des titres magnifiques ou des formules lapidaires restés dans toutes les mémoires, et même baptisé leur premier article, publié à 20 ans à peine, Gloses et Glosas... Nuisant à la bêtise, comme le doit tout philosophe nietzschéen selon *Le Gai Savoir,* puisqu'elle n'était pas le fort de M. Teste, et que le sot, l'imbécile était tenu pour bien plus funeste que le vicieux par Don José, ils co-signeront le célèbre hommage à Proust de la *NRF* de janvier 1923, qui place Ortega au premier rang, vis-à-vis de Valéry lui-même[10], rendront leurs devoirs à Descartes, à Gœthe et à Mallarmé, seront envoûtés plus ou moins longtemps par le Positivisme d'Auguste Comte et surtout par les conséquences philosophiques de la Théorie de la Relativité d'Einstein. Captivés par le tiers inéluctable, l'Allemagne, transitivement toute-puissante, et sa descente aux Enfers de la main de ses démons familiers, ils deviendront dans leur âge mûr des théoriciens émérites de la Décadence européenne, des Crises des lettres et des arts, de la liberté politique, des mœurs, de l'intelligence surtout, d'une faculté donc, d'une valeur, de la compréhension, de l'invention et de la mort de l'Esprit et des Civilisations, invariants essentiellement valéryens et ortéguiens, que Jacques Derrida fait remonter aux combinatoires des 3 grands H, Hegel, Husserl et Heidegger[11]. Prévenus contre les littérateurs, ils passeront tous deux à côté du Prix Nobel de Littérature. Les yeux rivés sur les Amériques, jeunes, sportives et salvatrices, qui apportent le point de vue atlantique (*Oe,* I, 1006), ils ont ardemment souhaité néanmoins le renouveau d'une Europe divisée par sa politique mais unie par la Science, dont ils sont également « bigots » (« beateria cientificista »)[12] fétichistes, et par un nouvel humanisme, qui paraîtra à certains un peu trop élitiste. Ennemis des révolutions[13], qui engendrent des monstres ou des saints, qui sont miracles ou épouvantails, et des deux dictatures, celle de la main levée et celle du poing dressé, selon un schéma qui rappelle les idées politiques de Gustave Le Bon, de droite face à la gauche mais de gauche face à la droite, inquiets de la promotion et de *La Révolte des Masses* (titre de l'œuvre la plus célèbre d'Ortega, qui fait songer le professeur Pons de l'Université de Toulouse, selon un article du spécialiste ortéguien Alain Guy[14], au Paul Valéry de *Regards sur le Monde actuel*), ils auraient pu être les seuls dignes de briguer l'honneur de prétendre réconcilier les 2 Frances et les 2 Espagnes. Tous deux seront personnages de roman, d'opéra ou de cinéma, de dialogues...

Voilà donc deux grands esprits latins, strictement contemporains, *spectateurs* attentifs des *variétés* du monde qui les entoure. A la fin du XIXe s., l'incontournable Nietzsche occupe à lui seul presque toute la scène philosophique et Renan vient de mourir. Nos deux jeunes auteurs vont les lire et, à travers le perspectivisme et la théorie de l'interprétation du premier et la notion de point de vue du second, retourner jusqu'au texte fondateur de toute doctrine perspectiviste, la *Monadologie* de Leibniz, encore un amour très partagé entre Valéry et Ortega et qui contient, comme chacun sait, la parabole de la ville multipliée à l'infini par les millions de points de vue différents qui la regardent. Comment définir ou résumer le perspectivisme ?[15]. Un extrait de *Tiempo de Silencio* de Luis-Martin Santos (1962), pour certains le meilleur roman espagnol de l'Après-Guerre, dont l'auteur, s'inspirant sans doute de la parodie de Boris Vian, dans *L'Écume des Jours* (1946), à propos d'une conférence de Jean Sol – Sartre évidemment – reprend à son compte les interventions légendaires d'Ortega, nous en illustre l'aspect humoristique : le Grand Maître... « disposé à descendre jusqu'au niveau de son auditoire... chargé de 85 années d'idéalisme européen, doté d'une métaphysique originale, de sympathies dans le grand monde... rhétoriqueur en diable, inventeur d'un nouveau genre de métaphore... respecté dans les universités allemandes de province... essayiste, puriste, celui-qui-l'avait-dit-avant-Heidegger-soi-même » parle, et que dit-il ? « Mesdames (un temps), Messieurs (autre temps), ceci (pause) que je tiens dans la main (pause) est une pomme (grande pause). Vous-mêmes la pouvez voir (grande pause). Mais (pause), vous la voyez (pause) de là, de là où vous vous trouvez (grande pause). Moi (grande pause), je vois la même pomme (pause) mais d'ici, de l'endroit où je suis (très longue pause). La pomme que vous voyez (pause) est différente (pause) de la pomme que je vois (pause). Cependant (rerepause), c'est bel et bien la même pomme (sensation)... Ce qui arrive (pause), c'est que vous et moi (grande pause) voyons cette pomme avec des perspectives distinctes (apothéose) ». Nous voici, à travers une perspective distanciée par l'ironie, au cœur même du sujet, un sujet en fin de compte extrêmement sérieux, que tout penseur, après Nietzsche, ne pourra escamoter : « Si tant est que le mot connaissance ait une signification, le monde est connaissable, mais il est diversement interprétable, il n'a pas de sens par-dessus lui, mais des SENS INNOMBRABLES », « mille e tre » femmes, vies, perspectives, d'un Don Juan intellectuel, qui est le mythe espagnol le plus présent dans les *Cahiers,* avant même Don Quichotte, Le Cid ou Christophe Colomb, et qui devient héros fiancé de la mort, comme Carmen, dans l'*Introduction à Don Juan* d'Ortega. Valéry ne voit pas non plus la « morne moitié » de l'ombre créée par la lumière du *Cimetière marin* ni « les deux faces de son assiette » (V, 199, 1913). Est-ce pour cette raison qu'il désirerait réunir, d'un seul coup, tous les points de vue d'un Don Juan simultané et non plus successif ? Comme l'a montré Jean Granier, « En affirmant le perspectivisme de la connaissance Nietzsche défend... un pluralisme ontologique : l'Etre a pour essence de se montrer, mais de se montrer selon une infinité de points de vue », ou « points d'attaque »[16] ! « La notion de perspectivisme s'imbrique dans celle d'interprétation » (que Nietzsche donne souvent comme synonymes) qui suppose de la part de l'interprète une initiative créatrice, requise par la nature même des Textes interprétés. « En introduisant la notion d'interprétation, Nietzsche impose donc la définition de l'Etre comme Texte », l'Etre étant semblable à un produit culturel dont nous aurions tenté de refaire continuellement l'exégèse à travers les siècles. De cette façon, « tandis que l'idée de perspectivisme soulignait plutôt le caractère pluraliste de dévoilement de l'Etre, l'idée d'interprétation en accentue le caractère équivoque »[17]. De toute façon, « una verita non prismatica non e una verita »[18]. Livres-diamants aux facettes innombrables, passages anti-bonapartistes des *Mémoires d'Outre-Tombe* ou *Chouans* de Balzac, dans le cœur desquels on entre comme par magie, selon *Les Eaux étroites* de Julien Gracq : plaisir immense de découvrir qu'un esprit d'élite adopte la même perspective que soi vis-à-vis d'une œuvre qu'on préfère à d'autres du même genre, affinités électives, sympathie des points de vue !

A la naissance du Moi correspond celle du point de vue individuel, la perspective de l'homme étant par excellence la loi de conservation, la perspective de la vie[19], au-delà du bien et du mal, de l'égoïsme et de l'altruisme, du vrai et du faux, et qui dépasse les antithèses, les antinomies entre Réalisme et Idéalisme, la substance et le phénomène, la métaphysique et le matérialisme, l'objectivité et le subjectif, le Rationalisme et le Relativisme, la théorie et la praxis et toutes les dialectiques, sans faire fi des erreurs, utiles elles aussi. La théorie de la Relativité d'Einstein, relativité de la réalité autant que de la connaissance (le mot relativité s'affranchissant de sa connotation péjorative) est apparue aux deux écrivains comme une confirmation de la délivrance de systèmes qui se croyaient éternels, donc absolus, puisque la somme des points de vue ne « déforme » pas mais « organise » la réalité, prétend Ortega. Quand Valéry nous propose dans ses *Cahiers* de 1926 (XI, 574) sa Théorie des Points de Vue et en 1927 une Science des Manières de voir (XII, 563) et lorsqu'Ortega déclare que le perspectivisme est la théorie générale de sa philosophie, ils ne font que répondre à la question de Nietzsche : « Jusqu'où va le caractère perspectif de l'existence ? a-t-elle un autre caractère ? ». La chose en soi a été remplacée par des relations, des statistiques, des perspectives. Comme l'écrit H. Köhler[20], on voit se dessiner ainsi « tout un jeu de comparaisons en triangles », dont le troisième point reste souvent et indûment à l'état de virtualité et dont Nietzsche serait le symbole le plus remarquable dans la relation Valéry/Ortega, mais on pourrait citer de nombreux articles ou allusions livresques qui marient par procuration, indirectement, la pensée du Français et celle de l'Espagnol, à travers Freud, Descartes, Heidegger, Husserl, Mach, Einstein, Poincaré, Bergson... ou par l'entremise du néo-classicisme valéryen et du néo kantisme ortéguien. Valéry et Ortega s'évadèrent à peu près de la même façon de la prison kantienne et de son impératif catégorique. Régine Pietra[21] ne laisse aucun doute sur les points de désaccord, bien que « cet étourdi de Kant » (XXVII, 755) soit le philosophe sur lequel Valéry s'attarde le plus, et qu'il eût été le principal sujet d'étude d'Ortega à Marbourg, Leipzig et Berlin. D'après Régine Pietra, on ne respecta guère le refus valéryen d'être colonisé : selon les différents points de vue, il sera donc bergsonien, kantien, hégélien, scolastique ou positiviste ! de la même manière qu'Ortega souffrira toute sa vie et après sa mort d'être étiqueté, tiré à hue et à dia par des phalangistes illuminés et des gauchistes tendancieux. Dans cette relation tripartite, où P. Valéry et Ortega y Gasset sont rapprochés à travers une tierce personne, de Nietzsche à Mathilde Pomès, femme savante traitée en amie par Don Pablo, comme l'appelait parfois Pierre Louÿs, et par Don José, comme on le nomme affectueusement et respectueusement en Espagne, les poètes aussi jouent un rôle important : en 1927, la Revista de Occidente, créée et dirigée par Ortega, présente R.M. Rilke à côté de Valéry « afin de manifester les affinités existant entre la Revue et la poétique » de l'auteur du *Cimetière marin*[22]. Robert G. Havard[23], dans un excellent article, fait de Jorge Guillén, disciple démontré de Valéry par Oreste Macri, le poète de la phrase la plus connue d'Ortega, dans ses *Méditations de Don Quichotte* (1914), « Yo soy yo y mi circunstancia » (moi et ma circonstance), possible version modernisée du « Ich und meine Umgebung » (moi et mon environnement) d'Avenarius[24], philosophe allemand né à Paris en 1843, et qui correspond si parfaitement au CEM valéryen, où moi et monde vivent en connexion, en relations infinies par la volonté humaine de survivre et de construire. « Notez que tout ce que j'ai dit ou cru dire se passe entre ce que nous appelons le Monde... notre Corps... et notre Esprit » (*Oe,* I, 1323). Pour l'homme moderne, jeté dans sa situation comme un nageur dans un naufrage, « il est devenu impossible d'être l'homme d'un seul point de vue » (*Oe,* I, 620). Valéry, « en tant que premier théoricien français du point de vue », comme le définit si justement J. Schmidt-Radefeldt[25], estime que « la question du point de vue est capitale. Jamais elle n'a été régulièrement utilisée » (IV, 707, 1912). Curieusement, on semble assister à une démarche inversée, à une croisée de perspectives entre Ortega, critique engagé, néo-kantien moralisateur, devenu l'inventeur de *La Deshumanisation de l'Art* dans le sillon des phénomènologues[26], qui serait passé du camp du social Guyau à celui du pur Valéry, en 1924, au moment de la polémique de la Poésie pure, et Valéry, faisant une espèce de chemin opposé, depuis les professions de foi symbolistes de la Poésie pure jusqu'au monologue vitaliste de Faust devant Lust : « Serais-je au comble de mon art ? Je vis. Et je ne fais que vivre. Voilà mon œuvre ». Mais où ranger la Théorie des Points de Vue et la Science des Manières de Voir de Valéry ? Avec Ortega, qui semble croire que toutes les perspectives sont également vraies, ce qui nous amènerait à connaître l'objectivité en accumulant les visions subjectives, mais aussi au danger d'accepter n'importe quel point de vue, ce que l'Histoire nous a prouvé être radicalement impossible ? Avec Cervantès, qui admet que tous les partis-pris sont également ambigus, au point de se demander s'il est bien l'auteur de *Don Quichotte,* et pas le faussaire Avellaneda ? Où encore du côté de chez Borgès, pour qui toutes les manières de voir sont également subjectives sans rémission et fausses ? Le romancier argentin fera subir un test des plus durs dans sa nouvelle, *Deutsches Requiem,* au perspectivisme en exposant et imposant le point de vue d'un gardien de camp de concentration nazi[27]. Ortega nous dit bien que « le péché de Satan fut une erreur de perspective ».

34 pages de citations valéryennes manuscrites extraites des *Oeuvres Complètes* et 24 pages des deux volumes des *Cahiers* de la Pléiade représentent ma sélection perspectiviste actuelle de Paul Valéry. Vis-à-vis d'Ortega, trois points de vue au moins sont possibles : considérer le perspectivisme comme une étape parmi d'autres de son évolution philosophique, ou bien comme la partie principale de son système ou encore comme ce système tout entier. Quoiqu'on retienne de Valéry et quelle que soit la part réservée au perspectivisme ortéguien, on verra apparaître assez clairement deux différences notoires : Ortega, latin « desorienté » de la sierra sèche est plus naturellement amoureux de la vie, plus optimiste que Valéry, citoyen « désespéré » de la Méditerranée humide, et la raison vitale de l'Espagnol et son historicisme philosophique le rapprochent davantage d'un existentialisme adouci que du nihilisme valéryen, bien que Jean Cassou, dans son *Panorama de la Littérature espagnole contemporaine,* estime qu'Ortega a subi l'influence du scepticisme rationaliste de Valéry. « Toute dernière rose occidentale », Valéry est notre ultime grand poète symboliste, tandis qu'Ortega, I philosophe d'Espagne et V d'Allemagne – souvenir humoristique de Charles-Quint qui était I d'Espagne – a été le maître-penseur de l'Amérique hispanique, à partir de la circonstance adamique américaine, et a réappris la discipline intellectuelle à une Espagne qui l'avait oubliée depuis Suarez et Vitoria, bien que, selon Valéry,

la philosophie allemande soit « absurde en Italie ou en Espagne » (IV, 199, 1931). Tous deux cependant éprouvent la même répugnance en une immersion, une descente dans la vase obscure et morbide, les eaux ombreuses et glauques, les profondeurs du passé personnel et les secrets de l'inconscient : ils ne sont nullement à la recherche du temps perdu et ils le disent. Au regard de ces deux amateurs passionnés de la Science, l'infinie petitesse où se joue la connaissance a bouleversé notre vision du monde et causé un changement d'échelle qui nous conduit de Lilliput au pays des Géants et inversement, comme Alice et Gulliver. Comme Eupalinos et selon l'éclairage de Simmel, ils sont nés plusieurs et morts un seul. Bien que Sémiramis regarde, de l'altitude de sa tour, les étables des humains, les deux penseurs estiment démocratiquement que « chacun a vu quelque chose que personne autre n'a jamais vue » (*Oe*, II, 498). Dans le manuscrit des *Regards sur le Monde actuel* de la Bibliothèque Nationale, Valéry emploie le même angle de vue qu'Ortega et un vocabulaire identique à celui du philosophe espagnol : « La différence entre ce qui mène et ce qui est mené... une élite... la masse », mais Ortega a souhaité toute sa vie être reconnu comme un métaphysicien authentique, ce que Valéry a fui comme la peste, puisqu'il qualifiait la métaphysique de « manière de voir exagérée » (IV, 702, 1912). Et cependant le poète-philosophe français et l'essayiste-penseur espagnol parviennent à la conclusion de Renan que le temps des systèmes absolus est aboli. « Mon point de vue philosophique est la diversité des points de vue », selon Valéry (III, 514, 1903) et « chaque vie est un point de vue sur l'univers » (*El Tema de nuestro Tiempo*, 1923), selon Ortega. L'intellect ressent un plaisir très semblable au plaisir amoureux quand il caresse le corps d'une idée, selon Ortega, et Valéry se dit amoureux des idées comme d'autres le sont du nu. Leur déception devant la mystique se traduit dans des termes semblables, ainsi que leur optique sportive et ludique de la philosophie, et leur vision négative de la sincérité systématique qui rapproche l'homme de l'animal. « A chaque point de l'univers correspond un univers différent » (VIII, 341, 1921) à quoi répond Ortega : « La seule perspective fausse, c'est celle qui se prétend unique ». « Le réel est ce qui ne peut jamais être tout entier considéré d'un seul et unique point de vue » (XIV, 14, 1929), et Ortega : « Il y a autant de réalités que de points de vue » (1910). Ortega aussi se sent Robinson, « seul et prisonnier de l'île qu'est sa vie ». En résumé, ce qui retient le plus notre attention, c'est, à travers victoires et naufrages, guerres civiles et internationales, depuis leur tendre jeunesse jusqu'à l'âge mûr, que Valéry et Ortega, précurseurs et maîtres-penseurs de leur génération, demeurent des adeptes de la doctrine du point de vue. Leur perspectivisme résiste à toutes les intempéries, et se refuse à la déification du moderne comme au mépris de l'adversaire, à l'orthogénèse des idéologies comme à l'entropie des faits.

Judith Robinson-Valéry, en parlant du perspectivisme chez Valéry, dans son

Analyse de l'Esprit dans les Cahiers (1963), insiste surtout sur le lien qui unit les notions de point de vue et de géométrie. Faut-il rappeler que la théorie de la perspective en peinture est, avant tout, le résultat de l'application des possibilités de la géométrie à la peinture, qui ne serait devenue MODERNE (comme l'homme MODERNE ne saurait se passer du maximum de points de vue possible) sans l'aide indispensable de cette science, qui a pour objet l'étude de l'étendue et de la profondeur, et qui nous permet, euclidienne et non-euclidienne, différentes et inépuisables « manières d'envisager le monde et de représenter certains des rapports infiniment variés qu'il est possible de découvrir entre les éléments qui la composent » (p. 39). Quand Michel Foucauld établit, dans *Les Mots et les Choses* (1966) une archéologie des Sciences humaines, il nous propose 5 perspectives des *Ménines* de Velazquez (peintre favori du perspectiviste Ortega et le plus cité d'ailleurs des peintres espagnols par Valéry), dont nous parle aussi très longuement Hubert Damisch dans *L'Origine de la Perspective* (Flammarion, 1987). Au moment où Claude Lévi-Strauss médite sur le bilan de sa vie, dans le livre au titre combien perspectiviste *De près et de loin* (1986), il évoque ce donquichottisme qui n'a cessé de l'animer, renvoyant ainsi au roman perspectiviste par excellence, dont il dit connaître des passages par cœur, sur lequel Ortega a bâti les premières pierres de sa théorie du point de vue et dont Valéry dessinera le personnage dans ses *Cahiers* et qu'il transformera en Don Quichotte « moderne et américain ». Le « moi et ma circonstance » ortéguien réapparaissent, actualisés, dans l'*Etre et l'Événement* d'Alain Badiou (1988), l'événement étant ce qui n'est pas l'être, et, poursuivant les événements de la pensée, Deleuze arrive à l'image de la pensée comme événement (selon l'expression de John Rajchman[28]), car il faut « concevoir la modernité de la philosophie, non comme histoire ou drame mais comme actualité et comme événement ». C'est ainsi que Deleuze est parti des *Mille plateaux* pour arriver au *Pli,* qui se fait et se défait, leibnizien et baroque, après nous avoir décortiqué le fondu cinématographique, cumulant ainsi, livre après livre, mille variantes de la théorie du point de vue. En déclarant qu'un jour peut-être le siècle sera deleuzien, Foucauld se situait probablement en perspectiviste, comme Lyotard, réhabilitant « la logique de l'occasion », pour laquelle la Vérité, avec un grand V, ne serait qu'un cas de la logique du particulier, proposition qui aurait enchanté Valéry, selon lequel « s'il existait une vraie philosophie ce serait un des problèmes de cette occupation que de faire une théorie des points de vue », phrase toute saussurienne puisque, selon le linguiste genevois, « c'est le point de vue qui fait la chose » et « il n'y a d'abord que la critique comparative des points de vue »[29]. Je ne sais si V. Descombes a exagéré en affirmant que toute la génération philosophique française des années 60 à 80 « conclut au perspectivisme » mais, si cela est vrai et si Ortega et Valéry vivaient en 1988, le premier n'aurait plus besoin de dialoguer avec les statues et le second aurait finalement accepté... d'être considéré comme un philosophe, l'un des plus importants du XXe s. selon l'affirmation du Mexicain Octavio Paz, devant Jean-Paul Sartre lui-même[30].

NOTES

1. Miguel Ortega, *Ortega y Gasset, mi padre* (Barcelone, Editorial Planeta, 1983), p. 132. La Tronche « où commence la route de la Grande Chartreuse, à gauche celle de Vizille et, dans le fond, la vallée du Grésivaudan dont Louis XI disait que c'était le jardin de la France. C'est à Grenoble qu'Ortega y Gasset devait prendre connaissance du décret d'expulsion de sa chaire de métaphysique de l'Université de Madrid.
2. Vincent Descombes, *Le Même et l'Autre* (Paris, Édition de Minuit, 1986).
3. Témoignage de la jalousie latente de tout intellectuel hispanique envers le statut social et mondain des écrivains français. Même le grand Lope de Vega connut la nostalgie de la situation de Ronsard auprès de Charles IX. Mais envie ne signifie pas admiration ; il y a en effet disparité entre l'agressivité démontrée et l'admiration concédée. Hispanophile ne signifie pas hispaniste, ni hispaniste, hispanophile, comme le déclarait le Prof. Aubrun à la future romancière Rosa Chacel !
4. Cette lettre fut montrée à l'exposition Ortega y Gasset de Juin 1983 à Madrid et sa traduction espagnole parut dans les journaux : Agradecimiento de Paul Valéry (Madrid, El Pais, dimanche 8.5.83, p. 7). Dans une lettre à la comtesse de Yebes du 28.8.34, Ortega confesse : « ... Monsieur Teste. Je l'aime tant que j'ai une grosse envie de le détester », en français dans le texte.
5. Cf. le livre-dialogue de Françoise Giroud et Günther Grass (Maren Sell, 1988), Le Nouvel Observateur (16-22 sept. 88, p. 91). L'écrivain allemand déclare : « Je trouve regrettable pour la France son autosatisfaction en matière de culture, son manque de curiosité..., sa crainte excessive des influences étrangères ».
6. David Mata, « Ortega y Francia » (Madrid, El Pais, samedi 7.5.83, pp. 14 et 15).
7. Pierre Andreu/Frederic Grover, *Drieu la Rochelle* (Paris, Hachette, 1979), p. 216.
8. Victoria Ocampo, « Paul Valéry parfait symbole de l'Europe », in *P.V. vivant : Cahiers du Sud,* 1946, p. 90 ; et *Testimonios,* Tercera Serie, P.V. 1871-1945 (Buenos-Aires, Editorial Sudamericana, 1946), p. 122.
9. D'un point de vue opposé, on pourrait s'ingénier à faire le contraire, à souligner les différences, surtout en ce qui concerne la place réservée à la philosophie et à l'histoire, ce qui ne serait pas contradictoire mais seulement complémentaire, dans la perspective de ce travail.
10. Ricardo Gullon, « Ortega critico literario », in ***SUR***, Homenaje a Ortega (Buenos-Aires, juillet-août 1956), p. 94 : « La confrontacion es util para medir la talla del español, a cuyo lado Thibaudet, Du Bos, Rivière y el mismo Valéry, hacen figura de segundones... Ortega... resulta el mas capaz de aportar ideas » (la confrontation est utile afin de mesurer l'envergure de l'Espagnol vis-à-vis duquel Thibaudet, Du Bos, Rivière et Valéry lui-même font figure de seconds. Ortega apparaît comme le plus capable d'apporter des

idées neuves).

11. Jacques Derrida, *De l'Esprit* (Paris, Éditions Galilée, 1987), pp. 97 à 100.
12. Guillermo de Torre, ***Problemática de la Literatura** :* Ortega y la « beateria cientificista », et, Valéry y su actitud aliteraria, ce qui revient au même ! (Buenos-Aires, Éd. Losada, 1951), pp. 113 à 120.
13. « Qui sert une révolution ne fait que labourer la mer », disait le libertador Simon Bolivar.
14. Alain Guy, professeur de philosophie à l'Université de Toulouse Le Mirail, est le spécialiste français d'Ortega. Sa bibliographie ortéguienne est importante : in 1984, « Ortega y Bergson », in *Revista de Filosofia,* Madrid, Instituto de Filosofia Luis Vives, 2e serie, VII, Jan.-Juin ; et « Ortega y Gasset y su puesto en la Filosofia contemporanea », in *Cuadernos Hispano-amricanos* (Homenaje à O y G), Madrid, Jan.-Mars. En 1983, *Histoire de la Philosophie espagnole,* Univ. Toulouse Le Mirail ; in *Philosophie X,* Actes du Colloque O y G, 6-7 Déc. ; enfin, l'article « Présence d'O y G. en France », in *Actes del III Seminario de Historia de la Filosofia española,* Ed. universitaria de Salamanca. En 83/84, O y G : su vision de Europa, in Aporia, n° 21-24, vol. VI, Madrid, pp. 23 à 38. En 1969, Seghers publie le livre *Ortega y Gasset* (179 p.) et en 1963, PUF édite sa thèse, *Ortega y Gasset, critique d'Aristote.* Rappelons aussi : Charles Cascales, *L'Humanisme d'O y G* (Paris, PUF, 1957), et, Jean-Paul Borel, *Raison et Vie chez O y G* (Neufchâtel, A la Bâconnière, 1959).
15. Cf. J.M. Bartrina (1850-1880), Versos y Prosa, cité par C.P., in *Mercure de France,* Paris, 5.3.1923, p. 859 :
    « A crecer cuanto ve nuestra mirada,
    Creciendo nuestros ojos, como todo,
    No creceria a nuestros ojos nada ».
16. Jean Lefranc, « Nietzsche Frédéric (1844-1900) », in *Dictionnaire des Philosophes* (Denis Huisman), K - Z (Paris, PUF, 1984), p. 1935.
17. Jean Granier, *Le Problème de la Vérité dans la philosophie de Nietzsche* (Paris, Éd. du Seuil, 1966, 649 p.), pp. 311, 314 et 316.
18. A. Cazzaniga, Sulla concezione prospettivistica della verita, in *Scientia,* vol, 90, Bologna, 1955, p. 87.
19. René Berthelot, *Un romantisme utilitaire,* vol. I, Le Pragmatisme chez Nietzsche et Poincaré (Paris, Alcan, 1911), chapitre I, Le Perspectivisme de Nietzsche, pp. 33 à 59.
20. Hartmut Höhler, « Valéry et Husserl : le Moi et son œuvre », in *Cahiers du XXe s. Paul Valéry, Colloque international de Kiel,* 19-21 oct. 77, p. 192.
21. Régine Pietra, « Valéry et les Philosophes », in *Nuova Corrente,* Anno XXXII, n° 96, Tilgher, Genova, juillet-déc. 1985, pp. 423-450.
22. Evelyne Lopez-Campillo, *La Revista de Occidente y la Formacion de Minorias,* 1923-1936 (Madrid, Taurus, 1972, 319 p.).
23. Robert G. Havard, « Guillen, Salinas and Ortega : Circumstance and Perspective », in *Bulletin of Hispanic Studies,* vol. 60, n° 4, Liverpool, 1983, pp. 305-318.
24. Par le truchement du roman de l'actuel ministre de la culture espagnol, Jorge Semprun, *La Algarabia* (Barcelone, Plaza y Janés S.A. Editores, 1982), publié originellement comme *L'Algarabie* (Paris, Fayard, 1981), je découvre l'influence présumée d'Avenarius sur Ortega y Gasset (cf. Avenarius, *Der. Menschliche Weltbegriff,* Leipzig, Reisland, 3

Auflage, 1912, p. 79, et, Manuel Garrido, « El Yo y la Circumstancia », in *Teorema*, vol. XIII, 3-4, n° especial Ortega en perspectiva, 1983).

25. J. Schmidt-Radefeldt, « La Théorie du Point de Vue chez Paul Valéry », in *Paul Valéry contemporain, Colloque 1971, Université des Sciences Humaines, Strasbourg,* Ed. Klincksieck, Paris, 1974, pp. 237 à 249.

26. Demetrios Basdekis, *The Evolution of Ortega y Gasset as literary critic* (New-York-London, University Press of America, Latham, 1986).

27. Arthur Efron, « Perspectivism and Nature of Fiction : Don Quixote and Borges », in *Thought*, vol. L, n° 197, Fordham Univ. Quarterly, juin 1975, pp. 148 à 177. Article tout à fait passionnant.

28. Cf. *Magazine Littéraire* : « Gilles Deleuze, un philosophe nomade », n° 257, Paris, sept. 1988, p. 37.

29. Les citations de F. de Saussure et sa théorie du point de vue en linguistique sont analysées par René Amacker, *Linguistique saussurienne,* Genève, Droz, 1975, chap. 31 : « Les Dichotomies comme points de vue », et p. 28.

30. Octavio Paz, Interview de J.F. Revel in *Le Point*, Paris, 30.3.86, pp. 81-88 (Un autre regard sur l'Europe), et in *Diario de las Americas,* Miami, 1.5.86 (Otra mirada sobre Europa).

Monique BROC-LAPEYRE
Université de Grenoble II
CNRS.UA.1230

LE CHEF D'ORCHESTRE DANUBIEN FURIBOND ET MONSIR FALERIË

Valéry a opposé à l'effet-Nietzsche une forte résistance ironique. Dans les notes qui le concernent, il en fait le curieux « mélange d'un pasteur, d'un doukhobor (c'est-à-dire le spectateur d'une spiritualité russe dissidente de l'église officielle) et d'un fou slave »[1]. Lors d'un dîner de têtes auquel Valéry aura convié les philosophes, il les décrit ainsi : « L'un a la tête comme une tour et celui-ci comme une barrique. On entend les pois chiches sonner dedans. Kant d'après ses portraits semble un herboriste. Nietzsche un chef d'orchestre danubien furibond »[2]. Cette désignation révèle combien Nietzsche lui semble relever de façon privilégiée de la mimique et de la musique.

Nietzsche, en effet, pour Valéry, appartient moins au domaine de la réflexion que du réflexe. Il a la particularité de transformer ses états de nerfs en réalité mentale. Cette transcription d'affects, d'humeurs en idées, met Nietzsche au nombre des philosophes musiciens. Du coup l'influence de Nietzsche sur Valéry est du même ordre que celle de la musique. Stimulant, excitant, suggestif, tel est l'effet nietzschéen sur Valéry qui n'appréciera pas la doctrine, ni les théories qui ne lui sont que combinatoires parmi d'autres. L'exubérance spéculative de Nietzsche dans les grands concepts de Volonté de Puissance, SurHomme, Éternel Retour le détournera de tout débat. Mais Nietzsche retient par la résonance que ses idées provoquent, et Valéry avoue avoir fini par aimer l'homme[3]. La figure du chef d'orchestre conjoint habilement l'art de gesticuler et la musique. Chef d'orchestre : c'est aussitôt le mettre en scène. Ces gestes mouvementés (furibond) qui ne jouent ni ne composent, organisent cependant l'envol de la musique. Cette direction d'orchestre exubérante, outrancière, aux fureurs emphatiques fait une musique de prestige et de fausse profondeur. Danubien : le fantasme slavophile de Nietzsche qui se voulait une ascendance polonaise est mis à profit. De plus, cette formidable puissance musicale évoque très précisément celle de Wagner. Et de fait, Valéry ne cessera de caractériser Nietzsche par les mêmes épithètes que Nietzsche avait utilisés pour Wagner.

Valéry met très exactement sur le même plan la philosophie de Nietzsche et la musique de Wagner. Et en cela déjà, il peut être pris en flagrant délit d'intuition dionysiaque.

Notre idée est que, confronté à Nietzsche, Valéry ne peut que le parodier, jusqu'à, nous le verrons, y perdre son identité, ce qui est un comble pour le moi valéryen. Mais pas plus que Nietzsche, par le procès idéologique qu'il a intenté au discours musical de Wagner, n'aura voulu discréditer la moindre note de sa musique, Valéry, en méprisant apparemment toutes les théories nietzschéennes de la métaphysique, de la morale et de la religion, ne pourra s'empêcher de résonner à chacun des mots de Nietzsche.

Pour Valéry, Nietzsche est un simulateur de génie, c'est-à-dire qu'il installe une très grande distance entre l'idée et l'acte, par confusion entre l'acte et le geste ; il est ainsi « féroce en idées, pitoyable en fait »[4]. Nous comprendrons que, pour Valéry, le geste que Nietzsche confond avec l'acte est le geste d'écrire. Les fameuses fureurs ne sont que tracées. Les rodomontades de Nietzsche ne sont qu'écrites. Et pour Valéry, il y a quelque chose de « ridicule à penser comme Borgia et à vivre comme Littré »[5]. Nietzsche n'est qu'un écrivain. Il ne célèbre que les noces de la vie et du papier. Mais sa stupéfiante excentricité est de croire ce qu'il écrit, pire de « se » croire ce qu'il écrit. Et Valéry, soudain sadique, comme pour faire avouer Nietzsche, invente une nouvelle torture : « qu'on le prive de papier ! »[6].

Considérer Nietzsche musicien[7] en philosophie, c'est signifier pour Valéry qu'il se permet des procédés franchement malhonnêtes. Par excellence le domaine du vague, de l'imprécis, la musique englobe tout ; elle peut ainsi affirmer deux choses contradictoires à la fois en diluant leur opposition. La méthode musicale de Nietzsche consiste ainsi à jouer sur les deux tableaux. En effet comment s'y prend-il ? « Il éreinte A par la méthode B puis il démolit B ; et conserve les deux éreintements tout de même »[8].

Pour Valéry c'est incontestablement trop fort, trop violent, un véritable abus de puissance.

Nietzsche est un fantastique illusionniste, car il croit en ses pensées quand il les écrit. Quel comédien ce Nietzsche ! A cet égard, le « Superuomo », son « Ubermensch chéri », est un truc merveilleux. Encore un coup, une telle notion permet de prendre à la fois les deux attitudes opposées, on peut ainsi, sans choisir, pouvoir être « optimiste et pessimiste », « romantique et classique ». Pour Valéry, Nietzsche n'a pas même la politesse de la preuve. Sa pensée englobe tout et divinise le désordre. Pour lui qui aime les mécaniciens de précision comme Leibniz et Kant, la pensée de Nietzsche entraîne les choses dans une vision vague qui se les soumet. Traiter ses idées, ses pensées, comme des affects dont la musique est la sémiotique est pour Valéry un péché contre l'esprit, lui qui cherchera avec tant d'opiniâtreté à dissocier l'affectif et l'intellectuel dans le mental. Mais en revanche par un juste retour Nietzsche sera crédité par Valéry d'avoir su rendre la musique intelligible. « Il a résolu le difficile problème que l'existence de la musique pose à tous les écrivains qui *pensent* »[9]. Il transcrit la matière brute qu'est la musique en idées. Mais parce qu'il va penser la musique vraie, Nietzsche est le cabotin le plus incroyable qui soit. Ce n'est pas qu'il soit question de mettre en doute la sincérité de Nietzsche qui écrit bien ce qu'il pense, mais sa sensibilité l'entraîne justement à écrire plus qu'il n'a pensé. C'est ce rapport de la sensibilité et de la pensée que Nietzsche et Valéry auscultent tout différemment.

Pour Valéry, « l'esprit ignore la vie dont il est un produit d'autant plus heureusement réussi qu'il ne révèle pas cette activité aveugle de laquelle il procède »[10]. L'esprit est un monde autonome. Sa genèse n'est pas niée, mais le parfait oubli des origines est essentiel à son libre déploiement. Valéry exalte la passion qu'a l'esprit à être soi, dans une pleine souveraineté autonome.

Nietzsche, au contraire, retourne obstinément l'esprit à la vie. Si l'esprit se constitue de l'oubli de la vie, Valéry en prend simplement acte. Nietzsche, lui, va le dénoncer comme une imposture. Tous deux sont de grands scrutateurs de l'intellect et du pathos, mais Valéry se passionne pour le corps de l'esprit, les sensations de l'intelligence, le pathétique de l'intellect et développe jusqu'à la monstruosité, la passion d'être soi, tandis que Nietzsche découvre la grande raison du corps, l'intelligence des sensations,l'intellect du pathétique et souffre jusqu'à la déraison, la passion d'être un autre.

Le héros de Valéry est un transformateur psychique – qui s'efforce d'atteindre l'esprit « au bout du corps »[11], conscient de son fonctionnement mental séparé de tout le reste (« Robinson intellectuel »)[12]. Il s'agit d'atteindre le centre solitaire, pure conscience intelligente, qui a expulsé tout l'affectif comme altérité. Valéry, qui se moque de morale et de religion, aura quand même une sorte de prière : « Je remercie cette injustice, cet affront qui m'a réveillé, et dont la vive sensation m'a jeté loin de sa cause ridicule, me donnant ainsi la force et le goût de ma pensée tellement qu'enfin mes travaux ont eu le bénéfice de ma colère ; la recherche de mes lois a profité de l'incident »[13]. On le voit, pour le connaissant, la violence, l'insulte sont génies puisqu'elles font lever une intensité de la conscience qui la rend plus avide de sa pensée. Les événements tiennent leur seule valeur de leur rôle déclencheur de l'activité de connaissance. Peu importe ce qu'ils sont, avec tout ce qui se présente, le sage connaissant ne fait science que de soi. Mais, une fois le champ du mental atteint, de nouvelles émotions peuvent naître, et se faire jour toute une sensibilité intellectuelle... la pensée peut se donner des sensations, éprouver des émotions qui lui sont propres.

Valéry est incontestablement du côté de la volonté de maîtriser le substrat du pathos. Mais ce point pour la pensée peut devenir excessif, engendrer un abus de conscience. C'est dans l'exercice sans fin d'une pensée qui sans se lasser revient indéfiniment ivre d'elle-même, que Valéry a sa délectation, sa folie de lucidité. Comprendre ne suffit pas à Valéry, s'il a compris sans s'en apercevoir[14].

Aux antipodes de Nietzsche, voyageur en quête d'un lieu, Valéry est celui qui ne se déplace pas. Nietzsche précède ses œuvres, il les écrit en marchant, Valéry les suit, elles le fixent. Valéry ne se quitte jamais. Quand il ne « compose » pas pour les autres, ce qui lui est une pose fatigante, une corvée – il passe son temps à ces exercices psychiques, qui sont de pures complaisances mentales à soi. Il jouit quand la pensée est au plus près d'elle-même, absorbée en elle-même, dans une vigilance essentielle, quasi divine – au plus loin du zéro de la bête émotive, anesthésiée, ayant réduit à rien le corps, cet opposant majeur.

Nietzsche travaille, lui, au déploiement excentrique des identités. Valéry est en quête, au contraire, de ce rien qu'est le moi pur, centre insaisissable, âme de l'âme, réel sans être sensible « comme le centre de masse d'une bague ou d'un système planétaire »[15]. Dans la démesure du plein, qui fait passer Nietzsche d'une identité à l'autre, il y a une attitude radicalement antagoniste à celle de l'homme d'esprit que Valéry définira comme le « refus indéfini d'être quoi que ce soit »[16].

Valéry recouvre, fait taire, neutralise, extirpe le corps en son registre affectif pour que se déploie à l'aise l'intellect pur. Nietzsche fait pénétrer le convulsif, le pulsionnel, les états d'humeur dans le mental et cette manière d'intellectualiser la sensibilité en prise directe fascine Valéry justement comme son antipode. Et là, il lui rend hommage. « Pour moi, il a trouvé une certaine méthode, presque une logique ; si l'on peut appeler *logique,* une exploitation intellectuelle des modes de la sensibilité centrale »[17]. L'intelligence de Nietzsche a une forme nerveuse qui charme Valéry – mais leur façon de jouer la comédie de l'esprit, pour reprendre l'expression du sous-titre du beau livre de Gaède[18], est radicalement antithétique car, même quand il joue un rôle, Valéry ne se perd pas de vue, comme ces acteurs qui imposent leur personnalité aux personnages qu'ils endossent.

Pourtant un jour, pour amuser un ami, Valéry mettra au point une bouffonnerie où par un mimétisme impressionnant, l'unique, l'inaltérable quitte son image narcissique pour se couler dans l'autre, le mimer jusqu'à le devenir, et cet autre sera Nietzsche. Valéry, en plein histrionisme, devient Nietzsche, se fait Nietzsche jusqu'à composer un savoureux faux en écriture où, suprême jouissance, il va le faire parler de lui, Valéry, mais comme d'un autre, s'entremettant entre Nietzsche et le correspondant ami récalcitrant. Valéry pousse la plaisanterie très loin, et s'amuse comme un fou.

Comme le fait remarquer E. Gaède[19], c'est, paraît-il, la seule occurrence où Valéry assume le personnage d'un autre. Il invente même à sa lettre fictive, l'en-tête d'un NIETZSCHE-ARCHIV-HOTEL qu'il orne du dessin d'un palais dans un paysage de montagne avec soleil. Le français dans lequel le soi-disant

NIETZCHE-ARCHIV-HOTEL

Leipzig
Schwartzkoffer
proprietor
French Spoken

Monsir!

Monsir Falesi m'afre tit
fu n'ave goûte tu le blaisir fondu
en tégusdant main ~~de~~ joix de
mëin œufre tans l'éxellente
dradugtion alpert
Daut pire bur fus!!
Liçez tore le dout endier Zaratoudra
et t'apord le Pien und die Mal
et buis fus ferrez.
L'ingomplet n'êtie has mon fort.
Cebentant, en fotre pon goût
vontamendal nazional, liour
gompendre et aimer, bleine ~~je~~ che
gonfiance pour ai. Fu êdes Poète,
gomme Je suis ubermensch, et fu êdes
tans l'Octroi ~~Paris~~ Service gomme che

Nietsche s'exprime, transpose un fort accent germanique et comporte une série de fautes qu'en bon manieur de la langue, le vrai n'aurait jamais faites. Tout d'abord Nietzsche-Valéry parodie le début de la soirée avec Monsieur Teste. « L'ingomplet n'être bas mon fort ». Valéry pris de jubilation bouffonne, s'identifie à Nietzsche pour parler de lui à ce correspondant inepte. « Nous bouvons nous gomprendre, c'est un zimple malentendu. Monsir Falerië a t'ailleurs bien voulu me bromettre en Bersonne qu'il verait aubrès de fous ses Evvorts. Che dézire drès fifement que mes Œuvres vassent l'Ornement de Votre Solitude. Foyez, douchez gomme che suis spirituel – intellichent, ce madin ? l'êdre merfeilleux ! Che me sens dout lécher, lécher ! Monsir Falerië me dit que che souis un dype tans le chenre de un patard de Scholl et de Sâpphô. Mais, Monsir Falérië, être, lui, un Dype blaisant, chamais zérieux. Che le rengontre souvent tans les Lieux maufais où che travaille l'amusement dranscendantal à 20 marks le folume ».

Valéry-Nietzsche termine en offrant à la dame du dit correspondant « ses gompliments zurhumains », et signe Dr F.N. 1er class Uebermensch-major von Leipzig-Universität. Signature qu'estampille le médecin-chef J. Gardefou, dont le paraphe se termine par les volutes de la queue d'un petit singe gambadant en fin de page. On est en plein cabotinage. Tout est bon pour cette surenchère caricaturante, les tics d'autocongratulations nietzschéennes, les manies généalogiques et même la condition d'aliéné attesté.

Ainsi Nietzsche a entraîné Valéry dans son goût des mauvaises farces et le besoin de faire le pitre. Adepte de l'histrionisme, Nietzsche inspire à Valéry les ressources de la parodie et son immense délectation, et lui enjoint d'adopter pour une fois le négligé comme tenue de rigueur, c'est-à-dire l'infinie disponibilité. Ici le plaisir de la simulation explose comme puissance faisant refluer le caractère et entrer dans l'autre que soi. Le « Gai Savoir » est celui qui permet « le résultat des instincts différents et contradictoires du rire, de la pitié, de la malédiction »[20]. Loin de concevoir l'intellect comme l'instrument enfin neutralisé, désaffecté, Nietzsche le montre comme cette instance qui ne fait qu'enregistrer le résultat du combat entre pulsions contradictoires. La connaissance est au service de la pulsion dominante. Un événement provoque d'abord le rire, l'humeur, en tout cas fait émerger des réactions affectives multiples, dont l'intellect, qui d'ailleurs est loin d'être impartial, objectif, désintéressé, ne fera que consigner le résultat du combat. La pensée bien loin d'être désintéressée, autonome, consciente et pure n'est que le rapport des pulsions entre elles. L'intellect est ce qui donne raison à l'instinct le plus fort, tout en jouant au souverain qui distribue la cohérence.

Dans sa relation à Nietzsche, Valéry perd tout contrôle d'identité. Ici, l'affect est manifestement prévalent. L'hilarité communique son mouvement à l'écriture. Les sonorités secouent le rire avant de signifier quoi que ce soit. La chance est alors donnée à nouveau à l'impulsion de prendre la parole et de renouer avec la souveraineté incommunicable de l'émotion.

Valéry, sous l'effet-Nietzsche, quitte son terrain d'absolue concentration, à savoir lui-même, et le vertige de l'existence gagne son esprit, perd sa sérénité et sa jouissance diabolique ordinaire qui est faite d'annulation, de réduction au zéro. Ici, ont lieu les sautes de l'esprit et les intensités les plus fortes. Valéry est enlevé par Nietzsche au pur pouvoir de penser en pleine conscience, pour être retourné à la source dont la pensée n'est que l'ombre.

Dans l'impossible confrontation entre Nietzsche et Valéry, remarquons que Valéry fait tout, tout seul, et en même temps : c'est lui qui désigne Nietzsche, entre autres comme chef d'orchestre danubien furibond, et c'est encore lui qui invente sa propre appellation grotesque, germanisé de façon bouffonne en Monsir Falérië. Or ceci révèle l'effet de suggestion que Nietzsche exerce sur Valéry et combien il subissait cette influence englobante dont il se défendait de toute son ironie... Car c'est Nietzsche qui l'entraîne sur son propre terrain. Valéry dans ce face à face avec l'*Ecce Homo* dont la publication lui fut une stupéfaction, entre à son tour dans le jeu et Nietzsche lui fait perdre son identité.

Et finalement dans l'art de la contorsion, Monsir Falérië ne le cédera en rien au grand simulateur. En effet, ces deux acrobates de l'esprit s'enjoindront tous deux à leur insu, de se livrer à la même impossible gymnastique à la fois physique et psychique, et cela en plusieurs occurrences : « monter sur ses propres épaules ».

Valéry aurait, dit-on, souhaité l'Allemand capable d'achever son œuvre ; ce ne pourrait pas, en tout cas, être Nietzsche, l'Allemand le moins systématique qui soit et bien en peine d'achever la sienne. Par contre, Valéry dans son contact avec Nietzsche aura, de spectaculaire façon, démontré l'affirmation du Nietzschéen le plus subtil, Pierre Klossowski : « Pour autant que l'on est amené à interpréter la pensée d'un esprit que l'on cherche à comprendre et à faire comprendre, il n'en est point qui, autant que Nietzsche, amène son interprète à le parodier »[21].

Pour finir, moi aussi, en m'amusant, par une petite lacânerie, ou si vous préférez, à la manière nietzschéenne, la-canailleri(t)e, je ferai remarquer que toute la destinée mentale des deux penseurs semble obstinément attachée à désavouer les jeux qu'ils avaient eux-mêmes inventés sur les signifiants de leur programme ou de leur nom propre. En effet, Nietzsche aimait à dire que, pour les Polonais, « Nietzsche » signifiait nihiliste. Et il est vrai qu'en polonais où l'on décline les noms propres, celui de Nietzsche décliné dit le « rien ». Ainsi c'est le philosophe de la transmutation des valeurs dont le nom ne valait rien, tandis que Valéry, attaché au zéro de la vie mentale, plaisant lui sur une origine soi-disant « chic », parce que latine, de son nom lui faisait vouloir dire : « le petit qui a de la valeur »[22].

NOTES

1. *Valéry Pour Quoi ?* sous la direction de Michel Jarrety, Paris, Impressions nouvelles, 1987, p. 28.
2. *Cahiers*, V, 657 (Cl, 534).
3. *Valéry Pour Quoi ?*, p. 26.
4. *Ibid.*, p. 33.
5. *Ibid.*, p. 35.
6. *Ibid.*
7. Que Nietzsche soit redevable de la musique, Gide l'avait déjà affirmé le premier, écrivant même qu'avec certaines phrases des dernières œuvres de Beethoven, il pourrait circonscrire la figure de Nietzsche. Cf. « Lettres à Angèle », 10 déc. 1898, in *Oeuvres Complètes*, NRF, Paris, 1933, t. I, p. 114.
8. *Valéry, Pour Quoi ?*, p. 16.
9. *Ibid.*, p. 26.
10. C, XXIII, 168 (Cl, 713).
11. *Oe*, II, 65.
12. C, IV, 135 (Cl, 41).
13. *Oe*, II, 39.
14. *Oe*, II, 53.
15. *Oe*, I, 1228.
16. *Oe*, I, 1225.
17. *Valéry Pour Quoi ?*, p. 26.
18. E. Gaède, *Nietzsche et Valéry, Essai sur la comédie de l'esprit*, Paris, Gallimard, 1962.
19. *Ibid.*, p. 447. Voir, illustration p. 79, la reproduction du début de cette lettre (adressée à André Fontainas en mai ou juin 1899) in *Vente de très beaux manuscrits*, Hôtel Drouot, lundi 21-mardi 22 février 1927. B.N. Départ. Manuscrits Catalogue Vente 2943.
20. *Le Gai Savoir*, Paris, Gallimard (coll. Idées), Livre IV, 333.
21. Klossowski, « Nietzsche, le polythéisme et la parodie », in *Un si funeste destin*, Gallimard, 1963, p. 195.
22. E. Gaède, *op. cit.*, p. 457, note 2 du premier chapitre.

Judith ROBINSON-VALÉRY
C.N.R.S.

ALAIN ET VALÉRY

> On pourrait se risquer à dire que le premier jugement est de poète, et par cette méthode de découvrir qui consiste à préparer un lit pour nos pensées, un lit de rythmes et de sonorités, une suite de places pour des mots qui ne sont pas encore. La poésie réaliserait l'*a priori* des philosophes, cette forme qui circonscrit le savoir avant le savoir. Étrange et miraculeux moyen, dont le moins qu'on puisse dire est qu'il révèle l'esprit à lui-même. (...) Souvenez-vous du *Cimetière marin* :
> *Amère, sombre et sonore citerne,*
> *Sonnant dans l'âme un creux toujours futur*[1].

Le sujet que mes amis philosophes Régine Pietra et Simon Lantieri m'ont invitée à traiter ici est un des plus redoutables qui soient. Redoutable surtout parce que, bien qu'il mette en cause des questions fondamentales, il a presque toujours été évoqué dans le grand public et même par certains valéryens d'une façon hâtive et désinvolte, sans aucun souci d'approfondissement. « Ah oui ! Le déjeuner chez Lapérouse », dit-on d'un air entendu, ou bien, en s'aventurant un peu plus : « Vous ne croyez pas que les poèmes de Valéry pouvaient se passer de commentaires philosophiques ? ». De tels lieux communs reflètent le plus souvent une approche extrêmement superficielle de la question très intéressante et très complexe de savoir comment ces deux esprits de premier ordre qu'étaient Alain et Valéry se sont perçus, et comment l'un d'eux, le philosophe de métier, a réagi *en profondeur* devant la partie poétique de l'œuvre de l'autre[2], le philosophe malgré lui.

Pour en venir le plus vite possible à l'essentiel, je passerai sans m'y arrêter sur le côté anecdotique des rapports entre les deux hommes. Quelques précisions, cependant, s'imposent. D'abord, il n'y a pas eu *une* rencontre entre Alain et Valéry, le déjeuner organisé en 1928 chez Lapérouse par leur ami commun et fervent admirateur Henri Mondor, mais plusieurs rencontres, comme on le devine à travers des allusions par Alain à des conversations avec Valéry rue de Villejust et ailleurs sur sa poésie[3] ou sur tel ou tel aspect de sa pensée[4]. Ils ont aussi échangé des lettres, d'un ton extrêmement cordial, dont toutes ne sont pas connues, et dans une desquelles, comme dans *Le Déjeuner chez Lapérouse,* Alain fait de Valéry un croquis très pénétrant : « (...) Tout va donc comme il faut pour moi. Que n'en est-il de même pour vous ! Si vous pouviez chanter, tout vous serait léger. Je rêve quelquefois d'un chant de solitude qui surmonterait des pensées austères. Je sens quelque chose, en votre terrible prose, qui voudrait sortir autrement, plutôt s'envoler »[5].

En fait, la première rencontre entre Alain et Valéry a eu lieu bien avant 1928. En voici le récit dans *Histoire de mes pensées :* « Je connus Paul Valéry aux environs de 1923, je veux dire par ses vers ; jusque-là c'était à peine un nom. Et encore mis-je du temps à faire connaissance. L'inconvénient d'aimer les auteurs consacrés, c'est qu'on n'a plus un regard pour les contemporains. Je me souviens que le *Narcisse* me fit d'abord un effet de lune, bientôt oublié. Le *Cimetière* me transperça par son avant-dernière strophe, dont le dernier vers me parut digne des plus beaux *(Dans un tumulte au silence pareil).* Un jour que je récitais ce passage en classe, il m'apparut que beaucoup savaient tout le poème ; et l'on m'apporta respectueusement une copie de *La Jeune Parque.* Mon attention était donc éveillée plus qu'à demi quand une ridicule polémique contre le poète obscur me somma de prendre parti. Je vis ce jour-là le vrai visage de deux ou trois condottieri de plus à qui je ne m'étais jamais fié tout à fait ; je sus alors pourquoi. (...) Bref je courus à la défense du cygne blessé » (*AD,* 155).

On remarquera la double générosité d'Alain dans ce passage : générosité à l'égard d'un grand esprit injustement attaqué (n'oublions pas la féroce campagne de presse montée contre Valéry par l'extrême droite dans les années 1920)[6], et générosité à l'égard de ses élèves, les khâgneux du Lycée Henri IV. Son immense respect pour les jeunes esprits de qualité faisait que ce qu'ils aimaient ardemment à partir de leur jugement propre lui paraissait toujours digne de respect[7]. C'est ainsi que ces khâgneux l'ont confirmé dans son admiration pour le *Cimetière marin* en particulier, et qu'ils lui ont fait connaître les premiers *La Jeune Parque,* amoureusement recopiée à la main. Ce qu'Alain n'ajoute pas, cependant, c'est qu'il leur a rendu leur cadeau au centuple en choisissant très souvent jusqu'à la fin de son enseignement un poème de Valéry, *La Jeune Parque* étant son préféré, ou parfois une strophe ou même un ou deux vers isolés, comme sujet de commentaires non seulement esthétiques mais aussi philosophiques. Toute histoire littéraire de la France qui omettrait de mentionner l'influence cruciale de cet enseignement interdisciplinaire avant la lettre sur toute une élite intellectuelle (à laquelle sont venues se joindre les jeunes filles du Collège Sévigné) méconnaîtrait une des sources cachées du prestige dont Valéry a joui entre les deux guerres et depuis, en dépit de toutes les critiques dont il a fait l'objet. Elle méconnaîtrait aussi une des sources principales de la réputation de Valéry poète, aux yeux d'Alain *le* poète de l'époque moderne[8], réputation transmise d'une promotion à la suivante avec un respect infini par un des plus grands professeurs, sinon le plus grand, de son époque, qui n'a pas hésité à écrire : « Ces poèmes feront infiniment plus, pour la renaissance de l'homme, que toute la Sorbonne ! » (*Pr.,* 723).

Remarquons en passant que, d'une façon générale, Alain éprouvait une estime moins entière pour ce qu'il connaissait de la prose de Valéry (et qui excluait forcément, et malheureusement, comme pour toute sa génération, les *Cahiers*). On trouve de temps en temps dans ses écrits et sa correspondance des allusions à des textes particuliers comme les essais sur Mallarmé, où, dit-il « tout (...) resplendit »[9], ou comme *Eupalinos,* qu'il a appelé dans une lettre du 20 juillet 1923 à son ami André Buffard le « plus beau livre » de l'époque[10], et dont il a admiré dans une lettre du 29 novembre 1928 à Valéry l'exploration poussée du domaine de la « pure pensée »[11]. Dans deux autres lettres des 5 et 11 juin 1932[11] à Valéry, il a vivement loué aussi le *Discours en l'honneur de Gœthe,* dont le ton positif était fait pour lui plaire, et *L'idée fixe :*

> « J'ai lu dans la NRF ce discours, qui est parfaitement beau, qui rabat tout ce que j'ai lu d'autre. L'érudition ne sert à rien ; Gœthe est dans chaque morceau, justement comme il voyait les animaux et les plantes. Hauteur, liberté, allégresse, tout cela digne d'Apollon ».

Et à propos de *L'idée fixe :* « Je veux très bien recevoir de vous le livre du pharmacien, quoique je l'aie déjà lu, comme je lis tous vos discours forcés ; la liberté n'y paraît que plus belle (...) ».

Mais il arrive à Alain ici et là – ce qui était particulièrement rare chez cet homme qui pratiquait consciemment la « critique des beautés » – d'exprimer quelques réserves sur Valéry prosateur, non pas sur son style, qu'il admirait beaucoup (« la prose de Valéry me ravit, écrit-il, et elle est juste à l'envers de la mienne »[12]), mais sur un certain ton et une certaine tendance de sa pensée. Il trouvait cette pensée, coupée de la sève vivante de la poésie, un peu froide, un peu sèche et un peu trop cérébrale. Et ces réserves, ces inquiétudes même, il a eu le courage de les exprimer, souvent dans des phrases percutantes. Qu'est-ce qui manque à Valéry, demande-t-il ? Sa réponse, très pénétrante sur le plan psychologique comme sur le plan intellectuel, va loin : « Peut-être un genre de réconciliation avec soi qui embrasse l'humanité toute. Peut-être cette générosité que Descartes a si bien nommée, et qui perce plus avant que l'entendement nu » (*Pr.*, 723). En outre, Alain trouve que la pensée de Valéry tend à être trop repliée sur elle-même, trop coupée de tout ce que le monde extérieur aurait pu lui apporter comme nourriture et comme contrepoids à ses tendances introverties. « ... On peut voir en ses proses, affirme-t-il, une sorte de raison géométrique qui se suffit à elle-même, et qui ne dépend point de l'objet » (Com. *Ch.*, 218-200). Il y a ici une allusion implicite aux deux maximes de son maître Lagneau qui ont tant imprégné sa conception de la philosophie et sa manière de voir le monde : « Il faut penser sur l'objet » et « Se penser soi-même le moins possible et penser toutes choses ». « J'oserais dire, continue Alain, que jamais cette raison [*celle de*

Valéry] ne devient poème ; ces deux mondes ne se rencontrent pas. Et, en revanche, la poésie comme chant se suffit à elle-même, et fait exister le monde. (...) Existence contre essence. Monsieur Teste, une pensée absolument inefficace peut-être » (ibid., 200). Affirmation qui pourrait faire sursauter un valéryen, mais tout dépend, évidemment, du sens qu'on donne au mot « efficacité » ; pour Alain, celle-ci réside principalement dans les actes bénéfiques pour l'homme, dans ses interactions constantes et concrètes avec les autres hommes et avec l'univers environnant, que la pensée peut produire. C'est pourquoi il n'a pas beaucoup de considération pour « ceux qui pensent la pensée » (Com. *J.P.*, 42), fussent-ils des Valéry, sans viser d'une façon précise ce sur quoi cet acte abstrait va déboucher ou pourrait déboucher. On ne peut que regretter qu'Alain, comme d'autres excellents lecteurs de sa génération, n'ait pas possédé la connaissance nécessaire des *Cahiers*, et des vrais buts que Valéry y poursuivait dans son exploration hardie et neuve des mécanismes mentaux, ainsi que dans sa poursuite d'une limite extrême de la conscience.

La dernière critique qu'il arrive à Alain d'adresser à Valéry prosateur, c'est sa tendance à être négatif et destructeur : « ... C'est alors, écrit-il, son état de se moquer de tout (...) » (Com. *J.P.*, 35). Et ailleurs : « ... En prose, il ne sait point mettre en ordre, mais plutôt défaire » (Com. *Ch.*, 68). Alain va même jusqu'à lui dire dans une lettre particulièrement franche du 23 janvier 1933[13] que certains de ses écrits en prose le font penser, par rapport à ses grands poèmes, à des « copeaux » ou à des « miettes » de la création. Ayant souvent eu certaines de ces impressions moi-même, je me garderai bien de les reprocher à Alain, tout en ajoutant, cependant, que notre époque est beaucoup plus sensible que ne l'était la sienne aux aspects positifs, ou virtuellement tels, de la déstructuration et de la fragmentation, tant de la pensée que de l'expression.

On n'a malheureusement pas de renseignements complémentaires sur ce que Valéry connaissait de l'œuvre d'Alain, probablement surtout par ouï-dire[14] à travers les éloges de Mondor et de Gaston Gallimard, qui la mettaient tous les deux très haut (Gaston Gallimard a été un lecteur assidu et un admirateur inconditionnel d'Alain avant de devenir son éditeur). Mais les lettres adressées par Valéry à Alain montrent toutes l'estime respectueuse qu'il éprouvait de son côté pour lui, par exemple celle du 6 août 1928, où il écrit : « Je voudrais bien vous remercier de toute l'attention que vous accordez à mes exercices. Vous sentez quel prix je dois attacher au jugement d'un esprit de la pénétration, de la vertu et de l'amplitude du vôtre. Une certaine partie est gagnée, quand on est compris de la sorte, et la vie de l'esprit ne semble plus toute dénuée de sens »[15].

Ou encore la lettre de remerciement du 4 janvier 1930 pour le commentaire de *Charmes*. En voici des extraits :

« Quel commentaire ! (...)

Il y a des traits de divination. (...)
Je suis émerveillé de l'*unité* que vous avez pu donner à la suite de vos réflexions dont le prétexte était cet amas de pièces fort différentes. Il me semble que le thème de la *Jeune Parque* – l'absent du recueil – vous fournit le continu, le fil de la durée de votre glose. C'est une admirable idée d'artiste. (...)
Si la *Parque* vous tentait, vous en feriez quelque belle réflexion. [*Cette invitation montre bien que Valéry n'avait pas été mécontent du commentaire de* Charmes – *loin de là*].
Merci, Alain. Je suis bien heureux dans mes fatigues et mes charges. Peu de poètes, que je sache, eurent un Alain pour les accompagner »[16].

Si, comme le prétendent certains, on peut peut-être sentir dans la préface de Valéry au commentaire de *Charmes* une légère prise de distance par rapport aux interprétations d'Alain et à sa manière même d'interpréter (« *Alain peuple* en philosophe *mes constructions de paroles* (Com. *Ch.*, 17 (...) »), il faut se méfier de détacher ces remarques de leur contexte. La préface dans son ensemble est très élogieuse (*« La richesse d'Alain est de pensées. Il la répand de toute part »*, animant les vers de Valéry de *« merveilleuses significations »* (ibid., 11, 17), etc.), et dépeint d'une façon remarquable la naissance spontanée du commentaire en marge d'une belle édition de *Charmes* prêtée à Alain par Mondor, naissance qui mime par les gestes qu'elle entraîne, par son énergie et sa charge affective les rapports très intimes entre un texte et son lecteur qui font de nos jours l'objet de tant de recherches :

« Voici donc les grandes marges de *Charmes* tout envahies d'une lecture ferme et dense qui étreint le bloc imprimé. Elle serre de près les systèmes de strophes, assiège les formes fermées ; épouse, semble presser de puissance vivante et pénétrer de sensibilité actuelle une construction typographique finie, régulière, et comme cristallisée. Considérer ces pages annotées, c'est voir, sur les bords de poèmes, un homme vivre ce qu'il lit. Si l'on déchiffre, c'est entendre, le long des vers, se murmurer le monologue dissolu qui répond à une lecture, la traverse, la soutient d'un contrepoint plus ou moins étroit, l'accompagne continûment du discours d'une voix seconde, qui parfois éclate... Cette écriture dans les marges produit en quelque sorte aux regards le complément secret du texte, leur montre la fonction du lecteur, rend sensibles les environs spirituels d'une lecture » (Com. *Ch.*, 12).

Le fait que Valéry ne réponde pas à la question hypothétique de savoir s'il s'accorde avec Alain sur le sens qu'il trouve à ses vers (*« Vous comprend-il comme vous-même ? Son commentaire est-il au plus près de votre pensée ?... »*

(ibid., 14-15)) ne prouve à mon avis qu'un désir de déplacer la question en laissant entendre que la question initiale était mal posée. Ce sera pour lui l'occasion de faire une déclaration de principe : le développement célèbre « Mes vers ont le sens qu'on leur prête... » (ibid., 15-19), c'est-à-dire un double plaidoyer en faveur de la polysémie poétique et du rôle capital de chaque lecteur dans la création éternellement recommencée d'un texte littéraire[17].

Quant à la fable dans le style de La Fontaine écrite pour servir de prologue au commentaire de *La Jeune Parque,* ce serait extrêmement hardi de prétendre que ce simple « jeu » (Com. *J.P.,* 9) contienne une critique voilée du commentaire d'Alain. S'il y a, comme on semble parfois le penser, de l'ironie dans la phrase d'introduction, « La Jeune Parque, un jour, trouva son Philosophe » (ibid.), elle est très douce, et envoie le même coup d'œil complice à Alain qu'au public.

En réalité, ce qui semble, selon certains témoins, avoir gêné un peu Valéry chez Alain, c'était beaucoup moins ce qu'il *écrivait* que ce qu'il *était,* ou *paraissait* aux yeux d'un homme très différent de lui. Comme il l'écrit en 1940 après une visite à Alain :

> « Je suis comme *toujours pas à mon aise avec lui* [*mots soulignés encore par un trait marginal*] – Il est d'une tout autre... race – Je ne trouve que ce mot pour exprimer ceci : Ce qui contraint un « être » (complexe de culture, de *sensibilités,* de vitesses de réaction d'esprit, et de sensibilisations) à se *modifier* au contact d'un autre, de manière à conserver les échanges avec lui – mais *en ressentant* cette modification. (...)
> J'aurais dit *différence de dieux,* avec presque autant de mauvaise approximation (et en comptant parmi ces dieux, qui sont les « vrais dieux », le *soi idéal*). (...)
> – On sent qu'on ne *pourrait* pas (ce conditionnel est gros de sens) développer sa pensée à un tel. Il réagirait mal, ne comprendrait pas » (*C,* XXIII, 76-77).

Ce passage met le doigt sur une des principales différences entre Alain et Valéry : une différence, justement, de sensibilité. Mondor m'a dit plus d'une fois avoir été très frappé de les voir ensemble, chacun un peu sur ses gardes, chacun un peu embarrassé et emprunté, et pas seulement le premier jour. Le contraste physique entre eux était dès l'abord saisissant : la taille mince et relativement petite, les gestes rapides, nerveux et comme inquiets de Valéry, d'aspect typiquement méditerranéen, en face du grand corps aux larges épaules du Percheron Alain, respirant ce qu'on aurait pu appeler avant le lancement d'un slogan politique bien connu la « force tranquille », et prenant toujours son temps pour réfléchir et pour parler. Rien de surprenant, donc, à ce que Valéry ait trouvé Alain d'une autre race : il l'était, comme Valéry l'était par rapport à lui ! Sans doute Valéry a-t-il trouvé Alain un peu trop « lent », un peu trop « sérieux », un peu trop « professoral », mais il est non moins probable que pour sa part Alain a trouvé Valéry, en qui il avait admiré de loin le « penseur fort », un peu trop « léger » et trop « sautillant » dans la conversation (le septième chapitre des *Entretiens chez le sculpteur* est très éloquent à cet égard), et un peu trop « mondain » pour le bien de son propre esprit : « Pour moi, mesurant assez les années de méditation que supposent *Le Narcisse* ou *Le Cimetière marin* ou *Le Serpent,* écrit-il dans un propos de 1927, je sais ce que nous coûte à tous une conversation élégante ou un dîner de cérémonie. Pourquoi cette hauteur est-elle prise en ces liens de Lilliput ? » (*Pr.,* 723). Au fond, Alain semble avoir été assez déçu de ne pas retrouver en l'homme Valéry l'image idéalisée du « grand poète », et même du « Poète » tout court, qu'il avait tirée de la lecture de ses vers. Alors que Valéry, de son côté, a dû être agacé par ces deux appellations, qui correspondaient si peu à ses vraies visées, celles qui étaient enfermées dans les innombrables analyses des *Cahiers,* et par rapport auxquelles ses poèmes, si beaux et si neufs qu'ils pussent être, n'avaient été qu'un écart à ses yeux, nécessaire mais momentané. « Cet état [*de poète*], écrit-il à Alain, est à l'infini du moi actuel »[18].

Mais laissons là tous ces petits riens qui ont empêché Alain et Valéry de se comprendre tout à fait, et réjouissons-nous plutôt du concours de circonstances qui a permis leur rapprochement et l'existence même des commentaires de *Charmes* et de *La Jeune Parque*. Balayons d'abord, pour dégager le terrain, l'objection initiale qu'Alain ne comprend pas que les beaux poèmes se passent de commentaires. Il le dit lui-même, et le croit[19]. C'est pourquoi il « n'aime pas trop ce genre de travail »[19], ne l'ayant fait d'abord que par jeu et uniquement pour lui-même dans le but d'honorer « le plus beau des arts »[19] et de faire taire les critiques mesquins. « Et si seulement, ajoute-t-il, j'évoque au passage, parmi tant d'autres, quelques beautés de premier rang, éclatantes comme le jour, je n'aurai pas perdu mon temps » (Com. *Ch.,* 204).

*

* *

La première chose qui frappe le lecteur des commentaires d'Alain, c'est qu'ils ne contiennent pas uniquement des remarques sur les poèmes de Valéry : ils contiennent aussi des analyses d'une extrême modernité de la nature de la poésie en tant que telle. Ces analyses, dont la plupart lui ont été directement suggérées par ses lectures et relectures des poèmes de Valéry, insistent toutes sur la notion que la poésie est avant tout d'origine corporelle, physiologique. Le poète, écrit-il en marge d'*Aurore,* « se connaît d'abord par la voix, non point par le sens, mais par le son » (Com. *Ch.,* 26) ; c'est à partir de là qu'il s'engage dans « ce mouvement de découvrir, en ce désordre des mots, les idées » (ibid.). « Tout est donc laissé aux hasards de nature ; le poète est seulement attentif à ce passage ; car si ce n'était point du corps qu'il tirât les idées et toutes choses, il ne serait point poète » (ibid.). « Le poète, ajoute-t-il dans une formule lapidaire, est corps » (ibid., 28). Quelques mois avant le colloque de Sète sur « Corps et écriture » organisé par Serge Bourjea, on est étonné de relire sous la plume d'Alain ces affirmations si nettes, ainsi que d'autres comme celles-ci, encore plus hardies dans leur profonde sensualité : « Ce n'est point à travers des idées qu'il [*le poète*] cherche les choses, mais c'est plutôt à travers les mouvements plus épais de son corps, *« forêt sensuelle »* (ibid., 30, 29) ; ainsi la première idée était la plus juste ; car qu'expriment les sons, la voix, sinon tout le corps en désir ? [*Quelle expression puissamment freudienne chez cet anti-freudien !*]. Et c'est de ce tumulte au-dessous que le poète veut partir. Il recule toujours jusqu'au commencement de l'homme » (ibid., 30). [*Alain, très actuel en cela aussi, met toujours un accent très fort sur le mystère, le point d'interrogation de la genèse poétique, moment auquel tout, sensations, perceptions, émotions, présence du corps, de l'esprit et du monde commencent à émerger ensemble de l'« informe »* (Com. *J.P.*, 60) *et à passer insensiblement du pré-langage, par exemple les pleurs, le « murmure » et la « rumeur » du début de* La Jeune Parque (ibid., 61), *au langage articulé, et même tout particulièrement articulé, de la poésie*].

« Et il faut faire grande attention ici, continue Alain, (...) si l'on veut comprendre ce qu'il y a de sauvage et même d'animal en cette poésie [*c'est-à-dire celle de Valéry*] » (Com. *Ch.*, 30). Ailleurs, il n'hésite même pas à déclarer que a poésie valéryenne est « peut-être la plus sauvage que l'on ait lue » (ibid., 146). Ce jugement – faut-il le dire ? – allait tout à fait à l'encontre de la vision très intellectualisée qu'on avait de Valéry à l'époque. « Mais, affirme Alain en développant son argument, dire que cette poésie est primitive, sauvage, animale, c'est dire qu'elle est poésie » (Com. *Ch.*, 30). Habituellement dans le domaine de l'esprit, nous cherchons, par une sorte de « docilité » mêlée de « politesse » et de volonté de « nous accorder aux autres », ce qu'Alain appelle « une vérité commune et nettoyée » (ibid.), dont l'abstraction est utile mais pas suffisante. C'est pourquoi il souligne qu'« il s'agit de la reconnaître en ces poèmes, mais toute chargée de chair. *« Tout m'est pulpe »* » (ibid., 30, 39).

Ceux qui, ne l'ayant guère lu, prennent Alain pour un philosophe éthéré ou desséché ne manqueront pas d'ouvrir de grands yeux devant le vocabulaire merveilleusement concret et corporel qu'il emploie pour décrire la poésie ou tel ou tel de ses éléments constitutifs. A propos des vers sur l'écho dans *Fragments du Narcisse* (ibid., 85), par exemple, il écrit : « *« Pire ? »* C'est la question même. C'est la rime à sa naissance. [*On remarque le thème de la genèse qui revient*]. Au reste cette poésie-ci est pleine d'échos ; les rimes y sont redoublées, mais écartées comme des bruits de nature ; si ce n'est que le poète se donne un son, et le réserve, et le retient, le lance au monde comme on lance une balle, et l'attend au retour. Cette sécurité conforme la bouche pendant la durée d'un vers ; c'est comme une constante couleur par-dessous les syllabes ; je m'attends à ressentir » (ibid., 86). Tout le système nerveux et musculaire, tous les sens en plus de l'ouïe, dont au premier chef celui qu'on pourrait nommer la « tension vers... », sont mobilisés dans cette évocation éminemment physique de la poésie. Quoi de plus extraordinaire, demande Alain, que cette façon dont une « démarche d'abord physiologique » (ibid., 120), liée au son et à tous les organes de sa production – bouche, gorge, poitrine –, aux variations du souffle, au sens rythmique, est capable d'aboutir à une pensée, et souvent à une pensée extrêmement profonde ? « La poésie, écrit-il, est évidemment un genre de musique qui exprime quelque régime naturel, et qui résout nos attentes (...) par le vivant tissu, par le geste et par l'attitude ; mais le propre de la poésie, c'est que, par cet étrange détour, elle trouve l'idée » (Com. *Ch.*, 118-120).

Il importe beaucoup de souligner que c'est par sa fréquentation de la poésie valéryenne qu'Alain a été amené à enrichir ainsi sa conception de la poésie toute entière. Si besoin était, il y en aurait une preuve dans la transition quasi immédiate, à l'intérieur d'un seul et même chapitre d'*Histoire de mes pensées,* entre l'allusion à sa découverte de *Charmes* et de *La Jeune Parque* et une de ses réflexions les plus mûres sur la naissance de la poésie, où la forme est toujours première. « Mais cette fois il me semble que cette forme qui est première est même avant les mots. Car le rythme court devant le poète, et la rime surplombe comme un pont sonore. On sait où l'on va, avant de savoir comment on ira. Cette loi se retrouve dans toutes nos pensées (...). Le vrai poète découvre par l'essai un bien plus beau secret, c'est que la forme respectée finit par trouver un contenu plus beau que tout projet » – comme, le dit-il, dans *La Jeune Parque,* où « le résultat est beau de bout en bout » (*AD,* 157-158). C'est pourquoi la poésie est pour lui le langage emblématique de l'espoir et de la confiance en l'avenir ; c'est aussi pourquoi il peut aller jusqu'à dire, et à répéter souvent, que « la poésie est un art de trouver ce que la prose ne dira jamais » (ibid., 158). Toutes ces découvertes étaient évidemment lourdes de conséquences pour la philosophie d'Alain : elles revenaient à lier indissolublement dans une même structure dynamique la physiologie humaine, la beauté (mot qui, chez Alain, n'est jamais tout à fait séparable de la notion de vérité) et la pensée, celle qui surgit en nous sans être voulue ni prévue. « Ni vu ni connu », dirait Valéry (Com. *Ch.,* 165).

Alain, toujours lucide, était tout à fait conscient de cette évolution, comme le montre un propos souvent cité de 1923 (l'année, on s'en souvient, de sa découverte des poèmes de Valéry, qui est symboliquement présent à travers la figure d'Eupalinos) : « Mon esprit, je veux parler à vous ; et tenez-vous sage. Avez-vous assez honoré les Muses ? Non pas, à ce que je crois. Mais plutôt, dans le feu de la jeunesse, et vous livrant à cette facilité qui est de vous, vous avez fait sonner ces clefs abstraites du savoir, qui en effet ouvrent toutes les portes. Vous avez donc choisi de philosopher quand c'était le temps de chanter. (...) D'où ce mépris pour les poètes. (...) Je vois ici vingt années perdues, pour le moins » (*Pr.*, 496). Mais, comme Alain le souligne dans *Histoire de mes pensées*, la preuve la plus éclatante de l'évolution de son attitude à l'égard de la poésie, c'est la comparaison entre le peu de cas qu'il en fait dans son *Système des beaux-arts*, paru en 1920, et le magnifique et très complet développement de la septième leçon des *Vingt leçons sur les beaux-arts* (*AD*, 514-22), parue en 1931 mais datée, notons-le, de décembre 1929, immédiatement après la parution du commentaire de *Charmes*.

On remarque dans ce chapitre l'introduction dans la triade corps-beauté-pensée dont nous avons déjà parlé d'un certain type de considération morale que nous retrouverons dans les commentaires de *Charmes* et de *La Jeune Parque*. Ainsi, par exemple, Alain écrit : « Les sons d'un poème forment un appel clair, un chant de l'homme. Et ce chant, qui nous dispose et nous meut comme le poète, n'exprime pas plus que ne fait la musique une chose déterminée, mais seulement la forme humaine, animée, redressée (...) » (ibid., 514-515)[20]. Ou encore : « Nous devons à présent comparer l'effet de ce langage, considéré seulement quant au son, avec l'effet du commun langage dans les mouvements des passions. Nous sommes ainsi bâtis que toutes nos émotions sont des malheurs, par cette loi d'irritation et d'emportement qui les gouverne toutes. (...) tout langage se précipite, s'abrège, devient aigu, rocailleux, mordant ; blessant d'abord celui qui parle (...). Au contraire, le langage poétique, par sa seule vertu de musique, communique une majesté à celui qui récite, une retenue, une puissance sur soi, c'est-à-dire une sorte de bonheur. (...) Nous nous trouvons ainsi en défense contre nos propres drames (...) » (ibid., 515-516). Et aussi contre nos propres erreurs, car « nous sentons qu'il ne peut y avoir d'erreur dans un beau poème (...). La vérité de l'homme par l'harmonie en l'homme, telle est la leçon de la poésie (...) » (ibid., 521-522).

*

* *

Venons-en maintenant aux commentaires eux-mêmes, et prenons comme principal sujet celui de *La Jeune Parque*. Publié en 1936, il appartient à un véritable apogée de la pensée et de l'expression littéraire d'Alain, ayant paru trois ans après *Propos de littérature*, deux ans après *Les Dieux*, un an après *En lisant Balzac* et *Stendhal*, la même année qu'*Histoire de mes pensées*, et un an avant *Les Saisons de l'esprit*. Cette grande ouverture sur la littérature, la mythologie, le symbolisme (par exemple dans l'univers religieux), la poésie et la prose poétique (surtout sensible dans *Les Saisons de l'esprit,* ainsi que dans maints passages du *Balzac* et du commentaire de *La Jeune Parque*) semble avoir permis à Alain de donner libre jeu à un des plus grands rêves de sa maturité : trouver le maximum de points d'interférence et de sources d'enrichissement mutuel entre la littérature et la philosophie. Cela avait déjà été le but du commentaire de *Charmes,* mais pendant les sept années qui l'ont séparé de celui de *La Jeune Parque* Alain avait évolué vers un sens encore plus aigu de la matière mystérieuse dont le texte littéraire est composé, et de la façon dont elle peut faire surgir du choc de ses mots et même de ses balbutiements, de ses sonorités, de ses images, de ses métaphores, ou encore de ses personnages, de ses drames et de ses conflits internes, des idées tout à fait autres que celles de la philosophie, mais tout aussi précieuses. De nombreux passages parmi les plus vigoureux qu'Alain ait écrits insistent, en prenant comme exemples, parmi d'autres, Tolstoï, Dickens, Balzac et Shakespeare, sur un certain genre de vérité et de réalité que la très grande littérature nous offre à contempler, et qui se situe à ses yeux à un niveau supérieur à tous les discours philosophiques mis en système, quel qu'en soit l'auteur de génie :

> « Je mets Tolstoï très haut ; c'est comme un phare qui éclaire la mer. Mais, chose à remarquer, je ne suis pas saisi surtout par ce que l'on appelle communément ses idées. [*Allusion évidente à ses convictions socio-politiques, religieuses et humanitaires*]. (...) Les vraies idées de Tolstoï, je les trouverais hors de sa philosophie, dans ses romans, et même justement dans les romans où il n'a pas voulu mettre des idées. *Résurrection* est une belle œuvre, certainement, mais qui ressemble encore un peu trop à une leçon de morale. *La Guerre et la Paix, Anna Karénine,* voilà les purs chefs-d'œuvre. Ce sont des livres qui ne prouvent rien. C'est une peinture vraie, sans psychologie bavarde. Rien n'est expliqué, et on comprend tout ; on fait bien mieux que comprendre, on voit. C'est comme si l'on vivait avec tous ces gens-là, sans être vu. L'un entre, l'autre s'en va ; on le retrouvera tout à l'heure. Analysez ce qu'ils disent ; ce n'est pas remarquable, c'est tout ordinaire ; ils ne sont pas plus logiques que vous et moi, ce qu'ils font et ce qu'ils disent est pourtant ce qu'on attendait. On les touche presque, tant ils sont vivants. (...) Vous ne trouverez ni exposition, ni péripétie, ni dénouement ; cela se noue et se dénoue du même train que la vie. (...) Il y a une autre vérité que celle des idées »[21].

Voici maintenant cette « autre vérité » de la littérature chez Dickens :

> « (...) J'entre dans Dickens comme dans une géographie ; je l'explore comme une réalité. Ce n'est pas que je méconnaisse les trouvailles et les richesses psychologiques ; toutefois, je crois que ces découvertes de l'homme, qui sont en Dickens innombrables et neuves, résultent plutôt d'une création que d'une

réflexion ; l'animal humain naît tout d'un coup ; il se développera selon sa loi. (...) On découvre l'homme, on s'aperçoit qu'on ne le connaissait pas, et l'action marche selon ces données nouvelles. On n'est pas alors intéressé par des problèmes, bien plutôt on est hanté par des personnages continuellement présents (...) »[22].

Et voici enfin Balzac comparé à Stendhal :
« Que Stendhal ait des idées sur tout, qu'il écrive comme un juge, qu'il domine les policiers, les courtisans, les hypocrites et les niais qu'il peint, cela est aisé à voir. Mais peut-être alors la vérité des êtres représentés est-elle en quelque sorte hors d'eux et dans un esprit transcendant qui serait Stendhal. Ce qui étonne dans Balzac, et ce qui fait qu'il règne absolument sur les romanciers, c'est que la pensée n'y prend jamais la forme triomphante d'une idée »[23]. A quoi Alain ajoute d'une façon presque provocante : « J'oserais dire que toute pensée en Balzac reste bête, même la sienne. Je citerai *Le Médecin de Campagne* et *Le Curé de Village*, où les lieux communs abondent. Mais on ne trouvera pas dans toute l'œuvre un seul discours qui ne porte la marque de l'homme par une confusion respectée. (...) Cette autre dimension des pensées en profondeur, sans aucune clarté extérieure, est remarquable aussi dans Shakespeare » (*AD*, 1012-1013).

C'est certainement cette pensée qui est autre chose qu'une organisation rationnelle d'idées susceptibles d'être analysées et articulées qu'Alain a trouvée et admirée dans *La Jeune Parque*. Il y a trouvé aussi la même présence irréfutable de... *quelqu'un*, la Parque, qui « naît » aussi « tout d'un coup », qui est là à côté de nous, et dont la forme humaine, faible et forte, unie et désunie à la fois, mystérieusement mêlée au monde auquel, par toutes ses fibres, elle appartient, nous sollicite, nous interroge et nous donne le sentiment de vivre avec elle, presque en elle, sa longue épopée intérieure. Car, comme le dit Alain dès la première page de son commentaire, et comme il ne cesse de le répéter de différentes manières, *La Jeune Parque* est à ses yeux un poème épique, et Valéry est non seulement « notre Lucrèce » (*Pr.*, 722 et Com. *Ch.*, 74) mais aussi – compliment suprême – l'Homère moderne. Ce mot « épique » (opposé au mot « didactique » appliqué au *Cimetière marin* et au mot « tragique » appliqué aux *Fragments du Narcisse* (Com. *J.P.*, 17-18) semble avoir heurté certains valéryens. Peut-être leur a-t-il paru trop peu « actuel » pour un poème qui évoque d'une façon si dramatique la fragmentation et le déchirement de ce *moi* dont l'unité fondamentale avait constitué un des postulats de base des anciens, Homère compris, et même de philosophes modernes comme Descartes et Kant. Ou peut-être encore y ont-ils trouvé trop d'associations héroïques, en oubliant que pour Alain tout être humain qui s'efforce de comprendre et de dominer sa propre vie et sa propre pensée, comme le fait la Parque, est bien, dans le plein sens du terme, un héros, qui doit faire preuve d'un courage exceptionnel. On peut donc l'imaginer, métaphoriquement parlant, comme un guerrier mythique qui se livre à une série quasi ininterrompue de batailles, avec des « chutes » et des « redressements » (ibid., 94), contre ses propres faiblesses, ses propres craintes et ses propres doutes, à l'instar de la Parque. C'est pourquoi le héros ou l'héroïne épiques tels qu'Alain les conçoit sont toujours en devenir et en mouvement : ils vont toujours *vers* quelque chose qui est situé au-delà. « La plus ancienne poésie, écrit Alain dans le *Système des beaux-arts*, s'est réglée sur cet inflexible mouvement » (*AD*, 278), mouvement que rien n'arrête, et qui permet ainsi au poète, au récitant et à l'auditeur de se délivrer de leurs passions, de leurs « sentiments trop forts auxquels ils disent adieu sans cesse » (ibid.). Portés par le grand fleuve du temps rythmé, ils peuvent éprouver des émotions négatives, mais sans jamais y rester emprisonnés, car « le désespoir est un arrêt, un refus d'aller avec le temps ; et c'est le déroulement de choses nouvelles qui nous console toujours » (ibid., 278-279). Ces remarques jettent une lumière neuve sur l'attitude d'Alain à l'égard de l'*immobilité* des *Fragments du Narcisse* et, à un degré moindre, du *Cimetière marin* (Com. *Ch.*, 80, 94, 105-106 et 232 ; 238-240), et suggère une étude fructueuse sur la dialectique immobile/mobile à travers toute la poésie valéryenne.

Après cette mise au point il nous sera plus facile de comprendre le sens profond de tout le développement sur l'aspect épique de *La Jeune Parque*. Écoutons d'abord quelques phrases d'Alain : « La *Parque* est une réflexion qui se jette en avant. Elle part d'ennui et de mélancolie, mais elle n'y reste point. (...) La voilà lancée. Lancée après le serpent (37)[24], et plus serpent que lui (82). (...) La voilà sauvée ; et sans peur (...). La voilà en marche (104). (...) les périls n'y font rien ; elle marche dessus (...). (...) je suis moi-même emporté par ce mouvement. Je m'arrache à la ronce. Je conquiers le monde (...) Peut-être faudrait-il encore lire une page de *La Henriade*, afin de comprendre ces fautes accumulées, ce perpétuel grincement, cette déchirure entre la forme et le fond. D'où est venue l'étange idée que l'épique est ennuyeux. C'est que les imitateurs du genre Voltaire se sont trompés du tout au tout, cherchant l'épique dans la grandeur des événements ; au lieu que l'épique se trouve dans les poumons et dans le corps, dans cette vie qui ne dure qu'à se perdre, et à recouvrir le désespoir, et à l'enjamber (376) » (Com., *J.P.*, 18-23).

Et, comparant la fin de *La Jeune Parque* à celle du *Cimetière marin*, Alain conclut : « On remarquera que c'est la même fin qu'au *Cimetière*. La même, et tellement autre ! Le nageur du *Cimetière* se sauve par un sursaut, par un plongeon, d'un excès de pensée, d'un long arrêt, d'un néant presque réel (...) Il avait déjà un pied dans la tombe, et même pris. Tout autre, la Parque arrive à ce matin de la mer par une suite de bonds, de triomphes, d'oublis » (ibid., 24).

On peut aimer ou ne pas aimer cette interprétation de *La Jeune Parque ;* les avis restent partagés, et il n'est que trop facile de se moquer d'une sorte d'allégresse du style qui pousse Alain à s'exclamer à propos de la perpétuelle marche en avant de la Parque : « Quels grands pas ! Quelles jambes ! » (ibid., 19). Mais on pourrait lui adresser une critique plus sérieuse, qui est d'avoir voulu trop plier le poème à sa conception a priori de l'épique comme le domaine de la faiblesse maîtrisée et surmontée. Le résultat en est qu'il semble *au premier abord* sous-estimer beaucoup les sentiments de peur, d'angoisse et de désorientation qui, à partir du premier vers, ne cessent de réapparaître à travers tout le poème, freinant et arrêtant parfois tout à fait cette marche assurée qu'il se plaît à évoquer. Il en est de même du thème de la mort, qu'il minimise d'une façon surprenante, écrivant, par exemple :

« *Glisse ! Barque funèbre...*

C'est toute la tristesse que permet l'épique. Car par l'épique on va ; on ne peut croire à la mort (...). On est à cent lieues de la craindre » (ibid., 20).

Elle en est, au contraire, si proche, pourrait-on riposter, qu'à de nombreuses reprises au cours du travail sur le poème la Parque est imaginée par Valéry comme pensant ou rêvant au suicide, comme se donnant réellement la mort, ou comme se laissant plus ou moins passivement mourir, de sorte que la marche finale vers le soleil n'est, pourrait-on dire, qu'une solution de dernière heure[25]. Mais cela, Alain ne pouvait pas le savoir, n'ayant eu accès aux brouillons que par la suite, quand Valéry les lui a montrés[26], et éprouvant le besoin de croire qu'ils contenaient très peu d'hésitations et de repentirs, se jetant eux aussi en avant comme la Parque (ibid., 17). Il n'en reste pas moins que la pulsion de mort de son héroïne est compensée et contre-balancée par une extraordinaire pulsion de vie, par une *énergie* vitale qui, effectivement, comme le dit Alain, lui rappelle sans arrêt, en parlant à son corps tout autant qu'à son esprit, que vivre, exister, est en fin de compte un besoin plus impérieux que mourir. C'est ce que dit le merveilleux passage sur le printemps « qui soulève toute la barque comme d'une onde puissante » (ibid., 94), et qu'Alain ne se lassait jamais de louer.

La vision épique qui lui était si chère risquait d'avoir un autre inconvénient : celui de donner l'impression d'une linéarité excessive l'empêchant de bien saisir l'extrême complexité temporelle propre au poème. C'est ainsi qu'il interprète parfois comme étant au *présent,* c'est-à-dire pris dans l'élan actuel de la Parque vers la conquête d'elle-même et de son être-au-monde, des épisodes qui appartiennent à un tout autre registre temporel et affectif. Pour démontrer qu'elle est maintenant « sauvée » et « sans peur », il cite un premier vers à l'*imparfait* tiré de l'« Harmonieuse MOI » :

Je m'ébranlais brûlante et foulais le sol plein (123)
et ensuite un deuxième :
Mon amère saveur ne m'était point venue (117) (ibid., 18-19).

Comme on le sait, ces vers se réfèrent avec nostalgie à un état édénique *lointain* qui avait *précédé* un *autre* passé plus *proche,* celui de la morsure du serpent qui a tout bouleversé. Les couches du temps dans *La Jeune Parque,* comme celles de la conscience et de l'inconscience, ou celles du sentiment et de la perception de soi, sont innombrables, et ne cessent de bouger les unes par rapport aux autres. Une lecture trop rapide du commentaire d'Alain pourrait faire croire qu'il est resté insensible à certaines de ces nuances.

Mais – chose essentielle à noter – bon nombre de ces erreurs apparentes d'interprétation, qui nous frappent surtout au début de sa préface, sont presque complètement *annulées* par les analyses beaucoup plus fines du poème qui suivent. Il ne faudrait donc pas que le lecteur prenne pour argent comptant des généralisations initiales qui paraissent inexactes avant d'avoir vérifié si elles sont exprimées d'une façon moins tranchée ou carrément réfutées quand Alain en vient au détail du commentaire. Prenons-en deux exemples. D'abord l'entremêlement des strates temporelles du poème. En réalité, Alain en est parfaitement conscient, comme le montre le début de son commentaire détaillé : « Le premier fragment, de trois vers, c'est l'éveil après la rêverie, et l'attention portée à ce monde, jointe à la *rétrospective* question : « Qu'y a-t-il ? ». Questions et réponses ne cesseront de se développer, toujours sous la forme d'un *temps renversé* (la forme de la conscience, peut-être). L'esprit va *de la perception présente à la poursuite du souvenir ;* et le souvenir est réellement *l'avenir* de ce voyage en soi-même » (ibid., 60)[27]. Ou encore l'analyse tout à fait remarquable de la fin :

« On peut se demander si ce poème décrit une nuit, ou seulement un matin. Bien plutôt il décrit tous les matins, tous les soirs, toutes les nuits possibles ; et sur les matins tombe la nuit, et sur les nuits se lève l'aurore, par les variétés de l'humeur et par les reprises du courage. (...) Le temps de ce poème n'est donc point sans remous ; il nous balance, nous éloigne, nous rapproche. C'est un temps de réflexion, ce n'est pas le vrai temps. Le poème est à lui-même sa propre préface ; sa fin rejoint son commencement, et ce retour efface le temps véritable [*notons le double retour du thème de la genèse, des débuts, de l'origine*] ; aussi est-il vrai de dire que la Parque ne vieillit pas durant ce poème ; elle apprend ; elle oublie ; elle échange des heures équivalentes ; ce qui suit précède aussi bien. C'est l'histoire, si l'on peut dire, du réveil éternel, passage impossible à observer, puisque le moment n'est objet que passé. [*On voit qu'Alain a aussi une conscience aiguë, paradoxalement, ici, très « testienne », de tout ce qui* échappe *à l'emprise de l'esprit.*] Ce sont les myriades de pensées qui se font et défont dans le temps que le corps se tourne vers la lumière » (ibid., 136).

Le deuxième exemple concerne la façon, déjà évoquée, dont Alain commence par insister sur la « force » de son héroïne épique (ibid., 25), qui « bondit » (ibid., 20, 78) hors du désespoir et de la tristesse. Mais peu à peu c'est une *autre* Parque qu'il nous découvre face à son « fond réel, la terre mêlée à l'algue, la terre trouble » (ibid., 31) qui est pour ses pieds nus « un rappel de faiblesse » (ibid., 11). Cette jeune fille fragile, livrée aux « marées » (ibid., 33) de son corps, aux « flux et reflux » (ibid., 134) de sa pensée et de sa sensibilité, se trouve en proie à ce qu'Alain appelle une série de « crises » (ibid., 33), comprenant entre plusieurs autres « l'inquiétude nourrie d'elle-même » du début (ibid.), qui ressemble à une « élégie », à une « plainte d'être » (ibid., 108) ; « l'énigme du corps, et la morsure après coup (28-49) » (ibid., 33-34) ; l'autre « essentielle énigme » de ces « faits accomplis », de ces « commencements » mystérieux et inquiétants que sont le *« songe refermé »*, la morsure et le serpent (ibid., 45), « qui veut me faire croire qu'il est moi (28-37) » (ibid., 44), qui brouille en moi les frontières entre ce que je suis et ce que je ne suis pas ; l'« intime tempête » du printemps (ibid., 94), calmée par les larmes venues des abîmes « serpentins » pour amener à la surface de soi « la plus profonde convulsion » (ibid., 34) ; la tentation « tragique » de la mort (ibid., 94, 116) (on voit qu'Alain ne la nie absolument pas – il en parle même beaucoup) ; et la « vraie descente aux enfers » dans la « nuit du souvenir » (ibid., 112).

Il est impossible, me semble-t-il, devant tous ces exemples de l'accuser d'avoir méconnu ou sous-évalué les angoisses et les tourments vécus par la Parque. Il les reconnaît et les sent même avec une grande acuité, seulement il ne veut pas en rester là. Toute sa nature d'homme et de philosophe le portait instinctivement à suivre le mouvement de « l'aurore absolue » (ibid., 45) et de la lumière qui, partout dans le poème et sous une forme resplendissante à la fin, inonde la Parque de sa clarté, de sa chaleur, de son espoir et de ses promesses de renouvellement. Comme il l'écrit dans une des plus belles pages de synthèse du commentaire :

> « Mais cette sorte de création et d'absolution du monde, qui est le matin de tous nos instants, ne va jamais sans trébuchements ; elle n'est que parce qu'il faut la conquérir. Le moindre essai de voir nous ramène à nous misérables (164-166) :
>
> *Je pense, sur le bord doré de l'univers,*
> *A ce goût de périr qui prend la Pythonisse*
> *En qui mugit l'espoir que le monde finisse.*
>
> Et de plus près encore (214) :
>
> *Tout l'univers chancelle et tremble sur ma tige.*

Ce sont des chutes de Moi à Moi. Ce sont nos pas réels. Chacun pense ainsi de minute en minute. L'univers n'est rien que nos affections. Mais non ! Rien n'est si petit que toi ; mais non ; rien n'est si grand que toi. Seulement il faut oser et vouloir penser selon la nature ; ce que figure l'infatigable poème, toujours renaissant de l'impossible. Et cela n'est point joué. Tout l'alentour du néant est éclairé de cette fausse lumière qui gâte la réflexion, je dirai la réflexion couchée, par opposition à la réflexion debout et marchant. Deux fois le monde se lève, en ce poème ; et, ces deux aurores

Un miroir de la mer
Se lève... (327)

(la seconde, tout à la fin), un gouffre de sommeil est entre les deux. Mais, pour mieux dire, mille fois le monde se lève et retombe ; mille fois se perd et se sauve la Parque pensante (...) » (ibid., 46-47).

Nous sommes donc *tous,* aux yeux d'Alain, concernés par ce poème ; c'est de nous qu'il parle, de chaque homme, de chaque femme, dans sa vie intérieure de chaque instant, qu'il ne s'agit pas de rater. Et il me paraît incontestable que s'il y a dans le commentaire d'Alain une chose que le lecteur doit se garder de vouloir « corriger », même s'il est tenté de le faire, c'est bien ce côté éthique, qui lui donne une bonne partie de sa pénétration et de son impact. Il est vrai qu'une telle approche du sujet de la plupart des poèmes valéryens, la vie de l'esprit, semble à première vue aux antipodes de celle de Valéry lui-même, qui a fait dans les *Cahiers* cet aveu capital :

« Je fus – je suis peut-être quant au *fond* même des pensées, (aux sentiments aussi (...) – ce qu'un rhéteur est quant à leur forme, et un sophiste quant à leurs figures.
C'est-à-dire que j'ai considéré penser, le penser même, comme indépendant de ses « causes », de ses « objets » et de sa « valeur » (*C,* VII, 725).

Considérer la pensée indépendamment de sa *valeur,* voilà une idée complètement étrangère à Alain. Pour Valéry, en revanche, c'était un des principaux buts de toutes ses recherches : « définir l'esprit par des postulats indépendants, more mathematicorum » (ibid.), c'est-à-dire avec la plus grande neutralité scientifique possible. Ce but est partout évident dans les *Cahiers,* où on trouve de très nombreuses mises en question de concepts de base de la morale traditionnelle tels que la liberté de l'esprit, clef de voûte de la pensée d'Alain. Mais ceci étant dit, Valéry a certainement sa morale à lui, une morale surtout intellectuelle que les remarques d'Alain éclairent d'une façon souvent très suggestive. Elle me semble reposer sur une très forte valorisation de la conscience et de l'activité supérieure de l'esprit en général ; sur une volonté de pousser cette activité toujours plus loin ; sur une tentative constante de se dépasser soi-même, d'aller jusqu'aux limites de ce dont son esprit, ou sa sensibilité, est capable ; et sur un refus de se laisser dominer par son côté « serpentin », pour employer le langage métaphorique de *La Jeune Parque,* c'est-à-dire par des pulsions, même émanant de soi, qu'on juge inférieures ou dangereuses. Il existe bien dans *La Jeune Parque,* comme dans *Le Cimetière marin,* un langage moral qui est une sorte de vigoureux rappel à l'ordre adressé à soi-même et à sa volonté de se remettre en marche, comme le dirait Alain. On a un devoir envers soi, que traduit le même verbe « falloir » utilisé à la fin des deux poèmes :

Alors, malgré moi-même, il le faut, ô Soleil (508)

et : *Le vent se lève !... il faut tenter de vivre !*

De même, l'importance des « Non ! » au tournant crucial du *Cimetière marin* (« Non, non !... Debout ! Dans l'ère successive !) et dans *La Jeune Parque* (*« Non, vous ne tiendrez pas de moi la vie !... »* (271) ; *« Non, non !... N'irrite plus cette réminiscence ! »* (406) met en valeur l'élément de refus conscient (en faveur d'un « autre chose » ou d'un « mieux » visé) qui accompagne la vie mentale chez Valéry, et dont la présence est soulignée dans ses poèmes par un nombre très élevé de mots et de tournures négatifs (*« Va ! je n'ai plus besoin de ta race naïve »* (50)) et d'impératifs traduisant des sommations faites à soi-même, par exemple *« Cherche, du moins, dis-toi, par quelle sourde suite »* (413), ou dans le *Narcisse : « Quitte enfin le silence, ose enfin me répondre »* (Com. *Ch.,* 101), ou encore dans *Air de Sémiramis :* « ... *« EXISTE !... Sois enfin toi-même ! dit l'Aurore »* (ibid., 47).

On voit que, malgré des différences d'accent évidentes, nous ne sommes pas aussi loin d'Alain que nous aurions pu le penser. La conclusion que j'en tire, c'est que ses interprétations morales (ce qui ne veut pas dire moralisatrices) de certains des poèmes de Valéry, tout en nous surprenant parfois, ne doivent pas être rejetées d'emblée. Car elles ont la vertu de nous suggérer une nouvelle dimension de l'univers poétique – et mental – valéryen, en même temps qu'elles laissent à Alain le champ libre pour quelques-uns de ses développements les plus puissants. Je citerai comme exemple, parmi cent autres possibles, le superbe passage lu à haute voix sur sa tombe comme dernier et suprême hommage par son exécuteur testamentaire Maurice Savin, devenu à son tour professeur de khâgne à Henri IV. Ce passage, qui a rendu Valéry, de la façon la plus entière, *présent* à ce moment solennel, figure dans la préface au commentaire de *La Jeune Parque,* à l'endroit où Alain note les vers qui suivent immédiatement le renvoi péremptoire du serpent :

Moi, je veille. Je sors, pâle et prodigieuse,
Toute humide des pleurs que je n'ai point versés,

D'une absence aux contours de mortelle bercés
Par soi seule... Et brisant une tombe sereine,
Je m'accoude inquiète et pourtant souveraine,
Tant de mes visions parmi la nuit et l'œil,
Les moindres mouvements consultent mon orgueil (9096).

Dans ces vers, affirme Alain, « l'âme se découvre âme ». « Cela signifie, ajoute-t-il, l'âme immortelle ». Une lecture attentive révèle que l'âme, dans le discours entièrement métaphorique qui va suivre, c'est l'esprit, et que l'immortalité est tout autre chose que le concept chrétien, auquel Alain ne croyait pas plus que Valéry.

> « J'entends, précise-t-il, immortelle dans cette vie-ci (...). Et la preuve qu'elle est immortelle, c'est qu'elle ne cesse pas de mourir ; seulement elle le sait. (...) L'âme est cet orgueil qui remonte de tout, et cette négation qui donne à toutes les choses un être de pensée. Car, songez-y, le fond d'un gouffre (...) n'est qu'un lieu indifférent ; le gouffre n'est vu que de celui qui s'en sauve, ou qui s'en retire, et en somme qui nie cette chute imminente. Loin, mais près. Près, mais loin. Cette audace à refuser fait le Moi. Et le Moi ne cesse de précipiter un autre Moi, qu'il regarde tomber et se perdre (101-102).
>
> *Adieu, pensai-je, MOI, mortelle sœur, mensonge...*
> *Harmonieuse MOI, différente d'un songe...*
>
> Vous voyez bien qu'elle est immortelle ! Ce mouvement de victoire, aussitôt reconnu de tous, est le moins qu'on puisse supposer dans la conscience de soi. (...) Il n'y a point d'autre pensée que le refus de subir, d'obéir, de périr » (Com. *J.P.*, 38-40).

Et l'esprit, pour Alain, c'est cela : mourir et ressusciter, chaque minute, chaque jour de sa vie, comme le fait la Parque, qui, dans chacun de ses « rebondissements », *est* la « résurrection » (ibid., 96).

*
* *

Ne commettons pas, cependant, l'erreur de voir dans ce type d'approche de *La Jeune Parque,* si riche en résonances qu'il soit, le seul dont Alain est capable. Car la Parque n'est à aucun moment présentée par lui comme un esprit pur entièrement maître de lui-même et conscient de tous ses actes. Au contraire, ce qui le retient le plus chez elle, c'est la façon dont sa pensée naît toujours, en quelque sorte, de son *corps,* qui est à la fois porté et ballotté par « les hauts et les bas » (ibid., 33) de deux mondes « fluides » (ibid., 30, 33, 94-96, 98) : le monde intérieur de la « mer de sang et de lymphe » qu'elle « porte dans sa peau comme dans une outre » (ibid., 33), et le monde extérieur de l'autre mer, des algues glissantes, des serpents, du « rude » printemps qui remonte « de la source à l'arbre, comme la sève elle-même » (ibid., 98). « Ainsi donc nos réelles pensées, telles qu'elles naviguent péniblement sur les marées de mer, sur les marées du sang, sur les saisons, sur le sommeil, sur l'éveil, sur les surprises de soi à soi, sur le sentiment véritable de soi, sur l'inimitié et l'assaut de soi contre soi, ces pensées, éternels épisodes, voilà l'objet de ce poème » (ibid., 30).

Mais développer cet autre pan du commentaire exigerait un nouvel article...

NOTES

1. *« La Jeune Parque » commentée par Alain* (sigle : « Com. *J.P.* »), Gallimard, 7e édition, 1953, p. 55.
2. Plus spécifiquement devant ses poèmes en vers, car pour Alain l'idée du vers était inséparable de celle de poésie.
3. Voir par exemple, *« Charmes » commentés par Alain* (sigle : « Com. *Ch.* »), Gallimard, 3e édition, 1952, p. 158 (sur la dernière strophe de *La Pythie*), p. 238 (sur Valéry et Horace) et p. 256 (sur *Palme* et *Aurore*, « filles faciles de *La Jeune Parque* ; fruits qui ont mûri tout seuls ») et Com. *J.P.*, pp. 52-53 (sur le rôle de l'« oreille » et du « gosier » dans la création du poème).
4. Voir *C*, XIV, 9 (sur le « détachement » de Valéry) et XVIII, 6 (les guillemets comme « mise en accusation » du langage).
   La correspondance révèle d'autres rencontres et conversations encore à propos des commentaires de *Charmes* et de *La Jeune Parque*, qui ont exigé un véritable travail parallèle et une assez étroite collaboration entre le commentateur et l'auteur-préfacier. Les *Entretiens chez le sculpteur* montrent par ailleurs que Valéry est venu causer avec Alain pendant une séance de pose pour son buste en verre exécuté par Henri Navarre (Septième entretien, dans *Les Arts et les Dieux* (sigle : *« AD »*), « Bibliothèque de la Pléiade », 1958, pp. 647-51). On trouve enfin dans les *Cahiers* des traces d'une ou deux rencontres chez des amis communs, par exemple en 1935 dans un des rares salons fréquentés par Alain (*C*, XVIII, 68), ainsi que d'une visite que Valéry a rendue à Alain pendant sa grande maladie (ibid., XXIII, 76-78).
5. Valéry, *Correspondance générale*, vol. I, Fonds Valéry, Bibliothèque Nationale (lettre du 10 janvier 1930).
   Cf., dans *Le Déjeuner chez Lapérouse*, le portrait justement célèbre qui fouille encore plus à fond la psychologie de Valéry :
   « Je veux faire le portrait du poète, qui me saisit comme une sculpture. Je le compare à un lion de pierre. Cet homme, petit, porte une tête redoutable par l'attention et le mépris, remarquable aussi par une gaîté de bon aloi, et par une puissance d'expression tragique incomparable. Je ne connais pas de masque qui saisisse à ce point. Il y a de l'amitié dans cette expression et une absence (comme il dit) ou une distraction (comme

on dit) effrayante. Au-dessous d'une boîte carrée de combinaisons où dort tout le langage, les gros yeux, brillants comme des diamants, refusent le petit objet et s'égalent à l'univers auquel ils sont tangents par leur courbure ; ils voient au loin et ils voient des rapports. (...) » (Alain, Duhamel, Valéry, *Trio pour Henri Mondor* (prélude par Colette), Gauthiers-Villars, 1939, s.p. Ce volume contient le texte complet du *Déjeuner chez Lapérouse*).

6. En partie anonyme, elle a été menée par Léon Daudet, Fernand Vandérem et Gustave Téry. Son niveau intellectuel est illustré par les critiques suivantes adressées par Téry au « toit tranquille » du *Cimetière marin :*
« Il s'agit donc d'un toit comme nous avons coutume d'en voir, avec des pigeons ; un peu plus loin, le poète lui-même nous avertit que cette toiture a « mille tuiles ».
Alors, qu'est-ce que les focs viennent faire là-dedans, ou là-dessus ? Qu'est-ce que c'est que ces bateaux qui se promènent sur les toits ? Comment les « vagues » peuvent-elles « rompre » le « toit tranquille » ? Cyclone ? Raz de marée ?
Pourtant, tout le long du poème, le temps a l'air magnifique, et rien ne laisse prévoir un cataclysme ». (« Sur une image : les focs qui picorent », *L'Oeuvre*, n° 4401, 19 octobre 1927, p. 1). Pour plus de détails sur cette campagne de presse, souvent féroce, voir A. James Arnold, *Paul Valéry and his Critics : A Bibliography*, University Press of Virginia, Charlottesville, 1970.
7. Cf. « « Amère, sombre et sonore citerne » ; « Amour, peut-être, ou de moi-même haine ». Narcisse. Il me plaît d'enfermer ces vers dans ma prose. Ainsi coupés d'eux-mêmes, ils chantent encore. Toute la jeunesse les sait. Comme la jeunesse des anciens âges, elle se prend à ces énigmes » (*Propos*, éd. par Maurice Savin (sigle : *« Pr. »*), « Bibliothèque de la Pléiade », 1956, p. 723).
8. Cf. Com. *Ch.*, 250 : « ce physicien et ce philosophe, qui est bien l'authentique poète de ce temps-ci », et Com. *J.P.*, 122 : « le Dante des nouveaux temps » (à propos de la descente de la Parque dans la nuit du souvenir). Cf. « A mes yeux, vous êtes le Poète, sans restriction aucune, et selon la Notion, comme dit Hegel » (Valéry, *Correspondance générale*, vol. I, s.d.).
9. Dédicace des *Entretiens chez le sculpteur* à Mme Morre-Lambelin, *AD*, XXXIV.
10. Communication personnelle.
11. Valéry, *Correspondance générale*, vol. I.
12. *Histoire de mes pensées*, *AD*, 71.
13. Valéry, *Correspondance générale*, vol. I.
14. Voir son bel hommage dans une lettre à Mondor citée dans l'ouvrage important d'André Sernin, *Alain : Un sage dans la cité (1868-1951)*. Robert Laffont, 1985, p. 277 : « Il y a déjà fort longtemps que je trouve étrange et absurde de ne pas connaître personnellement un homme dont l'œuvre puissante et constante est une des véritables beautés de ce temps. A la réflexion, je dirais plutôt l'*opération d'Alain* que l'œuvre. Car je trouve, de toute parts, des esprits façonnés par lui ».
15. D'après la minute. Une copie de l'original se trouve au Valeryanum de la Bibliothèque Jacques Doucet.
16. *Lettres à quelques-uns*, Gallimard, 1952, pp. 183-184.
17. Je ne puis donc partager l'opinion d'André Sernin, qui écrit à ce sujet : « On ne saurait

déclarer plus poliment à Alain que les idées qu'il découvre dans les vers de Valéry sont étrangères à ces vers, et qu'elles n'engagent qu'Alain lui-même » (*op. cit.*, p. 279). D'après la position théorique adoptée par Valéry, la première partie de cette phrase est certainement fausse, et la deuxième partie n'est pas plus vraie d'Alain que de ***n'importe quel autre*** lecteur.

18. *Lettres à quelques-uns*, p. 183.
19. *Histoire de mes pensées, AD*, 156.
20. Cf. Com. *Ch.*, 150 : « Par la poésie seulement l'émotion se discipline en un discours assuré, en un discours que l'on peut redire ».
21. *Propos d'un Normand I*, Gallimard, 1952, pp. 305-307.
22. *En lisant Dickens* (*AD*, 823).
23. *Avec Balzac, AD*, 1012.
24. Les chiffres entre parenthèses dans le texte d'Alain renvoient aux vers du poème.
25. Voir mon étude « L'architecture ouverte de *La Jeune Parque* », *Poétique*, n° 37, février 1979.
26. Voir à ce sujet les détails donnés par Alain dans *Le Déjeuner chez Lapérouse (Trio pour Henri Mondor)*. Son œil perspicace a remarqué la juxtaposition de « vers commencés » et de variantes plus nombreuses que les ratures, la présence de « dessins griffonnés », de « collections de rimes » et d'« une foule d'essais sémantiques et sonores ». « Le poète, ajoute-t-il, voulut bien me signaler les passages proprements inspirés ».
27. C'est moi qui souligne.

Paul GIFFORD
Université de St Andrews

VALÉRY, WILLIAM JAMES
ET LE PROBLEME DE « L'EXPÉRIENCE MYSTIQUE »

On a peu songé à rapprocher Valéry et William James. Cela n'a rien d'étonnant : ces deux penseurs sont demeurés inconnus l'un de l'autre ; au propre comme au figuré, un abîme, apparemment, sépare le rationaliste archipur des *Cahiers* du fondateur véritable de cet empirisme radicalisé d'outre-Atlantique qui s'appelle le pragmatisme.

Mais les apparences sont ici trompeuses ou du moins simplificatrices. Ces deux univers de pensée sont profondément solidaires l'un de l'autre. Le temps de parole nous étant compté avec un sens de l'économie qui ferait peur à un Écossais, il conviendra de voler à l'essentiel. Sans cela, nous aurions pu prendre la mesure d'une problématique commune, d'un espace mental partagé...

Mieux que d'autres préoccupations communes, le problème de l'expérience mystique révèle le jeu de la ressemblance et de la différence qui s'établit d'une œuvre à l'autre. La question de la mystique et du mysticisme, plus particulièrement de la valeur cognitive ou noétique des états de conscience mystiques, se trouve posée en effet au foyer de l'une et l'autre entreprise de l'esprit. Elle est soulevée par James dans la série des conférences sur la psychologie religieuse qu'il a faites à l'Université d'Edimbourg en 1901-02, conférences reprises dans l'ouvrage devenu un classique du genre *The Varieties of religious experience* (1904)[1]. De son côté Valéry a traité publiquement de la même question en évoquant les cas de Swedenborg et de saint Jean de la Croix[2] ; mais l'essentiel de son propos s'exprime dans cet espace réservé, à la fois laboratoire et temple, où se poursuit solitairement – « ô pour moi seul, à moi seul, en moi-même » – l'expérience d'auto-édification du « mystique sans Dieu ».

J'essaierai de reconnaître les origines de cette commune fascination et de caractériser l'approche de chacun de nos deux penseurs. Nous verrons se dégager un débat méthodologique qui est implicitement le leur. Par là, comme aussi dans les appréciations divergentes qu'ils portent sur le bien-fondé du témoignage mystique, nous apprendrons à reconnaître deux intentions, deux projets qui s'éclairent par contraste tout en laissant transparaître l'épaisseur d'une différence qui sépare deux cultures, deux traditions épistémologiques et religieuses et, en somme, deux univers de l'esprit.

Le moment historique compte pour beaucoup dans la découverte que font James et Valéry du problème de l'expérience mystique. L'un et l'autre peuvent se présenter comme la conscience critique, tardivement apparue, de la psyché profonde, nocturne, mystico-religieuse telle qu'elle s'exprime, dramatiquement, tout au long du siècle de la *Sehnsucht* et du songe. Cette forme de sensibilité romantique et symboliste s'illustre dans l'idéalisme transcendantal d'Emerson (qui était lié d'amitié avec le père de James), et dans le mysticisme panthéiste à la manière de Whitman. Avant le poète du « Cimetière marin », Melville s'interroge sur les profondeurs de l'âme qu'il compare à celles de l'océan : quel est ce dynamisme obscur qui, cherchant à élever le « songe » en savoir, veut percer à mort et à jour la baleine blanche, symbole cruel et fascinant de l'énigme du monde ? Quant au vieux continent, le climat ambiant est brillamment caractérisé par les grandes métaphores que Valéry invente pour exprimer l'heure de son propre éveil intellectuel. C'est le temps de *naufrage*[3] des métaphysiques et religions ; le *vin perdu*[4] de la catholicité, s'échappant des vases brisées de l'orthodoxie dogmatique, se reconcentre dans des mysticismes de rechange, souvent à finalité esthétique comme le wagnérisme ; l'*éther spirituel*[5] en est chargé et surchargé.

De part et d'autre de l'Atlantique, c'est aussi le moment du dédoublement de l'âme occidentale : moment où celle-ci épouse sa forme réflexive, quitte à prendre conscience de la diversité des types de l'expérience religieuse contenues en elle et à découvrir que bon nombre de ces multiples possibilités existent effectivement, à titre de spiritualités réellement affirmées. Sous diverses formes, se conçoit alors une science comparée et critique, voire criticiste[6], des expressions plurielles de l'âme mystico-religieuse. Valéry et James, chacun à sa manière, ont conçu cette science-là. « Si [la philosophie] veut bien laisser tomber la métaphysique et le raisonnement déductif pour faire de l'induction, se transformant carrément de théologie en science des religions, elle pourra se rendre prodigieusement utile » affirme James[7]. Il entend par là que le philosophe confrontera et triera les expressions du divin, les dégageant de leurs incrustations historiques et locales, développant et raffinant les hypothèses métaphysiques qu'elles véhiculent, quitte à faire office d'interprète et de conciliateur entre les différentes « surcroyances ». « Je ne vois pas pourquoi une science des religions ainsi conçue n'arriverait pas un jour à commander une adhésion générale à l'instar des sciences de la nature ». Même note et même ligne d'horizon générale chez l'auteur d'*Eupalinos :* « Qui sait même, Phèdre, si l'effort des humains dans la recherche du Dieu ; les pratiques, les prières essayées ; la volonté obstinée de trouver les plus efficaces... Qui sait si les mortels, à la longue ne trouveront pas une certitude –, ou une incertitude stable, et conforme exactement à leur nature –, sinon à celle même du Dieu » (*Oe* I, 131). C'est dans ce sens que Valéry parle d'un « Dieu perfectionné », ou d'un « invariant Dieu » (XIV, 716).

Bref, l'air du temps met le phénomène mystique à l'ordre du jour. Dans les deux ou trois premières décennies du siècle, on perd rarement de vue ce sommet de la montagne sacrée ; et de tous côté on sollicite la prestigieuse Pythie de s'expliquer en clair.

Le poids de la contemporanéité au sens large – James a, en fait, trente ans de plus que Valéry – joue également dans la commune fascination que ce phénomène exerce sur les deux esprits. James signale en lui le principe vivant de toute authenticité en matière religieuse : « On peut affirmer véridiquement, me semble-t-il, que l'expérience religieuse personnellement vécue trouve sa racine et son foyer dans les états de conscience mystiques »[8]. Interroger ces états et leur faire confesser leur secret, c'est donc pour lui, comme aussi, nous le verrons, pour Valéry, conquérir le point de vue qui commanderait tout le domaine religieux et toute la question du divin.

En second lieu, Valéry et James sont attirés par le caractère privilégié que revêtent les états mystiques aux yeux de ceux qui les éprouvent : voici la plus haute forme de connaissance, celle qui donnerait prise sur l'être même, celle qui semble se perdre, précisément, dans le naufrage général des métaphysiques et religions. Et elle est d'autant plus précieuse qu'elle est investie des prestiges de la certitude globale et immédiate. Selon l'auteur des *Cahiers* « les mystiques ne sont pas des croyants... ce sont des certains, des *voyants*. Pas d'ouï-dire ni de logismes. / Mais aussi rares de nos jours que les tempéraments artistes vrais » (XIII, 349). Appréciation que tendent à confirmer, sauf en ce qui concerne le jugement de fréquence, tous les témoignages recueillis et cités par James. Celui-ci par exemple : « Même soumises à toutes les interrogations, toutes les épreuves que j'ai pu imaginer, ces [éclairs d'exaltation et de connaissance qui font s'exclamer *« Dieu est là ! »*] s'imposent encore aujourd'hui comme les expériences les plus réelles de ma vie, celles qui expliquent, justifient et intègrent l'ensemble de mes expériences passées et tout mon cheminement intérieur »[9].

Telle est ce que Valéry, pour sa part, appelle « la sensation Dieu ». Et il importe que celle-ci soit précisément de l'ordre de la sensation. Une part de l'attirance ressentie par Valéry et par James provient certainement du fait que les mystiques, en dernière analyse, partagent le sentiment propre aux deux penseurs sur les moyens du connaître qui font autorité. « Je touche, je suis touché » : cette affirmation que Valéry prêtera à son Faust (*Oe*, II, 323) est d'abord celle du mystique. Et par là le mystique lui semble proposer bien autre chose que la monnaie fiduciaire du métaphysicien ou du croyant. Épistémologiquement parlant, il paie en or. « Le dieu est au maximum une sensation » (XIX, 380) se dit Valéry, qui croit par ailleurs discerner dans la mystique « la recherche corporelle du dieu » (IX, 61). James ne dit pas autre chose : « Les expériences mystiques sont des perceptions de fait aussi immédiates aux yeux de ceux qui en jouissent que le furent jamais pour nous une quelconque de nos sensations. Les témoignages montrent que même là où les cinq sens sont suspendus, l'expérience n'en est pas moins, du point de vue épistémologique, absolument sensationnelle... »[10]. Faut-il s'étonner de ce que Valéry et James se penchent sur l'expérience mystique comme sur « le seul point ou la seule chance, peut-être illusoire, de contact entre l'être et le connaître »[11] ?

Le partage des chemins s'annonce déjà pourtant dans cette restriction valéryenne : « peut-être illusoire ». Il vient sans doute de plus loin, de la manière dont chacun identifie le phénomène mystique et l'aborde méthodologiquement. Fait déterminant pour toute son approche : Valéry distingue peu entre le mysticisme en tant que production multiforme et universelle de l'esprit humain et la mystique en tant qu'émanation spécifique d'une tradition proprement et précisément religieuse. Le plus souvent il définit l'objet de son attention en termes de fonctionnement mental : la mystique ou le mysticisme connote dès lors la formation d'un monde second ressenti comme plus stable et plus réel que le monde visible ; la présence intime de visions et de voix ; le passage jusqu'aux extrêmes de la capacité de sentir ; la sensation de valeurs transcendantes, « noumènes » ou « infinis » ; et surtout, l'aptitude à faire lecture « significative » de ces phénomènes intérieurs comme autant d'intuitions ou de signes donnant accès au mystère ontologique en soi. Le propre d'une telle reconnaissance est d'englober sans distinction dans une forme commune tous les « mystes » divers qui peuplent l'éther spirituel de l'époque symboliste et post-symboliste : illuminés, théosophes, néo-platoniciens, catholiques, wagnériens, vedantistes, bouddhistes et haschichins. A la limite, les définitions fonctionnalistes extrêment élastiques de Valéry admettent dans la catégorie du mysticisme toute idéalité projective, toute absence créatrice de l'esprit : « Il y a du mysticisme... toutes les fois que nous faisons autre chose que nous répéter... Mais il s'agit d'un mysticisme à *terme* » (*Oe*, II, 265).

Ramener à la forme commune : là est sans doute la pente la plus caractéristique de la psychopoétique de Valéry. La démarche des mystiques n'est-elle pas d'ailleurs calquée sur le fonctionnement mental ? L'aventure intérieure des mystiques n'est-elle pas une sorte d'obscure métaphore vécue de l'esprit ? Commentant la manière dont les grands mystiques — « Plotin,

Platon, Augustin, etc. » – s'élèvent à l'UN, il note : « On prend modèle sur le fonctionnement de l'esprit tel qu'on se le figure... *Il n'y a pas d'autre méthode* ». Par contrecoup et réciproquement, Valéry s'intéresse peu aux particularités des doctrines, des traditions spirituelles, des cas individuels – à moins d'être amené par quelque circonstance extérieure à le faire. Si cela lui arrive de distinguer entre les « grands mystiques » ou les « vrais mystiques » et les simples « visionnaires », c'est en vertu du degré supérieur d'ambition noétique ou d'héroïsme spirituel qu'il reconnaît aux premiers : la mystique, à ce compte, serait un mysticisme de haute volée. Enfin, on rencontre assez rarement dans les *Cahiers* des noms propres de mystiques. C'est ce qui a permis d'ignorer très longtemps que Valéry était en fait un assez grand lecteur d'ouvrages mystiques[12]. M. Teste l'a dit : « De personis non curo » (XIII, 895).

Dans cette préférence accordée à la forme générale et dans ce refus des particularités, James aurait certainement ressenti une puissante empreinte rationaliste et cartésienne. Sa propre démarche consiste, tout à l'inverse, à recueillir, à examiner minutieusement et à classer la plus large gamme possible d'expériences particulières. Sa curiosité tournée vers l'objet, toujours respectueuse de la diversité des expériences humaines concrètement affirmées, infiniment soumise à l'école du réel, font de lui le naturaliste de l'âme ; on se souvient que la biologie et la médecine faisaient effectivement partie de sa formation première. Cela relève aussi bien de la tradition empiriste de ces penseurs anglais et écossais dont James se réclame[13] et de cette approche inductive que nous l'avons vu préconiser pour la philosophie. Dans la reconnaissance qu'il fait du phénomène, James est moins retenu que Valéry par l'aspect d'une tentative faite dans l'ordre de la conquête de l'Absolu ou de l'En-soi. Ce qui le frappe pour sa part, c'est un phénomène religieux, c'est-à-dire intéressant la manière dont la relation à l'Absolu est éprouvée et vécue, phénomène devant prendre place dans la série des variétés attestées des comportements religieux de l'humanité, au même titre que, par exemple, la conversion ou la sainteté.

Les quatre marques de l'expérience proprement mystique se résument chez lui avec une pragmatique simplicité. Ce sont : le caractère d'ineffabilité ; la qualité noétique (les états mystiques, nous l'avons vu, semblent à ceux qui les éprouvent des états de connaissance privilégiés qui font sonder des profondeurs que n'atteint pas l'intellect discursif) ; le caractère fugitif ; la passivité, enfin (le mystique se sent saisi et tenu par une puissance supérieure, de telle sorte que sa vie intérieure s'en trouve modifiée en permanence).

Chez Valéry, l'accent sera mis aussi spontanément sur le mysticisme en tant que *métaphysique* primitive de type illuministe qu'il est chez James placé sur la mystique en tant que *fait religieux*. Comme paradigme fondamental du phénomène mystique, Valéry retient surtout, en effet, l'idée d'un illuminisme, voire d'une gnose. Il suffit pour s'en convaincre – et pour savoir combien la tentation illuministe et gnostique est puissante en lui ! – de consulter ses textes poétiques. Avec quelle dramatique ferveur dans l'aspiration ou dans le regret le poète de *La Jeune Parque,* du « Cimetière marin » ou de *L'Ame et la Danse* n'imagine-t-il pas le surinstant suprême : franchissement de la « porte de feu » qui défendrait l'énigme du monde (*JP* v. 76) ; béatifique vision depuis l'Un où

« Tous les corps radieux tremblent dans mon essence » (*JP* v. 405).

Voici encore l'extatique et mortel évanouissement dans la Bouche infinie, qui ferait enfin du « songe » un « savoir » (*CM* v. 26-30) ; et le bredouillement de l'ineffable réel perdu : « Asile, ô mon asile, ô Tourbillon ! – J'étais en toi, ô mouvement, en dehors de toutes choses... » (*Oe* I, 176). On comprendra peu de chose ou rien à la critique extrêmement sévère que Valéry fera de l'expérience mystique si l'on n'a pas au préalable bien entendu cette musique valéryenne de l'âme illuminée. C'est précisément ce qui manque chez James. « Ma propre forme de tempérament m'exclut presque totalement de la jouissance des états mystiques » avoue ce dernier. Et de tirer de cette circonstance un devoir d'ouverture et d'objectivité envers ceux qui en jouiraient[14]. Si Valéry, à l'inverse, tourmente les mystiques et les met « à la question », c'est qu'« il y a toujours eu un « mystique » en moi » (VIII, 344). N'est-ce pas foncièrement sa propre mysticité que, par un phénomène de réaction parfaitement caractéristique contre le soi-même premier, il soumet à la suspicion ?

Une dernière différence de perspective et d'approche vaut d'être notée, puisqu'elle résume tout le débat méthodologique et annonce le conflit des évaluations. Le maître mot de la méthode jamesienne est bien celui de « fruits » ; c'est ce mot qui résume tout à fait l'esprit de l'entreprise pragmatiste dans son ensemble : « C'est à leurs fruits que vous les connaîtrez et non à leurs racines »[15]. Cela signifie que pour James les origines psychiques et, à plus forte raison, métaphysiques, de l'expérience des mystiques, nous échappent. On ne saurait donc prétendre en juger (James considère d'ailleurs que le mystique est en tout cas « invulnérable » au scepticisme des tiers). Avant tout, ce principe jamesien indique le devoir pour le chercheur de ne pas réduire la plante mystique à ses racines souterraines, en ne retenant par exemple que ses mécanismes nerveux ou ses composantes sexuelles. Les seules questions pertinentes dans l'optique pragmatiste sont donc celles-ci : quelle est la logique interne, subjective ou expérientielle, du phénomène ? Quelles conséquences cela comporte-t-il dans le domaine éthique et existentiel ?

On mesure ici combien Valéry est le symétrique inverse de James. Toute son approche du domaine mystique est commandée par la question de la vérité objective. Le mystique est-il, de par les conditions de formation de ses états et de ses dires, en mesure de dire *vrai,* c'est-à-dire, de nous renseigner valablement sur l'être ? Bien plus : Valéry saisit résolument à ses racines la plante mystique ; et c'est en se référant aux conditions d'enracinement et de croissance de la plante qu'il se propose de contester la valeur cognitive des fruits. Les deux tiers de ses remarques dans les *Cahiers* s'inscrivent de ce fait dans le cadre d'un essai de vérification psychopoétique de type criticiste.

Son doute interrogateur s'attache en premier lieu à la corrélation entre l'état ou l'expérience, d'une part, et la valeur de signification que le mystique y attache, d'autre part :

> La « profondeur » des mystiques consiste dans la combinaison et la coordination de sensations rares, intenses, intérieures – aussi séparées des autres que les douleurs et les sensations sexuelles – avec des représentations et des mots auxquels ces sensations donnent *valeur* – et qui deviennent d'elles signes, excitants, moyens d'obtention qui permettent quelque action volontaire par voie ordinaire de répétition – avec processus de fréquence croissante, anxieuse (cf. in actu sollicitante voluptatem) (XXI, 44).

En particulier, cette lecture de son expérience que le mystique appelle son « témoignage » attire le soupçon de Valéry. Car si l'expérience mystique introduit dans la conscience « des sentiments de puissance et de présence qui sont autres que celles du moi », elle abolit du même coup la réflexivité de la conscience libre et supprime la fonction de témoin :

> Cette espèce de certitude [celle des mystiques] n'est pas comparable à celle qu'exprime le mot *Evidence :* l'évidence est en somme une réaction de notre esprit dans laquelle *nous nous reconnaissons,* tandis que la certitude mystique est de la nature de l'impression d'existence indépendante de nous, que nous donnent communément les objets et les corps sensibles, qui s'imposent à nous *en tant qu'ils nous sont étrangers* (*Oe,* I, 873).

Le nœud du problème de l'expérience mystique est donc pour Valéry celui-ci : la réalité seconde que découvre ou se forme cette expérience supprime le témoin qu'il faudrait pour effectuer la vérification objective, et pour en faire une évidence. En somme, « il n'y a de noumène que non perçu » (XXIV, 852). Plus radicalement, la notion elle-même d'expérience religieuse semble à Valéry « scientifiquement cocasse » autant que « religieusement impie » (XIII, 327) – c'est-à-dire, sans doute, prétendant réduire Dieu à un événement de ma perception. Mais comment dès lors faire confiance au témoignage ? La perception pure – « chronomoléculaire » – de son expérience lui étant interdite, le mystique s'en approprie et nous en communique seulement une reconstitution interprétative. Il s'agit d'une description ou d'un récit dans lesquels interviennent les mêmes processus d'usinage, voire d'invention qui ont cours plus banalement dans les rêves. Il conviendra de faire la part des idées apprises et acquises qui entrent dans la conceptualisation et le passage au langage articulé, la part aussi bien de l'entraînement esthétique qui amène le témoin à rehausser la narrabilité de son récit. En somme, le témoignage ne peut être selon Valéry que « la transmutation d'une transmutation, la traduction d'une traduction ». Or celle-ci « peut bien conserver quelque chose, mais point *ce qui ne peut être nommé* » ; alors que « ce qui ne peut être nommé, c'est cela même qu'il nous importerait de saisir » (*Oe,* I, 881). D'où ce petit conseil à ses frères les mystiques : « Et ce qui serait ineffable, vous le nommerez ineffable, car il faut que le *moi* s'exerce ou s'évanouisse » (XI, 52).

L'attitude de James sur ces questions est beaucoup plus détendue, plus permissive. Que le mystique parle mal, ou qu'il ne communique pas un savoir propositionnel précis fait partie à ses yeux de la définition du mystique. Il admet parfaitement par exemple que « le sentiment mystique de conscience élargie, d'union et d'émancipation n'a pas le moindre contenu intellectuel spécifique ou propre ». Un tel sentiment est « capable de former des alliances matrimoniales avec des matériaux fournis par les théologies et philosophies les plus diverses, à condition que celles-ci s'adaptent à son climat affectif »[16]. Il s'ensuit pour James qu'on ne saurait invoquer les états mystiques à l'appui de croyances particulières comme l'idéalisme absolu, l'identité moniste ou la bonté ultime du monde ; ils ne sont que « relativement favorables » à ces positions philosophiques. S'il avait connu les jugements de Valéry, James aurait sans doute pensé que la question elle-même de savoir si, oui ou non, l'expérience mystique *prouve* quoique ce soit de métaphysique était une mauvaise querelle née en terre cartésienne entre scholastiques et néo-criticistes. Il se peut même que James eût protesté de voir Valéry confondre, en rationaliste incorrigible, deux choses que la langue anglaise, à la différence du français, distingue – à savoir, *expérience,* l'événement vécu probant pour celui qui en est le sujet, et *experiment,* l'épreuve expérimentale de type scientifique devant faire preuve aux yeux de tous. A la limite, James semble concevoir le langage mystique comme une musique plutôt que comme un discours conceptuel ; et il se réserve le droit de penser que, tout comme la musique, la mystique « nous livre des messages ontologiques que la critique non musicale est impuissante à contredire, même si elle peut nous ridiculiser lorsque nous y prêtons attention »[17].

Sa pensée sur la valeur cognitive des états mystiques se résume ainsi dans trois principes devenus célèbres :

1) les états mystiques, lorsqu'ils sont bien développés, font en fait et de bon droit autorité pour ceux qui les éprouvent,
2) aucune autorité n'émane d'eux qui puisse imposer à ceux qui se tiennent en dehors d'eux le devoir d'accepter sans critique les révélations qu'ils apportent,
3) ces états entament en revanche l'autorité exclusive de la conscience non-

mystique ou rationaliste se fondant sur le seul intellect et les seuls sens. Ils font apparaître cette dernière comme un type de conscience parmi d'autres et ils ouvrent la possibilité qu'il existe d'autres ordres de vérité auxquels nous pouvons, en toute liberté légitime, continuer d'accorder foi dans la mesure où ceux-ci trouvent en nous quelque répondant vital[18].

Le troisième point signifie que James voit tout de même dans le phénomène mystique une sorte de *fenêtre,* fût-elle obscure, pratiquée dans la sphère fermée de la connaissance. Fondamentalement, Valéry y voit au contraire une tentative illusoire de franchir un infranchissable *mur.* « Pour moi la connaissance est fermée. En admettant que certains éclairs ont parfois traversée la sphère close, jamais ils n'ont acquis et de loin la valeur de précision de la partie base ou certaine des choses » (XI, 10). Pour lui, la mystique est une « métaphysique impressionniste » (X, 655) ; « ces gaillards... ne savent pas se débrouiller dans leurs intérieurs » (XIII, 393).

Nous avons déjà vu que ces deux évaluations contrastées relèvent de deux approches et de deux identifications du phénomène. Plus profondément, on dira qu'elles s'expliquent en fonction de ce que James appelle le « répondant spirituellement vital » de chaque penseur. On trouvera à l'examen que l'orientation et la manœuvre de chacun devant le phénomène mystique renvoient assez directement à ce mobile dynamique qui suscite son projet global dans l'ordre de l'intelligence. Complétons donc la figure que nous avons tracée, celle d'une symétrie dans l'antithèse, en dégageant rapidement la solidarité de chaque position avec l'œuvre qu'elle informe et avec le mobile fondamental dont elle est le révélateur.

« Chez certains, croire est de la nature d'un éveil. Chez d'autres, c'est de ne plus croire » (VI, 648). James est certainement de la première de ces deux races spirituelles distinguées par Valéry. Cela ne veut pas dire qu'il soit croyant selon l'orthodoxie protestante de son temps : sa résistance devant la dogmatique de la religion révélée est presque égale à celle de Valéry et il n'en conserve qu'une sorte d'épure minimaliste qui tient du théisme plutôt que du christianisme. Mais justement, cette épure fait un sort à l'acception protestante du croire – confiance cordiale et engagement de la volonté – ainsi qu'à la conviction que la plus grande créativité, comme la plus haute sensibilité éthique, se développent à partir de cette confiance cosmique ou de cette disposition foncièrement affirmative devant la vie qu'est pour lui la foi. Si James accorde aux mystiques le bénéfice du doute, c'est que « la volonté de croire » – tel est le titre d'une conférence de 1896 – se déclare être le nerf essentiel et le couronnement du pragmatisme.

Que l'on puisse croire par un acte volontaire, et cela en vue des avantages, si admirables fussent-ils, de cet état, apparaîtrait à l'esprit rationaliste comme une option aussi scandaleuse que vaine. N'est-ce pas une variante dramatique de ce même choix qui a tant choqué Valéry dans le pari de Pascal ?[19]. Mais la recherche du vrai, et les règles du jeu de cette recherche, se conçoivent différemment dans la perspective pragmatiste. Les vérités humaines ne sauraient aux yeux de James avoir ce caractère invariant et absolu que le rationalisme prête à Dieu et dont il tend à faire ensuite la mesure du moi et du monde. James conçoit toute « vérité » humaine comme le font les scientifiques, c'est-à-dire comme une construction de l'esprit, une invention partiellement juste et toujours provisoire sur le réel. Sera « vraie » ou en passe de l'être l'hypothèse « payante », féconde, adaptée, celle qui réussit à intégrer au mieux les données. Or, l'idée mystique, l'idée d'une mer matricielle qui ferait irruption en nous en révélant une réalité autre et une appartenance transcendante, conforte une hypothèse existentielle qui est, aux yeux du philosophe pragmatiste, déjà justifiable selon ces critères. Croire, c'est l'hypothèse adaptée à la texture approximative et inachevée du réel, comme aussi à notre sentiment que la vie excède la conception articulée que nous pouvons nous en faire ; c'est l'hypothèse qui paie puisque que la foi, c'est ce centre d'énergie spirituelle positive que l'on observe exemplairement à l'œuvre chez le mystique et chez le saint ; enfin, cette hypothèse est en passe de réussir dans la mesure où elle est la seule à créer les conditions nécessaires à sa propre vérification. Dès lors, maintenir le devoir de scepticisme jusqu'au moment où l'on est contraint de capituler par quelque évidence objectivement irréfutable, c'est risquer de perdre la vérité, c'est-à-dire, l'aptitude à un réel dont on ne se réveillera plus. Pour James, le refus de croire implique ce corollaire secret : « Mieux vaut s'exposer à la perte de la vérité qu'à des chances d'erreur »[20].

A la volonté de croire jamesienne répond symétriquement chez Valéry la volonté de ne pas croire, le devoir et la loi du scepticisme. Symétrie imparfaite pourtant ; car en passant d'une œuvre à l'autre le petit mot « croire » retrouve le sens qu'il reçoit de la tradition rationaliste dans son ensemble, celui d'un succédané illégitime et mal fondé du savoir, voire d'un impossible savoir total. « Mais comment peut-on avoir trouvé ? » se dit le solitaire des *Cahiers,* « ce serait avoir réponse à tout » (X, 701). Et encore, à la suite de l'échec en 1921 de sa grande excursion dans l'ordre de la confiance cordiale : « l'unique espoir de l'homme est dans le ne pas croire, dans le faire, *en tô poiein* » (VIII, 535). Le ne pas croire s'érige ici en une formule de vie spirituelle, de salut par l'acte.

Commentant les idées vagues et spirituelles de son époque, Valéry se dit en toutes lettres que sa propre idée vague et spirituelle consisterait « à travailler et [à] préciser toujours plus ce qui s'oppose à *Cela ;* ce qui fait penser que cela n'existe pas, est inconsistant » (XI, 150). Parmi les nombreuses choses que désigne « Cela », il convient de comprendre au premier chef l'idée mystique de l'intime Étranger présent à l'âme. « Est-il possible – est-il probable – est-il concevable que nous soyons par l'*intérieur* en communion ou en communication possible (quoique indistincte, inconstante, infidèle), avec un être ou une source ou une réalité tout autre que toute chose visible... ? » (XIII, 632). Interrogation névralgique qui suscite le grand travail que nous avons observé dans les *Cahiers,* celui de Valéry l'anti-myste, ou comme il le dit lui-même du Michelson métaphysique, c'est-à-dire de celui qui transpose dans le domaine psychologique l'expérience d'évacuation effectuée par le savant américain pour réfuter la théorie de l'éther. Il s'agit ce faisant de purger de toute « signification » métaphysique, de toute « profondeur » spiritualiste, l'enceinte soigneusement fermée de Psyché, avec l'arrière-pensée qui affleure de loin en loin de voir s'il resterait en elle quelque chose – le X ou le *nisi quid* de Valéry – qui réclamerait indubitablement le recours au mot et à l'hypothèse « Dieu ».

Cette épreuve faustienne – à la fois *experience* et *experiment* au sens de James n'a pas été une petite affaire pour Valéry. Elle l'engage, surtout et de plus en plus à partir de 1921, dans une relation de lutte et de haute rivalité spirituelle avec ses frères adversaires, les « vrais mystiques » (VIII, 344) (entendons par là : les mystiques *avec* Dieu). « Si l'on savait décrire les sensations extrêmes p. ex. celles que l'on prête aux mystiques – les nôtres ou les hindous – elles prendraient l'importance bornée que nous donnons aux hautes températures » (XXVI, 219). L'objet de l'expérience mystique ne serait-il pas contenu dans quelque « développement des propriétés de soi-même » ? (XV, 190).

On peut douter que l'expérience ait été concluante ou que Valéry lui-même l'ait jugée telle. Les *Cahiers* nous livrent à cet égard les fragments d'un grand jeu abandonné. Cette expérience infiniment reprise et infiniment sans issue sous-tend la figure ultime de l'Ange et, pour une part importante, l'explique : l'Ange, ce spirituel de l'intellect et ce rationaliste archipur, sera voué à « connaître pendant une éternité » ; mais il est condamné à ne jamais « comprendre » le secret des « vrais mystiques », c'est-à-dire à ne jamais parvenir à le transformer en sa substance spirituelle propre pour le posséder. Aussi l'ultime pensée des *Cahiers* s'occupe-t-elle, en dépit de « t[ou]tes les chances d'erreur » (XXIX, 911) qui sont le propre de l'ange-bête, de la vérité à ne pas perdre...

« Le scepticisme – dit Valéry – est le seul espoir que nous ayons de trouver jamais autre chose que notre propre reflet » (XXI, 853). Perspective qui l'a fait transiter aux antipodes de la démarche jamesienne. On peut penser, cela est pensable, qu'ils se sont rejoints au point d'arrivée. Ce qui est sûr, c'est qu'ils projettent l'un sur l'autre un éclairage fascinant et que l'espace de leur dialogue implicite est et demeure le lieu de nos questions.

NOTES

1. *The Varieties of religious experience. A study in human nature* (Londres, Collins Fountain, 1977). Nous citons et nous traduisons le texte anglais.
2. Voir *Oe* I, 445-57 et 867-882.
3. Voir le poème « Sinistre », reproduit dans l'édition des *Poésies* (Gallimard, 1942), pp. 164-65.
4. Voir le sonnet de *Charmes* qui porte ce titre.
5. De nombreuses références à l'éther parsèment les premiers cahiers. *Cf. plus* loin le rôle de Michelson métaphysique que s'attribuera Valéry.
6. Inspiration importante pour l'invention du « Système » de Valéry. *Cf. Cah.*, I, 64 : « Aujourd'hui, après le criticisme, le moment est bien plus favorable que naguère pour faire la science intérieure – celle que les mystiques ont entrevue et je voudrais l'apercevoir ». James, pour sa part, écrit : « Tout bien pesé, ce sont les penseurs anglais et écossais qui ont inventé la méthode critique en philosophie et non Kant... » (*Varieties*, p. 426).
7. *Varieties*, p. 436.
8. *Varieties*, p. 336.
9. *Varieties*, p. 383.
10. *Varieties*, p. 408.
11. Lettre de 1923 à l'abbé Mugnier, citée par la Princesse Bibesco dans *Le Confesseur et les poètes* (Paris, Grasset, 1972), p. 172. La même remarque, sans le mot « peut-être » figure dans les *Cahiers* (IX, 485).
12. Sur l'étendue des lectures mystiques de Valéry, voir notre article : « Valéry et la littérature mystique : les ressources métaphoriques du désir », pp. 155-177 in *Valéry et la littérature du passé* (Southampton University Department of French, 1984). Comme James, Valéry connaissait aussi le *Mystica Theologica* de Vallgornera (2t. Turin, 1800).
13. Voir *Varieties*, p. 425 : « Les écoles de philosophie continentales ont trop souvent perdu de vue le fait que la pensée de l'homme est organiquement liée à ses actions. C'est à mon sens le principal titre de gloire des penseurs anglais et écossais d'avoir respecté cette relation. Le principe recteur des philosophes britanniques a été que... toute distinction faite dans l'ordre de la théorie doit se traduire par quelque différence perceptible... Quelle est la valeur d'encaisse en termes expérientiels d'une proposition ou d'une théorie ? ».
14. *Varieties*, p. 336.
15. *Varieties*, p. 41.
16. *Varieties*, p. 410.
17. *Varieties*, p. 406.
18. *Varieties*, p. 407.
19. Voir par ex. VI, 516 ; X, 194 ; X, 272.
20. « The will to believe », p. 57 in Barton ed. *Essays on faith and morals* (New-York, Longmans, 1949).
21. Voir IX, 297 ; X, 499 ; X, 715.
22. Voir VIII, 344. A la question « mais y a-t-il quelque chose là ? », Valéry répond : « D'abord traduire les vrais mystiques en langage absolu ».

Jeannine JALLAT
Université de Paris VIII

SUIVRE LÉONARD OU LA QUESTION DU RÉCIT

Valéry n'a cessé de dénoncer les faux prestiges du roman et la fascination de l'entraînement narratif, désignant justement dans la *fable* cette fiction de mise en ordre des événements. C'est précisément cette mise en ordre ou *intrigue* qui, selon la tradition aristotélicienne, fait l'essence du mythe, dans sa version épique ou dramatique[1]. Tout est donc ici dans le sujet, le canevas narratif. Or Valéry, on le sait, n'a cessé d'inventer des « Sujets »[2] de récit, de se proposer des « Contes ». Il y a dans cette contradiction quelque chose qui provoque l'attention. Et l'*Introduction à la méthode de Léonard de Vinci* peut être une bonne occasion d'aborder le problème.

L'*Introduction* est-elle un récit, et lequel ? Paradoxal, à coup sûr, puisqu'il renverse la problématique habituelle en allant non d'un Commencement à une Apocalypse, mais d'un constat de deuil – ce qui « reste » du héros – à la célébration d'une naissance – l'envol du grand oiseau, « louange éternelle au nid où il nacquit ».

Mais il traite bien d'un personnage et de ses « aventures », toutes mentales soient-elles. Et il porte à son extrême ce dédoublement, qui fait le pouvoir du roman, d'un narrateur et de son personnage, au point de nous faire d'abord le récit de cette rencontre ou de cette invention, ou plutôt de nous en faire un double récit. Le premier, dramatisé, dans le mode pathétique, renoue avec la grande tradition de l'intrigue mythique ; mise en situation (le vécu ordinaire du « reste »), crise (la rencontre de l'extraordinaire, l'affrontement de l'énigme, le combat), dénouement (l'apparition du monstre et le dévoilement de l'énigme). Il y a dans ce premier paragraphe de l'*Introduction* quelque chose de la rencontre avec le Sphinx... que le mot *modèle* suffira à enchaîner.

Mais le second paragraphe nous place, bien différemment et selon un éthos plus modéré, dans la fabrique du romancier. « Je me propose d'imaginer un homme... », de « supposer une pensée », « je veux qu'il ait un sentiment... dont les aventures... ». Très vite, le personnage est là et, comme aiment à le prétendre certains romanciers, il n'y a plus qu'à l'accompagner : « Je vois... Il descend... Il atteint... Je le suivrai... », mais dans la variation narrative. Car on passe d'une supposition d'intériorité – « il songe... », « Il est fait pour n'oublier rien... » – en vision omnisciente, à un point de vue tout extérieur, fixé sur les seuls gestes : « Il descend... s'éloigne et se regarde ». La focalisation ne change pas seule : la perspective temporelle aussi, qui va d'un effet de présence à un effet d'après-coup. On appréhende le personnage dans son mouvement d'éloignement : il

« laisse debout », des monuments, il « abandonne les débris » de grands jeux. Venant toujours après, le narrateur est contraint, tel le détective de roman policier, non seulement d'interroger des indices, mais de soupçonner leur adéquation, d'interpréter la conduite de celui qui « *semble* toujours penser à *autre chose* ». Léonard n'est pas là où l'on croit. Malgré ce retard, au bout d'un temps de suspension, typographiquement marqué (« ... »), s'ouvre l'horizon de certitude proleptique où la poursuite de l'enquêteur rejoint son personnage, jusqu'à le percer dans sa manière même de « concevoir ». Heureux achèvement... ou frustration ? Devenu transparent, le héros cesse en effet d'intéresser : « il finira... ».

La boucle de l'invention romanesque ainsi bouclée, demeure le problème, bien connu des Formalismes russes, de la « caractérisation » : « Un nom manque... ». La solution retenue n'est ni celle de l'initiale (je ne songe pas, faut-il le dire, à l'exemplaire *K.*, mais au moins célèbre « M. C.G. » de Baudelaire[3]), ni celle d'un hapax sans généalogie *(Teste, Acem)*, mais l'équivoque propre aux biographies romanesques (c'est lui et ce n'est pas lui), reconduisant et dénonçant tout à la fois la promesse du titre sur le nom de *Léonard de Vinci*. Le réel Léonard est congédié au profit d'une méthode où se confondent l'inventeur et l'inventeur de l'inventeur, l'énonciateur et le sujet de l'énoncé. Quant aux « débris » d'où toute « existence pensante » s'est enfuie, ils n'ont plus l'attrait de ceux des « grands jeux » : simple défroque désormais d'une personnalité inaccessible. De l'économie de la dette : le seul « reste » qui fasse compte est celui où je peux m'investir.

Sur cette reprise de la convention du nom propre, le texte fera tout un travail d'effacement. Encadré par la double oblitération de l'indéfini – « un Léonard » (parag. 25, et 52) –, c'est un héros quasi anonyme de la création qui acquerra une existence narrative singulière, d'autant plus paradoxale qu'elle est la réécriture, la transposition en gestes du manuscrit léonardien. Le *il* valéryen phrase un personnage-texte, fait de dessins et de mots. Suivant une conversion que les spécialistes du genre connaissent bien, ce qui eût pu être une *description* de l'œuvre devient une *narration* des actes de l'artiste. Si cela confine parfois à l'exercice d'école (remplacer dans une description les « il y a », « est », par des verbes actifs), Valéry exploite avec une maîtrise ironique le caractère volumaire de son objet. Les *Carnets* vinciens ne sont pas le bouclier d'Achille, mais un espace qui invite au feuillètement, donc à une forme de temporalité narrative. La phrase sur les « bouquets formidables » des « boulets écrasant les ravelins de cités et de places, *à peine* construites par lui dans tous leurs détails et fortifiées » (parag. 26), transcrit la succession de quelques feuilles du *Codex Atlanticus*. Personnage-prétexte pour feuilleter un album, Léonard est tantôt réduit à parcourir le paradigme de la métaphore visuelle : « des oreilles et des boucles aux tourbillons figés des coquilles, il va » (parag. 26), tantôt doté de sentiments induits par la contemplation de l'œuvre : « Il jouit » (parag. 28), « Il adore » (parag. 30), « Sa joie... Son émotion... Sa haine... » (parag. 29).

Mais ce qui domine cette Illustration-Léonard de la Méthode, ce qui en fait la séduction, c'est bien la primauté de la figuration sur l'action. L'énoncé des actes, l'illusion des sentiments ne font que relancer la chaîne des images, le brio du visible.

> « Il devine les nappes qu'un oiseau dans son vol engendre, les courbes sur lesquelles glisse une pierre lancée, les surfaces (...), et les déchirures extraordinaires, les arabesques fluides, les chambres informes (...) » (parag. 16),

ou cette courte séquence narrative, à deux niveaux :

> « Sa joie finit en décorations de fêtes (...) et quand il rêvera de construire un *homme volant*, il le verra s'élever pour chercher de la neige à la cime des monts et revenir en épandre sur les pavés de la ville tout vibrants de chaleur » (parag. 29).

Valéry inaugure ici une écriture par éclats narrativo-figuratifs, par moments successifs sans épaisseur temporelle où la minceur rapide et l'excès sémantique de l'énoncé psychologique dénient tout investissement romanesque, dans une mise à distance qui évoque une sorte d'épopée ironique dans sa brillance désinvolte. Loin de la présence corporelle opaque de Teste, Léonard n'est qu'une silhouette transparente d'actes légers. Ce ne sont pas ici les souffrances de l'inventeur, mais une sorte d'*allegro*[4] perpétué de la création heureuse.

Et pourtant le Drame de l'invention était bien le sujet prévu, non seulement du *Léonard :*

> « Hostinato rigore
> Ce serait le titre du roman ou du drame de la vie intellectuelle » (B.N., Mss LEONARD),

mais de ce « roman à faire » dont Valéry poursuit l'idée à travers notes, correspondance, essais anciens sous des formes variées, bien avant que la *Soirée avec Monsieur Teste* ne réalise explicitement la vieille « envie (...) d'inventer l'histoire d'un bonhomme qui pense »[5].

Il ne faut pas en effet négliger de réinscrire le projet valéryen dans l'évolution du roman à son époque. Selon la formule des Goncourt, il s'agit désormais de raconter ce qui se passe non dans le cœur, mais dans la tête des personnages. Le héros de ce nouveau roman, c'est Des Esseintes. Mais la lettre du 25 août 1894 à Gide marque l'écart valéryen. Contre le « truquage » théorique de *Louis Lambert, Le Discours de la Méthode* est le modèle d'un « roman moderne » entendu comme « autobiographie » d'une théorie. Roman d'un théorie donc, c'est-à-dire, inséparablement, roman du génie. La lettre à Louÿs du 14 septembre 1890 se plaignait que le roman psychologique ne sût pas « démonter le difficile cerveau d'un Edgar Poe ». En 1892, Valéry note :

« Sur Mallarmé, ne doit pas être un article, mais un vrai conte animé narrant une âme visionnaire » (B.N., Mss Notes anciennes).

Roman, drame, conte : la caractère interchangeable de la dénomination montre l'inadéquation des genres consacrés, mais sans qu'on puisse négliger l'apport de chaque terme. Relativement au genre contemporain du roman, le *conte* insiste à la fois sur la brièveté et sur le caractère quasi merveilleux de la fiction. Quelque cinquante années après le *Léonard,* la préface aux *Carnets* vinciens déclare : « Voici un conte merveilleux, dans lequel tout est vrai » et « vérifiable », par un retournement de la problématique du « Conte vraisemblable ». Histoire fictive et courte : le double caractère est indivisible et Poe en cela est le maître. *M. Teste* est un conte qu'aurait dû écrire Edgar Poe et les divers essais de contes valéryens (*An abstract Tale, Acem,* tel *Conte* tiré d'un rêve[6]) auront cette brièveté de l'étrange, cette épaisseur où l'entame se referme sur le silence.

Le mot *Drame,* plus que le genre théâtral (absent des projets anciens, sauf sous la forme du Drame musical), désigne le pathos, la gravité, le « sérieux » de l'aventure intellectuelle : le « drame intérieur ». C'est bien *diégésis* contre *mimésis,* avec cette ossature commune : une intrigue. Car il s'agit toujours de traiter un sujet, variable au cours des années. Avec des interférences, il semble qu'on puisse distinguer trois perspectives. L'idée d'une ascension spirituelle : conçu sur le modèle de la *Divine Comédie,* en 1891, un roman-épopée symbolique devrait mener l'homme du « monde naturel » (« le crime, le voyage, les femmes (...) l'alcool, l'homme tel qu'il est le cochon malade – le veau d'or (page) la guerre, le rapport et le commerce ») au choix du « monde spirituel » (les sciences occultes, la littérature de Poe, la prophétie, les paradis artificiels, l'Amitié) et enfin au « monde divin ». Même si la courbe d'une ascèse sous-tend le *Paradoxe sur l'Architecte* et inspire peut-être quelques phrases de l'*Introduction :* « il s'élève... », les deux autres formulations de l'intrigue idéale ont plus d'avenir. C'est d'abord, lié au personnage de Descartes ou de Newton, mais aussi au souvenir de la *Genèse d'un Poème,* l'idée du roman d'une trouvaille :

« le véritable Drame
thème : Histoire de la trouvaille d'une idée nouvelle »
« Roman de l'idée
Théâtre d'une pensée
La trouvaille d'une loi » (celle de la gravitation par Newton) (B.N., Mss Notes anciennes),

en l'occurrence, celle de la gravitation par Newton. Le manuscrit du *Léonard* reprend tout naturellement l'idée :

« Il y a un drame qui n'a pas été fait. Celui qui aurait pour dénouement une

vue des choses non commune et une trouvaille quelconque ».
Le projet en 1899 de « Décrire une nuit de travail » se donne un cas illustre : la décision de Napoléon d'abandonner le camp de Boulogne pour « descendre » sur l'Autriche (*C.*, I, 809). C'est ce parcours (une longue préparation, une décision rapide, imprévisible pour les autres) qu'évoque l'*Introduction* sur les noms joints de Léonard et de Bonaparte (parag. 7).

Cependant ce roman de l'inventeur présente une face obscure : le « Drame intérieur » de la « solitude ». « No glory » ou « le sérieux » : c'est le « mépris de ce qui disparaît quand on est seul ». Mais aussi cet aspect plus romanesque encore : la passion et la hantise de la mort. La première feuille de la *Figura di Lionardo da Vinci* y insiste par deux fois :

« Introduire le recours à soi seul
l'opposition à l'humanité
le sérieux – la solitude
la mort en tant que limite, donc furia »

« Il convient de montrer le sérieux des spéculations – ou comment tiennent aux choses importantes de tout le monde, aux images décisives, si fortes, de vie et de mort, etc., les opérations qui se terminent en œuvres d'art ou de science. L'envers du peint et de l'imprimé ».

Inventer, pour ne pas mourir ou, comme dit Valéry, « coïncidence » du « drame intérieur » et de « l'invention ». Tel est le roman à faire. Il y a donc une rêverie sur le héros, sur son tragique, qui est inséparable du projet narratif. Raconter, c'est raconter un personnage. Mais celui-ci n'est pas seulement le théoricien ou l'artiste. Il revêt aussi la face agressive du pouvoir :

« Un livre possible

—

Histoire d'un homme aussi fort que dix fois Bonaparte, que Sixte-Quint, que César et que Faraday. Un homme qui ose tout et peut parler tout haut » (B.N., Mss Notes anciennes)

c'est-à-dire qui a le droit de ne pas être nommé « fou » : un anti-Hamlet. Tibère et autres princes suivront. Sur cette fascination de la fiction et sur le processus d'identification qu'elle engage entre l'auteur et son personnage, Valéry, après le Poe des *Marginalia,* réfléchit très tôt.

Reste que ce roman de l'inventeur est peu perceptible au lecteur d'une *Introduction* qui met à distance son brillant personnage. Mais le manuscrit, lui, insiste. C'est lui qui permet de déchiffrer les signes masqués et les énoncés elliptiques. C'est du côté de sa « méconnaissance » par le spectateur qu'est décrit ce corps morcelé de clair-obscur : « le bout d'un nez, un éclat d'épaule, deux doigts trempant au hasard dans un coup de lumière qui les isole » que l'énoncé prive d'un nom que le manuscrit seul rend à sa trame romanesque :

« côté sentimental – passion – St Jean ».
Le texte obture la perspective ouverte par les notes anciennes sur l'homosexualité de Léonard et sur la « signification des courbes du St Jean ». En résonance avec cela, le passage sur la face, « éclairante, éclairée », la célèbre comme « la plus particulière des choses visibles, la plus magnétique ». Si elle « possède » laconiquement Léonard, le manuscrit est plus parlant, qui rattache la fascination du « visage » au « vertige » de la « peau ». Si l'« émotion » de Léonard « s'élude en le délice de visages purs que fripe une moue d'ombre » (parag. 29), lisons que le texte s'*élide*. Plus crucialement, le thème même de la solitude, si prégnant dans le manuscrit :

> « Je vois d'abord une personne parlant à d'autres (...) écartant le malentendu, puis venant à se parler seul, emplissant les anciens antres de ses propres combats méprisant toutes ces choses qui disparaissent quand on est seul... »,

et la quête de l'autre qui aboutit au miroir de soi-même, tout cela se dissimule dans l'absentement lisse de la focalisation externe : « Il descend dans la profondeur de ce qui est à tout le monde, s'y éloigne et se regarde ». De même la précipitation « aux limites » n'a pas la même fin dans l'*Introduction* – où elle aboutit à la sublime récurrence (parag. 10) – que dans le manuscrit qui donne à cette *furia* son véritable horizon : la mort.

Cette différence du texte au manuscrit n'est pas la seule. Le drame de l'inventeur n'est pas mis au crédit de Léonard, mais d'un sujet universel et anonyme où s'hypostasie l'énonciateur lui-même. Les grands drames de l'esprit : la précipitation aux limites (parag. 10), la prévision (parag. 34) se jouent sur lui. L'énonciation retrouve alors un phrasé que l'Illustration-Léonard précisément brisait en courtes séquences. Dès lors la question se pose de l'écart entre un rêve de récit et la possibilité d'une écriture narrative. Plans et notes rêvent sur la courbe liée, quasi fatale, d'un récit que l'écriture s'emploie à détourner. Le parcours de l'intrigue : crise/dénouement, ne se vit pas au niveau de l'œuvre, mais dans le phrasé réduit, dans le rythme quasi physique d'un paragraphe (la précipitation aux limites, la production de l'hypothèse-monstre au parag. 1), voire d'une phrase unique, celle de la prévision avec sa montée vers une acmè dans une tension fièvreuse et la résolution soudaine de l'effort. La séquence verbale de la prévision fonctionne comme un théâtre de la trouvaille :

> « Celui que n'a jamais saisi... le dessein... l'aventure... et qui n'a pas connu l'enthousiasme... le poison... et cette lutte..., celui qui n'a pas regardé dans la blancheur de son papier une image troublée par le possible... ni vu dans l'air limpide une bâtisse qui n'y est pas, celui que n'ont pas hanté le vertige... la prévision... le calcul..., celui-là ne connaît pas davantage... la richesse et la ressource et l'étendue spirituelle qu'illumine le fait conscient de *construire* ».

Schéma musculaire et rhétorique de la phrase ont remplacé, au niveau de l'écriture, le projet d'un récit total. Ce qui était de l'ordre du genre s'est déplacé sur un vécu personnel, une énonciation chargée d'affect : la part narrative se résorbe dans l'intensité d'une sorte de lyrisme intellectuel. Le narratif n'est plus ici le fictif. Le discours reprend dans ses figures ce qui ne peut plus être mis en récit : la trace encore vive de l'expérience, la violence d'un présent où l'on s'expose. Figures par excès et par retenue : déplacement pathétique du sujet autobiographique sur un appel à témoin, litote de la supposition négative.

Comment peut-on articuler cette conversion lyrique du récit ou cet éclatement de l'écriture fictionnelle que nous propose l'exemple du *Léonard* avec ce qui se passe dans les vraies fictions que sont les « contes » valéryens ? Certes l'attrait de la fiction est toujours le même. Comme les années-Léonard rêvaient d'un « roman à faire », les autres ne cesseront pas de se proposer des sujets de « contes ». La différence est que, depuis *Teste,* Valéry se prend à les écrire. Si l'analyse de leur mode narratif singulier excèderait les bornes de cet exposé, on s'arrêtera néanmoins sur quelques aspects remarquables. Comme *Teste,* les *Histoires brisées* donnent une place très forte au discours du sujet, que le narrateur soit *(Rachel)* ou non *(Acem)* le héros. Quand ils sont disjoints, les personnages sont pour le narrateur à distance d'inconnaissable : Acem plus encore que Teste reste une énigme. Mais celui qui parle sa propre histoire (Héra, le dernier Atlante) est tout autant hors de sa vérité : il témoigne de quelque chose de non totalisable. Ainsi la fiction se propose comme une mise en ordre (la configuration du récit), mais qui reste à déchiffrer. Cette narration de l'étrange évoque évidemment le mythe. Mais aussi le récit de rêve. On sait qu'ils abondent dans les *Cahiers* et qu'ils frayent précisément la voie à la fascination énigmatique du conte. Tel celui « ébauché au réveil dans un résidu de rêve » où le trésor est gardé par trois Portes, l'une avec un dragon qu'il faut tuer, l'autre avec une femme qu'il faut enchaîner :

> « « Le Troisième Seuil est gardé par un petit enfant triste. Si tu parviens à le faire sourire... »
> Ici s'est arrêté le conte et j'ai senti très distinctement que le poursuivre, ce serait inventer.. » (*Oe,* II, 855).

Ce suspens nous offre une des clés du mode narratif selon Valéry. A l'arbitraire du récit « inventé » – qui rend le roman dérisoire – s'oppose la nécessité de la configuration donnée du rêve, du conte qui se forme « tout seul dans ma tête » (*Avertissement* des *Histoires brisées, Oe,* II, 407), comme le vers reçu des dieux. Dès lors l'inachèvement gagera l'authenticité narrative. Absence de dénouement « bien déterminé » : seul intéresse le « commencement », la « saisie » par « l'écriture » de ce qui a « surpris » *(ibid.).* Mais aussi opacité d'un mode lacunaire. La configuration narrative ne fait sens et pesée que dans sa brisure, sa juxtaposition qui immobilise la diachronie au bord d'une attente sans fin recréée.

La séduction du récit de rêve et du conte qui l'imite est dans ce sentiment d'inadéquation, dans la frustration (opposée à la béatitude piégée de la lecture romanesque) que procure son énoncé, la certitude fantomatique de la présence d'autre chose dans la logique apparente du discours. Bonheur du récit qui traduit si mal la vérité du rêve, car

> « Le texte de nos traductions naïves laisse parfois entrevoir les embarras et les hésitations du traducteur, ses écarts du langage qui convient aux choses de la veille » (*Autres Rhumbs, Oe,* II, 654).

Bien loin de la lumière narrative jetée sur Léonard, le rêve nous apprivoise à un mode nocturne du récit. Le conte d'*Acem* essaie peut-être de recréer ce langage du songe avec ses trous qui laissent agir l'en-dessous rêveur du récit.

Mais l'inadéquation du discours narratif joue aussi par rapport au caractère de figuralité du rêve que l'on retrouve dans le récit valéryen qui donne à voir des mouvements d'images. *Acem, L'Écran, La Révélation anagogique* sont aussi des scénarios de gestes et de postures. Nous rejoignons par là l'Illustration-Léonard. Paradoxalement la narration valéryenne est hantée par son défi : le visible.

Ne quittons pas ce paradoxe qui aimante, inséparablement, en Valéry le désir et le refus d'un récit qu'il pressent lié à l'origine : il n'est récit que du commencement. Contre le piège figural des « récits mystérieux dont le conteur pareil à l'araignée tire le fil de soi-même, descentes dans le royaume du lac noir et du cyprès blanc », l'Esclave découvre qu'il n'y a, dans le silence ascétique de l'arabesque ornementale, qu'un mutisme sidéré qui contemple le vide[7].

NOTES

1. Voir Paul Ricoeur, *Temps et récit, II : La configuration dans le récit de fiction,* Paris, Seuil, 1984.
2. C'est même le titre d'une section du projet de classement des notes des *Cahiers* (cf. C2, 1309 *sq.*).
3. Le chapitre III du *Peintre de la vie moderne* est l'un des inter-textes de l'*Introduction.*
4. Je démarque l'explicite *« Largo »* de « l'homme volant » dans le projet manuscrit d'une Symphonie-Léonard.
5. A. Gide, 18 mai 1896. *Corresp. G.V.*, p. 264.
6. Voir ci-après.
7. *Histoires brisées, Oe,* II, 425.

Jean LEVAILLANT
Université Paris VIII

TESTE ET L'IMPOSSIBLE RÉEL

Pour Huguette Laurenti

La caution de ce titre est lisible dès les *Notes anciennes* du jeune Valéry, entre 1892 et 1896 ; d'abord dans l'affirmation d'une passion, d'une « totale et divine intensité », d'une « foudre intérieure » dont « il me faut », dit-il, « la dévoration obstinée »[1] ; ou bien : « la grande consistance en moi est le sentiment d'une divinité (...) je veux dire un antique et brûlant Pouvoir Créatif qui consume ma vie »[2]. Dès lors la recherche de l'impossible n'a rien de négatif. Au contraire. Elle peut seule fournir un objectif à l'exigence de création, d'invention, de découverte. D'où l'élan vertigineux vers « l'Extrême Nord » : « il faut aller vers le plus lointain concevable, vers l'impossible. Ceux qui combattirent le 1er, cherchaient le 2ème ; qui triomphèrent du 2d sentaient le 3ème. Comprends la présence réelle »[3]. Et encore « Un but impossible. Tout le reste *moyens* et *possible* »[4]. Mais l'entreprise nécessite de déterminer « un point hors de notre main »[5], un « point très délicat où la pensée s'arrête, s'égare »[6] ; dès ce moment apparaît une merveilleuse et vertigineuse analogie entre l'impossible et l'esprit même : « Si le point est imaginaire, c'est-à-dire invu inconnu aux sens et davantage s'il est impossible – le résultat sera d'autant plus près de l'esprit »[7]. Cette complicité non pas de l'intelligible, ni du connaissable, mais de l'ensemble des pouvoirs spirituels avec l'infranchissable, rappelle les recherches et les quêtes des romantiques allemands, en particulier des *Disciples à Saïs*. Il ne s'agit donc pas seulement de ce que Valéry plus tard nommera le « moi pur », puissance de libération et d'exhaustion, qui correspondrait plutôt à la réduction phénoménologique de Husserl, mais d'une expérimentation passionnée des lieux extrêmes du pouvoir de connaître. Et des pouvoirs de l'écriture, puisque « la littérature a pour charge l'indicible »[8]. Nous apercevons alors l'horizon fabuleux de Valéry comme la ligne flexueuse et obstinée aux multiples embranchements, aux détours parfois trompeurs qui poursuit, en styles variés, cette entreprise infinie : la mise en œuvre, la mise en forme, de l'impossible même depuis la première œuvre de fiction, *La Soirée avec Monsieur Teste*, en 1896 (– Pourquoi M. Teste est-il impossible ? – C'est son *âme* que cette question. *Elle vous change en M. Teste* »[9], « âme » peut être compris à la fois comme le « système » qui anime Teste, et l'exigence de sens qui dépasse ce système), jusqu'à la merveilleuse page des *Cahiers*, en 1942, qu'on a pu appeler *Station sur la Terrasse* et qui s'achève sur la constatation que son œuvre est intimement constituée par « le triomphe de l'impossible pur »[10].

*

* *

La Soirée avec Monsieur Teste est de toute évidence traversée par des projections mythiques diverses, précisément parce que Teste appartient jusqu'à la fin au domaine de l'irreprésentable, par son impossibilité existentielle qui lui confère la valeur mythique d'une quasi divinité, et par sa logique d'énigme dont aucun de ses actes ne rend compte entièrement. Entre l'effacement et la puissance, il est là, noir, opaque, puissant ; aux frontières de l'incohérence (disjonctions sans cesse, et des jointures étranges), au bord de la folie peut-être ; ou venant d'ailleurs, portant l'espoir de Louis Lambert, du Docteur Noir, d'Axel, tout le mythe de la connaissance « positiviste » et de la puissance intellectuelle, de Balzac à Villiers, qu'il transforme en mythe moderne de l'impossible, mythe nouveau, paradoxal et créateur, impliquant de nouvelles logiques, mythe concernant les rapports entre science et littérature, et au plus près les pouvoirs de l'écriture, rimbaldien de façon neuve, lié, dans les *Notes anciennes*, au personnage d'Orphée, le magicien, le constructeur Orphée, pourtant incapable de faire renaître Eurydice, Orphée la « Tête d'or habitée par les anges »[11]. Teste devient ainsi le support de nombreuses tentatives de Valéry pour constituer un imaginaire très complexe de la *Tête*, mythe des formes encore inconnues de la connaissance, mais simultanément et surtout de la faille et du non savoir à l'extrême des choses.

Si, de plus, on est sensible à l'espace spécifique de *La Soirée* (le seul, semble-t-il, sur lequel Teste puisse « accommoder » son regard et sa pensée) : la nuit (17) – on aperçoit que cette première fiction d'une trentaine de pages se situe délibérément dans les conditions les plus favorables, c'est-à-dire les plus difficiles, de l'invention : l'extrême précision, l'extrême imaginaire, et des modèles à n'en plus finir. – Il ne s'agit pas de la nuit qui alterne avec le jour, mais de cette nuit *autre*, essentielle et substantielle et intime et libre solitude, lieu du pouvoir, cœur de la réappropriation du monde et de soi : « au sein de la nuit, au cœur de la nuit. Le réveil de l'esprit logé dans la substance de la nuit, maître de ses mouvements » – et aussi : « Merveilles de possession et de puissance spirituelle – au plus profond » (*Notes anciennes*). A partir de là, tout refaire. Du plus profond de la protection de soi, de l'affirmation de soi. Nuit pensante, les yeux fermés, les yeux ouverts, douceur d'être et labyrinthe, carrefours, coupures : « nous tournions à des angles, dans le vide »[12]. Mais aussi nuit d'emboîtements, étonnants souvenirs des assemblages d'avant la naissance, du dedans d'une

Soirée au dedans de celle qui s'y emboîte, et encore ainsi, et encore, jusqu'à la pointe de diamant de la douleur qui vient d'un dedans/dehors inconnu et y retourne, objet sans langage et sans nom, jusqu'au dernier dedans de l'endormement, le sommeil de Teste, où l'impossible à vivre, l'impossible à connaître, la douleur, se font rêve. Nuit mémoire, nuit miroir, qui montre au récitant, mais aussi bien à Teste, dans l'ultime épisode, leur double, ressurgi de l'oubli, refoulé peut-être ; leur double, ou leur mal, ou, de toute manière, leur autre, leur impossible. « La nuit – l'homme seul, – celui qui se relève *in media nocte*, dans la nudité de son existence, comme ressuscité de *l'autre côté de la conscience* » (*Notes anciennes*) ; ou bien, comme le dit « le philosophe » à la Jeune Parque : « Les plus profonds humains, incompris de soi-mêmes / D'une certaine nuit tirent des biens suprêmes (...) / Un trésor ténébreux fait l'éclat de nos jours » (*OE*, I, 165). Nuit architecturée, construite comme la plus raffinée des topologies, mais surtout comme un lieu non lieu, analogue en cela à la nuit d'*Agathe*, mais aussi très proche des Nuits de Novalis, de Rilke, de Michaux, de Blanchot. Lucidité extrême et subversion du logos, cette Nuit est également tissée d'un temps hors temps : un temps d'origine et de commencement.

C'est-à-dire qu'avec l'aide de modèles scientifiques (dont l'analyse exigerait un exposé particulier), l'écriture de *La Soirée* se situe au lieu exact de l'apparition de la sensation. La vision ne quitte pas l'origine, l'instant précis de sa formatin, le modèle intégrateur rendant la vue plus précise et plus immédiate : « Sa face enflammée où soufflaient la chaleur et la couleur, ses larges épaules, son être noir mordoré par les lumières, la forme de tout son bloc vêtu, étayé par la grosse colonne, me reprirent. Il ne perdait pas un atome de tout ce qui devenait sensible, à chaque instant, dans cette grandeur rouge et or » (21). Autre exemple : « Il fixa longuement un jeune homme placé en face de nous, puis une dame, puis tout un groupe dans les galeries supérieures, – qui débordait du balcon par cinq ou six visages brûlants, – et puis tout le monde, tout le théâtre, plein comme les cieux, ardent, fasciné par la scène que nous ne voyions pas » (*Ibid.*). Rien d'un récit donc, mais une phase, un état ; mieux peut-être : un compte rendu d'expérience, à un instant donné. Et des coupures brusques, des retours à soi, ou une attention soudaine immédiatement passée d'une chose à une autre. Ce ne sont pas les « fragments » qui comptent ici, mais le fragmental, le régime de morcellement qui correspond, d'évidence, à un système de présentation de l'originaire ou du commencement incessant, un système d'actes pas plus temporalisés que des opérations mathématiques. Valéry notait, devant une « Nuit intacte » : « je suis avant « toutes choses » ; mais après ce qu'il faut pour qu'elles soient ». A la fois avant et après. Jusqu'à l'épisode de la douleur, l'écriture-Teste est étrangère à toute temporalité narrative interne. La puissance d'attention (avant que les choses ne soient nommées) et le pouvoir ensuite d'inventer les choses en leur donnant sens par leur forme, constituent Teste en *je-origine*, une sorte d'acte pur, formidable présence au monde, et simultanément immédiate capacité de faire exister ce qui se montre. On doit se garder pourtant d'hypostasier Teste. Il faut au contraire insister sur la multiplicité des instantanés qui le constituent, sur la discontinuité qu'il introduit, sur la « loi de symétrie » que sa seule présence impose à tout le texte – à savoir que le plus grand nombre de relations entre le plus grand nombre d'éléments possibles s'installent et ordonnent les vibrations de sens et les intensités énergétiques de *La Soirée*. D'où une densité relationnelle et significative exceptionnelle. Si bien que, sans être régulé par un statut quelconque de personnage, Teste (l'effet Teste) s'identifie avec l'écriture de l'ensemble : plus ou moins, à divers niveaux, directement ou de biais, il s'y retrouve partout, symbole insistant de l'inséparabilité, tout au long du texte, des effets d'écriture. Et, réciproquement, comme opération primordiale de présentation, l'écriture, complice de Teste, devient autant que lui responsable des événements du texte. La recherche de l'impossible ne peut aucunement se séparer de la recherche d'une manière de la dire, de l'*inscrire* comme un problème d'espace et de langage : comme un problème d'écriture.

Si Teste, et *La Soirée* ont si souvent, ou si longtemps, paru obscurs, la raison en est probablement indiquée par Valéry dans *Mauvaises pensées* : « Obscur se fait nécessairement celui qui ressent très profondément les choses et qui se sent en union intime avec les choses mêmes. Car la clarté cesse à quelques coudées de la surface. Ressentir très profondément la présence virtuelle, les connections infinies, l'ensemble des possibilités du langage, transforme *la pensée de la pensée*, impose à la pensée qui vient, de tout autres exigences que celles du traitement ordinaire des pensées (...). Mais il arrive que les tiers s'étonnent, se fâchent ou se rient devant l'apparence que prend l'apparence quand on l'assujettit à servir quelque profondeur » (*OE*, II, 790). Tout devient expérience de langage, mélange et manipulation de formes qui inventent et signifient cette logique cognitive encore enfouie : « Il parlait, et on se sentait reculé, mêlé aux maisons, aux grandeurs de l'espace, au coloris remué de la rue, aux coins » (18). « Je devinais cet esprit maniant et mêlant, faisant varier, mettant en communication, et dans l'étendue du champ de sa connaissance, pouvant couper et dévier, éclairer, glacer ceci, chauffer cela, noyer, exhausser, nommer ce qui manque de nom, oublier ce qu'il voulait, endormir ou colorer ceci et cela... » (19). Il s'agit d'un combat avec le langage en manque d'être ; dès que l'écriture fixe dans l'espace du théâtre (par exemple) un lieu de similitude ou de jonction entre le corps et le monde, cela devient un lieu pensant, une sorte de mixte d'intelligible et d'existentiel. Dans *La Soirée*, le corps pense ; il pense du réel.

Les focalisations sont violentes, sans relais, font surgir l'identification par le contact et la similitude : « Je le revois debout, avec la colonne d'or de l'Opéra ; ensemble » (20). Le langage n'imite plus le visible par la rhétorique ; il le rend visible. S'ouvre alors, et se compose, et se diversifie, un nouvel espace optique, comparable à celui des peintres[12] : « Je regardai ce crâne qui faisait connaissance avec les angles du chapiteau, cette main droite qui se rafraîchissait aux dorures » (21). On ne voit plus selon des perspectives, des métaphores ou des opérations abstraites, mais de l'intérieur de la prise réelle du corps sur le monde. Alors peut-être l'écrivain acquiert de nouveaux pouvoirs, quand il ne parle plus de l'espace mais le fait parler : c'est de *l'écriture-pensée.*

Cependant, bien que les surcodage par les modèles scientifiques accentuent certains de ces aspects, ils ne sont pas l'essentiel. Lorsque Valéry dessine une salle de théâtre à l'intérieur d'un cerveau, il veut marquer fortement combien l'écriture même de *La Soirée* se confond avec les lois de la pensée de Teste ; mais ce n'est qu'un dessin métaphore : au-delà de cette construction, ce qui apparaît, c'est que, réellement, Teste demeure irreprésentable. Tout entier actes et opérations, on peut presque décrire certains de ses actes, certaines de ses opérations, on ne peut aucunement représenter ce qu'il est : ce que prouve l'échec absolu des tentatives de le figurer sur une scène. Si bien que *La Soirée* demeure dans le registre de l'approche, de l'attente, du questionnement et du « presque ». Jusqu'à l'épisode de la douleur.

Rappelons un instant l'immense tension qui régit le texte : « To go to the last point » (*C*, I, 202). « Personne ne va au bout, à l'extrême nord humain – ni au dernier point intelligible – imaginable, ni jusqu'à un certain mur – et la certitude que là commence vraiment l'infranchissable » (*C*, I, 809). Souvenons-nous d'une autre note, qui désigne l'enjeu final, la découverte ultime au bout de cette course : « Une seule chose importe – celle qui se dérobe, infiniment, indéfiniment, à *l'analyse*, – ce rien, ce reste, cette décimale extrême » (V, 10). Avec tout son poids de signes, de sens, d'interrogations, de fantasmes, de pouvoirs, *La Soirée* se précipite vers ce point suprême, la confrontation de l'esprit et de l'impossible. Quel impossible ? L'impossible à connaître, précisément, cette pointe infime, cette décimale extrême, ce reste sur lequel Teste et le texte viennent ensemble buter : l'infranchissable. La douleur. L'ensemble du texte est attiré, aimanté vers cette épreuve. Avec des repères, des étapes quasi initiatiques qui préparent le lecteur. Première étape : à la manière d'un guide, l'ami énonce pour lui-même les capacités extraordinaires de Teste, élargit le champ, précise les effets de son regard (« on se sentait (...) mêlé aux maisons, aux grandeurs de l'espace (...), aux coins » (18), ou détaille son usage inouï et presque incompréhensible du langage. Teste figure ainsi pour lui le point ultime à déchiffrer, à connaître. Première étape, et premier échec emblématique de *La Soirée* : le secret de Teste reste inaccessible ; ça ne répond pas ; pire, ça se brouille ; ou plutôt ça se récuse, et finalement ça diffère : « Peut-il être triste ? De quoi aurait-il peur ? – Qu'est-ce qui le ferait trembler ? – ... Je cherchais. Je maintenais entière l'image de l'homme rigoureux, je tâchais de la faire répondre à mes questions... Elle s'altérait » (20). Impossible donc d'atteindre le réel de Teste : son image, veut-on l'approfondir, devient autre. Mais le problème de l'inaccessibilité de l'espace n'est pas encore posée au fond. D'où la nécessité d'une deuxième étape, décisive et définitive, que Teste ordonne lui-même, malgré lui : une sorte de révélation. C'est la même impossibilité de connaître, et Teste ne rencontre que la dérobade, l'échappement de ce qui dans les deux cas est nommé « l'objet ». (« Je n'ose pas dire tout ce que mon objet me dit » (19)). Analogies d'autant plus significatives que, pour l'ami comme pour Teste, le préalable à l'expérience est précisément décrit comme un état où « apparaissent » de « curieuses formations » chez l'un, et, chez l'autre, des « étendues » « font leur apparition (...) c'est très curieux ». Il s'agit, à l'évidence, avec des différences de niveau et d'intensité (différences entre le disciple et le maître, l'homme et le système, le profane et l'initié) d'une même expérimentation, plus brutale et significative chez Teste puisqu'elle lui est imposée. Cette identité des deux phases signale clairement qu'il s'agit de l'axe principal de *La Soirée*[13].

La dernière entreprise de Teste au dernier bord de *La Soirée* prend une importance d'autant plus capitale que c'est du corps qu'il s'agit, du plus profond, du plus secret et surtout du plus nu de l'être. Beaucoup plus méthodiquement et précisément qu'à l'époque – à peine distante d'une coudée – de l'*Introduction*, le jeune Valéry situe l'attention extrême de sa recherche du réel vivant tout contre l'intime de la chair : là se trouvent le monde et les murmures et les refus ou les échos et les désirs de qui est moi et tout autant l'autre de moi, le monde authentique (dirait-on vrai ?) auquel celui du ciel et de la terre et de la mer n'a plus qu'à fournir les symboles du langage : le modèle réel des forces est au-dedans du corps. A ce lieu d'émergence de l'inconnu dans le texte, l'appareil du savoir, multiple jusque là, et puissant découvreur, inventif, pourtant s'efface. D'où l'incertitude devant le phénomène, *cela*, qui se prépare, qui « va venir » ; et même, incertitude est encore trop dire : c'est l'incertitude de l'incertitude : « Ils (les éclairs intérieurs préparant l'instant de la douleur) font comprendre, – d'ici, jusque là... Et pourtant, ils me laissent *incertain*. Incertain n'est pas le mot » (24). Attente de l'innommable. Ne subsiste qu'une « attention suprême », jusqu'à la montée de la douleur, qui « me force à l'observer. J'y pense ! – je n'attends que mon cri, ... et dès que je l'ai entendu – l'*objet*, le terrible *objet*, devenant plus petit et encore plus petit, se dérobe à ma vue intérieure » (25). Oui, « j'y pense ! », mais quelle dérision, quelle impuissance devant le sans nom ; très peu plus loin : « je pense, et cela ne gêne rien », et encore : « on s'endort sur n'importe quel sujet ». Toute pensée s'évanouit donc devant l'anonyme, le « terrible *objet* » sans forme, dont le mot « objet » indique parfaitement qu'il tient la place de ce qui devrait être connu, dans la scène ordinaire de la connaissance, mais que son étrangeté annule le dispositif ; présent pendant le seul instant intervallaire entre l'avant et l'après du cri, c'est-à-dire au dixième de seconde d'un autre temps, celui du délire du senti. Inconnaissable, donc, parfaitement autre et insaisissable – blessure de l'altérité pure.

Simultanément : le plus proche et le plus lointain ; le temps de l'immédiat et le temps de l'inattention dans l'attention. Non pas l'inconnaissable, inévitablement pensé à travers la logique, ici hors d'usage, du connaissable. Mais l'immédiat sans médiation possible sans présence non plus puisqu'il se dérobe déjà en tant qu'excès du cri, et se dérobe encore en tant qu'espace d'une différence irrécupérable. « La logique m'arrête », déclare l'ami risquant la description de Teste : il pourrait le répéter ici ; du moins la logique de l'espace euclidien, la logique (positiviste) d'objet. Contrairement à la plupart des descriptions proposées par *La Soirée* jusqu'à l'entrée dans la chambre de Teste, la douleur ne peut être référée à aucun modèle scientifique, à aucune algèbre : c'est un grain de vivant pur, ni être ni dés-être, sur la même longueur d'onde que la mort, elle-même autre instant, terrible, d'un « terrible » regard, imaginé par Teste comme pouvant annuler finalement dans une torsion extrême la différence entre les espaces incommunicables du sujet et de l'objet. La douleur est ainsi par elle-même l'allégorie d'un lieu (« angle » ou « coin » ou tournant ou boucle – de toute manière une opération relevant de la topologie) où s'institue une mutation d'espace[14]. L'expérience permet de mettre en scène ou suggérer ou faire surgir et mettre en réserve une perspective ou dimension imaginaire capable de donner place à des résonances d'une infinie étrangeté, faisant vibrer, à partir de l'insaisissable, le sens au-delà du sens. C'était déjà (mais à l'état d'essai) l'« indescriptible » esprit dans *L'Introduction*, ce sera le baiser mortel de Narcisse, la mutation ultime du moi dans *Abstract tale*, la dualité des espaces de *L'Ange*, à un moindre degré le « je respire » de *Mon Faust*, et l'énigme de *La Tête parlante* et d'*Acem* dans les *Histoires brisées*, et peut-être, tout au commencement déjà fuyant de l'origine, la « question » de *La Jeune Parque* (banalisée par le texte, violente dans le manuscrit). Il est rare que les perspectives structurantes de ces textes ne relèvent pas d'une duplicité spatiale, et que la mutation topologique ne laisse pas des traces repérables dans les manuscrits ou le texte. De toute manière, l'effet en est un surplus de sens, c'est-à-dire d'énigme et de présence étrange, infiniment plus étrange que la banale présence / absence souvent signalée dans la poésie valéryenne ; présence « étrangement » disjonctive, ici présence cassante. Quoi qu'il en soit, c'est la réflexivité de la conscience qui est mise en cause par elle-même, non pour s'anéantir, mais pour multiplier les relations d'intimité ou d'écart. Teste semble parti pour une exploration jusqu'au dernier horizon de la grande voie traditionnelle du savoir[15]. La complexité de ses logiques lui fait heureusement apercevoir leur insuffisance devant une question essentielle, et, du moins dans l'instant, leur échec. Le cogito qu'il en dégage, pour être, certes, lui aussi complexe, n'en est pas moins un repli, un recul, un rabattement sur soi : « je suis étant, et me voyant ; me voyant me voir, et ainsi de suite... » (25). La formule n'engage plus la recherche de l'extrême sur un chemin linéaire : l'échec oblige à changer une figure de cheminement horizontal pour une figure de surplomb vertical ; mais il intègre l'incessante opération de dédoublement. Le déplacement topologique, ce sera, c'est déjà un problème d'écriture, analogue à celui par quoi, de nos jours, Blanchot (et le neutre), L.R. des Forêts (et le dessaisissement), rendent compte du réel comme d'une forme pensée et pensante, interne et externe ensemble.

*

Je ne proposerai pas de conclusion, seulement une remarque partielle. C'est dans l'intervalle entre le désir, ou l'exigence dévorante de l'impossible, d'une part, et le cogito valéryen (« je suis étant, et me voyant (...) ») que peut se situer l'acte d'écrire, en inventant – ou l'acte d'inventer, en écrivant. L'écriture est toujours traversée d'angoisse et d'affirmation, d'inachèvement et de dépassement, de narcissisme provoqué et refusé ; c'est une opération duplice, une course après son contraire. Il ne me paraît pas inconcevable de voir dans *La Soirée avec Monsieur Teste*, œuvre fondatrice, les éléments d'une scène d'écriture : l'impossible, le miroir, les reflets, la négation et la dénégation, le pur, l'obscur, les modèles, la répétition, une œuvre anti-œuvre, et les angles, les coins, les blancs, et le double toujours le double, et le corps partout le corps, et un réel fait de tout cela et aussi bien défait par tout cela, et l'invention d'une topologie jamais achevée du sens. Telles pourraient être quelques-unes des figures constitutives de cette scène d'écriture. Quelle fabrique ! quelle musique ! – Quel théâtre !

NOTES

1. Bibliothèque Nationale, fonds Paul Valéry, *Notes anciennes*, I f^{t} 70.
2. Id. II f^{t} 59.
3. Id. 236 v°.
4. Id. 257.
5. Id. 57.
6. Id. 145.
7. Id. 192.

8. Id. 223.
9. *OE*, II, 14. (Désormais nous indiquerons seulement la page (entre parenthèses).
10.

Sur la terrasse

« Si tu veux, ma Raison, je dirai –, (tu me laisseras dire) – que mon Ame qui est la tienne aussi, se sentait comme la forme *creuse* d'un écrin, ou le creux d'un moule, et ce vide s'éprouvait attendre un objet admirable – une sorte d'épouse matérielle qui ne pouvait pas exister – car cette forme divine, cette absence complète, cet Etre qui n'était que Non-Etre, et comme l'Etre de ce qui ne peut Etre – exigeait peut-être une *matière* impossible, et le creux vivant de cette forme *savait* que cette substance manquait et manquerait à jamais au monde des corps – et des actes (...). Mon œuvre était *cela*. Labeur, souffrances, événements, douceurs ou glaives d'une vie, espoirs surtout, mais désespoirs aussi, nuits sans sommeil, amis charmants, femmes réelles, heures, jours, – siècles soudains, sottises faites, mauvais moments... ah – tout cela, et tant d'années – il fallait, il fallut tout cela et le dégoût ou le dédain ou le regret et le remords, et le mélange et le refus de tout cela pour que se creuse dans la masse d'existence et d'expériences confondues et fondues = ce noyau, merveille, à coups de *négations* finalement chef-d'œuvre insupportable et le *triomphe* de l'impossible pur !... » (*C*, XXV, 618-619).

11. *Notes anciennes*, I, 99.
12. – Comment ne pas imaginer l'analogie possible avec des peintres ? avec Degas ? Avec Cézanne, dont l'un des mots-clefs était : « la nature est à l'intérieur » ; et un autre : « réaliser » – que je traduis partiellement par : rendre réel l'imaginaire de l'objet.
13. La comparaison des deux textes est probante :

L'ami	Teste
p. 19 : « Je simplifie grossièrement des propriétés impénétrables. Je n'ose pas dire tout ce que mon objet me dit. »	p. 25 : « l'*objet*, le terrible *objet* (...) »
p. 19 : « Mais en moi-même, toutes les fois que se pose le problème de Teste, apparaissent de curieuses formations. »	p. 25 : « Quand *cela* va venir, je trouve en moi quelque chose de confus ou de diffus Il se fait dans mon être des endroits... brumeux, il y a des étendues qui font leur apparition. »
p.20 : « Je cherchais, je maintenais entière l'image de l'homme rigoureux ; je tâchais de la faire répondre à mes questions. Elle s'altérait. »	p. 15 : « Ma douleur grossissante me force à l'observer. J'y pense ! – Je n'attends que mon cri, ... et dès que je l'ai entendu – *l'objet*, le terrible *objet* (...) se dérobe à ma vue intérieure. »

14. Entre la « décimale extrême » « seule chose qui importe », celle « qui se dérobe, infiniment, indéfiniment, à l'analyse » – et ce « dixième de seconde qui se montre » puis « se dérobe à ma vue intérieure », la ressemblance paraît évidente.
15. Cf. Wittgenstein, *Tractatus logico philosophicus*, 6. 522 : « Il y a assurément de l'inexprimable. Celui-ci *se montre* ; il est l'élément mystique ». – On peut rappeler la définition de ce qui va devenir inexprimable, selon Teste : « un dixième de seconde qui se montre ». Et Valéry, à propos de la quête de la « dernière décimale » : « (...) ce que les mystiques ont entrevu, mal vu ». – Quand acceptera-t-on de reconnaître l'émergence de l'altérité ou l'usage du terme « mystique », sans les situer aussitôt dans une contextualité religieuse, mystérieuse, sacrée, théologique ? Ce qui compte, c'est que cela existe, que cela ne soit pas une représentation.

Nicole CELEYRETTE-PIETRI
Université de Paris XII

PLUS JE PENSE, PLUS JE PENSE OU CONCERTO POUR CERVEAU SEUL

> Je chante les lois les plus simples de l'homme – la circulation des idées – leurs heures – leurs passages au méridien.
> Le soleil cache la vérité et d'une laque lumineuse étendue, voile l'ombre et ses riches retraites (*Cahiers 1894-1914*, t. 2, p. 268).
> Parfois je sens (...) tout le goût d'un plaisir de penser pour penser, du penser-pur... du penser comme le se détendre et se reprendre d'un nageur libre, dans une eau sans température sensible, du penser avec conscience que ce ne sont que des formes naturelles de mon pouvoir de penser (...) (« Concerto pour cerveau seul », *OE*, II, 1521).

Il n'y eut jamais de « Silence » de Valéry, les cahiers de jeunesse le disent, pleins de poésie brute autant que d'analyses théoriques cherchant à cerner le fonctionnement de l'esprit. La pratique de l'écriture littéraire, sinon celle de la versification, n'a connu chez lui nulle interruption. Dans les dernières années du siècle, se travaillent conjointement les articles du *Mercure de France*, la poursuite du *Cycle Teste*, « Le Souper de Singapour », qui n'aboutira pas, et *Agathe*, dont le chantier se développe, indépendamment des *Cahiers*, dans un dossier de quelque deux cents feuillets[1]. Des lettres à Gide et à Fourment soulignent l'importance d'une œuvre finalement laissée à la publication posthume, sans que lui ait jamais été reconnu l'état d'achèvement, malgré des projets de reprise entre 1912 et 1920. L'entreprise pourtant ne fut jamais vraiment abandonnée. Le sigle MNSS (MaNuScrit), qui prit la suite de celui d'AG(athe) quand le titre devint « Manuscrit trouvé dans une cervelle », jalonne au fil des années souvent et jusqu'au bout les *Cahiers*. Si Valéry renvoya volontiers au statut d'exercice, quand ce n'est pas de pur excrément de l'esprit, ce qu'il publia, on remarquera d'autant plus la nostalgie qui accompagne les évocations de L'Oeuvre d'art en prose[2], entreprise, ébauchée, jamais menée à sa maturité : œuvre régie par des règles plus strictes que la stricte versification, soumise à une « métrique intellectuelle » dont les lois tacites seraient à découvrir.

Conçu dans l'enthousiasme, le projet démarra assez vite, même s'il devait ensuite s'avérer d'une difficulté « mortelle ». Il me semble qu'on ne peut rapporter qu'à ce texte quelques lignes de préface esquissée, notées dans les *Cahiers* en 1899 :

> Pour comprendre cette entreprise, écartez toute habitude littéraire – même la simple logique –
>
> chaque page – y commence quelque chose qui n'est liée à la précédente que par le but final – Et c'est cependant une seule phrase continuée dans laquelle une autre phrase *principale*.
>
> Oeuvre d'art faite avec les faits de la pensée même. (I, 765).

Le but est de faire *œuvre d'art* (statut que jamais les *Cahiers* ne revendiquèrent), ayant la cohérence interne, à la fois thématique et formelle, d'une construction esthétique. Hors de la rhétorique et de la logique discursive, ce pourrait être celle que Valéry désigne en 1900 sous le titre « Fancy Work » (II, 263), neuve absolument :

> Nul n'a placé son esprit et les mouvements de son esprit – hors de toute destination fixe, finie et nommée. Nul ne s'est avisé de *penser virtuosement* – de penser au-delà de toute écriture, virtuosement – pour jouir ou souffrir des changements et des tenues, des retours et des inventions instantanées, purement pensés. (Je souligne.)

C'est l'époque où l'une des préoccupations majeures de Valéry, explicitement avouée dans une lettre à Gide[3], est la rédaction du Système, qui se prépare dans les *Cahiers*. De là sans doute l'impression complexe de familiarité et d'étrangeté que provoque *Agathe* : texte enraciné certes dans la recherche des *Cahiers*, d'où certains éléments proviennent presque tels quels, mais qui d'autre part s'est donné une continuité et une cohérence, au plus loin de l'écriture éclatée. Valéry veut tenir la gageure que les analyses les plus abstraites peuvent devenir texte littéraire, conte, comme il l'écrit à Gide et à Fourment, ou poème en prose, comme en jugera parfois la postérité. Loin du simple plaisir d'écrire, il s'est donné un *problème* à traiter « more geometrico », mais avec des mots. Il veut jouer dans les deux registres, théorique et esthétique, nouer étroitement art et pensée, faire coïncider dans le texte l'analyse abstraite et la poésie, qui apparaissent souvent disjointes dans les brouillons. *Agathe* parle des lois de l'esprit et les illustre en même temps, essayant de dire doublement, par la matière et la forme, les « opérations » dont les *Cahiers* font la théorie. Plus ambitieusement, Valéry semble bien avoir tenté de conjuguer au moins une fois la pratique de l'exercice spirituel et le Système : il propose à l'esprit attentif un fragment de Système en acte.

Une seule phrase, la première, pose le leitmotiv. L'incipit ici n'ouvre pas seulement le texte, il en définit la structure. Le *Plus je pense, plus je pense* n'est pas une formule close, un acte semblable à un coup de force, à un coup de poing sur la table, tel le cogito vu par Valéry. Il pose un indéfini déroulement. *Je pense* se dit d'une autre manière : *je suis changeant* – un *je suis* parfois paraphrasé en « *sequor et... sum* » (XXIX, 7) – sur lequel s'enchaînent les figures du changement. *Plus je plus je*, sigle parfois mis sur l'infini esthétique ou esthésique, a en effet ici plutôt le sens du mouvement perpétuel que de l'intensification. Ce que dit clairement la variante, qui apparaît à l'occasion : « Plus je pense, plus je pense – mais à autre chose » (*AG* ms, f° 13). Il s'agit de transformations ou de substitutions, et non d'un approfondissement. Valéry dira qu'on ne creuse jamais une idée dans le même trou, et, dans le *Manuscrit*, « par effort j'ai cru les approfondir, et ne fais que passer enfin à des formes nouvelles » (*AG* 2)[4]. L'hypothèse de base est la *self-variance*, dont Valéry juge la découverte aussi importante que celle de la rotation de la terre (I, 623) : « la spontanéité élémentaire » (ms f° 21), le fonctionnement mental sans objet précis, le fond commun de tout esprit : « C'est mon fond que je touche » (*AG* 1), non certes une profondeur atteinte, un mystère dévoilé, mais un pur substrat formel, un enchaînement d'opérations. Le but est d'illustrer le *Penser c'est changer*, leit-motiv des analyses. Cette self-variance, Valéry la nomme aussi *inertie*, et *Agathe* est, parmi d'autres, une tentative pour répondre au problème ainsi énoncé dans les cahiers contemporains :

> Trouver le secret de la marche inerte des idées. Nulle ne peut d'elle-même changer son état de changement – (II, 242).

C'est donc sur la mobilité qu'il faut, selon moi, d'abord mettre l'accent :

> Tout état proprement mental est instable. Toute sensation ne peut non plus durer continue et homogène. Si je m'oppose à l'instabilité du 1er, je détermine une sensation spéciale qui est l'effort. (II, 442)

> Les phénomènes mentaux sont, changent, soit par variation soit par remplacement –. Ils reviennent. Ils disparaissent totalement. (...) ils sont automobiles. – (I, 537)

Les phénomènes automobiles : imaginons une seconde donner ce titre à cette mise en acte d'une pensée automatique.

Ce mouvement, ce changement n'a par essence pas de fin. Rien n'arrête la marche inerte des phénomènes, sinon l'accident, l'interruption de la conscience, que traduit à sa manière un texte inachevé. Rien, sinon l'hypothétique limite atteinte, vers laquelle on ne peut que tendre perpétuellement. La dernière pensée annulant toute autre, ou subsumant toutes les autres, *Agathe* en dira le désir, mais non la rencontre : « J'ai d'elle le désir ; le soupçon ; le lieu vague » (*AG* 8). Inimaginable, sinon par la découverte de son « manque », elle se nommera « perle abstraite. (...) Extérieure à tout chemin » (*ibid.*). On se gardera de prendre pour un aboutissement cette « une quelconque » qui n'est que par hasard à la fin, en se souvenant que le manuscrit ajoute quelques lignes, là où la dactylographie, suivie par l'édition typographique, s'arrête. Valorisé par sa place fortuite, le lever d'idées d'où se distingue « l'une d'entre elles » (*AG* 11) peut donner faussement l'impression d'un finale, alors qu'ici l'inachèvement essentiel fait sens, et qu'on imaginerait aussi bien un recommencement da capo. Au *Plus je, plus je*, il n'y a pas de terme, ce que Valéry explicite clairement à la fin de sa vie.

> L'idée (1894) du conte que j'appelais alors « Agathe » – ne manquait pas d'intérêt. / Toutefois, elle se perdait dans l'arbitraire pur. / Elle utilisait le problème : si l'esprit s'engage en lui-même, selon ses modes propres – associations et similitudes, avec la condition de substitution perpétuelle ; – qu'on suppose qu'il soit *isolé* – c'est-à-dire que sensations ni changements d'état n'interviennent pour rompre la suite des substitutions propres ; – que l'on puisse regarder les produits successifs comme ne pouvant exciter de réactions fonctionnelles qui fassent modifier la « phase », et apparaître des « forces extérieures » – / alors il n'y a pas de *fin*. Alors toute réponse est de même substance que la demande – (...) (XXIX, 581).

L'énonciateur personnel s'efface au profit d'un *je* que quiconque peut habiter ou plutôt doit animer. Valéry, nous l'avons dit, veut ici donner voix à la pensée, au fond commun de toute pensée. Non à celle de l'homme universel : plutôt qu'à Léonard de Vinci, à Edmond Teste, en tant qu'il est l'homme quelconque, comme le point quelconque d'une droite ayant mêmes propriétés que tout autre, et non pas le génie qui meurt sans avouer. Divers schémas de début on pu brouiller les pistes, et surtout la marque féminine primitive, « Agathe », demeurée alors que la dormeuse a vite disparu, et que le nouveau titre « Manuscrit trouvé dans une cervelle » obscurcit l'origine. Elle est démentie par l'unique accord grammatical – « perdu que je suis » (*AG* 2) – qui laisse implicite dans les harmoniques la Sainte Agathe aux seins coupés et sa lourde charge fantasmatique ; sœur secrète peut-être aussi de cette « fille (...) de l'être sans visage » (*OE*, I, 1222) – la conscience, l'intelligence – qui, dans *Note et Digression*, se substitue le plus souvent à Léonard, et qui se découvre enfin « étonnée, nue, infiniment simple sur le pôle de ses trésors » (1230). Notons que la femme plongée dans un sommeil cataleptique ou la « nuit de Teste » n'ont figuré que parmi des possibles non réellement exploités, même s'il est facile d'enchaîner le « Plus je pense, plus je pense » sur le « Pensons de tout près » (*OE* II, 25) qui achève *La Soirée...* En fait, nulle identité ne peut être donnée au *je* d'un *je pense*, défini par la généralité de son acte : je suis changeant, c'est-à-dire en train de changer.

Si l'omniprésence du *je* scande le texte, c'est un *je* qui est simplement réciproque des phénomènes, une partie de la structure phénomènes/moi ou moi/phénomènes transcrivant dans le vécu l'abstraite structure Demande-Réponse.

> (...) dès que je tends à connaître, je connais *quelque chose.* / *Je*, c'est celui qui est toujours masqué – pour qui meurent les successifs états – la forme de leur mort – le contraire ou le pôle de l'horizon du moment. (II, 447)

Cependant le changement ne peut se mettre en acte, par nécessité narrative, que dans le cadre d'un temps orienté, dans un scénario temporel dont les repères sont fixés. Ce qui, de manière théorique, s'énonce ainsi :

> J'examine un être pensant depuis t_0 jusqu'à t_1. D'abord je trouve une motion ou suite d'états et une suite correspondante de changements ou substitutions d'un état à l'autre, précédent. (II, 450)

L'hypothèse littéraire situe l'instance énonciatrice dans la nuit, dans l'ombre, dans un lit. Comme il sera dit plus tard de *La Jeune Parque*, c'est « en somme le changement d'une conscience pendant la durée d'une nuit » (*OE*, I, 1622). Et il est certes tentant de voir dans *Agathe* une anticipation de l'aventure à venir, autant que de mettre sous les mots *minuit* – « le velours (...) du minuit » (*AG* 1) – et *midi* – « le midi admirable » (11) – une forte charge symbolique[5].

La nuit pose la clôture – « sphère singulière » (*AG* 4), « ce clos unique » (4), « cette enveloppe parfaite nocturne » (9) –, nuit ou « nu (...) de l'esprit » (1) qui voit s'effacer le monde et s'éteindre peu à peu les sens, jusqu'à ce qu'il ne reste plus que « d(es) sens également déserts, la noire et délicate unité » (9) : un système simplifié, soustrait aux interventions, à toute force extérieure. Le cadre temporel est aussi l'occasion de développer un argument théorique. L'ambiguïté ou la magie d'*Agathe* procède, semble-t-il, de la superposition ou de la fusion de deux schémas distincts. La self-variance déroule une pure *suite* de « substitutions psychologiques » selon le jeu d'un automatisme sémantique et verbal. Mais le scénario abstrait se fonde sur une proposition philosophique et fait de la simple suite un *itinéraire*. Absente du texte, mais énoncée dès le début du travail et jalonnant tous les brouillons, en fait véritable canevas, c'est la formule leibnizienne : *Nihil est in intellectu quod prius non fuerit in sensu, nisi ipse intellectus*. Rien n'est dans l'intellect qui n'ait d'abord été dans les sens, si ce n'est l'intellect lui-même. Posé plusieurs fois dans les manuscrits, le thème articule fortement l'itinéraire en deux temps : Nihil... Nisi.

> Nihil est in –
> je *vais* à la formule Intellectus ipse –
> j'ai posé une situation du *narrateur-théâtre* – (...)
> Décor de l'intellect à exposer. (ms f° 114)

Valéry assimile sans peine la distinction Intellectus / Sensus, à celle qu'il fait lui-même entre deux zones irréductibles I(magination) et R(éalité), nommées encore φ et Ψ. On sait que, sous le signe de « l'équation » I + R = K (constante), Valéry a souvent cherché à analyser les phénomènes mentaux et à formaliser leurs relations. Mais il ne s'agit pas ici de calculs, tels ceux qu'il amorce parfois en se fondant sur l'analogie de sa formule avec la loi de la conservation de l'énergie U + V = K. L'hypothèse qui sous-tend le texte est la décroissance de R (sensations) dans la sphère isolée qu'est la nuit. Ce qui se dit brièvement : « Épuisement de R ? » (ms f° 145) ; ou encore : « Étude de I si on suppose R s'annulant » (f° 142). D'un point de vue abstrait, *Agathe* se réduit à l'étude d'un système à deux variables lorsque l'une tend vers zéro. C'est là ce qui subsiste d'un scénario d'abord situé dans un rêve : « étudier l'appauvrissement (ou autre chose) du donné (...). Les zones progressives d'altération des images, etc., la variation de la pensée devenue peu à peu vide seraient curieuses à faire. » (*Corr. G/V*, p. 309). Mais il n'y a ici, dans ce texte hyperconscient, que la trace du rêve d'abord envisagé. Une hypothèse suggérée – « par un simple songe nocturne, me déprendre complètement » (*AG* 3) – est aussitôt démentie et précisée : « cette dérive, différente d'un songe » (4) anticipe la libre promenade de la Jeune Parque (« Harmonieuse Moi, différente d'un songe »). Ce n'est nullement l'abandon à l'automatisme, mais bien une imitation très réfléchie, et Valéry sait qu'imiter, c'est truquer, ou plus encore : « L'imitation est une exagération » (III, 361). « Alors ressemblerais-je à celui qui dort si je ne l'imitais point » (*AG* 3). L'approche des « secrets du sommeil » est sous le signe du « sauf que » (4).

Le texte sera donc la mimique lucide d'un endormement qui n'aboutit pas – « ils m'éveillent de plus en plus » (*AG* 5) – ou, si l'on préfère, le « rêve d'une raison »[6], qui cherche dans l'imitation du sommeil le secret de la veille. C'est une dérive gouvernée par un double souci didactique et esthétique, décrivant un congé donné au corps et au monde. On peut y voir une avancée vers le Moi pur : « le midi admirable de ma présence » (11) résonne en tout cas comme une préfiguration de la confrontation solaire :

Midi là-haut, Midi sans mouvement
En soi se pense et convient à soi-même...

La tentation est forte aussi de plaquer sur le texte l'itinéraire qui est celui de *Note et Digression*, et le résultat n'est pas insignifiant. Le dépouillement quasi machinal de ce « voyage (...) orné de perpétuel intellect » (5) peut s'assimiler à l'ascèse par laquelle une conscience infiniment alertée « immole son individualité » (*OE*, I, 1229) pour devenir « le *moi*, le pronom universel ». Quand tout a été effacé, apparaît la forme vide ou a priori de l'esprit : pur mouvement d'idées non qualifiées. « Elles montent (...) l'une quelconque » (11).

L'originalité d'*Agathe* est dans la manière de développer ces variations mentales mimées qui doivent conduire à l'abstrait. L'appauvrissement du sensible implique sa présence préalable. Le point de départ n'est pas la spéculation pure, mais, on s'en souvient, le thème du *prius in sensu*. Comme il y a chez Loyola une « composition de lieu », on assiste ici à un véritable exercice spirituel de composition de corps et de monde. Ce qui se travaille en même temps, c'est l'art d'absenter par la nomination. S'il faut éteindre les sensations, ce sera en leur faisant d'abord place, en mobilisant, dans le bref déroulement d'un texte, tout ce qui peut représenter C et M. Toutes les sensations sont nommées : la vue (*mes yeux, une lueur paraît*), le tact (*je touche*), l'ouïe (*oreilles vaines de bruit, l'ouïe se délie, boire le moindre son*), le goût (*trouvée amère*), ainsi que la sensation thermique (*glaciale, drapée de vaste froid*) et la sensation musculaire (*mon corps connaît, mes muscles mêlés à leur couche*). Et encore : « *voluptueusement la palpitation (...) ne ravive plus qu'à peine ma chair* ». Le manuscrit énumère : « Vue à l'horizon. Tact de si près. Efforts en soi-même. Nuages du goût, du sang et de l'odeur » (f° 109)[7]. Le plus frappant dans ce développement d'un *je pense* est l'omniprésence du concret, littéral ou métaphorique.

Quant à la composition de ce lieu qu'est le monde – monde à effacer pour y substituer l'ordre abstrait d'un cosmos – le texte l'effectue par les mots du sentir. C'est le corps qui saisit la présence/absence des ingrédients fondamentaux : l'ombre et la lumière que « je fixe, j'ébranle, je perds, par le mouvement de mes yeux » (*AG* 1), l'eau haute : « je dénoue la nage (...) Humain presque debout dans le ressort de la mer » (3) ; l'air où « je vole ! » (5) ; l'immensité sur laquelle « une créature de plus en plus fine se penche », le fond ou « l'absence étrange de sol » (3) que « je touche » et, simulant quelque genèse ou fin d'un univers, cette « masse capitale de boue et de feux » (4) qui « se meurt, si je ne la forme ». Ainsi voit-on paradoxalement se restaurer peu à peu au fil des strophes un espace sans limites que la donnée primitive (l'ombre, le lit) annulait : la mer, les bois délicieux, la ville, et même cette sorte d'ascension céleste que suggèrent ces idées qui « montent vers le midi ». A cela s'ajoutent certes des objets de l'esprit, je n'ose dire abstraits, comme la sphère, le cercle, le centre d'une orbite, le nombre, la ligne tracée qui peut se nommer aussi écriture ; mais on relève d'autre part l'art de parsemer le texte de mots dont la charge de sens ou d'affect implicite est lourde : je me borne à signaler le couple *mer / amère*, et puis *désir, horreur, manque*, même si les deux derniers sont sous négation. Ainsi se compose un paysage affectif.

Plus frappantes peut-être encore sont les apparitions quasi oniriques, dont l'insertion est savamment calculée. De la « joue terne, physionomie souriante » à « l'humain presque debout dans le ressort de la mer, drapé de vaste froid », de la « croupe glaciale de cheval » à « la nage aux yeux mouillés », c'est le climat fantasmatique d'*Agathe* qu'on voit se former peu à peu. Si l'on joue au jeu sacrilège de défaire du Valéry, comme parfois il « défaisait » du Mallarmé, on peut trouver dans un ancien brouillon du jeune poète quelques-uns de ces beaux fragments récupérés par l'invention :

Avec la bouche amère et le masque rieur
Oui toute mer me plaît où un quasi debout
Par la puissance, l'onde et l'art agenouillés
(...)
Je chante en clapotis la nage aux yeux mouillés. (« Vers anciens », f° 191).

Quant aux brouillons d'*Agathe*, ils montrent parfois crûment le travail du style. Ceci, finalement abandonné : « obscurcir toute évidence = escarper ce que je traversais » (f° 44). Et cela, qui prélude au « je m'embarque sur des bois délicieux » (*AG* 3) : « L'idée peut se mener loin et au loin. (...) Que je prolonge *telles* miennes (...) Mais sur lesquelles faut-il s'embarquer ? » (f° 46-47).

Mais, plus profondément, *Agathe* apparaît comme une page de l'autobiographie spirituelle de l'homme qui a connu le pur plaisir du penser pour penser et a su en dégager des lois : « J'ai visité avec soin le domaine de ma pensée : repris tous les éléments oubliés à force d'être connus : tâché de définir tout ce qui pouvait être défini dans ce domaine... » (I, 659). D'une certaine manière, *Agathe* ne dit rien d'autre que les idées clés du Système. Quelques exemples ici suffiront. Ainsi le thème, souligné par le brutal changement de personne, du « Tu te connais à reculons » (*AG* 6), qui dit le poids du passé. Ce qu'explicite clairement l'article sur « Le temps » publié dans le *Mercure de France* en 1898. Valéry y évoque « cet aspect saisissant des choses temporelles dont nous semblons nous éloigner à reculons, nous mouvant dans une direction opposée à celle où nous y voyons » (*OE*, I, 1460). C'est l'amorce de la formule bien connue : « Nous entrons dans l'avenir à reculons ». A ce poids du passé répond le mécanisme prodigieux, sur lequel les *Cahiers* reviennent souvent, de la « *partition* du souvenir » (XXIII, 839). Sur lui reposent l'apprentissage, l'abstraction, l'invention. Penser, c'est briser les associations faites, remplir d'une manière neuve une forme, décomposer et recomposer[8]. Le fonctionnement de l'esprit est une grande pulsation de l'ordre et du désordre, et le texte se plaît à le répéter plusieurs fois. Il faut que « se défasse la constellation de formes » (*AG* 1), « défaire du souvenir l'ordre mortel » (3), « me déprendre tout à fait » ; et encore : « je maintiens en moi un désordre pour attirer mon propre pouvoir » (9). Il n'y a d'invention et de production neuve que grâce au pouvoir d'*oubli* : « recommence, ici, (...) *l'être fait pour l'oubli* » (1).

Une autre façon de se déprendre est le changement d'optique ou d'ordre de grandeur : le retour à l'informe ou encore l'erreur. « Je vois les êtres connus devenir étonnants » (1) ; « Je puis corrompre toute évidence (...) j'ai toujours plus d'une manière de m'échapper de ma certitude » (7). « Je ne suis jamais sûr que si je pensais d'un peu plus près, je ne rencontrerais pas le vice de tout mon travail antérieur – » (ms f° 46). Le pouvoir se trompant « apprend son impuissance » (f° 162) et par là s'accroît ; mais la connaissance découvre qu'elle doit indéfiniment remettre ses résultats en question : « Qui arrête le géomètre dans sa série de conséquences ? (...) Qu'est-ce qui lui prouve que la suite prolongée ne lui montrerait pas l'erreur ? » (f° 46). J'ai cité les brouillons, et on pourrait poursuivre. Ils explicitent constamment ce que le texte dit sous une forme voulue elliptique ou métaphorique. Un exemple me semble important car il résume une part de l'*Arithmetica Universalis,* et donne une des clés du texte.

« Je ne retiens maintenant, à peine, que les différences, les substitutions, l'ordre des choses, leur naturelle quantité. Ce qui me sauve de leur variété, c'est de les voir venir et disparaître par un petit nombre de manières » (ms f° 42). Nous sommes très proches ici de la lettre à Fourment sur l'*Arithmetica* : « Je pense que le nombre des opérations que subissent ces ph. complexes, directement insaisissables est limité » (*Corr. V/F*, p. 147). On peut ramener l'infinie diversité apparente des choses à un petit nombre de « relations » que Valéry nomme rationnelles ou symboliques selon qu'il est possible ou non, dans un couple A/B de construire B à partir de A.

Je rappelle les exemples donnés dans cette lettre de relations rationnelles, tout ce que Valéry appelle les « métaphores » : « Je touche un poêle tiède, je pense *après* à un cul de femme ». Ou inversement (150). « La métaphore de mots serait celle-ci : le *vol* est comme un *val* ; le *sol* comme un *cil* ». L'écriture d'*Agathe* est fondée sur la mise en texte de ces relations qui doivent être par là en quelque sorte exhibées. Valéry, à la même époque, définissait ainsi son « ambition littéraire » : « organiser mon langage de façon à en faire un instrument de découverte (...) ou plutôt un instrument d'exposition et de déduction de découvertes » (II, 492). *Agathe* appelle une méthode d'approche avant tout formelle, passant par un inventaire systématique du vocabulaire et des figures. C'est une aventure de langage qui se joue avec un nombre limité de mots et d'éléments sémantiques et phoniques, et le déroulement en a été calculé. On est d'emblée frappé par les nombreuses répétitions, par les retours réguliers, avec ou sans altération, qui doivent figurer le fonctionnement d'un mécanisme cyclique : ainsi, bien sûr, la répétition (huit fois) de *pensée*, dont une *perte de pensée*, et sept fois le verbe *penser*, avec la redondance rhétorique *pensé / pensant*, et *ce qui pense, pensera*. Un décompte systématique de toutes les occurrences – je ne l'ai pas fait – révélerait sans doute un relief du texte.

Fondé sur la dynamique d'une énergie qui s'autoalimente, celle du *plus je plus je* ou du *de plus en plus*, le texte propose un enchaînement qui n'est donc pas guidé par la logique mais par l'exploration des possibilités associatives. On pourrait ici parler, avant la lettre, de *Champs magnétiques*. Mais là où Breton et Soupault s'abandonnent au simple rythme de l'écriture en accélération et de la rhétorique spontanée, Valéry construit un modèle très calculé. Si Agathe mime la self-variance d'une pensée laissée à son automatisme, l'indéfini déroulement de ce que Valéry nomme ailleurs « l'interminable fil bande intérieure murmurée, babil purement possible » (*L'amateur de poèmes*, ms), c'est en affirmant, presque explicitement, que le plus simple peut s'assimiler au plus complexe : « chaque pensée se module, tourne en observation d'elle-même » (*AG* 9)[9]. Le secret du texte, c'est de faire coïncider (ou de s'y efforcer) la démarche réglée d'un esprit à l'extrême de la lucidité, et le libre mouvement d'une self-variance qui, comme dans le rêve, procède de proche en proche, telle « une algue immense qui se propage » (III, 365). Le rêve dit « Le ciel *est* bleu ; ce bleu *est* vert ; ce vert *est* arbre ; cet arbre *est* marbre ; marbre *est* marche – » (XVII, 723). Analogie, métonymie, métaplasme, c'est, mimé de manière élémentaire, le mouvement qui entraîne Agathe, et écrit que la *lueur* est *jour*, est *joue, se joue*, est *boue, bois, bruit, ouïe*,[10], etc. On peut recenser homographes et homophones, en remarquant que le texte n'esquive même pas la rime : *borne déjà connue / difficulté nue*, ni le mètre :

Mystérieusement mues jusque vers le midi
J'en suis proche peut-être et je touche des lois.

Les « métaphores de mots » sont constantes, la métonymie est théorisée : « Tout me semble partiel » (*AG* 3) ; « Toutes » égalent « une quelconque » (11). Altérations, transformations, substitutions s'opèrent de même sur le sens. Les plus simples sont grammaticales, du type *boire / être bu*, ou *je pense / se pense*. D'autres procèdent presque d'un inventaire logique. Il faut substituer à une chose, suggèrent les *Cahiers*, « sa *contraire*, sa contradictoire, son opposé ou sa symétrique, etc. » (I, 309). Le modèle simple est du type *je fixe / j'ébranle, je sais / j'ignore, je gagne / je perds* (ce qui s'inscrit sans violer la logique dans le déroulement du temps). De manière plus complexe, en introduisant des nuances, le texte dit : *m'échapper de ma certitude / en pleine certitude / doute / aucun doute ; devient nulle / sauver de la nullité / annuler ; je commence / sans commencement / simuler un commencement / recommence*[11]. Poursuivre serait fastidieux, et facile : le procédé est évident[12]. Qui sait si, en cherchant bien, on ne trouverait pas aussi le secret que Desnos nomma Rrose Sélavy ?

Le postulat implicite peut être l'analogie entre la plasticité du langage, qui permet les déformations de proche en proche, et la malléabilité de l'esprit. Quand le Scriptor note « je cherche mon secret » (ms f° 46), c'est celui, tout à la fois mystérieux et (au sens valéryen) *quelconque*, de l'origine des idées neuves, du « comment cela marche » de la machine à penser. Et il révèle seulement que la self-variance n'est pas incohérence et que des lois formelles règlent un apparent chaos. Si toute pensée ne dit rien d'autre, en l'absence d'une intervention extérieure, que « je transforme » ou « j'altère », quand on touche le fond, on découvre en quelque sorte un dictionnaire des figures et une table des catégories. Si Valéry théorisait, s'il avait rédigé le Système au lieu de le montrer exemplairement en fonctionnement, l'affirmation de base serait la structure combinatoire de l'esprit[13] : un nombre fini d'opérations la résume.

Valéry donna de sa philosophie cette définition : « Penser *formellement* / penser pour faire coïncier sa pensée actuelle avec l'ensemble de la pensée possible » (FV inéd.). *Agathe* est une aventure de langage avant tout formelle à laquelle un sens est donné de surcroît. L'art fut ici d'inscrire dans ces recherches, qui ne se cachent pas d'avoir été difficiles, le libre élan d'une musique où *le plus je plus je* du plaisir esthétique peut se prolonger indéfiniment.

NOTES

1. Le dossier (Bibliothèque Nationale, fonds Valéry) compotre 199 ff. dont environ 110 écrits recto-verso. Il s'agit là d'un des brouillons les plus riches dont nous disposions pour les textes valéryiens. Toutes les références au folio du manuscrit sont données d'après ce dossier.
2. Voir une lettre à Pierre Louÿs du 21 mai 1917 : « Oh ! Cette chose !... Cette chose en prose ! Je ne sais pas te la décrire. C'est le chef-d'œuvre de l'impraticable. C'est un écrit que j'avais imaginé fait entièrement par système et par opérations régulières. (...) Le comble de l'artificiel. (...) » (*Lettres à quelques-uns*, p. 121). Cf. mon article « La quête de l'œuvre en prose », dans *Sud, Valéry, la logique, le langage*, 1988.
3. *Corr. G/V*, p. 286.
4. Les références à *Agathe* sont données en fonction des séquences du texte matérialisées par une ligne de blanc et numérotées de 1 à 11 (*AG* 1...).
5. Depuis le Minuit d'*Igitur* jusqu'au « Midi le juste » du *Cimetière marin*.
6. Voir ces mots de Socrate dans *L'âme et la danse* : « Un rêve de vigilance et de tension que ferait la Raison elle-même ! (...) Rêve, rêve, mais rêve tout pénétré de symétries, tout ordre, tout actes et séquences !... » (*OE*, II, 154).
7. Un feuillet de brouillon inscrit le thème d'une manière calligraphique qui évoque le *Coup de dés* :
   Si ce n'est que
   (...)
   un son
   une odeur
   une fraîcheur
   passent changent » (f° 70 v°).
8. Les brouillons disent explicitement : « Tu espères dans tes vestiges. L'espoir n'est que débris – retard. » (f° 44).
9. Cette pensée qui « tourne en observation d'elle-même » inscrit le thème de la self-

consciousness au cœur de la self-variance : un *je pense que je pense*, proche du *je me vois me voir. Agathe* veut apporter une réponse en acte à la question formulée dans un cahier contemporain : « Est-il bien sûr que rien ne puisse valablement être en même temps connu et connaissant ? » (I, 630). Les brouillons notent « Ego vir videns » (f° 3), tandis qu'on peut lire plus tard dans les *Cahiers*, sous le sigle MNSS : « Je suis invisible. Ce que je suis d'invisible – Je suis le père invisible et l'origine inconnue de ma connaissance. » (VIII, 820).

10. Plusieurs séries associatives peuvent converger : ainsi *groupe / croupe* et *joue / croupe.*
11. Voir aussi des séries comme : *je fixe, tout se fixe, le silence se fixe, fixité, rien ne bouge,* etc. ; *fluides / solidité ; ma puissance / ma faiblesse, mon entière puissante / toute leur force ; étonnants, mon étonnement s'éloigne, tout se fait sans étonnement ; cette facilité incompréhensible / je ne ressens plus la difficulté, je suis abandonné à la difficulté ; je n'entends plus / l'ouïe se délie*, etc. La rhétorique automatique joue aussi de la ressemblance et de l'opposition, mais dans un tout autre registre. Voir par exemple dans *Les Champs magnétiques* : « Ma jeunesse en fauteuil à roulettes » ou « Le doigt sur la tempe n'est pas le canon d'un revolver. » (André Breton, *Oeuvres complètes*, Gallimard, La Pléiade, 1988, p. 86).
12. Si évident qu'il est presque invisible (comme la lettre volée !) et qu'il n'a guère été commenté. Cette présence de lois simples, évidentes / invisibles, est aussi une des leçons que veut transmettre Valéry.
13. A coup sûr en tout cas une conception combinatoire de l'invention.

Silvio YESCHUA
Université de Tel-Aviv

VALÉRY ET LE SOCRATE DE SON *EUPALINOS* : ÉCRIRE OU NE PAS ÉCRIRE

Les dialogues de Valéry posent bien des problèmes de lecture. Leur forme, « très élastique », comme il lui arrive de la désigner (*Oe,* II, 1401), laisse, certes, à l'auteur pas mal de liberté, mais elle tend à rendre par là même le texte fort touffu, et la recherche, au sein de cette luxuriance de sujets, d'attitudes et d'idées, d'un certain fil conducteur privilégié – malaisée et incertaine. Renoncer, d'autre part, à la recherche d'un tel fil serait se résigner au morcellement d'une œuvre qui par bien des indices nous manifeste son unité.

Dans *Eupalinos,* par exemple, de quoi s'agit-il au juste ? Est-ce vraiment de « l'Architecte », comme semble le suggérer le sous-titre, ou même de l'architecture ? *Plus* que de la philosophie, des sciences, du langage ? *Plus* que des divers arts et de leurs œuvres diverses – ou de la vie de pensée et de parole mais sans œuvres, qui fut celle de Socrate, et qui avait failli être celle de Valéry lui-même ?

Le texte appelle, il me semble, une lecture réitérée, particulièrement attentive et réceptive aux diverses perches et invites qu'il nous tend.

Je me propose, pour commencer, de relever les renvois à Platon.

On l'a déjà fait, à n'en pas douter, et l'on s'est plu à attribuer à Valéry une érudition qu'il s'est souvent défendu d'avoir (*ibid.,* 1406). L'on a souvent fini par le croire, et je crois qu'il nous faut nous méfier, aujourd'hui, de la tendance contraire, celle qui consisterait à n'attacher guère d'importance à ses références et allusions. Je propose, pour ma part, de prendre celles-ci comme des renvois, qui *fonctionnent* dans le texte valéryen, à des facettes du monde extérieur (en l'occurrence, les textes platoniciens) qu'il nous faut bien connaître si nous voulons bien saisir le fonctionnement des signifiants qui les désignent et la signification du texte où ils figurent : relire Platon comme on rouvre son dictionnaire...

Les renvois les plus nombreux et les plus indubitables vont au *Phèdre* et au *Phédon.*

Il n'y a qu'au tout début d'*Eupalinos* qu'on trouve des allusions au *Phèdre,* au tout début du *Phèdre* également (*Phèdre,* 229, *passim*). Il y a tout d'abord le nom même de Phèdre, et le choix du personnage de cet homme comme interlocuteur de Socrate ; il y a le rappel du « pauvre Ilisus » (*Oe*, II, 80), puis de l'autel de Borée et de l'entretien sur la beauté qui avait eu lieu entre les deux personnages dans son voisinage (*ibid.*, 82). C'est sans doute le rappel de cet entretien qui justifie ce choix. C'est à peu près tout.

Les allusions au *Phédon* renvoient, elles aussi, au tout début du dialogue platonicien ; mais elles traversent le texte valéryen tout entier, nous signifiant sans doute par là l'importance du début du dialogue ancien pour l'ensemble de l'*Eupalinos* de Valéry. Quelques exemples :

Il est question, chez Valéry (*ibid.*, 94), de l'absence de Phèdre, de Platon et d'Aristippe parmi les amis et disciples venus assister aux derniers instants et à la mort de Socrate ; le *Phédon* fait lui aussi expressément état de l'absence de Platon (qu'on croyait malade) et d'Aristippe (qu'on disait à Egine), tandis que Phèdre est tout bonnement absent de la liste des présents. Cébès le Thébain, par contre, y figure, qui ne figure pas dans *Eupalinos*, mais sur lequel nous aurons à revenir (*Phédon*, 59, b, c).

Vers la fin d'*Eupalinos* (*ibid.*, 13), répondant à Phèdre qui évoquait « les voiles pleines et dures » de la frégate de Tridon le Sidonien, Socrate s'exclame : « O Vie... Et pour moi, les voiles noires et molles du vaisseau chargé de prêtres, qui revenant péniblement de Délos, et se traînant sur ses rames... ». Et il ne donne pas la fin de cette phrase, qui aurait pu être : « ... m'apportait, lentement mais sûrement, ma mort ». En effet, ce vaisseau, mentionné dès la première page du *Phédon* (58, a, b, c), est celui-là même dont le pèlerinage à Délos avait commencé la veille du jugement de Socrate et qui, à en croire Xénophon (*Mémorables*, IV, 8, 2), n'était revenu à Athènes qu'au bout de tout un mois (à cause des vents « contraires » dont parle le *Phédon*, et que Valéry traduit par « les voiles noires et molles »). On n'exécutait pas, à Athènes, les condamnés à mort, tant que durait ce pèlerinage. Le retour du vaisseau signifiait donc la fin du sursis accordé à Socrate, et sa mise à mort devait avoir – et eut – lieu le lendemain. Ce pèlerinage, soit dit en passant, était envoyé annuellement à Délos en l'honneur d'Apollon, qui avait aidé Thésée à vaincre le Minotaure et à libérer Athènes du tribut qu'elle devait payer à Minos.

Que faire de ces renvois, de ces allusions ?

Je ne pense pas que ce soit vers l'érudition qu'ils nous poussent. Vers 1935, sous le double sigle de *Ego* et de *Gladiator*, Valéry notait dans son cahier :

> « Le peu que l'on sait, parfois est plus actif et fécond que le beaucoup. Car il excite ou oblige à inventer le manque, et ce produit vivant, naissant est plus actif – parfois plus « vrai » que le vrai-mort (...).
>
> L'excessivement peu que je savais de Platon et qui eût tenu en dix ou quinze *lignes* m'a produit *Eupalinos* – cf. *Léonard* aussi, et *Gœthe* » (XVIII, 82 ; C1, 283).

Ainsi, le *Léonard* de ses vingt ans, l'*Eupalinos* de la cinquantaine et le *Gœthe* de la soixantaine sont donnés ici comme exemples de l'application, par Valéry, tout au long de sa vie, d'une méthode : celle qui consiste à créer, à partir du « peu que l'on sait », en inventant ce qui manque. Or on connaît de reste la propension de Valéry à considérer romans, poèmes, philosophies ou biographies comme des autobiographies déguisées. C'est en soi-même, donc, qu'on va chercher et que l'on trouve ce qu'il faut inventer afin de compléter « l'excessivement peu » que l'on sait. Les autres ne servent qu'à mieux nous mener à nous-mêmes ; et cela est possible en vertu d'une étonnante identité de structure que nous ne pouvons nous empêcher de constater entre eux et nous. « Hercule n'avait pas plus de muscles que nous, ils n'étaient que plus gros », déclare Valéry ; et bien qu'il fût infiniment plus puissant, « la structure de nos machines n'est pas différente ; je lui correspond os par os, fibre par fibre, acte par acte, et notre similitude me permet l'imagination de ses travaux » (*Oe*, I, 1232).

Semblablement pour Léonard : bien qu'il n'eût que vingt-trois ans en s'y attaquant, Valéry était parfaitement conscient du fait qu'il connaissait son héros beaucoup moins qu'il ne l'admirait ; aussi, pour rendre fécond le peu qu'il savait, il prit le seul parti que l'on puisse prendre : « Il faut se mettre sciemment à la place de l'être qui nous occupe... et quel autre que nous-mêmes peut répondre, quand nous appelons un *esprit* ? On n'en trouve jamais qu'en soi » *(ibid.)*.

Valéry écrivait ces choses en 1919, vingt-cinq ans après l'*Introduction à la méthode de Léonard de Vinci,* dans la *Note et digression* qu'il y a ajoutée. C'est à peine un peu plus tard qu'il se mit à travailler à son *Eupalinos,* et à la figure de Socrate, à qui – il ne craint pas de l'avouer (*Oe*, II, 1401) – il prête ses idées (tout comme il lui emprunte ses problèmes)...

Platon semble avoir fort peu compté pour Valéry : il se perd dans l'original « et le trouve, dans les traductions, terriblement long et souvent ennuyeux... » (*ibid.*) : « 5/6 », écrit-il ailleurs (XXIII, 160), lui en semblent « bavardage insupportable » et « vide dialectique ».

Il semble, cependant, avoir trouvé dans le sixième qui reste quelque détail qui lui parût pertinent, quelque problème où il pût retrouver ses propres problèmes, quelques lignes dont l'amplification donnât un Socrate, platonicien et valéryen à la fois.

Les références au *Phédon,* nous l'avons vu, devraient nous faire relire ce dialogue, et tout particulièrement ces trois ou quatre premières pages auxquelles elles renvoient. On s'aperçoit alors qu'*Eupalinos,* dialogue des morts se déroulant dans une éternité où se côtoient Socrate, Jésus (*Oe*, II, 139), Pascal (*ibid.*, 126) et « le très admirable Stephanos » Mallarmé (*ibid.*, 88), qu'*Eupalinos,* dis-je, se situe dans l'exact prolongement, sans solution de continuité aucune, du *Phédon :* dialogue des derniers instants, des derniers propos et de la mort de Socrate.

Je voudrais donc poser – et parier ! – qu'*Eupalinos* s'éclairerait pour nous d'une manière significative à être considéré comme la suite donnée par Valéry au *Phédon,* et comme l'amplification de quelque détail figurant dans ses premières pages. Un tel détail, s'il existe, devrait faire état de problèmes si communs à Valéry et à Socrate, que Valéry pût parler librement de lui-même en faisant mine de parler de Socrate.

Il existe : c'est l'épisode de Cébès le Thébain.

Les toutes premières paroles de Socrate dans le *Phédon* disent son étonnement des étranges rapports qu'il constate entre l'agréable et le pénible : bien qu'ils aient l'air de s'exclure l'un l'autre, presque jamais ils n'omettent de s'entre-accompagner. « Si Esope avait, dit-il, songé à cela, il en aurait fait une fable ». Et aussitôt de nous la faire lui-même, cette fable qu'Esope aurait faite (60, b, c)... Là-dessus, Cébès se souvient qu'il devait, à la demande d'un poète de ses amis, interroger Socrate sur ces contes d'Esope qu'il avait mis en vers, dans sa prison, et sur le Prélude à Apollon qu'il y avait fait : dans quelle idée les avait-il, depuis son emprisonnement, composés – « alors que jamais auparavant (il) n'avai(t) rien composé ? ».

Et Socrate de s'expliquer : tout au long de sa vie il avait été visité d'un même songe qui, dans des visions pas toujours les mêmes, lui « tenai(t) un langage invariable » : « Socrate, disait le songe, fais de la musique ! Produis ! ».

Socrate avait toujours interprété ce songe comme un encouragement (« comme on encourage les coureurs », dit-il) : encouragement à continuer de faire ce que de toute façon il faisait, à savoir de la philosophie, étant bien entendu que philosophie et musique, à ses yeux tout au moins, ne se distinguaient guère. Mais une fois sa condamnation à mort prononcée, tout changeait. Sa mort était devenue imminente. La fête d'Apollon – le dieu même, comme on sait, qui nous envoie les rêves et qui préside à leur interprétation – lui ménageait un sursis : ne fallait-il pas en profiter pour reconsidérer le vrai sens de son rêve réitéré ? Le mot musique, il l'avait jusque là interprété métaphoriquement, comme renvoyant, dans son cas, à philosophie. Peut-être y avait-il de l'impiété à s'obstiner dans cette interprétation ? Le philosophe, tel au moins que Socrate l'était, ne *compose* pas, n'aspire pas à la construction de quelque forme finie (cf. *Oe,* II, 1400) ; peut-être Apollon lui demandait-il dans ces songes justement de composer et de construire ? Le moment était venu de faire pénitence en composant, enfin, des poèmes. Et il fit son premier poème, dédié au dieu. Puis, songeant qu'il ne s'était peut-être pas tout à fait acquitté par là de son devoir, un poète devant « mettre en œuvre non point des théories mais des mythes », il versifia (mit en musique) des fables d'Esope qu'il connaissait par cœur : « je ne suis point mythologiste », explique-t-il. (Se déclare-t-il par là incapable ou dispensé d'inventer ses propres mythes ? Nous avons vu pourtant que ses premières paroles dans le *Phédon* contenaient *l'invention* d'une fable sur les rapports entre plaisir et douleur, fable qu'il est tout prêt à prêter à Esope...). (*Phédon*, 60, 61).

Je ne crois pas que cet épisode ait tout à fait suscité l'intérêt qu'il mérite. On lit souvent Platon à la recherche de ses idées, et l'on croit les trouver plutôt dans les répliques visiblement spéculatives que dans telle anecdote, dans tel détail... Or Valéry savait, tout comme son Eupalinos (*Oe*, II, 84) ou comme l'un de ses Léonard (cf. *Vues*), qu'*« il n'y a point de détails dans l'exécution »*. Ni dans la réception idoine de l'œuvre une fois exécutée... Nietzsche est à ma connaissance le seul qui ait parlé explicitement de l'importance de ce passage du *Phédon* : une première fois dans une conférence donnée au musée de Bâle en 1870 (et que Jean Paulhan traduisit et publia : cf. *Nouveau Commerce*, n° 23, 1972, pp. 79-81) ; puis dans le quatorzième chapitre de sa *Naissance de la tragédie...* (1872). Mais comme rien n'indique que Valéry ait eu connaissance de ces textes, je n'en parlerai pas, malgré leur considérable intérêt.

Je ne pense pas que Valéry ait eu besoin d'un maître de lecture pour être frappé par l'immense pertinence pour lui de ce début du *Phédon*.

Ce Socrate, tout d'abord, infatigable inventeur et conteur d'histoires plus ou moins brisées, mais qui déclare n'être « point mythologiste » – serait-il excessif de supposer que Valéry s'y soit à plus d'un titre reconnu ? Il s'applique, il me semble, à nous montrer, dans *Eupalinos*, qu'il n'est pas insensible aux analogies ; et il ménage, entre le Socrate du *Phédon* et le sien, lequel se distingue parfois à peine de sa propre image, tout un réseau de modulations, bien claires... et bien subtiles : son goût des secrets, des cryptogrammes – « Cache ton dieu ! » – ne s'est jamais démenti.

Le Socrate du *Phédon* s'était-il obstiné à prendre le mot musique (proféré par le dieu dans son rêve) au sens métaphorique de philosophie ? Celui d'*Eupalinos* établira d'abord, en parfaite conformité avec les vues bien connues du Socrate platonicien, la profonde et essentielle analogie entre la musique et l'architecture : toutes deux enfantent «en nous non point une fable, mais cette puissance cachée qui fait toutes les fables» (*Oe*, II, 105) ; toutes deux « impose(nt) à la pierre, communique(nt) à l'air, des formes intelligibles (...), n'imite(nt) que le moins du monde » (*ibid.*, 106), construisent « au moyen de nombres et de rapports de nombres » (*ibid.*, 105). Ensuite, il prendra lui aussi un mot, cette fois-ci, celui d'architecture, au sens métaphorique : il lui représentera tous les arts qui aspirent « à la découverte ou à la construction de quelque *forme* » (*Oe*, II, 1400) ; il représentera la musique, certes, mais même la peinture (*ibid.*, 105), même l'art infiniment complexe, et « impur », et improbable dont le matériau est le langage (*ibid.*, 111) : poésie, philosophie même, – à condition, toutefois, que son philosophe sache que, dans l'exercice de la pensée pure et la recherche de la vérité, *seule* l'aspiration à une forme *finie* « peut être l'objet d'une recherche rationnelle et consciente... (*Oe,* II, 1400). Or Socrate tend à croire que sa philosophie n'était pas telle, et qu'elle se distinguait mal du bavardage amorphe. Il est arrivé à Valéry de penser que ses propres Cahiers, tels quels, étaient fort proches du bavardage informe eux aussi. Seulement, ni Valéry, ni son Socrate, n'étaient hommes à s'identifier définitivement et pleinement avec une quelconque de leurs idées : jamais ils ne s'interdisaient l'oscillation entre une idée et son contraire, en passant par toutes les idées intermédiaires... Peut-être afin de concevoir ainsi son Socrate à son image, Valéry avait-il dû comprendre le Socrate du *Phédon* comme appartenant à la même espèce ?

On nous montre cet homme, ayant passé toute sa vie à philosopher sans jamais rien écrire, et sans jamais douter de l'excellence de son choix existentiel fondamental, on nous le montre, à l'article de la mort, saisi de doutes. La source de ces doutes n'était pourtant pas récente : un vieux rêve, de vieilles paroles, souvent réitérés. Et si le doute était vieux et fréquent lui aussi ? Doit-on nécessairement admettre comme véridique le ton léger, enjoué, presque cocasse de la réponse de Socrate à Cébès ? Pas nécessairement. Valéry, en tout cas, semble avoir opté pour un Socrate plutôt tourmenté par ses doutes. Lorsque Phèdre le rencontre, au début du dialogue valéryen, le maître se cachait depuis une éternité, et de tout le monde : « Tout le monde ici te connaît, et personne ne t'avait vu » (*Oe,* II, 79) ; et il pose des questions, demande des explications. Socrate, manifestement profondément préoccupé, refuse toute réponse, réclame du silence. Après un silence (qui dut durer de nouvelles éternités), il se déclare « prêt à répondre » (*ibid.),* mais Phèdre ayant renouvelé ses questions (Pourquoi donc cet exil ? » – etc.), la réponse ne vient toujours pas. A moins de considérer le dialogue tout entier comme la réponse faisant suite à ce début du *Phédon* qui était le germe de tout l'*Eupalinos.*

Dès la septième réplique, Socrate révèle à Phèdre, sur un ton qui tranche cruellement sur celui d'ironie légère qu'il avait eu avec Cébès (mais en dévidant sans doute le même fil que chez Platon), qu'il n'est pas content de son existence antérieure : il l'avait passée à essayer de voir toutes choses « comme je les vois, dit-il, précisément maintenant » : cela s'appelait, du temps où il était vivant, *sub speciae aeternitatis ;* il sait maintenant que cela voulait dire : comme un mort : « La vérité est devant nous, et nous ne comprenons plus rien » (*Oe,* II, 81). Dès la réplique suivante, les choses deviennent plus explicites encore. Non, Socrate n'est pas content : *la folie* lui a manqué, celle qui fait faire les grandes œuvres que la raison admire, mais qu'elle est incapable de concevoir *(ibid.) :* cette folie dionysiaque, sans laquelle on ne crée ni enfants, ni villes ni monuments...

Là-dessus Phèdre évoquera – comment aurait-il pu s'en empêcher ? – Eupalinos : cet architecte qui eut et folie, et raison, et admirables œuvres faites. Socrate en concevra le désir d'avoir été comme lui, d'avoir fait un choix autre que celui que, jeune, il fit ; d'avoir, dans son adolescence, été conduit à l'artiste qu'il n'avait pas été plutôt qu'au philosophe qu'il fut (*ibid.,* 115). Phèdre se prendra au jeu : « Je ne me console point, dira-t-il, de la mort de cet architecte qui était en toi » (*ibid.,* 126) ; puis : « Mais sans rire, Socrate, qu'aurais-tu fait, architecte ? (*ibid.,* 127). Socrate se prendra au jeu à son tour : il se mettra à imaginer les pensées qu'il aurait eues, architecte ; elles le mèneront au regret, quasiment infini, de ne l'avoir pas été, de n'avoir laissé après soi que l'image du « personnage d'un parleur, et diverses paroles immortellement abandonnées... » (*ibid.,* 139).

L'énergie de ce regret ne me semble pas pouvoir provenir d'une autre source que de ce début du *Phédon* auquel tant d'allusions chez Valéry nous avaient renvoyés, et plus spécialement du rêve relaté à Cébès. De là aussi devait probablement découler la dureté de Socrate envers Phèdre, tant au début du dialogue, en se dérobant et à sa présence et à ses questions, que vers sa fin : « Tu es dur pour nous tous », dira Phèdre (*ibid.,* 139) (et sa pensée ne s'explicitera qu'un peu plus tard (*ibid.,* 141) : Si Socrate s'abaisse et se ravale soi-même, Phèdre, qui s'était si entièrement, si pieusement donné à lui, ne se voit-il pas réduit à l'extrême de la sottise, et de la plus aveugle simplicité ! »). Et Socrate lui dira une bonne part de sa pensée : « Si vous ne m'eussiez pas écouté, mon orgueil eût cherché de quelque autre manière à se soumettre vos pensées... J'eusse bâti, chanté... » (*ibid.,* 140). Il eût chanté, nous l'avons bien vu, comme l'y avait exhorté la voix du dieu dans son rêve, toute sa vie durant. Fais de la musique, Socrate, produis ! Il eût bâti, selon la suite valéryenne du même mythe, des poèmes, des édifices ou même quelque système philosophique qui aurait aspiré à la *forme finie* des édifices et des poèmes... Phèdre se laissera donc, une fois de plus, séduire et permettra à Socrate de broder ses fantasmes sur l'un des Anti-Socrate qu'il eût aimé avoir été : le constructeur... Mais, fidèle au Socrate qu'il avait toute sa vie suivi, il fera taire celui qui ne pouvait se construire *autre* qu'en détruisant l'image même de soi que toute la jeunesse d'Athènes avait tant aimée.

La fin du dialogue nous présente ce que nous venons de lire comme « la fantaisie de quelque rhéteur de l'autre monde », c'est-à-dire du nôtre ; et j'y verrais une allusion à l'exercice de l'amplification, bien connu des rhéteurs, et qui nous donne ici cent pages à partir des dix ou quinze lignes de Platon que Valéry possédait.

Reste à conclure, Nietzsche avait vu (un peu simplement peut-être, mais il n'avait que vingt-huit ans) un horrible et univoque aveu d'échec dans tout l'épisode de Cébès. Valéry, lui, ne permet jamais à sa pensée de coïncider avec *l'une* de ses pensées, n'admet jamais que l'un des états de son esprit puisse représenter son esprit dans son ensemble. Son Socrate, ainsi que celui qu'il avait trouvé chez Platon, probablement non plus. Aucun d'eux n'opte d'une manière claire, tranchée, définitive pour l'*écrire ;* ni d'ailleurs pour le non écrire – pas plus qu'Hamlet n'opte pour l'être, ou pour le non être. Pas moins « européïde » que le héros shakespearien, Valéry opte pour le « ou », pour l'oscillation perpétuelle entre les deux pôles. Jeune, il avait inventé son Teste, content de pouvoir tout (ou presque...) et de ne faire rien ; mais il s'est senti obligé de le compléter d'un Léonard, qui réalisait en « faires » étonnants les « pouvoirs » non moins étonnants que lui donnait sa « méthode ». Valéry a passé sa vie à osciller entre les deux. Mais il ne devait pas se sentir également à l'aise dans l'un comme dans l'autre des deux pôles : dans celui du Léonard, il avait le soutien et la compagnie de confrères comme Wagner, Degas, Mallarmé, Rimbaud... j'en passe ; dans celui du Teste, il pouvait se sentir aussi horriblement seul ... que le « Solitaire »... Son Socrate, cependant, pouvait lui apparaître comme un compagnon de voyage, ou d'oscillation, dans ces solitudes. Jésus-Christ pouvait lui en paraître un autre. Ce rapprochement entre Socrate et le Christ, ancré dans une vieille et vénérable tradition, Valéry l'a fait aussi clair qu'il lui a semblé pouvoir se le permettre : « Qu'ai-je donc fait, s'écrira Socrate vers la fin d'Eupalinos (*Oe,* II, 139), que de donner à croire au reste des humains que j'en savais bien plus qu'eux-mêmes sur les choses les plus douteuses ? – Et le secret de le faire croire consiste dans une mort si bien conduite, parée d'une telle injustice, et de telles amitiés environnée, qu'elle obscurcisse le soleil, et déconcerte la nature. Qu'est-ce qu'il y a de plus redoutable que d'en faire une sorte de chef-d'œuvre ?... La vie ne peut pas se défendre contre ces immortelles agonies ». Ce passage, par quoi Socrate mort résume sa vie, vécue quatre siècle avant Jésus Christ, renvoie non moins nettement à celle du Christ qu'à la sienne propre : on aura reconnu au passage les versets de Luc (23, 44-45) : « Il était déjà environ la sixième heure, et il y eut des ténèbres sur toute la terre, jusqu'à la neuvième heure. Le soleil s'obscuricit, et le voile du temple se déchira par le milieu... ».

On pourrait continuer.

Mais on aura déjà fort bien vu qu'*Eupalinos,* qui était censé être une méditation sur et peut-être un éloge de l'architecture, commandée par un groupe d'architectes, était au fond devenu bien autre chose : un éloge de la rhétorique, et une méditation sur tous les aspects de l'alternative, jamais résolue (ni dans la vie même de Valéry, ni même dans le système de l'Europe) : « écrire ou ne pas écrire ».

Robert PICKERING
Université de Cork

VALÉRY ET LE « CRATYLISME »

Rouvrir le dossier d'un Valéry éventuellement cratylique : entreprise hasardeuse, hérétique même, à mener avec toute la circonspection qui s'impose. Mon titre, tout d'abord, est à lire avec précaution : le rapport d'interaction somme toute assez simpliste qu'implique Valéry *et* le cratylisme est à reformuler et à revoir, et ce sera l'aspect majeur qui va régir les quelques remarques suivantes. Il s'agit, en effet, *moins* d'un Valéry cratylique, marqué consciemment par des valeurs et des attitudes issues de croyances linguistiques précises – prise de position qui, de toute évidence, va à l'encontre de son approfondissement des mécanismes du langage, entrepris dans la lignée de l'*Essai de Sémantique* de Bréal, et qui respecte les grands paramètres de ce qui allait devenir la linguistique saussurienne – que d'un Valéry imprégné d'une certaine rêverie inventive, ou nostalgie d'une autre vision des rapports langue-réalité. Ici encore, le choix des termes est loin d'être heureux, « nostalgie » impliquant un état de perte, d'antériorité parfaite, alors que la pensée linguistique de Valéry et sa conception du rôle de la langue écrite sont tout en recherche et en effort de découverte, itinéraire qui n'implique en aucune façon le retour à un paradis perdu de communication complète. Cette conception de l'écriture, pierre de touche des études actuellement menées sur la genèse du texte valéryen (l'écriture comme l'indéterminé, l'incomplet, l'ouvert, donnant accès soit à un non-encore-écrit, soit à un déjà-écrit dont les traces sont à retrouver et à circonscrire), indique nettement les limites de toute analyse qui s'en tiendrait aux seuls critères de conventionalisme et de motivation, d'universalité et de mimétisme, ces principes de fonctionnement linguistique qui constituent le fond du débat cratylique.

Il s'agit dès lors de cerner un éventuel statut « cratylique » de l'œuvre non seulement dans les rapports langue-réel, mais dans les modalités et la résonance mêmes de l'inscription, d'une écriture en acte, en interaction dynamique avec le réel. Ce sont les *Mimologiques*[1] de Genette qui fournissent l'analyse capitale des rapports langue-réel chez Valéry, menée selon la perspective cratylienne. Genette y voit, dans la formule consacrée d'une oscillation poétique entre son et sens, forme et contenu, une tension ou une ambiguïté non résolues, repérables dans le transfert sémantique qui s'opère entre « équivalence » de ces termes et, inéluctablement, « similitude ». Selon Genette, Valéry se trouverait donc « au seuil d'une poétique néo-cratylienne »[2], qui serait appelée à « donner l'illusion » au lecteur de la transformation de signes conventionnels en signes motivés. Toute l'analyse de Genette s'articule ainsi autour de la poétique valéryenne, autour d'une certaine poétique, celle qui est élaborée à partir de l'axiologie polaire son-sens dans les études les plus connues des essais et des conférences publiques faites au Collège de France. L'analyse ne touche en rien les principes actifs de cette poétique autre qui informe de proche en proche l'entreprise de création comme un irrésistible courant souterrain, et qui jouerait essentiellement, comme l'a constaté Nicole Celeyrette-Pietri[3], non plus entre son et sens, mais entre pensée et signe, composantes créatrices peut-être encore plus chargées d'un potentiel cratylien. Genette accuse à la fois la nature problématique de la poétique valéryenne – prise de façon contradictoire entre une attitude formaliste où prime précisément la forme poétique, et une attitude qui part de l'« indissolubilité » du son et du sens pour faire profiler une éventuelle motivation de langage et de signification – et le paradoxe inhérent à cette confrontation, avec les réserves qui en découlent. Néanmoins, il me semble opportun de pousser dans d'autres domaines ce courant de réflexion sur la nature du texte valéryen, et d'interroger de façon plus générale le rapport qui s'installe entre le langage et l'écriture, celle-ci prise, comme je l'ai dit, dans un sens actif d'initiation et de projection génétiques, moins simple interprète de l'esprit que mimique des démarches intellectuelles. Écriture d'ailleurs, qui comporte en ce sens-là le graphisme dans son ensemble : ce qui sera nié souvent au niveau de l'écrit et de la formulation analytique revient au niveau du comportement graphique au sens le plus large, et plus particulièrement à celui de l'impulsion idéographique que le texte semble assez souvent incorporer et nourrir.

Ce faisant, je ne me pose aucunement en critique ou révisionniste de tout l'acquis des analyses linguistiques qui prennent pour base le principe conventionaliste des idées de Valéry par rapport au langage. De ce point de vue là, l'œuvre s'exprime sans ambages, et l'on pourrait multiplier les exemples dans le texte où, comme Valéry le dit dès 1897, « Il n'y a pas plus de rapport entre mot et signification qu'entre mouvement et chaleur » (I, 231) ou, plus nettement encore, dans son compte rendu de l'*Essai de Sémantique* de Bréal, « les signes du langage sont absolument distincts de leur sens : aucun chemin rationnel ou empirique ne peut mener du signe au sens » (*OE*, II, 1453). Ce qui me semble déjà intéressant, pourtant, c'est le souci même de réitérer au fil des années cette attitude conventionaliste apparemment inébranlable, comme si son statut privilégié avait précisément besoin d'être justifié au gré des contextes et des champs de réflexion. Témoins de cette tendance, les quelques exemples suivants : en 1912, tout un développement visant, comme Valéry l'écrit, « Une grossière et spécieuse erreur – un mirage littéraire (...) de croire qu'à toute chose correspond une expression et une seule –, la bonne, l'unique à trouver », alors que pour Valéry « Tantôt l'expression trouvée reste toujours (pour l'auteur) en deçà de son désir ; tantôt curieusement elle le comble et elle passe le désir, le change » (IV, 871). Dans la même lignée se situe un texte de 1917 où la « littérature » est de nouveau visée, mais cette fois dans un contexte beaucoup plus neutre :

> L'objet de la littérature est peut-être profondément de faire pressentir – seulement pressentir – les conditions mêmes de formation de l'expression par l'homme des choses, abstraction faite par artifice des tâtonnements et des tourments – de sorte qu'entre la chose exprimée et la parole qui l'exprime il *semble* enfin exister, être possible, une parfaite *réciprocité,* l'une créant l'autre et l'autre l'une (VI, 613).

L'accent mis ici sur un jeu d'apparences – « il *semble* enfin exister » – dessine à la fois les limites et la force d'une certaine attitude envers le langage et le rapport qu'il entretient avec le réel, attitude où se profilent non seulement tout l'apport de la réflexion analytique mais aussi les éléments d'une vue divergente, plus nuancée ou du moins fréquemment qualificatrice, faite d'une conscience non moins nette de la vertu créatrice d'une certaine illusion nominaliste, et informée parfois de tâtonnements vers autre chose. Comme l'exprime un texte de 1909 des *Cahiers,* « La littérature (...) se meut entre le réalisme et le nominalisme – entre la croyance à la description exacte, à la création d'objets par les mots – et le libre jeu de mots » (IV, 366). Au-delà de l'habituelle méfiance envers la « littérature » et de tout ce qu'elle recèle de fondamentalement vicié, le mot qu'il faudrait retenir dans ces deux textes apparemment nets dans leurs propos, c'est la conscience de l'*entre* – « entre la chose exprimée et la parole qui l'exprime », « entre le réalisme et le nominalisme » – énonciation de l'intervalle, donc de l'hésitation, situation tendue vers l'ouverture à des possibles linguistiques que Nicole Celeyrette-Pietri a cernés dans son étude au titre tout à fait pertinent dans ce contexte, évoquant un Valéry « Entre Bréal et Mallarmé »[4]. Dans le décalage qui apparaît entre des analyses axées sur des vues du langage comme communication-consommation[5] et celles orientées plutôt vers l'évolution d'une poétique, s'installe et se creuse une interrogation, lieu d'incertitude ou d'expérimentation, dont je voudrais très brièvement repérer quelques-unes des modalités.

Au départ de la mise en place d'un éventuel lieu de résonances cratyliennes, une observation curieuse, apparemment des plus anodines, figure déjà en 1896 dans l'un des tout premiers cahiers, à l'époque même où Valéry campe, à travers plusieurs écrits, les grandes lignes de ce qui va s'élaborer comme une prise de position conventionaliste envers tout l'arbitraire qui régit le rapport mot-chose. C'est le désir, comme il le dit, de créer une « écriture/dessin/idéographie. Essayer d'en fabriquer une » (I, 105). Cette observation, dont la situation paraît quelque peu gênante, puisque écrite à la même époque que le compte rendu sur la *Sémantique* de Bréal, pourrait être considérée comme la première prise de conscience de ce qui aura de plus en plus le statut d'une sorte d'interrogation ou de projection imaginatives, en marge de la mise au point des idées plus connues sur le langage, dont nous devons le recensement de base à Jürgen Schmidt-Radefeldt[6]. Interrogation périphérique qui aura parfois des prolongements surprenants, renouant, par exemple, avec la critique d'inspiration essentiellement linguistique de la philosophie. Une note des *Cahiers* de 1926 constate qu'il n'y aurait pas de « philosophie si l'expression n'était que strictement idéographique. Le moyen bluterait les idées », observation qui se recoupe plus loin avec la notion de distance, l'une des idées-force des leitmotive valéryens (« Le langage défini par les transf[ormations] et combinaisons qu'il introduit dans le cours de l'*être sentant,* le change en *être pensant* – et celui-ci *tend à vivre plus dans l'expression des choses que dans les choses* (en particulier, croyances). /L'intellectuel agite les expressions des choses et l'autre, les choses » (XI, 856).

Si ce qui s'amorce ici comme une interférence aux accents assez éloignés de ce qu'il est convenu d'appeler l'orthodoxie linguistique valéryenne est finalement récupéré dans un contexte de critique plus familière, il n'en reste pas moins que les cahiers – vus toujours non seulement sous l'angle des observations émises mais aussi sous celui de l'écriture, de l'acte même et des modalités du graphisme expressif – tracent en pointillé le parcours d'une interrogation articulée autour d'une éventuelle motivation linguistique, qui ferait de la langue un instrument de concordance directe, non médiatisée et donc moins arbitraire que la réflexion valéryenne ne le laisse supposer ailleurs. De plus, le statut de l'idéogramme, comme « signe représentatif d'une idée, pouvant figurer un objet ou un son et représenter le mot qui désigne l'idée »[7], semble exercer en creux dans l'œuvre une puissance d'attraction ou une séduction imaginatives que les grands paramètres de la réflexion linguistique ont plutôt tendance à occulter, ou à récupérer comme les visions évanescentes d'une fantaisie simplement poétisante. Il est vrai, comme le constate fort judicieusement l'une des notes de la transcription des *Cahiers* actuellement en cours, à propos d'une observation de Valéry qui accuse la piqûre effectuée par le mot « piqûre », que le mot pour Valéry est moins « l'image de la chose », signe ressemblant, qu'un signal, dont la seule « valeur sémantique » est susceptible de produire sur l'organisme un certain « effet physique »[8]. Cette appréciation est juste dans la mesure où Valéry insiste sur l'affaiblissement, l'atténuation de rapports directs langue-réel[9] ou du rôle fonctionnel de la signification[10], et ramène souvent la notion de signal à des possibles pulsionnels et rien de plus, à l'accidentel pur et simple qui donne sur le domaine des rapports conventionnels. Comme il l'écrit dans XII, 31, « Les mots sont des signaux, des événements, des excitations, qui *éveillent ce qu'ils peuvent.* /Il ne faut chercher dans le *sens,* c'est-à-dire dans les *effets* d'un mot que des accidents – et en général une confusion de *conventions* ». Mais limiter une telle procédure à sa seule valeur de création poétique me semble réduire la portée de la recherche proprement idéographique qui s'inscrit au cœur de l'écriture et du geste scriptural. Ici encore, la critique constante des rapports langage-philosophie sert en quelque sorte de tremplin vers l'expérience de modes d'inscription sensiblement différents. Le langage, Valéry le soulignera à maintes reprises, fonctionne par imperfection[11]. « Il faut toujours se référer à quelque langage idéal » (XII, 528) : ailleurs tout le relatif et l'arbitraire qui problématisent le rapport langage-pensée sont attribués à une essentielle « inégalité de *valeur* » des images, celles-ci étant considérées tantôt comme choses, tantôt comme signes (XIII, 503, « Tout langage est fondé sur une inégalité de *valeur* attribuée aux images, dont les unes seront considérées et assimilées en tant que choses, les autres comme signes »). Si le « langage idéal », celui où la force des correspondances mot-chose travaille dans le sens d'une égalisation des interprétations d'images, ne peut jamais par définition être entièrement appréhendé et systématisé, il peut du moins être sollicité selon un régime d'inscription qui diffère de celui qui est normalement réservé à l'analyse des opérations du langage. L'activité qui est centrée sur le fonctionnement théorique et sur la pratique du dessin dans les *Cahiers* tend à suggérer que celui-ci est perçu moins comme divertissement marginal que comme tentative de graphisme illustratif intégral, valorisation d'un mode d'expression indépendant, dont l'une des fonctions premières est de rapprocher signe et réel pour davantage de solidarité et d'interaction expressives. Si, comme Valéry l'écrit dans VI, 267, « Le dessin artistique commence là où les données, figures, formes sont *indécises* (Il n'y a pas deux dessins d'un cercle ou d'un carré) », le contraire peut aussi se produire, et notamment dans le contexte où le dessin est le moins perfectionné, le moins dévié du principe de transmission et d'immédiateté visuelles. En effet, Valéry ajoute : « Il y a un dessin dominé par le reconnaissable – Dessin d'enfant, presque hiéroglyphique », remarque suivie d'un dessin de bonhomme, de la même race des bonshommes qui peuplent de temps en temps les feuilles du manuscrit de *La Jeune Parque.*

Le lien établi entre dessin et enfance me semble significatif à plus d'un titre. D'abord, le dessin est perçu implicitement au départ de l'expérience graphique comme une image ou série d'images qui est fondamentalement solidaire du réel, répondant à des critères d'imitation, de proximité et de connexion. Valéry ira même plus loin, dans une observation de nature autobiographique, ou le rapport dessin-réel semble être perçu plutôt en termes de revivification : « Quand j'étais un enfant qui dessine des bonshommes sur ses cahiers, j'avais un moment solennel. C'était quand je mettais à mes bonshommes, des yeux. Et quels yeux ! Je sentais que je leur donnais la Vie et je sentais la vie que je leur donnais. J'avais des sensations de celui qui souffle sur la boue » (I, 175). La fonction première du geste graphique comme création du monde est revécue par l'adulte dans des termes qui referont surface ailleurs dans les *Cahiers,* à travers des contextes où réel et langage s'entrecroisent selon des rapports de valeur créatrice interactive, telles les nombreuses « aubades » où « le dictionnaire total frémit » (VI, 200), où « Il y a une petite enfance de la figure du monde d'un jour, pour un lieu donné » (XXVII, 539), où les choses commencent à «*balbutier* (...) leurs noms successifs », avant que, finalement, ces noms se posent « définitivement sur les choses » (XVIII, 32). Ce sont des contextes où l'écriture s'imprègne d'une importante vertu créatrice, et où la page désigne littéralement les contours d'un monde qui se donne à construire. On est proche ici, il me semble, d'une conception du langage que le critique J.L. Austin qualifie de « performative », et selon laquelle les mots, tel le « Fiat lux » originel, « chose toute simple (...) qu'on a vue et entendue » (VII, 554), créent les choses dans l'acte même de leur énonciation. Les « Poèmes et petits poèmes abstraits », qui réunissent la plupart des aubades, entre autres textes poétiques, nous découvrent de proche en proche le tracé d'une poétique de coïncidence entre nom et chose, par opposition à une vision de l'écriture comme rupture et dislocation de « l'intégrité du possible », comme Valéry la désigne dans son texte capital sur l'acte d'écrire, « La Feuille blanche »[12]. Mais, comme l'indiquent aussi ces célébrations lyriques du matin où prime une vision rafraîchie du monde, le lien qui s'affirme entre dessin et enfance se trouve renforcé par l'opération du regard, d'un certain regard qui disloque les modes habituels de la perception et qui, Valéry le dira ailleurs à maintes reprises, est le propre de l'enfance. C'est d'ailleurs la remise en place de cette façon de voir qui fait du rapprochement entre chose et geste graphique une opération qui comprend à la fois la trajectoire purement poétique de l'écriture, à laquelle se limite l'analyse de Genette, et d'autres résonances relevant d'une gamme plus étendue. Les études du regard valéryen, accusant la propension à revenir, à voir « primitivement », « originellement », à rééduquer tout le système de perception visuelle, auraient intérêt à cerner en même temps le système d'échanges et de réfringences, le jeu de reflets et de renvois qui s'installent entre l'œil du lecteur ou du scripteur, et la page écrite ou à écrire. En effet, il s'agit pour Valéry de dépasser une certaine altération de la perception effectuée par le langage. C'est le sens d'une observation des cahiers où l'activité de l'œil est présentée comme limitée aux messages reçus par la lecture, au lieu de délimiter un champ de vision où l'apport des constructions linguistiques ne serait plus ressenti comme entrave, comme préalable impérieux de la perception :

Étrange destin de ces organisations compliquées et futiles de la phonation – de se compliquer et de se soumettre à des gênes, pour, dit-on, exprimer l'univers, le débrouiller, le faire chanter, le rendre plus « clair » ou plus « profond ». Logique, métrique, dialectique, rhétorique – l'œil apprend à voir ayant reçu des conseils par la lecture (V, 716).

Il s'agit dès lors de circonvenir ces « conseils » déformateurs, apparemment immaîtrisables, de faire en sorte que l'écriture puisse entrer en contact plus direct avec le monde, puisse passer à travers les mailles des complexités syntaxiques ou rhétoriques, pour se déployer dans une aire d'opérations plus souple. Les nombreux textes en prose poétique où une certaine utilisation du langage, toute en mots soulignés à double ou à triple trait ou en capitales, donne sur l'étrangeté de « voir véritablement » (XVI, 509), facteur rédactionnel qui structure le texte (cf. XII, 189), et de « ne savoir exprimer » (XII, 190), où « dessin » et « peinture » (XXI, 164) sont convoqués avec l'écriture dans le seul et même geste initiateur, pour se propager ensuite en aquarelles à côté du texte écrit (XII, 187), me semblent l'extension graphique naturelle de ce que Nicole Celeyrette-Pietri appelle « une Poésie-Symétrie »[13], cette multiplication de rapports possibles entre mot ou syntagme et sens, extension qui déjoue l'accoutumance de la langue et de ses relations arbitraires consacrées par l'usage.

Cette pratique dissociatrice, qui implique toutes les ressources du geste scriptural, et qui libère le langage de ses systèmes fonctionnels normaux, se recoupe par là avec plusieurs constantes de la phénoménologie valéryenne, dont surtout l'expérience d'une étrangeté radicale, et part de la notion de l'arbitraire pour accroître, bien loin de réduire et de sélectionner, les possibilités combinatoires des mots. Toute écriture se fait jeu de possibles, lieu où ce que Valéry appelle « la confusion de nos mots avec les choses » est démantelée et rétablie sur des bases plus solides. Pour connaître, il faut rendre véritablement « étrange », atteindre un état où l'irréductible étrangeté du monde et celle du langage ne font plus qu'une. Cette procédure opère un dépassement possible de l'habituel hiatus qui, dans la perception valéryenne, éloigne l'« être » du « connaître », capacités conscientes formatrices de sens et opacité du réel, impénétrable et inconnaissable puisque fondée essentiellement sur la propriété de saturer les sens, donc de toujours s'écarter de conditions d'observation précises, et de résister à un quelconque travail de représentation ou de conceptualisation. D'où l'incomplet, l'inévitable limitation de la connaissance, comme Valéry l'explique en 1925 dans un texte de prise de conscience autobiographique :

J'ai fait à 21 ans une immense découverte : que les mots sont des mots ; les images, des images ; que l'on n'en sort pas ; que c'est un système fermé ; que tout le monde humain roule cependant sur *l'oubli* de ces évidences, que la *confusion* de nos mots avec les choses, celle des choses avec nos propriétés etc., est ce qui rend la connaissance, la science, la pratique, *possibles* –, la pensée en liaison possible avec les sensations. Connaître c'est confondre. (X, 557).

L'on reconnaîtra, bien sûr, les termes classiques de la critique linguistique valéryenne. Mais la résonance de ce texte n'est pas sans intérêt pour mon propos. Les *Cahiers* font état d'une tentative pour sortir de ce que Valéry appelle ici le principe du « système fermé » qui régit le rapport mot-image-monde. Le recours à l'image thermodynamique indique le fondement de ce désir de briser le cloisonnement des rapports reçus et prévisibles entre mot et sens. Si connaître, c'est confondre, il ne peut s'agir, comme l'écrit Nicole Celeyrette-Pietri, que de « remettre [mot et sens] en liberté par un mouvement de nég-entropie »[14] : comme dans bien d'autres textes de l'œuvre, l'inversion logique du phénomène thermodynamique active l'investigation imaginative, et éclaire le sens de la combinatoire nouvelle dont les mots seront désormais imprégnés. Avec une fréquence croissante, il s'agira dans les *Cahiers* non pas de connaître par les formules conventionnelles de l'outil linguistique, mais de mé-connaître, de pratiquer une sorte de déconstruction du connaître par la mise en place de nouveaux régimes d'écriture, et de s'acheminer vers l'étrange, préalable fondamental dans le processus de reconstitution du regard, en passant par le stade de l'arbitraire. De cette façon, il y aurait lieu de parler d'une véritable expérience de l'arbitraire, plutôt que de sa simple élucidation théorique et analytique, expérience qui alimenterait une poussée compensatoire vers une vision d'adéquation et de correspondance entre langage et monde. Dans cette perspective, l'une des fonctions capitales du dessin chez Valéry, ce serait de jeter les fondements de cette nouvelle façon à la fois de voir et de connaître, de procéder à la figuration de l'abstrait par des suites d'opérations maniables et perfectibles, et de formuler par là une sorte de mécanique de l'abstraction, à l'instar de cette modélisation de l'abstrait pratiquée par lord Kelvin, si séduisante aux yeux du jeune homme de la rue Gay-Lussac[15]. Une observation du « Journal de bord » de 1894 fait ressortir l'impératif de schématisation abstraite auquel le dessin pourrait être ramené, dans le but de formuler un mode d'inscription idéographique : « Sur le dessin – réduire à une abstraction la notation. Exemple : un bateau : mouvement, élasticité, fumée, droites, courbes » (I, 11). Le dessin en ressortirait comme abstraction performante, dynamisée, projetant la figuration de ses composantes essentielles en tant que pure substance signifiante.

Une telle pratique scripturale promettrait bien plus qu'une systématisation de l'abstrait. Elle permettrait surtout de contourner tout l'aléatoire et tout l'arbitraire qui, à des niveaux différents, mais avec une force d'interférence commune, s'immiscent dans l'acte d'écrire. Valéry ira jusqu'à suggérer que la vision de correspondance ou d'adéquation entre mot et chose relève de la volonté de passer outre aux modalités normales de l'utilisation langagière. Un texte de 1905 note que « Je me suis placé au-delà des mots – leur imposant des conditions préalables – et les voulant appeler non par le hasard » (III, 736). Quelques pages plus loin, cette conscience d'un renouvellement de la relation entre les mots et leur référence représentative suscite des propos sur la peinture, où l'adhésion aux objets est tenue pour être essentielle : « La peinture suppose une immense familiarité avec les objets et qu'on les connaisse par leurs noms. Le dessin est plus hiéroglyphique qu'on ne le pense. Et de même qu'il n'y a pas de musique du bruit quelconque, il n'y a pas de forme et de perfectionnement ou abréviation dans les dessins sans une connaissance ordinaire et très habituelle et arrêtée des objets » (III, 747). D'où une attitude de distance, qui permet de reconnaître et de mieux circonscrire le conventionalisme du langage, selon les critères implicites de ce faisceau d'attitudes linguistiques sensiblement différentes qui informent l'écriture : « Quel paradoxe que l'art de manier les choses par des *signes* qui leur sont extérieurs et étrangers ! » (III, 793).

Aussi ce que j'appellerais la présence d'un certain profil cratylique dans l'œuvre, la constitution d'une perspective dans laquelle le langage est perçu différemment, au plus profond d'une écriture intégrante de possibles, découleraient-elles en partie de l'opposition qui informe la relation entre la nécessité et le hasard, ou ce sentiment d'étrangeté qui sous-tend la confrontation moi-monde. La conscience des insuffisances du langage, tant ordinaire (II, 105 : « le langage ordinaire n'est ni clair ni précis, il ne conserve pas facilement ; il est trop temporel ») qu'abstrait (II, 110 : « les mots abstraits revêtent toujours l'aspect du provisoire – du à refaire »), alimente non seulement la réflexion linguistique mais aussi toute une activité d'inscription et d'expression expérimentales, dont la résonance se répercute dans les registres les plus déterminants de l'écriture. C'est cet aspect d'expérimentation, de jeu libre de l'écrit chez Valéry, qui tend même à dépasser le vieux débat situé autour de la nature du signe (soit donné par la nature, soit constitué par l'homme), et qui concourt par là même à placer l'écriture valéryenne dans une aire d'investigation tout à fait particulière. Foucault, relevant la véritable problématique de la représentation langagière (« le langage ne peut pas représenter la pensée, d'emblée, en sa totalité », du fait de son « ordre, nécessairement successif »[16]), relègue le débat « individuel ou collectif, naturel ou arbitraire », à un niveau secondaire. L'impératif idéographique qui est à l'œuvre dans l'écriture valéryenne n'est nullement étranger à cette constatation. La dimension visuelle et la recherche proprement spatiale d'une écriture en acte orientent celle-ci vers l'un des paramètres primordiaux de la révolution mallarméenne, celui qui décrète la toute-puissance originelle et initiatrice du simple acte d'écrire, sans pour autant réduire le rapport écriture-monde chez Valéry, comme l'écrit Foucault, à la « silencieuse, précautionneuse déposition du mot sur la blancheur d'un papier, où il ne peut avoir ni sonorité ni interlocuteur, où il n'a rien d'autre à dire que soi, rien d'autre à faire que scintiller dans l'éclat de son être »[17]. Si cette « intransitivité radicale » s'impose comme l'une des modalités les plus caractéristiques de la littératur moderne, elle ne saurait se borner à aucun moment chez le Valéry Narcisse à cette pure « subjectivité errante » qui, selon Foucault, marque de son sceau le mode d'être du langage littéraire. Car l'impulsion chez Valéry vers la recherche d'une calligraphie dynamique, en proie, certes, à la fragilité toute événementielle de l'errance scripturale, se double pourtant de la mise en place d'une gestuelle graphique totalisante, unificatrice de possible, qui vit et vibre dans l'épaisseur d'une représentation spatiale placée à l'écart de l'ordre linéaire du langage.

Le régime d'écriture en apparence très particulier du manuscrit valéryen, mais qui se recoupe largement avec les tendances scripturales que j'ai voulu relever dans les remarques précédentes, est à l'œuvre, par exemple, dans l'essai de 1897 intitulé *Une Conquête méthodique.* C'est le rapprochement écriture-idéographie fait par Valéry dans le « Selfbook » qui, parmi les multiples impulsions génératrices de l'acte d'écrire, nous aide à mieux cerner la vertu active et stratégique d'une écriture de la méthode qui informe le noyau génétique de cette réflexion soutenue sur l'Allemagne fin-de-siècle, et sur les changements socio-économiques et militaires qui, aux yeux de Valéry, font d'elle une puissance mondiale de tout premier rang. Car *Une Conquête méthodique* revalorise de nouveau la possibilité d'un contact direct, non médiatisé, avec la réalité, ce même caractère éventuellement cratylique de l'écriture, perçue comme transposition linguistique, motivée et transparente, figurative et donc hiéroglyphique, du monde. Genette, relevant chez Valéry « une sorte de réflexe héréditaire de valorisation de la mimésis »[18], accuse des registres de connivence « mimologique » qui relèveraient d'un « cratylisme secondaire » par opposition au « cratylisme primaire », et qui, tout en reconnaissant les principes fondamentaux d'un mimétisme linguistique, accuseraient aussi une certaine carence, une certaine impureté dans la capacité mimétique de la langue – une langue, certes, imparfaite par rapport à la plénitude d'une résonance cratylique, « mais perfectible dans le sens d'une plus grande mimésis »[19]. L'écriture valéryenne garderait de cette façon un statut de reflet du réel, en instituant une connivence textuelle entre hermogénisme et cratylisme.

Cette mise en valeur d'une écriture profondément inchoative, renouant avec l'une des plus anciennes et des plus séduisantes des analyses linguistiques, et postulant le caractère pictographique ou idéographique des mots, crée la réalité de la « conquête allemande » au fur et à mesure de sa propre inscription, ce réel du travail de l'intellect lui-même. L'Allemagne qui en découle est, en un certain sens qui est celui de la vertu cratylique de l'écrit, une Allemagne bien plus réelle que l'Allemagne du départ, cette dernière, faite primitivement de statistiques et d'observations empiriques, ayant été prise en compte et progressivement intégrée dans le déferlement polyvalent et multiforme d'une écriture en acte. Celle-ci projette le travail transformateur de l'esprit, et fonctionne selon les conditions thermodynamiques de la « négentropie », lutte contre les pertes inévitables d'énergie, en tentant de surmonter cette perte dans la translation du monde et de l'expérience en langage écrit. De même que la mise en place de la méthode économique et militaire implique une totalisation des forces en jeu, de même l'écriture tente de rejoindre un état unitif, une correspondance directe entre les virtualités représentatives du langage et toute la plénitude des phénomènes du réel. L'écriture se fait ainsi actualisation dans le sens étymologique de ce qui est fondamentalement *présent :* étant devenue le véhicule de cette logique des profondeurs et de la surface, l'écriture formule, par une espèce de retournement sur elle-même, non seulement les grandes lignes de force du système, mais projette aussi leur propre application par rapport à la spécificité de leur situation dans le temps. D'où l'installation au cœur de l'écriture d'un dispositif de va-et-vient, qui fait que la mise en œuvre des éléments du système renvoie constamment au jeu des forces socio-économiques qui fournit le catalyseur de l'écriture.

L'exemple de l'écriture de cet essai, qui pourrait paraître quelque peu excentrique par rapport aux grands travaux des années de maturité, réunit pourtant la plupart des aspects conceptuels et scripturaux qui informent la perspective cratylique de l'œuvre. L'essai signale surtout, à mon sens, que le tracé d'un « cratylisme secondaire », selon le mot de Genette, n'est aucunement limité à la simple trajectoire d'une rêverie vaguement poétisante (à laquelle, d'ailleurs, l'étude de Genette a tendance à le réduire), et que ce tracé relève plutôt des assises mêmes de la perception et de l'efficacité de l'inscription valéryennes. La présence dans l'œuvre d'une filière cratylique pose le fondement d'une utilisation particulière du langage, dont l'exploitation poétique des ressources illusionnistes du cratylisme ne représente que l'une des manifestations, d'ailleurs à certains égards la plus simpliste. James Lawler, évoquant la thèse cratylique à propos de l'*Alphabet* de Valéry et du cycle horaire qui en constitue l'un des ressorts structurels, accuse le jeu de l'allitération qui, pour la letre « C », par exemple, hante le texte (« crainte », « commencement », « cœur », « calme », « colorée », etc.), et note que « le mimétisme valéryen est normalement plus discret »[20], sans toutefois indiquer les voies possibles de cette discrétion plus nuancée. Une série de textes en prose poétique où Valéry met en jeu les ressources d'un cratylisme plus complexe, c'est celle qui est consacrée à la Voix poétique, et notamment à cette « demi-voix » qui inscrit autant pour l'œil que pour l'oreille la « puissance chuchotée » de ses rythmes délicats[21].

S'il s'agit au terme de cet exposé de tenter de cerner le statut du rapport qui fait du simple composé « Valéry et le cratylisme », la perspective d'un conflit conceptuel hérité fort probablement de Mallarmé, on ne saurait négliger l'éventualité d'une sorte de compensation, qui rachèterait les aspérités de l'autre attitude envers le langage, celle qui consiste à en relever constamment le caractère approximatif, tout l'à-peu-près qui régit ses rapports à la fois avec la pensée et avec le monde[22]. Plus significatif, peut-être, serait le statut d'un désir de motiver le langage, désir qui est refoulé, nié même, par les faits du fonctionnement linguistique, mais qui reste puissamment présent, puisant sa séduction intellectuelle dans cette autre vision de cas limite qui lui est à certains égards étroitement apparentée, celle de « Parvenir à un beau théorème, monter à un beau vers, par le désir même de trouver quelque beau théorème, ou quelque beau vers », cas, comme Valéry le dit, « qui n'est pas irréel, (...) c'est un fait bien remarquable » (V, 235). Comme dans bien d'autres contextes chez Valéry, l'irréel détient ici une force créatrice qui lui est propre, constitutive du désir, au point de se greffer sur le langage et de l'infléchir dans des directions que l'analyste linguistique n'en finira pas de désavouer. C'est dire à la fois le côté « positif et négatif »[23], pour adopter la formule de Judith Robinson-Valéry, la force et la faiblesse d'un Valéry anti-cratylique malgré lui. L'ironie voudra que ce soit le sens même de la critique valéryenne de Platon :

> Personne ne *croit* plus aux Idées de Platon, mais cette mythologie intellectuelle a pris rang dans les moyens de pensée de tout le monde. La notion «Idéal» est acquise, comprise.
> De même la notion d'évolution. Partisans ou non, la possèdent, s'en servent, se comprennent eux-mêmes ou entre eux *au moyen* de ces mots (VI, 175).

NOTES

1. Gérard Genette, *Mimologiques*, Paris, Seuil, 1976, pp. 278-95.
2. *Ibid.*, p. 292.
3. N. Celeyrette-Pietri, « Au Commencement sera le Sommeil – Quelques réflexions sur un poème en prose », *Cahiers Paul Valéry* (I – Poétique et poésie). Paris, Gallimard, 1975, p. 223.
4. N. Celeyrette-Pietri, « Entre Bréal et Mallarmé », in *Problèmes du langage chez Valéry 1894-1900*, Paris, Lettres Modernes, 1987 (« Archives des lettres modernes », « Archives Paul Valéry, n° 6 »), pp. 75-97.
5. Outre l'exemple bien connu, développé dans *Poésie et pensée abstraite*, de la prose comme communication transitive, abolie par le transfert de son contenu, citons aussi l'accent mis dans les *Cahiers* sur la prétendue propriété du « mot isolé » de n'exister « que théoriquement » (X, 781), et qu'en fait « Il ne faut tenir les *mots* que comme agents d'une

transformation actuelle. Leur valeur hors d'emploi est illusoire. (...) Il n'y a pas de mots isolés » (XIII, 888).

6. J. Schmidt-Radefeldt, *Paul Valéry linguiste dans les « Cahiers »*, Paris, Klincksieck, 1970.
7. Définition du dictionnaire *Le Petit Robert*.
8. Paul Valéry, *Cahiers 1894-1914* (édition intégrale, établie, présentée et annotée sous la co-responsabilité de Nicole Celeyrette-Pietri et Judith Robinson-Valéry), Paris, Gallimard, 1987 (tome I), p. 463.
9. V. 716 :

   Les Parties du discours

   Le Verbe ne désigne pas une action, mais bien l'action d'imiter une action, ou autre chose qui soit modification du corps.

   Substituer des actes à des présences c'est le langage.

   La mer brille : briller tend à faire imiter l'effet d'éblouissement par les yeux.

   Il y aurait donc autant de verbes élémentaires que d'imitations possibles.
10. V, 864 :

    Le « sens » d'un signe n'est que le rôle qu'il joue, c'est-à-dire l'acte qu'il provoque – si cet acte intellectuel ou autre, est automatique, uniforme et puisse toujours restituer en retour le signe ou l'idée du signe.

    Le son d'un mot fait penser la chose comme le geste du doigt fait *voir* l'objet. Les mots forment un système de *gestes* très nombreux, très divers.
11. XII, 528 :

    Le sentiment précis et permanent de l'*imperfection* du langage – sentiment qu'il faut avoir présent pour déchiffrer les paroles et pour évaluer – pour considérer *comme approximation de x,* chaque émission (...) doit nous tenir en garde contre toute philosophie, et contre l'illusion permanente qui résulte de l'obligation de former des propositions complètes.

    La pensée se présente au contraire généralement comme un système non organisé de quelques mots – il faut toujours se référer à quelque langage idéal...
12. « Enfin, la main se décide ; et, comme le joueur risque une carte sur le tapis, ou un pion sur l'échiquier, ou porte à la pureté donnée et à l'intégrité du possible, le coup, – le Mot, le trait –, qui va rompre le charme » (voir *Bulletin des Études Valéryennes,* n° 42, juin 1986, p. 63).
13. N. Celeyrette-Pietri, « Entre Bréal et Mallarmé », in *Problèmes du langage chez Valéry 1894-1900,* Paris, Lettres Modernes, 1987 (« Archives des Lettres Modernes », « Archives Paul Valéry, n° 6 »), p. 95.
14. *Ibid.,* p. 94.
15. *OE,* II, 1435 : « *Sir Thomson a voulu réaliser matériellement ces mécanismes de compréhension.* En fer, en cuivre, en verre, il a fait des métaphores. Toute la physique d'aujourd'hui est une métaphore hydraulique, et lui, l'a extraite des formes algébriques pour donner aux sens eux-mêmes le spectacle de la continuité de la pensée ».
16. Michel Foucault, *Les Mots et les choses,* Paris, Gallimard, 1966, p. 96.
17. *Ibid.,* p. 313.
18. G. Genette, *op. cit.,* p. 295.
19. G. Genette, « Avatars du cratylisme », *Poétique,* n° 11, 1972, p. 394.

20. James R. Lawler, « The « Alphabet » of Paul Valéry », in Mary Ann Caws and Hermine Riffaterre (eds), *The Prose Poem in France – Theory and Practice,* New-York, Columbia University Press, 1983, p. 164 (« But Valéry's mimetism was customarily less obtrusive, and more often than not he was content to adopt a mere few words from his initial letter (...), proposing thereby – with no obvious alliteration to carry him – the motif he would expand »).
21. Voir Paul Valéry, *Cahiers 1894-1914* (tome I), p. 468 (la note 1 pour la page 269).
22. Paul Valéry, *Lettres à quelques-uns,* Paris, Gallimard, 1952, p. 244 : « Ma seule « constante » (...) fut, sans doute, de me représenter de plus en plus nettement mon « fonctionnement mental », et de garder ou de reprendre aussi souvent que possible ma liberté contre les illusions et les « parasites » que nous impose l'emploi inévitable du langage ».
23. Judith Robinson-Valéry, « Une vision positive ou négative du langage ? », in *Problèmes du langage chez Valéry 1894-1900,* pp. 129-59.

Evanghélos A. MOUTSOPOULOS
Université d'Athènes

LANGAGE ET INSPIRATION POÉTIQUE : LE TÉMOIGNAGE VALÉRYEN

1 – Vers un structuralisme artistique

S'il est vrai que tout art, au sens où il est modalité d'expression, véhicule un message, il est tout aussi vrai qu'il ne peut y avoir dialecticité entre forme artistique et fond véhiculé par celle-ci et, par conséquent, opposition originelle entre ces deux volets ou facteurs de la réalité artistique ; en effet, une telle opposition, même si elle est concevable, cesse d'exister dès lors qu'elle disparaît à l'intérieur de la structure de l'œuvre d'art. Cette structure est, pour le moins, sous-entendue dans le cadre d'une ontologie d'inspiration aristotélicienne appliquée à l'œuvre d'art : structure qui est relation[1], mais néanmoins relation dynamique, entre fondement et forme de l'œuvre instaurée[2] ; autrement dit, explicitation du programme ontologique même de l'entité esthétique qu'est l'œuvre d'art[3], et qui se présente en tant que sa propre *quiddité*[4].

En réalité, les formalismes purs, tel le formalisme kantien[5], ou mitigés qui, eux, remontent tous, sans exception, au formalisme hégélien, au terme duquel, à l'origine, le beau serait « la manifestation sensible de l'idée »[6], n'ont pas su réduire la formalisation de l'idée exprimée dans l'œuvre d'art au delà d'une dialectique, elle-même à proprement parler irréductible, alors que le modèle aristotélicien suggérait, en l'occurrence,une confrontation plutôt fonctionnaliste du problème, qui déboucherait sur une vision « structuraliste » avant la lettre. Les discussions du problème de la préséance du fond ou de la forme s'est donc poursuivie pendant tout le dix-neuvième siècle de manière totalement stérile, avec des préférences penchant, de part et d'autre, pour telle ou telle solution[7].

Dans le cas d'une conception réellement structuraliste qui plaiderait en faveur d'un abandon de cette alternative par trop simpliste et par trop surannée, fond et forme se réduiraient à une réalité unique, celle de la structure, qui dominerait l'ensemble de la présence réelle de l'œuvre d'art, depuis sa genèse jusqu'à son accomplissement[8].

A ce niveau, le témoignage de Valéry, relatif à la structuration unique (ou plutôt unifiée) que parole et rythme suggèrent l'un à l'autre, et tendent à imposer à telle présence esthétique indivise, semble être particulièrement significatif (et, à ce titre, hautement instructif) des possibilités d'une considération renouvelée, reposant sur des bases modernes, des vues pour ainsi dire classiques sur la fonction respective du fond et de la forme dans l'œuvre d'art. Des textes valéryens qui seront cités dans ce qui suit il ressort que l'œuvre poétique, notamment, émerge à partir d'une dualité d'éléments qui concourent à la création d'une réalité unique où « fond » et « forme » se dépouillent réciproquement de leur particularité inhérente pour converger *d'emblée* vers l'élaboration d'une présence unique et non répétable.

2 – De la structure unique et unie

On dirait que cette unicité et cette « irrépétabilité » s'affirment dès lors qu'à la faveur d'une occasion une dualité consistant en un rythme précis et en une séquence irréversible de sons articulés, qui leur confère un sens distinctif, émerge de deux sources apparemment différentes, pour fusionner, se confondre et se fondre dans une structure indivise : c'est ainsi que Platon déjà qualifiait l'impression fondue causée par l'harmonie, pour ainsi dire préétablie, réalisée dans le corps humain, par deux sons concordants[9], et à qui R.M. Rilke semble faire écho lorsqu'il recourt à l'image classique du « coup d'archet qui de deux cordes tire un son unique »[10].

Ce sont précisément des structures esthétiques externes qui, en éveillant, de par leur activité propre, des homologies structurales internes, suscitent l'activité spécifique de la conscience créatrice qui s'organise, se concrétise et s'objective dans des œuvres rigoureusement définies. Toute occasion est susceptible de déclencher un tel mécanisme (qui n'a, bien entendu, rien de mécanique, mais qui ressemblerait à un dispositif dynamique mis en branle par l'incidence d'un vécu capable d'engendrer une série de réactions dont émerge la structure originelle de l'œuvre d'art). « Le poète s'éveille dans l'homme par un événement inattendu, un incident extérieur ou intérieur (...) une émotion, *un mot* (je souligne) »[11], écrit Valéry, qui s'empresse d'analyser cette pensée avant de l'illustrer par des exemples concrets. Ainsi, selon lui, la réaction de la conscience créatrice à une telle incidence peut suivre deux voies différentes, voire contraires : l'une consiste en l'explicitation de l'état d'âme de l'artiste à travers un ensemble de sons articulés possédant un sens particulier qui leur est inhérent, et qui sont en quête de la structure rythmique appropriée qui doit les véhiculer ; l'autre consiste en la désignation d'une structure rythmique originelle, mais qui engendre quasiment d'elle-même son contenu noématique. Cette dernière voie est qualifiée de la manière suivante : un élément de forme, une esquisse d'expression qui cherche *sa cause* (je souligne), qui se cherche un sens dans l'espace de mon âme »[12].

Et le poète de poursuivre, après avoir longuement commenté ces remarques, en esquissant succinctement, de manière à résumer ou à préfigurer d'autres développements : « Observez bien cette dualité possible d'entrée en jeu : parfois quelque moyen d'expression veut quelque chose à servir »[13] ; dualité que qualifie une complémentarité de besoins esthétiques, dualité aussi qui se manifeste *d'une part* sous l'aspect d'une structure rythmique cellulaire qui sert de récipient à une structure noématique adéquate véhiculée par une série de sons articulés, et *d'autre part* sous l'aspect d'une structure versifiée engendrée par une telle série déjà constituée. La structuration de la cellule versifiée joue un rôle décisif dans le processus de composition de l'œuvre dans son ensemble.

Cette pensée générale est explicitée moyennant des exemples précis, applications concrètes du point de vue exposé sur le plan théorique : « Mon poème *Le Cimetière Marin* a commencé en moi par un certain rythme, qui est celui de vers français de 10 syllabes, coupé en 4 et 6. Je n'avais encore aucune idée qui dût remplir cette forme. Peu à peu des mots flottants s'y fixèrent, déterminant de proche en proche le sujet, et le travail (un très long travail) s'imposa. Un autre poème, *La Pythie,* s'offrit d'abord par un vers de 8 syllabes dont la sonorité se composa d'elle-même. Mais ce vers supposait une phrase, dont il était une partie, et cette phrase supposait, si elle avait existé, bien d'autres phrases. Un problème de ce genre admet une infinité de solutions. Mais en poésie les conditions métriques et musicales restreignent beaucoup l'indétermination. Voici ce qui arriva : mon fragment se comporta comme un fragment vivant, puisque, plongé dans le milieu (sans doute nutritif) que lui offraient le désir et l'attente de ma pensée, il proliféra et engendra tout ce qui lui manquait : quelques vers au-dessus de lui et beaucoup de vers au-dessous »[14].

Indépendamment des regards analytiques que cette rétrospective permet de jeter sur la poétique valéryenne, elle ne saurait être dissociée de l'exposition de la distinction, demeurée classique, établie par Valéry entre vers « donnés » et vers « calculés »[15]. La première formule, celle qui s'applique aux vers « calculés », est visée par le poète Costis Palamas : « Des idées, le poète n'en a guère ; à vrai dire, il ne pense qu'avec la langue et le son, avec le vers et la rime, avec le rythme et le mètre »[16]. La deuxième formule est implicitement contenue dans cette phrase, mais elle est loin de revêtir la clarté et la précision qu'elle acquiert chez Valéry. De toute manière, il apparaît que dans l'un des cas comme dans l'autre le rôle du langage demeure primordial. En effet, qu'il se présente comme un « remplissage » ou bien comme une donnée première dépendant d'un raisonnement fondamental qui engendre, de par son déploiement indéfini, une structure à la fois extensible et « rétrécible », donc extrêmement flexible, le langage demeure plus qu'un critère de la composition poétique, une condition élémentaire autant que dominante.

Ces processus spécifiques s'entendent, cela va de soi, au sein de la conduite, envisagée par Valéry, qui va du désir vague de création à la concrétude matérialisée de l'œuvre accomplie, de l'« événement »[17]. Cette conduite est regardée comme une fixation progressive qu'assure le passage d'une volition obscure à un dessein résolu ; et de là, à une détermination interprétée dans deux sens, à savoir comme détermination à la fois de l'intentionnalité créative et de l'entité structurale ainsi créée : une détermination qui se trouve en conflit dialectique incessant avec le caractère de liberté qui marque l'attitude du poète face à son œuvre instaurée. Une telle détermination et une telle concrétisation, ne sont concevables que moyennant l'incorporation du langage dans la structure de plus en plus fixée[18].

L'inspiration poétique est stimulée et, pour ainsi dire, canalisée et précisée, à travers le langage même. En effet, le langage offre le véhicule le plus concret, le plus adaptable à la pensée poétique, mais aussi le plus apte à la communiquer, encore qu'en l'objectivant il devient susceptible de la déformer, partant de la trahir : « Ce qui obscurcit presque tout c'est le langage – parce qu'il oblige à fixer et qu'il généralise sans qu'on le veuille »[19]. Toutefois, c'est bien grâce à lui que l'œuvre poétique surgit du néant pour s'affirmer définitivement[20] en tant qu'*être* à partir d'un *devoir-être* qui n'est autre qu'un *être possible* passé du domaine de l'éventualité à celui de la nécessité : « L'artiste vit dans l'intimité de *son* arbitraire et dans l'attente de *sa* nécessité. Il demande celle-ci à tous les instants ; il l'obtient des circonstances les plus imprévues (...). Il attend une réponse *absolument précise* (...) à une question *essentiellement incomplète :* il désire l'effet que produira en lui ce qui de lui peut naître (...) Ce qui nous semble *avoir pu ne pas être* s'impose à nous avec la même puissance *de ce qui ne pouvait ne pas être, et qui devait être ce qu'il est* »[21].

On accordera finalement au langage une fonction englobante comparable à celle de l'intelligence au cours de la création poétique. Une telle comparaison s'appuie vraisemblablement, chez Valéry, sur une acceptation, vague et implicite, il est vrai, et même souvent contestée par le poète lui-même, du principe de parallélisme logico-grammatical sur lequel la logique aristotélicienne repose à son tour[22] : « Je ne pouvais... souffrir (dès 1892) que l'on opposât l'état de poésie à l'action complète et soutenue de l'intellect. Cette distinction est aussi grossière que celle qu'on enseigne exister entre la « sensibilité » et l'« intelligence », deux termes que l'on serait bien en peine de préciser sans se dédire ou se contredire, et qui ne se divisent bien qu'à l'école, où l'on développe jusqu'à la nausée le célèbre contraste de « l'esprit de géométrie » avec celui de « finesse »[23].

Valéry tient à restituer au langage toute l'importance et la signification qui ont pu lui être contestées : « Tout ce que l'esprit peut résoudre en esprit et faire participer au mépris en lequel il *doit tenir* ses propres productions et fluctuations *en général,* et par conséquence tout ce qui est langage et *n'est que langage,* fut frappé. Il fallut donc chercher ce qui peut *sauver* le langage (...) la vérification esthétique ou excitante des combinaisons verbales »[24]. Cette importance et cette signification se concentrent au niveau de la fonction inspiratrice du langage : « On parle d'inspiration – Mais on l'entend d'un mouvement plus ou moins soutenu (...), mon « rêve de poète » eût été de composer un discours (...) où le physique, le psychique et les conventions du langage pussent combiner leurs ressources... Mais, *au fait, qui* parle dans un poème ? Mallarmé voulait que ce fût le Langage lui-même. Pour moi – ce serait (...) le *Langage* issu de la *voix* plutôt que la *voix* issue du *Langage* »[25].

Une pareille fonction inspiratrice devient capitale en raison du domaine principal dont le poète sollicite l'inspiration : « (M)es sujets et modèles ne sont jamais que des objets intellectuels – des choses intérieures . Je ne m'applique jamais à un paysage, un personnage, une scène ou affaire ; et me suis fait cette manière de voir *intérieure* (...) Pas de souvenirs, et je les traite, le cas échéant, abstraitement »[26]. C'est à travers le langage seul que l'abstrait se concrétise, que l'intelligible se sensibilise. Et c'est là précisément que le langage acquiert toute sa validité d'élément composant de l'instauration artistique dans le domaine de la poésie.

3 – Du mode pensé au mode structuré, par le mode articulé

Désormais, la question acquiert principalement les dimensions d'un problème (a) de suggestion de structures définitivement établies au niveau de la composition poétique ; et (b) de correspondances assurées entre sensible et intelligible au niveau du choix des signifiants. La première de ces dimensions est directement liée à la présence effective de la pensée dans la forme extérieure même d'un vers ou d'une série de vers, d'une continuité à une discontinuité apparente qui, en fait, est une continuité restructurée : « Le problème du langage consiste (...) à représenter une série relativement continue par des ensembles d'éléments finis et réciproquement. Comment se fait la transformation ? En faisant varier la notion qui se présente jusqu'à ce qu'elle se décompose en mots (ou plutôt de façon à l'amener en parties *capables* de mots). Donc, on passe d'un *temps* à une suite de temps d'opérations (...) d'un continu (...) à un discontinu »[27]. Cette transmutation fait qu'en dépit d'un principe aristotélicien de parallélisme logico-grammatical, « le langage est plus propre à la poésie qu'à l'analyse »[28]. En effet, « le langage n'a jamais vu la pensée »[29], au sens que cette dernière lui échappe en définitive, étant plus subtile et plus fuyante que lui : « Le secret de la pensée solide est dans la défiance des langages – Les spéculations bien séparées des notations sont les plus puissantes, etc. Car les notations quelles qu'elles soient sont soumises à des lois, après tout semblables ou identiques à celles qu'elles doivent exprimer ou découvrir »[30].

Néanmoins, on admettra que « le langage organise forcément la pensée – mais d'une certaine façon qui n'est pas la rationnelle, – ou la rigoureuse – ou la naturelle – mais l'historique. Il organise chaque esprit historiquement, imitativement »[31]. La restructuration opérée moyennant la fonction poétique, et grâce au langage, est possible en raison de la déstructuration que celui-ci établit au niveau du passage entre l'intention poétique et la réalisation de la forme concrète. Or, si ce rapport est valable à propos de toute œuvre d'art, il l'est par excellence à propos du poème : « tout langage réel comporte un certain système de décomposition plus ou moins exacte (...) du chaos de la connaissance »[32]. Cette même déstructuration est possible de par la nature intime du langage : « Malgré ses vices le langage, par son développement historique, a opéré (sans méthode) des fractionnements importants »[33]. Le langage remplit une double fonction due à sa flexibilité et à son adaptabilité, bref à ce qu'il se prête tel un instrument efficace à cette restructuration qui est à la base de la création : « Le langage me subit et me fait subir. Tantôt je le plie à ma vue, tantôt il transforme ma vue »[34].

Le langage s'avère être l'élément décisif de l'expression poétique, qui implique et qui impose sa structure en la rendant structure du poème composé : « L'ensemble des mots est comparable fonctionnellement à celui des articulations. Le langage est une main – dont il faut exercer l'indépendance des doigts, la promptitude, les emplois simultanés, etc. Mais il y a 6.000 doigts à cette main »[35]. Or cette conception n'est point incompatible avec une conception apparemment contraire, au terme de laquelle « il importe de s'exercer à la pensée sans langage. Et en somme de bien distinguer les pensées suivant qu'elles l'empruntent ou non. Mais lorsqu'elles l'éliminent, elles tendent toujours nécessairement à l'être et au rêve. La pensée n'est maintenue à la surface du réel que par le langage »[36]. En effet, le langage devient ainsi une condition *sine qua non* non seulement de l'expression poétique, mais aussi (et surtout) du processus de création de la forme poétique structurée. Loin d'être uniquement la matière du poème, il en est la véritable forme structurante. Cette double fonction du langage est affirmée même dans le cas où il semble s'éclipser et où l'image seule apparaît comme régissant le processus de composition poétique : « L'*image* au sens généralisée est le mode par lequel une *chose* est acte, ou résultat d'acte. Tantôt acte réflexe, tantôt acte composé. Prenez garde à tous ces mots qui ne sont (presque) intelligibles que par les proportions où ils entrent »[37] ; ce qui revient à dire que, tout compte fait, ce sont toujours les mots qui véhiculent les images.

Dans ces conditions, on ne s'étonnera pas du « rôle conservatif et combinatoire du langage. C'est ce rôle qui fait toute l'*intelligence,* par son action sur les images »[38]. Il incombe au poète « de célébrer en même temps qu'il illustre cette invention étonnante, le langage (...) le langage a presque tout fait, et entre autres choses il a fait l'esprit »[39]. Valéry semble osciller entre la célébration et le dénigrement du langage. Cependant, et au delà de la contradiction apparente dans laquelle il s'engage, il reconnaît le rôle prépondérant du langage dans la fonction poétique : « Langage – sujet d'éternelle méditation car c'est l'*univers* de la pensée »[40]. Et encore : « La poésie la plus élevée essaye de balbutier ces choses, et de substituer à ces *effusions*, des *expressions* »[41]. Le langage appauvrit, certes, mais il précise à coup sûr et, de plus, il permet aussi bien la formulation des images que leur communication.

Le langage dépasse les sens en permettant « de ne pas voir »[42], mais aussi la cognition, car les « mots indéterminés » sont « ceux qui permettent d'écrire ce qu'on pourrait penser »[43] ; d'ailleurs « certains mots (...) sont impossibles dans le moi rigoureusement isolé (...) Ils n'existent pas dans l'insonore de la solitude »[44]. Dans ces conditions, « il n'y a pas de mot isolable »[45]. Inversement, et en tant que le mot fait partie du langage articulé, il est porteur d'une dynamique cosmogonique qui se traduit en mythe, donc en entité poétique déjà structurée[46] En ce sens, il se présente comme l'amorce d'un dialogue intérieur[47] qui est à l'origine de la structure poétique[48]. C'est précisément ce mythe qui se déverse dans tel vers au sein duquel il forme le noyau d'un noyau, puisqu'il commande le développement du poème tout entier.

Quant à la deuxième des dimensions distinguées, celle de la correspondance entre sensible et intelligible, si le parallélisme logico-grammatical n'est pas rigoureusement effectif, c'est qu'il se heurte au vague de la pensée imagée. Dans cet ordre d'idées, « avant de *signifier* quoi que ce soit toute émission de langage *signale* que *quelqu'un parle* »[49]. Néanmoins, le langage « ne représente donc pas directement un document *pur* des propriétés psychiques – lesquelles d'ailleurs – sont d'abord des *virtualités*, dont les développements sont irréguliers, et ces irrégularités dues surtout aux événements et accidents que le milieu sensible et surtout *social* imposent à l'individu – tout en le *créant* comme individu »[50]. Seule la cognition évoluée, la « pensée sans images »[51], celle qui utilise uniquement des concepts, accuse une correspondance quasi totale avec le langage[52]. La poésie, elle, profite de cette correspondance pour se constituer un arsenal de cellules se prêtant à une articulation, et à partir desquelles elle procède à ses structurations qui ne sont point nécessairement celles du langage commun[53].

Or, pour Valéry, comme pour Gœthe[54], plus qu'à la pensée le mot correspond à l'acte ; il l'engendre même, puisqu'il désigne une volonté d'en atteindre l'objectif[55]. C'est parce que l'acte prend la forme du processus de création poétique que le mot se trouve à l'origine du poème : encore faut-il que le poète soit en mesure de mettre en valeur, à cet effet, le mot le plus efficace[56]. Ce mot agira, dès lors, telle une incantation au niveau de la structuration du poème[57]. Le poème surgit de la volonté de la conscience du créateur, et se déploie en se structurant par l'action du langage qui s'y investit.

4 – Une structure structurante

La structure qui, donnée cellulaire, jaillit du fond de la conscience créatrice, instinctivement, sous l'aspect d'un simple récipient rythmique creux, mais destiné à être chargé d'une série de sons articulés formant des mots, une phrase, un sens, ou bien sous l'aspect d'un vers d'emblée accompli, est une structure dynamique qui se répand et qui se développe d'elle-même. Elle comporte le programme de son propre devenir[58], et c'est conformément à lui qu'elle s'amplifie jusqu'à atteindre son point kairique[59] de croissance optimale, avant lequel elle demeure elliptique et défectueuse, et après lequel elle souffre d'inflation formelle, de redondance et, finalement, de vacuité néantisante. Valéry le fait bien observer, en invoquant le rôle du langage comme intermédiaire entre l'inspiration poétique et l'entité esthétique que le poème représente.

Ce rôle répond, certes, à une fonction polyvalente ; or cette polyvalence convient précisément à l'existence de nombreux processus de structuration poétique dont un seul est, en définitive, le plus conforme à la nature même du programme spécifique qui comporte la *quiddité* du poème achevé[60]. Pour notre poète, c'est en raison de cette polyvalence que le langage s'affirme être d'une duplicité exemplaire, d'où son usage avantageux ou néfaste, selon le cas. Il incombe au créateur d'en maîtriser à temps la vertu suggestive, afin d'en appliquer la teneur à une structure dérivée dans laquelle la structure inspirée initiale se trouve être désormais intégrée.

NOTES

1. Cf. E. Moutsopoulos, *Le problème du beau,* Aix-en-Provence, Ophrys, 1960, pp. 67 et suiv., 93 et suiv.
2. Cf. Idem, « Vers une phénoménologie de la création », *Revue Philosophique,* 1961, pp. 261-291.
3. Cf. Idem, Sur les dimensions kairiques de la structure de l'être, *Hommage à François Meyer,* Aix-en-Provence, Publications de l'Université de Provence, 1983, pp. 121-133.
4. Cf. Idem, Penser : de l'être au plus-être, *Etre et penser* (sous presse).
5. Cf. I. Kant, *Critique du jugement,* Introduction, V ; cf. E. Moutsopoulos, *Forme et subjectivité dans l'esthétique kantienne,* Aix-en-Provence, Ophrys, 1964, pp. 121-127 ; 155-185 ; « Forme et finalité dans l'esthétique kantienne », *Philosophie* (édition de l'Académie d'Athènes), 13-14, 1983-1984, pp. 346-351.
6. Cf. G.W.F. Hegel, *Esthétique,* textes choisis par Cl. Khodoss, Paris, PUF, 1954, p. 208 ; cf. E. Moutsopoulos, « Historicisme, phénoménologisme et axiologisme dans l'esthétique de Hegel », *Atlantida,* 9, 1971, pp. 43-52, et *Annuaire Scientifique de la Faculté de Philosophie de l'Université d'Athènes,* 1971, pp. 96-105.

7. Pour Herbart et son école, par exemple, dans le binôme fond-forme, c'est le fond qui prévaut. Il en sera de même pour la pensée « progressiste », depuis Zhdanov, créateur de l'esthétique du réalisme socialiste jusqu'à un penseur extrêmement sérieux, G. Lukacs : tous ces esprits, pour des raisons extrêmement diverses, n'ont pas su se libérer d'un dilemme décidément faux ; cf. E. Moutsopoulos, « Art et artiste, travail et travailleur », *Rotonde*, 1971/3, pp. 277-279.
8. Cf. Idem, « Alternative Processes in Artistic Creation », *Proceeding of the 8th International Wittgenstein Symposium* (Kirchberg am Wechsel, 1982), Part I, Wien, Hölder, 1984, pp. 107-113 ; « Le modèle de l'œuvre d'art : idéalisme ou pragmatisme ? », *Actes du XVIIe Congrès de l'Association des Sociétés de Philosophie de Langue Française* (1980), Strasbourg, 1981, pp. 300-302 ; « La finition de l'œuvre d'art : contraintes et licences », *La philosophie et les sciences*, Rio de Janeiro, 1978, pp. 22-24 ; « La vérité dans l'art », *Diogène*, n° 132, 1985/4, pp. 111-119 (et en anglais, *Diogenes*, n° 132, 1985/4, pp. 107-115.
9. Cf. Platon, *Timée*, 80 a-b ; cf. E. Moutsopoulos, *La musique dans l'œuvre de Platon*, Paris, PUF, 1959, pp. 40-42 ; « Mouvement musical et psychologie dans les derniers dialogues de Platon », *Musique et Philosophie, « Actes du Colloque de Dijon »,* (nov. 1983), Dijon, Société Bourguignonne de Philosophie, 1985, pp. 2-14 ; « Harmonie préétablie et harmonie en devenir : l'apport de l'art à l'idée philosophique de création », *Académie Internationale de Philosophie de l'Art, Actes*, fasc. 3, 1987, pp. 93-97 ; « Structures intimes et plaisir esthétique » (sous presse).
10. Cf. R.M. Rilke, *Neue Gedichte*, Frankfurt am Main, Insel, 1974, « Liebeslied », p. 12 ; cf. *mutandis mutatis*, Heraclite, fr. 51 B (D.-K.16) ; cf. Platon, *Banquet*, 187 d ; cf. Aristide Quintilien, *De musica*, 107 (Meibom).
11. P. Valéry, Poésie et pensée abstraite, *Variété V*, Paris, Gallimard, 1944, p. 160. *Oe*, I, 1338.
12. *Ibid.*
13. Cf. *ibid.*, p. 161. *Oe*, I, 1338.
14. Cf. *ibid.*, cf. E. Moutsopoulos, « L'imagination formative », *Annales d'Esthétique*, 2, 1963, pp. 64-77, notamment p. 73 et la n. 2.
15. P. Valéry, *Tel quel*, I, Paris, Gallimard (1941), 2e éd., 1971, pp. 150-151. *Oe*, II, 551.
16. Cf. C. Palamas, Mes souvenirs des « Iambes et Anapestes » (1925), rééd. dans *C. Palamas, Oeuvres Complètes*, t. 1, Athènes, Biris, pp. 326-327. Cf. E. Moutsopoulos, « L'imagination formative », *loc. cit.* ; « Alternative Processes in Artistic Creation », *loc. cit.*
17. P. Valéry, Leçon inaugurale du cours de Poétique au Collège de France, *Variété V*, notamment p. 314. *Oe*, I, 1353.
18. Cf. E. Moutsopoulos, « Réalité du langage et langage de la réalité », *Langage et réalité dans la philosophie grecque. Actes du deuxième Symposium International de la Société Philosophique Grecque* (1984), Athènes, 1985, pp. 13-15.
19. P. Valéry, *Cah I*, 491 (C1, 382).
20. Cf. E. Moutsopoulos, « Une archéologie chrétienne de l'être est-elle possible ? », *Diotima*, 8, 1980, pp. 184-186.
21. P. Valéry, « Discours sur l'esthétique » (1937), *Variété IV*, Paris, Gallimard, 1938, p. 258. *Oe*, I, 1309.

22. Cf. E. Moutsopoulos, *La pensée et l'erreur*, 1961, p. 4.
23. P. Valéry, Mémoires d'un poème, *Oe*, I, 1482.
24. Idem, Ego scriptor, C1, 318. Tous les textes valéryens qui suivent sont puisés dans ce même volume (ceux qui correspondent aux notes 25 et 26, à la rubrique « Ego scriptor » ; ceux qui correspondent aux notes 27 et suiv., à la rubrique « Langage ».
25. Ego scriptor, C1, 293.
26. *Ibid.*, p. 309 ; *ibid.* : « Je répugne à écrire ce que j'ai vu (...) Si je dois en décrire (des souvenirs), je les fais par *synthèse – par construction*. Ce qui tient sans doute à ma tendance à négliger ce qui est *donné*.
27. Langage, C1, 384.
28. *Ibid.*
29. *Ibid.*, p. 385 ; cf. *ibid.*, p. 382 : « Ce qui obscurcit presque tout c'est le langage – parce qu'il oblige à fixer et qu'il généralise sans qu'on le veuille ».
30. *Ibid.*, p. 384 ; cf. *ibid.*, p. 383 : « Moins le domaine est concret – plus les métaphores sont personnelles – et reposent sur des symétries ou bien des ressemblances d'impressions au lieu de sensations (...) La difficulté réside dans le *besoin* de traduire et dans l'emploi hasardeux du langage ordinaire pour cela. Mais le langage ordinaire n'est pas plus commode pour la psychologie qu'il ne le serait pour l'algèbre ».
31. C1, 385.
32. Langage, C1, 390.
33. *Ibid.*, p. 392.
34. *Ibid.*, p. 393 ; cf. *ibid.* : « Quel paradoxe que l'art de manier les choses par des signes qui leur sont extérieurs et étrangers ! et dont la correspondance même avec elles est tout arbitraire ! Il faut que chaque chose soit doublée d'un fantôme où s'attache le signe, autre fantôme ».
35. *Ibid.*, p. 409 ; cf. *ibid.*, p. 413 : « Des mots mis à la place des choses, et les combinaisons de ces mots, cela ne vaut que dans la mesure où nous pouvons à la fin, remettre des choses à la place des mots ».
36. *Ibid.*, p. 404.
37. *Ibid.*, p. 408 ; cf. *ibid.*, p. 414 : « Principe – Tout mot, toute relation qui ne se traduit pas par une image parfaitement *nette* et *constante*, doit être rigoureusement rejeté. Ce n'est pas un instrument de travail que ce mot irrationnel. Toutefois, ne pas oublier que l'image (...) peut être conventionnelle ».
38. *Ibid.*, p. 412.
39. *Ibid.*, p. 405.
40. *Ibid.*, p. 416 ; cf. *ibid.* : « Langage. Le langage est un ensemble statistique ».
41. *Ibid.*, p. 415 ; cf. *ibid.*, p. 419 : « ... la distinction fondamentale si difficile à définir entre l'objectif et le subjectif... serait très précieuse à obtenir sans intervention ou invocation des autres, ... mais que l'instrument même de la connaissance est le *langage* qui est *donné*, et qui est à la fois fonction intime et œuvre d'êtres extérieurs ».
42. *Ibid.*, p. 448.
43. *Ibid.*, p. 449.
44. *Ibid.*, p. 451.
45. *Ibid.*, p. 454.

46. Cf. *ibid.*, p. 450 : « Mythe est toute chose qui est inséparable du langage, et lui emprunte toutes ses vertus sans contrepartie » ; cf. *ibid.*, p. 454 : « Toute existence qui ne peut se passer de langage et s'évanouit avec un mot ou non – est *mythe* ». Cf. E. Moutsopoulos, « L'idée de développement », *Revue Philosophique*, 103, 1978, pp. 79-84 ; « Art et mythes artistiques », *Diotima*, 9, 1977, pp. 137-145 ; « Art and Values », *Annuaire Scientifique de la Faculté de Philosophie de l'Université d'Athènes*, 28, 1985, pp. 397-402 ; « Mythical Dimensions of Art », *Studi Filosofici*, 5-6, 1982-1983, pp. 33-37.
47. Cf. C1, 440 : « L'individu est un dialogue. On se parle – on se voit et se juge » ; cf. *ibid.*, p. 462. « Il n'est pas rare que se parler ce soit parler *contre tel autre* (...) Il y a discussion et controverse à l'état fragmentaire ».
48. Cf. *supra*, et la note 14.
49. C1, 473.
50. *Ibid.*, p. 464.
51. Cf. *ibid.*, p. 458 : « Une (...) différence capitale est celle qui résulte de l'existence et du *rôle* de la fonction du langage *intérieur* » ; cf. *ibid.*, p. 468 : « Pas de langage sans dissemblance (...) Mais pas de langage sans ressemblance ».
52. Cf. *ibid.*, p. 401 : « Une grosse difficulté, un piège – est le suivant. Beaucoup ne pensent qu'en parole (...) La pensée leur vient toute parole, discours ».
53. Cf. *ibid.*, p. 445 : « Il faudrait (...) se représenter nettement cet univers verbal – collection de symboles-actes discrets, – avec *incohérence* des partis-pris (...) et c'est *dans* cette incohérence que gît la possibilité de la poésie et des spéculations philosophiques » ; cf. *ibid.*, p. 387 : « Il serait aisé de montrer qu'un mot pris au hasard, abstrait – doit représenter des idées différentes, mal réunies, mal définies – et constitue un instrument défectueux. C'est ce qui permet la littérature et gêne la philosophie ».
54. Cf. *Faust*, I, v. 1237.
55. Cf. E. Cassirer, « Le langage et la construction du monde des objets », *Journal de Psychologie*, 1933, pp. 123 et suiv., où il est question de la « manie des noms » chez l'enfant; cf. E. Moutsopoulos, *La pensée et l'erreur*, 1961, pp. 34 et suiv. Cf. P. Valéry, Langage, C1, p. 434 : « Je tends à rejeter inconsciemment les mots qui ne désignent pas des actes ou des produits simples d'actes » ; cf. *ibid.*, p. 387 : « Le langage a fait ses mots plutôt pour désigner que poure relier. Il les a faits isolément », cf. *ibid.*, p. 433 : « des mots isolés ».
56. Sur la notion d'incantation, cf. Platon, *Lois*, II, 659 e ; 664 b ; 665 e ; 666 c ; 670 e, selon qui en procédant à des incantations on s'enchante soi-même.
57. Cf. *supra*, et la note 15.
58. Cf. *supra*, et la note 13.
59. Cf. E. Moutsopoulos, « Maturation et corruption. Quelques réflexions sur la notion de kairos », *Revue des Travaux de l'Académie des Sciences Morales et Politiques, et Comptes Rendus de ses Séances*, 131, 1978, pp. 1-20.
60. Cf. Idem, « Le modèle de l'œuvre d'art : idéalisme ou pragmatisme ? », *La représentation. Actes du XVIIe Congrès de l'Association des Sociétés de Philosophie de Langue Française* (1980), Strasbourg, 1981, pp. 300-302.

Huguette LAURENTI
Université de Montpellier

LE FONCTIONNEMENT THEATRAL DU DIALOGUE PHILOSOPHIQUE CHEZ VALÉRY : *L'IDÉE FIXE*

Sans revenir sur la conception dynamique que Valéry se faisait de l'art dramatique, et qui lui permettait d'assimiler dans une belle analogie, sur la scène d'un théâtre de l'intellect, le mouvement du drame et celui de la pensée, je partirai simplement de la situation type : deux êtres humains se rencontrent fictivement, deux paroles s'échangent et travaillent l'espace. Le dialogue naît de cette confrontation donnée comme fortuite (le hasard, « l'accidentel ») qu'un esprit s'est plu à rêver pour laisser se déployer cette suite indéfinie de mouvements instantanés par quoi se définit – Valéry dixit – la pensée. Ou plutôt ces deux séries antagonistes qui sont, dans la succession de leurs instants, le frémissement de deux pensées rarement à l'unisson, s'entrechoquant le plus souvent, se traquant et se piégeant mutuellement –, joute d'esprits à travers les mots, dont chacun porte et vise à l'efficacité.

On voit tout de suite ce qu'il y a là d'actif et de théâtral. Actif, parce que ce jeu, tout construit nécessairement sur le fameux « système D R », en apparaît comme l'exemple type : l'action, impliquant réaction, puis réaction à la réaction, y installe une mobilité continue de la pensée, lisible dans la vélocité des mots, sensible dans leur masse sonore. Théâtral, par cet impact même de la parole, qui impose ce que j'appellerai l'image auditive de la voix et, en conséquence, celle du corps. Il y faut même, nous le verrons, un espace et un décor, toute une affabulation concrète qui revête de vraisemblance – ou d'invraisemblance – un discours dont le propre est de s'éloigner de l'ordinaire, de créer, par l'usage qu'il fait des signes les plus connus, un univers mental terriblement puissant. Son but est de nous faire ressentir à notre tour en jouissance la quête – mimée devant nous par l'esprit, par les mots – d'une vérité en point d'interrogation, passionnément cherchée, souvent entrevue, toujours remise en cause, difficilement cernée par à-coups à travers les effets magiques du langage. Ce n'est pas autrement que travaille le théâtre.

Ceci explique d'ailleurs l'effet de choc et d'émerveillement subi par les comédiens qui se sont attaqués aux textes de Valéry. Pierre Fresnay avait d'emblée flairé dans *L'Idée fixe* « la recherche et la mise au point d'un style et d'un mouvement de comédie »[1], et s'écriait au sortir d'une représentation de *Mon Faust* : « Que c'est donc agréable de se sentir intelligent ! »[2]. Si le spectateur reprend ce mot à son compte, la partie est gagnée. Serait-ce donc que, comme le dit malicieusement Valéry par la bouche de son personnage, à la fin de *L'Idée fixe,* « la philosophie est une affaire de forme » ? Allons donc y voir de plus près.

*

* *

Et d'abord, qui parle ici ? – et qui parle au théâtre ? On sait combien la question est essentielle pour Valéry. C'est elle qui pose théâtralement la Jeune Parque, Narcisse, et les héros de sa dramaturgie. Les personnages de *L'Idée fixe,* qui semblent pourtant socialement définis, partagent en fait cette ambiguïté. Ce qui leur permet de se livrer à toutes les ratiocinations, et même d'en plaisanter.

Valéry a suffisamment parlé dans ses *Cahiers* de ses *« dramatis personae »,* mais ceci ne nous éclaire pas mieux sur tous ces « Moi » projetés sur la page, ou sur la scène d'un théâtre imaginaire. L'important est qu'ils parlent, – qu'ils bougent aussi, parce que la vie est faite de mouvement, que parole et déplacement sont à part égale activités du corps, conditions de sa vie. Qu'ils se masquent aussi *(personae)* et se démasquent, par cette parole avide tout autant de mensonge que de vérité.

Qui parle ? « Quelqu'un » parle, et la question est aussitôt posée. Il n'est pas de langage sans voix, pas de voix sans corps. Et si, à de certains moments intenses, Valéry se surprend à « écrire du dialogue » presque naturellement (c'est ainsi, sans doute, qu'il prétendit écrire *L'Idée fixe,* étant, comme l'on sait, « en état de ravage »), c'est que, comme il le dit, tout personnage est image du Moi, – c'est que l'être de théâtre naît dès que parle la voix intérieure ; et comme cet être issu d'une conscience en éveil ne peut être que pensant, cette présence supposée ouvre aux jeux du langage, et donc à ceux de la pensée, tout le champ du possible.

Car il reste indéfini, ou trompeusement défini : étant théâtre il est nécessairement facteur d'illusion. Dans *L'Idée fixe,* par exemple, une présentation de forme narrative, feignant d'assimiler personnage et auteur, instaure le jeu, fausse la confidence. Ce « Moi » sans nom parle le langage de Paul Valéry, dont il se donne d'ailleurs l'âge et la fonction ; il va jusqu'à emprunter un moment le nom d'« Edmond T. » (entendons : Edmond Teste), pour se reperdre ensuite dans l'anonymat de l'homme moderne en proie au mal de l'activité, à « l'idée fixe » et à la séduction du large. Il y rejoint le « Docteur », autre personnage anonyme, proche de lui dans une vie sociale qu'il faut imaginer « ailleurs » et dont leur conversation tentera de brouiller les échos. Plus nettement encore que Moi, le Docteur s'affirme comme un être parlant et une fonction : il s'ensuit un mimétisme fortement typé du comportement et du langage, qui influera d'ailleurs sur le comportement et le langage de son partenaire. L'artifice rejoint ici la représentation d'un réel tout circonstanciel : la référence médicale (vie et discours du médecin) s'adresse directement au lecteur de la revue spécialisée qui a commandé l'œuvre, mais introduit aussi cette dose minimale de réel sans laquelle le texte se trouverait désincarné[3].

Le jeu prend donc sa source dans la situation des personnages qui secrète un mouvement dialectique de la pensée. Ici, chacun d'eux est dans la situation opposée à celle que suppose son état : le Docteur, malade, accueillant la consultation, et l'homme de pensée, homme de raison par excellence, en proie aux assauts de la « sensibilité ». Cette situation de drame tire son dynamisme de la conjonction de ce déchirement interne et de la conscience que chacun en a. Se démasquant mutuellement, tous deux se rejoignent dans un même mouvement dont on sait de reste l'usage, plus ou moins efficace, qu'en a fait Valéry : la volonté de subjuguer le mal par son analyse et par l'activité de l'esprit. Pour cela, un seul moyen : les mots. Leur mal les condamne à la parole.

Toutefois, se maintient entre eux la différence inhérente à leurs rôles respectifs, l'écart entre les deux intelligences et les deux sensibilités qu'ils représentent : le pragmatisme du médecin et sa recherche d'efficacité s'opposent à une tendance à la ratiocination, à une quête indéfinie de l'explication qui caractérise le pur intellectuel. Mais en se renvoyant la balle, ils s'éclairent l'un l'autre. Ils sont si bien complémentaires que telle réplique de l'un pourrait – ou devrait, Valéry l'a lui-même avoué – appartenir à l'autre, et que le narrateur-auteur, qui est censé être « Moi », met à l'actif du Docteur un certain nombre de ses goûts ou de ses manies – ses opinions sur la peinture, la cigarette, le refus du cinéma, par exemple – ou même des réflexions connues pour siennes (sur le rêve, en particulier, ce qui permet à Valéry d'exprimer par la bouche de ses deux locuteurs, sa double position sur cette importante question). Ils figurent ainsi, à chaque phase de leur conversation, deux réactions à un même problème : l'un, Moi, se plaît à l'examen des faits et aspire à les réduire à l'abstraction d'une théorie, l'autre, homme de science, lui répond par une attitude critique et méfiante à l'égard de toute théorie. C'est une oscillation qui n'a point de fin, que l'arrêt de la parole. Le hasard – l'accidentel – y aidera par l'arrivée de la nuit, comme il avait permis l'instauration du dialogue.

Ainsi, le processus de la conversation, en même temps qu'il permet au locuteur de s'affirmer face au partenaire, trahit chacun d'eux. A qui la maîtrise de ce jeu, qui a l'intensité, les calculs, les rebonds d'une partie d'échecs ? Il se déroule en phases variées, oscillant entre des joutes verbales qui sont aussi joutes mentales et un effort commun de l'intellect qui réduit la tension en rapprochant les antagonistes. Ce mouvement pendulaire – si caractéristique, comme l'on sait, de la pensée et de l'esthétique valéryennes – traduit chez chacun le désir de s'avouer sous le masque, en même temps que l'effort pour démasquer l'autre, qui n'est pas un adversaire, mais un miroir, un « semblable » (*« Similia similibus »,* dit Moi au Docteur en jouant sur le sens de la formule)[4].

Il s'ensuit un développement périodique du dialogue, chacun dominant l'autre tour à tour, au cours d'une évolution progressive qui s'achève sur une situation inversée. Cette composition en miroir s'ouvre assez ironiquement sur le « mal » du médecin (*«Vous êtes médecin, docteur, et vous souffrez... »*[5]) et prend fin sur le démasquement beaucoup plus tragique du mal dont souffre Moi. La progression est scandée de moments forts, où l'intensité du duel verbal atteint un point extrême, généralement suivi d'un silence où Moi se trouve à découvert[6].

Ceci nous permet de poser une définition intéressante du personnage et de sa fonction dans le dialogue dit « philosophique », (et il n'en ira pas autrement dans *Mon Faust,* quand Faust affrontera le Diable ou le Solitaire) : chaque personnage est un « type »[7] représentant un cas dans une situation donnée, cas qui est livré à l'examen sans qu'une issue véritable soit prévue au drame qu'il incarne ; mais en même temps il participe de l'universel par tous ses possibles en puissance. Il s'ensuit qu'à partir de lui, et par la mise en branle de son fonctionnement mental, la réflexion est ouverte également sur tous les sujets possibles : seul le hasard, qui a ouvert la conversation, pourra l'arrêter, sans la clore. De ce point de vue, un dialogue comme *L'Idée fixe* a valeur exemplaire.

Le dialogue philosophique se révèle ainsi être une excellente illustration des théories qui forment la base du fameux « Système » : de l'« implexe », par le jeu des possibles, sensible aussi bien dans le personnage que dans son langage, – du système «C.E.M.», dont il est la représentation figurée –, des « trois lois », par quoi tout l'ensemble trouve son équilibre : l'« accidentel » fournit le hasard de la rencontre (ici deux hommes au bord de la mer) et le repérage fictif d'un lieu et d'un temps donnés comme pseudo-réels – par les allusions au site, aux bateaux, à l'éclairage – ; les personnages sont, eux, essentiellement « fonctionnels », machines à penser et à souffrir en vue d'un jeu « formel » du discours. Ce discours enfin est bourré de « signification » (« deux hommes à la mer » !) et c'est par lui que les interlocuteurs acquièrent une forte charge significative et une fonction dans l'ordre du langage. Dans *L'Idée fixe,* l'harmonisation de ces éléments se fait à partir du Docteur, de sa présence en tant que médecin, qui impose, avec la référence au corps un langage fortement typé, le langage médical, et par là oriente la discussion ou éclaire l'exposé. Une nécessité formelle dictée par les conditions *a priori* (écrire pour des médecins) se trouve accordée avec le

« ton » d'ensemble du dialogue et de la scène.

Ainsi conçu, le dialogue philosophique peut apparaître comme une sorte de drame en réduction, — drame intellectuel, s'entend, mais qui touche finalement aux assises profondes de l'être. L'œuvre de Valéry témoigne en cela d'une admirable continuité : les *Cahiers* ne disent pas autre chose que ce drame fondamental, le scripteur dialoguant avec lui-même en ce « monodialogue » qui sera repris aussi bien par la Parque que par le Narcisse, toujours dans la même situation de drame, et par les personnages de théâtre proprement dits, pour s'épanouir enfin dans l'impossible jeu de dédoublements multiples d'un troisième (et peut-être d'un quatrième) Faust. Il reste à voir maintenant comment s'expriment ces vertus actives du dialogue qui se calquent, pour tenter de la mieux cerner, sur l'activité de l'esprit.

*
* *

Valéry a souvent loué les vertus de la conversation, et ce n'était pas seulement par goût du paradoxe. Le refus du raisonnement philosophique sous ses aspects systématiques le forçait à trouver un autre mode d'expression, fonctionnel sans être théorique (ou terrorisant...). Or, quel meilleur moyen que cette expression immédiate d'une pensée qui se cherche, et qui se trouve en s'exprimant, pour poser les problèmes et les porter jusqu'à un point extrême de clarification ? Tout fonctionne alors admirablement : l'excitation du dialogue, et cette mise en spectacle — en abyme, certes, et l'on pourrait jouer sur le mot — de la pensée en travail.

Le « système D.R. » est ici poussé à l'extrême. Il fonctionne à l'intérieur même du langage, tout, chez le personnage, étant questionnement et effort pour trouver la réponse. Le partenaire sert de relance, d'aiguillon : le langage intérieur — la pensée en travail — s'exprime en s'extériorisant, en s'adressant à l'Autre, dont la pensée est excitée en retour, témoin promu à la fois au rôle d'adjuvant et d'opposant. La gêne causée par l'opacité de l'Autre produit ici un effet dynamique, et son entrée dans le jeu d'excitation un effet cumulatif, qui réduit l'entropie au minimum indispensable pour que se maintienne l'oscillation des forces en présence et, à travers elles, une sorte de rayonnement humain sous-jacent particulièrement perceptible à la représentation.

D'où l'importance, dans le discours, des formes du questionnement. Même quand elles semblent fonctionner de façon formelle ou presque, elles ont leur valeur dynamique, elles signifient la mise en branle de l'intellect. « Voulez-vous que je vous dise ? »[8], commence le Docteur dans son effort pour définir son mal ; et les questions de Moi l'aideront à le formuler, amenant le débat sur « l'idée fixe ». L'interrogation apparemment anodine : « Vous ne trouvez pas que ce nom d'*idée fixe* est mal fait ? »[9] sera en fait le départ de la méditation sur la notion d'« idée » et sur la théorie valéryenne de l'activité de l'esprit. Enfin des questions comme : « Vous voulez dire que... ? »[10] fonctionnent comme des semi-affirmations appelant la réponse : « C'est cela » (toute proche du « Πάνυγε » platonicien), et aidant le partenaire à formuler sa pensée, à aller plus avant dans son analyse.

Ainsi le langage au travail figure le travail de la pensée, cet accouchement pseudo-socratique auquel il est d'ailleurs fait directement référence au cours du dialogue. Mais c'est ici, sous l'œil narquois du Docteur, Teste-Socrate qui accouche de sa propre pensée.

Cela se fait par efforts, tâtonnements, ruptures et reprises de souffle, qu'indiquent assez le caractère souvent syncopé de la phrase et ses retours successifs sur les mêmes points d'ancrage, qui sont autant de lieux où la pensée en acte retrouve élan et force, courage d'aller plus loin : la ponctuation en témoigne dans le texte, avec ses nombreux tirets ou points de suspension si familiers au Valéry des *Cahiers,* et qui sont, à la scène, autant de ruptures, de blancs, de redéparts de la voix. Ainsi, par exemple, lorsque Moi élabore devant le Docteur ébahi sa théorie de l'idée tout en se défendant de faire une théorie[11]. Un peu plus tard le Docteur, ironique, signalera cet étrange processus : « J'ai eu l'honneur d'assister à la parturition d'*Omnivalence* et de *Nébuleuse ;* nous allons faire connaissance de toute la petite famille »[12]. Moi se récrie (« Je fabrique, dit-il, ma petite terminologie, suivant les besoins ; – mais je la garde en général pour mon usage personnel et privé... ») ; mais son interlocuteur a vu juste : c'est l'enfant chéri qu'il va voir naître cette fois, le fameux « IMPLEXE » – dont le nom mérite bien de s'inscrire en lettres majuscules ! – si important dans le système valéryen.

Car la découverte de l'idée ne va pas sans celle de l'expression qui la formule, et si la contradiction portée par le Docteur marque l'ambivalence de la méthode (il y a de la « théorie »,certes, dans ces propos qui refusent d'en « faire »), ce n'est pas là un défaut, mais le secret d'un dynamisme ravageur. La formulation théorique ne peut être atteinte qu'au terme d'une pratique à la fois critique et créatrice, née dans l'instant même où elle est formulée. On peut même voir que ce n'est pas l'aboutissement qui intéresse le plus le parleur, mais la recherche de l'expression adéquate qui formera l'idée. Tous les mots portent, vivent, et donnent à la pensée ses structures premières de vie. C'est l'étape positive, une fois dépassée celle où se trouve le Docteur (« Votre cervelle, Docteur, est un bouillon de culture pour points d'interrogations », remarque Moi), et ceci grâce à la complémentarité des deux discours. La forme syncopée[13] dessine une parole, et, à travers elle, l'activité d'une voix serrant au plus près celle d'une pensée. Élans, reprises, réajustement des termes, c'est là toute la terminologie des *Cahiers* et leur mouvement, peu cohérent en apparence, de créativité intellectuelle, sous-entendant tout le système de penser valéryen que le Docteur, comme le lecteur de l'époque, ignore, mais que nous, nous reconnaissons bien. Parfois un rappel du partenaire signale ou avoue cette difficulté : « Vous n'êtes pas trop clair »[14], dit quelque part le Docteur. Et ailleurs : « Permettez-moi de constater qu'on se perd à chaque instant en votre aimable compagnie ». A quoi l'autre répond : « C'est là ce qu'on appelle *causer,* mon cher Docteur... »[15].

L'habileté consiste en général à couper ce qui serait un long développement philosophique d'une page au moins par les réactions du partenaire : mouvements d'humeur intellectuelle plutôt que réflexions, ces réparties immédiates du Docteur font de lui un spectateur éventuel de la comédie de l'intellect qui se joue avec sa complicité. On songe, bien entendu, à Diderot, à des dialogues comme *Jacques le Fataliste* ou *Le Rêve de d'Alembert ;* ce n'est pas hasard, on le sait, si Pierre Fresnay est passé du *Neveu de Rameau* à *L'Idée fixe.* Mais la plupart du temps, chacune de ces courtes répliques a sa nécessité dans le jeu : le discours du Docteur, quoique en retrait sur celui de Moi, a une réalité immédiate, très différente de l'acquiescement du disciple socratique : ce n'est pas l'autre que Moi veut faire accoucher, c'est soi-même. La vigueur de son langage est un autre modèle de cet « à peu près » dont Moi fera l'éloge. Parole elliptique à sa naissance, condensant les virtualités d'une idée difficilement exprimable, il suggère plus qu'il ne dit ; mais en déclarant, par exemple, « j'ai mal à... *mon temps* !... »[16], il soulève les grands problèmes philosophiques à la fois contemporains et éternels. C'est tout autre chose qu'une jolie formule qui jouerait seulement sur l'effet de surprise : la relation du formel et du significatif, affirmée par cette pensée en travail, dit tout le pouvoir du langage, l'action génératrice réciproque des mots et des idées : du « mal » du Docteur on passera à la « transformation moderne du monde » et à son « intoxication », puis à l'excitation de l'esprit : le discours dit, en même temps qu'il se forme, et par sa forme même, la genèse de la pensée. En termes valéryens, on pourrait dire que l'implexe de la parole est aussi celui de l'idée.

En ce sens, le discours médical, avec ses effets parodiques de vocabulaire, le mime d'une consultation qui tourne à l'analyse, les références au corps (le muscle, l'œil, l'éternuement, l'acte de manger ou de digérer) servant à cerner une pensée qui a peine à s'exprimer abstraitement, apparaît aux familiers des *Cahiers* comme un jeu faussement auto-parodique. Il assume ainsi, par rapport au discours philosophique, une double fonction : à la fois créatrice[17] (il agit comme adjuvant) et réductrice (il joue comme un garde-fou logique, un recul critique par l'appui sur le concret).

L'Idée fixe est, de tous les dialogues, le plus vivant, le plus scénique, parce que, implanté dans l'actuel, il est le plus proche de l'expression directe de la pensée, de sa « fabrication ». Il est mouvement, fait de fragments agencés en « suite », tous exemplaires, suivant un motif continu qui s'impose, s'éclipse, revient, mime, à travers les méandres d'une réflexion philosophique, le mouvement obsédant de la prétendue « idée fixe » –, dont le propre est justement de ne pas trouver de repos ni en laisser à celui qui la porte. Dans ce jeu antithétique de la vie *libre* des mots et du silence couvrant l'échec des mots, est posée la tragédie de l'intellect telle qu'elle sera vécue théâtralement par le Faust troisième manière, jusqu'à la limite extrême, jusqu'au seuil des interdits.

Même le tac au tac de la conversation, avec le regard critique qu'il propose, peut conduire à un recul tragique. Ainsi : « C'est qu'une *idée* ne peut être *fixe*. Voilà tout. C'est tout. – C'est peu, répond le Docteur »[18]. Ou, plus avant : « Et vous ? – Moi ?... Laissons Moi... »[19]. « Moi », mot central, point critique douloureux du personnage.

La liberté du jeu n'est qu'un leurre suprême : l'exercice intellectuel, ne parvenant pas à masquer le drame affectif qui entame le vécu de chacun des partenaires, lui superpose seulement un autre drame, celui de la pensée qui se cherche et se dévore indéfiniment. Le cycle des définitions, courant de la métaphore à la théorie, recèle la confidence toujours écartée, mais qui affleure ; le tragique de la situation intellectuelle recouvre celui de la situation affective, l'enveloppe et le dépasse : cette action de l'esprit contre lui-même, de la pensée qui tourne en rond, pose ainsi le problème du langage philosophique, équivalent pour Valéry au problème de la philosophie elle-même. Par delà, c'est le problème de l'être, vécu en drame et qui bute à l'impuissance des mots. Le silence n'a plus qu'à s'instaurer, comme dans une pièce de Beckett.

Il est déjà, ce silence, dans l'échec des premiers propos, où le recours aux citations parodiées masque la méfiance réciproque. Sur le thème de la souffrance et du savoir, le voilà qui s'installe, et pour l'exprimer Valéry a recours aux italiques habituelles des indications scéniques : « Le Docteur me regarda. Je regardai la mer »[20]. Ce jeu des regards renverse les rapports, et le *« Enfin »*, souligné, qui fait repartir le dialogue, est celui des entrées en scène de tragédie classique. Le dialogue-duel peut commencer.

Ailleurs, c'est le Docteur qui exprime ironiquement la supériorité du silence, telle que la formule l'aphorisme bien connu :

> – (...) Attendez (dit Moi) ... Je n'ai pas encore trouvé ...
> – Nous avons tout le temps. L'air est pur, la mer est... large. J'allume une cigarette. Je jouis de la première bouffée pendant que votre écorce travaille. La parole est d'argent et le silence est d'or...[21].

Mais l'autre n'a rien entendu, continue à divaguer.

Le plus tragique est le silence qui s'instaure lorsque le questionnement, tournant à l'inquisition, a mordu au point le plus névralgique, dans ce « profond » de l'être où, justement, le silence est plus éloquent que la parole, – et c'est pourquoi l'on cherche à l'éviter. Car, reconnaît Moi, « si l'on se taisait, ce qui parle à présent dans l'air, parlerait dans... l'homme... Dirait, peut-être, d'autres choses... » que l'on ne tient pas à entendre[22]. Un silence que l'on ne peut pas faire taire. – La rupture avant le retour aux choses réelles (« Il fait rudement beau. Voyez-moi cette grosse fumée là-bas... » : on va, maintenant, *voir* le monde, et le discours se portera un moment sur lui), cette rupture marque « un temps », comme on dit au théâtre, où le silence a atteint le seuil du tragique.

*

* *

Tenter de définir la chose en la nommant – ce qui implique la chasse aux « perroquets » –, revenir sans cesse aux vérités essentielles qui posent les problèmes les plus simples et les plus irréductibles, trouver enfin le moyen de faire passer, par le langage ou autrement, les choses indicibles, c'est livrer la forme concrète et vivante de l'acte de penser, mimer par la parole son expression mouvante qu'un visage ou le son d'une voix fait mieux entendre encore que les mots. Le Docteur n'est pas dupe, et sa réflexion finale nous renvoie souvent au théâtre : « Quant à vous, dit-il, il me suffit de vous voir parler, d'entendre votre timbre et vos attaques de voix. La façon de parler en dit plus que ce que l'on dit... Le fond n'a aucune importance... essentielle » – « C'est curieux, répond Moi. C'est une théorie de la poésie ».

Ce dialogue qui s'autogénère, court de la surface aux profondeurs, explose et se tait, mime bien là un processus « poétique » au sens plein du terme, c'est-à-dire d'abord créateur, mais assez libre, assez vif, assez plein aussi de mystère sans réponse, pour laisser inassouvi, chez le lecteur ou le spectateur, une fois passé le moment de plénitude, le besoin d'en renouveler le plaisir. Valéry nous prend à son piège : à la loi bien connue de « l'infini esthétique » répond celle d'un désir de l'intelligence indéfiniment renouvelé.

NOTES

1. *Programme* de la représentation de *L'Idée fixe*, janvier 1966. Présentation de Pierre Fresnay.
2. *Cahiers Paul Valéry 2, « Mes théâtres »*, Gallimard, 1977, p. 35. Tout l'article de Pierre Dux, « Réflexions d'un interprète », est intéressant à ce sujet.

3. Notons qu'ailleurs la référence pourra être seulement culturelle: dans *L'Ame et la Danse* ou *Eupalinos*, elle s'allie avec une formulation de type socratique proposée par le personnage central.
4. *Oeuvres*, Pléiade, II, p. 202.
5. *Ibid.*
6. Voir pp. 228 et 239. Le premier silence (p. 202) en est déjà la préfiguration.
7. Pour cette notion de « type » et pour la conception valéryenne du personnage, voir dans notre *Paul Valéry et le théâtre*, Gallimard, 1973, les pages 148 sqq.
8. *Oeuvres*, II, p. 202.
9. *Id.*, p. 204.
10. Par exemple, p. 203.
11. *Id.*, p. 205.
12. *Id.*, pp. 233-234.
13. Voir, p. 205, le développement sur « l'idée » qui ne peut être « fixe ».
14. *Id.*, p. 207.
15. *Id.*, pp. 227-228.
16. *Id.*, p. 202.
17. Valéry en est très conscient, qui fait à ce propos l'éloge de Rabelais et de Molière, – chez qui, dit Moi, « se devine la secrète et envieuse admiration de l'homme de lettres pour un langage où la libre invention des mots est admise, où la fantaisie totale est, en quelque sorte, *basale* et constitutionnelle » (p. 230).
18. *Id.*, p. 204.
19. *Id.*, p. 202.
20. *Ibid.*
21. *Id.*, p. 213.
22. *Id.*, p. 228.

Shuhsi KAO
Université de Californie, Los Angeles (UCLA)

L'AUTRE, L'OBSCUR, DU DISCOURS

Kafka disait que la bonne compréhension de quelque chose n'efface jamais complètement la mauvaise compréhension de cette chose, elles ne s'excluent pas mutuellement. De son côté Valéry dira dans ses « Réflexions sur l'art » : il existe ce qu'on pourrait appeler « le malentendu créateur » (p. 64)[1]. Pensée inquiétante aux yeux de certains. Soulignant de préférence le terme « malentendu » plutôt que « créateur », le critique américain René Wellek condamne avec sévérité ces « paradoxes dangereux » et reproche au poète son extrémisme formaliste[2]. Ce reproche est en soi assez paradoxal, si l'on veut bien se souvenir que le travail du critique est généralement reconnu comme grand héritier de l'école formaliste russe autant que du formalisme américain plus connu sous le nom de « Nouvelle Critique Américaine ». Ce qui prouve qu'on peut très bien être formaliste, et même doublement formaliste, sans pour autant abandonner la cause du sens. Car il s'agit en fin de compte de sauvegarder le sens et les conditions de possibilité pour l'existence même du sens – que met en péril, entre autres, la fameuse boutade de Valéry : « mes vers ont le sens qu'on leur prête ». Les avertissements de Wellek contre les dangers du caprice généralisé font écho, curieusement ou pour les besoins de la cause, à la pensée du philosophe de l'herméneutique moderne Hans-Georg Gadamer, lequel décèle chez Valéry un « nihilisme herméneutique intenable »[3]. On voit que les enjeux mis en cause dépassent les confins des débats portant sur la lecture et le lecteur, qu'il s'agisse de l'esthétique de la réception en Allemagne ou de la *reader-response theory* aux États-Unis. Même si, en ce qui concerne cette dernière, soit dit en passant, le mot *« response »* en américain s'apparente d'assez près (dans son sens plutôt que dans le fait analysé par les critiques) à la notion de « réaction » dont il est question dans « Réflexions sur l'art ».

Mais, comme c'est souvent le cas chez Valéry, l'attention finit toujours par se porter sur le « je » écrivant. Ainsi, dans la communication de 1935, sa réflexion sur le triade pré-jakobsonien « producteur »–« objet manufacturé »–« consommateur » (les termes mêmes de Valéry) tourne vite à une réflexion sur l'agent de la production. On pourrait dire que cette habitude de penser est à la fois la cause et l'effet de sa conclusion sur l'impossibilité de « communication immédiate » entre l'auteur et le lecteur. Dans ce sens, son insistance sur la différence entre les rapports producteur-œuvre et œuvre-consommateur s'explique autant par sa conception du faire que par une théorie de l'art. Et une des visées de ce faire c'est, dit Valéry, de « déclencher », d'« exciter », de « provoquer » des effets chez le consommateur –– qu'il lui arrive aussi de désigner par le mot « le patient » (assez symptomatiquement, me semble-t-il). Je n'insisterai pas ici sur la notion valéryenne, très complexe, de l'effet ou l'état poétique. Je me contente de noter l'accent placé sur le calcul dans la notion du travail du poète comme fabricateur, car il s'agit bien d'« élaborer quelque chose qui produira dans un esprit étranger un certain effet » (p. 64). Le poète fabrique un poème et, ce faisant, il se fabrique un lecteur. En exagérant un peu, on pourrait reprendre, ici, la question posée par un des membres de l'école de Constance : « Comment contrôler la lecture ? »[4]. Mais bien évidemment la question ne peut en rester là.

Est créateur, dit Valéry, « celui qui fait créer ». Peu importe, alors, qu'il y ait « malentendu » (puisqu'il ne saurait être question de communication), pourvu que le lecteur veuille bien faire son travail, « Un travail demandé au patient par le travail de l'auteur ». C'est dans ce sens que Valéry souhaite voir son lecteur actif, car « le lecteur actif fait des expériences sur les livres – il essaye des transpositions » (*Oe,* II, 559). Ce lecteur actif et créateur ressemble de très près au poète qui avoue assez volontiers sa « manie perverse des substitutions possibles ». Le poète-lecteur admire un vers classique, ou au contraire condamne le roman comme genre, selon que le vers ou texte offre une résistance plus ou moins forte à l'intervention potentiellement inscrite dans l'acte de lecture, c'est-à-dire proportionnellement à la possibilité de substitution ou de transposition « sans grand dommage pour ses effets » (*Oe,* I, 1468). En fait, si « tout véritable poète est nécessairement un critique de premier ordre », comme il est dit dans « Poésie et pensée abstraite » (*Oe,* I, 1335), c'est bien parce que le faire poétique se double d'un savoir-faire qui permet au poète-lecteur d'opérer à volonté sur le texte lu[5]. Étant bien entendu que ce texte, non-averti et donc susceptible de telles opérations interventionnistes, serait le fait d'un poète non-critique. En retour, et c'est affaire de simple logique, il serait à souhaiter que le poète « soit aussi un critique pour prévoir (...) les effets de l'œuvre sur les autres » (« Réflexions », p. 72), auquel cas prévoir les effets ne revient plus seulement à « créer » des effets, comme il est souvent question dans la poétique valéryenne, mais ce serait aussi une affaire de mesure préventive – contre l'autre, l'autrui qu'est le lecteur. C'est ici que l'itinéraire serpentin rejoint son point de départ, c'est-à-dire le « je » du poète.

En effet, « l'auteur se forge (...) un lecteur idéal », lit-on dans les « Réflexions » (p. 64). Le poète est non seulement le fabricateur d'une œuvre et le critique de celles des autres, mais il est aussi le lecteur idéal de sa propre œuvre. Ce lecteur est « idéal » dans le sens très précis que le critique qu'est le poète connaît le « métier » : il fera le travail requis de tout vrai critique, il saura comparer « ce que l'auteur a entendu faire avec ce qu'il a fait effectivement » (*Oe,* II, 479). Ceci, conformément à la règle valéryenne qui dit qu'on ne peut exiger de quelqu'un plus qu'il ne s'est proposé de faire (*Oe,* II, 480). En d'autres termes, sont inscrites dans l'œuvre les conditions de sa propre lecture, très strictement dit, le poète étant le lecteur de son propre texte. Retour donc, et doublement, au « je » du poète et, dans un certain sens, exclusion du lecteur-public dès lors devenu superfétatoire[6] – ce qui serait une autre façon de lire la formule de Mallarmé : « Le volume ne réclame approche de lecteur ». La coïncidence idéale entre le projet et l'œuvre accomplie (mais jamais terminée), qui saurait la déceler et en apprécier la juste valeur, sinon le poète lui-même comme lecteur-critique de sa propre œuvre ?

A supposer, naturellement, que la distance entre Moi et Moi puisse jamais exister et se maintenir, fût-ce un instant – le temps d'une lecture. Une telle distance, au plus profond du Moi, qui est en fin de compte la distance entre Moi et Lui, Moi et l'autre, Moi et l'étrange/étranger[7], c'est évidemment la grande question valéryenne.

> « Ne me laisse pas seul », dit mon esprit à mon esprit – Lis ; défends-moi contre moi-même (...)
> Ne regarde pas par la fenêtre qui donne sur la nuit » (XXI, 686)[8].

C'est la question du sujet de et dans l'énonciation. C'est aussi, et nécessairement, la question de l'Autre, à qui le sujet d'adresse et avec lequel il entretient un rapport impossible et parfaitement nécessaire. Je n'hésite pas à insister sur la contemporanéité, pour nous, aujourd'hui, du questionnement poursuivi par Valéry tout le long de son écriture, dans le parcours des *Cahiers* en particulier, ce « monologue » qui est avant tout un dialogue. Mikhail Bakhtine, qui en sait long sur le dialogue et le dialogisme, dit justement que tout auteur s'imagine pour son œuvre un « surdestinataire » :

> L'auteur ne peut jamais se livrer entièrement, lui-même et toute son œuvre verbale, à la volonté complète et définitive des destinataires présents ou proches (...) et il imagine toujours (en étant plus ou moins conscient) une sorte d'instance supérieure de compréhension répondante (...) Cela découle de la nature du discours, qui veut toujours être entendu, qui cherche toujours une compréhension répondante (...)[9].

Cette pensée rejoint ce que dit Valéry sur « le lecteur idéal » :

> L'idée seule que n'importe qui peut lire ce que l'on a écrit dans le secret et l'aventureux sentiment de la solitude m'était insupportable (...) Sentiment

assez étrange, car pourquoi écrire si ce n'est pour autrui ? – Peut-être, c'était pour former, dégager, cet autre moi, ce lecteur idéal qui existe nécessairement dans tout être qui écrit (C1, 310-311).

Or il semble bien que notre regard contemporain, en tant que lecteur qui n'est pas le lecteur idéal, justement, saisit cette question de la « compréhension répondante » et aboutit à une impasse que, généralement, on appelle « obscurité ». « Ne regarde pas par la fenêtre qui donne sur la nuit », dit l'Esprit de Valéry. Mais, pour ce qui concerne la poétique moderne, cette « nuit » dit l'inquiétude des uns et des autres face à l'assertion de l'absence, ou de la perte de la clarté, du sens, de la communication. Et elle sous-tend la tentative chez quelques-uns de construire des systèmes théoriques visant à promouvoir l'obscurité au rang d'un index de la modernité poétique. S'il est vrai que, comme le dit Bakhtine, tout discours aspire à être entendu, les schémas théoriques actuellement en cours supposent que, d'une façon ou d'une autre, la « compréhension répondante » sera toujours aléatoire, sinon manquante. Tel est le détour que je proposerais ici et les noms de Hugo Friedrich en Allemagne, Jean Cohen en France et Michael Riffaterre aux États-Unis n'ont évidemment pas été choisis au hasard. Et il va sans dire que les critiques ont souvent retenu le nom de Valéry dans l'élaboration même de leurs systèmes.

Mieux que d'autres, et plus éloquemment, Hugo Friedrich aura su donner voix aux inquiétudes du lecteur, au-delà, semble-t-il, des frontières de la Forêt Noire. Je pense en particulier à l'ouvrage intitulé *Structures de la poésie moderne,* sorti dès 1956. Compte tenu des différences attendues de terminologie et de catégories conceptuelles, on peut cependant sans peine déceler dans le travail de Friedrich une même part de préoccupation quant à l'accès au poème, c'est-à-dire quant au sens. On y trouve l'avant-écho, pour ainsi dire, des condamnations émises à l'encontre de Valéry par Wellek et Gadamer. Friedrich les a devancés par sa mise en garde ou, disons, son coup d'alarme. Et il est allé beaucoup plus loin. Au-delà des frontières et des traditions nationales, de Rimbaud à Saint-John Perse, et de T.S. Eliot à Jorge Guillén et Gottfried Benn, Friedrich décèle une communauté de « structures », une communauté de symptômes. En postulant l'essentielle obscurité de la poésie moderne, il aura également énoncé pour les années à venir les marques distinctives de la modernité. Pour dire ces marques, il a recours à un certain nombre de termes désormais passés dans le vocabulaire critique courant, termes relevant, pour la plupart, de ce que j'appellerais le privatif : « indétermination, dislocation, éclatement, fragmentation, dissonance, déshumanisation », sans oublier : « ambivalence, ambiguïté » et, bien sûr, « obscurité ». Ce que la poésie moderne refuse au lecteur, dit Friedrich, ce sont « les réalités des choses comme celles des hommes », c'est, dit-il encore en termes hautement affectifs, « la chaleur du regard ou du toucher familiers » (p. 11)[10]. D'où l'inquiétude qui accompagne toute lecture de la poésie moderne : le poème comme « structure se suffisant à elle-même » n'a rien de rassurant car « entre la langue de simple communication et la langue poétique apparaît une différence absolue, qui, jointe à l'obscurité du contenu, provoque le désarroi » (p. 13). En fin de compte, l'approche de la poésie moderne pour le lecteur est l'expérience de « l'une des caractéristiques essentielles de cette poésie : son obscurité fascine le lecteur autant qu'elle le déconcerte » (p. 9).

Certaines lectures de Todorov (portant, par exemple, sur les *Illuminations*), les propositions théoriques de Jean Cohen dans l'ouvrage au titre symptomatique, *Le Haut-langage,* ainsi que l'apport de la lecture sémiotique intertextuelle de Michael Riffaterre, me semblent comporter un certain nombre de traits qui les placeraient d'emblée dans la lignée de pensée inaugurée par Hugo Friedrich. A ma connaissance, aucun des trois critiques n'ont fait référence au travail de Friedrich. En tout état de cause, je dirais que c'est précisément la présence souterraine de ce fil d'Ariane qui me paraît importante. J'ajouterais que, si ce fil d'Ariane a bien son point de départ explicite chez Friedrich, il est possible d'en discerner les signes avant-coureurs chez Marcel Raymond, par exemple, quelque vingt années auparavant.

Là où Todorov parle plus modérément, et donc plus vaguement, de l'ambivalence, de l'indétermination du texte poétique, Jean Cohen déclare sans la moindre hésitation que « le langage poétique doit être considéré comme naturellement obscur. Toute poésie est obscure pour autant qu'elle est poétique » (p. 182)[11]. S'agissant de quantification et de proportionnalité, et comme le montre le reste de l'ouvrage de Cohen, on dira que ces deux termes sont permutables et permutatifs. Je ne vois pas d'autres poétologues qui soient allés aussi loin dans leurs formulations catégoriques concernant la poéticité : « dire du langage poétique qu'il est obscur, ce n'est pas signifier qu'il dérobe son sens, mais qu'il renvoie à un sens obscur, c'est-à-dire accessible à une sorte de conscience elle-même obscure » (p. 183).

Au premier abord, il semblerait bien que le travail de Michael Riffaterre repose sur une même présupposition quant à l'obscurité poétique. De fait, dans un essai sur les *Illuminations,* le critique déclare en début d'analyse que « l'obscurité poétique devient un trait caractéristique du modernisme à partir de Rimbaud »[12]. Mais ce qui distingue la perspective de Riffaterre des cas cités plus haut, c'est l'espoir accordé au lecteur d'une survie du sens, c'est l'éventualité d'un dépassement de la fatale obscurité. C'est en fin de compte la possibilité de n'avoir pas à conclure avec Todorov qui, dans un essai portant sur les mêmes *Illuminations,* a dû recourir à la formule suivante : « leur sens (...) est de n'en point avoir ». En conférant à l'essentielle obscurité le statut d'un « index herméneutique », d'un premier stade dans le procès de la lecture, Riffaterre parvient en fait à la désamorcer. Ainsi, loin d'être un obstacle à l'accès au texte, l'obscurité serait une nécessité constitutive du procès de la signifiance textuelle. Rien de plus rassurant pour le lecteur, comme on peut le voir, l'effet salutaire d'un premier moment d'incompréhension permettant de contourner l'obstacle de la référentialité extratextuelle (Friedrich) et dès lors activer la lecture intertextuelle.

Mais déjà Valéry n'avait-il pas déclaré que « ce qui est clair comme passage est obscur comme séjour » (C1, 392) ? Formule qui mériterait d'être réexaminée dans le cadre de ce qui précède. La poésie n'étant pas le discours de « la communication immédiate », ou, dans les termes de Barthes, « écrire » étant un verbe intransitif, le poète qui séjourne et travaille dans le langage, qui s'y attarde longuement au petit matin, ce poète pourrait-il faire autrement que « regarder par la fenêtre qui donne sur la nuit ? ».

Si j'ai choisi de faire un détour par la critique contemporaine, ce n'est pas pour lui assigner une quelconque priorité. Je ne veux pas non plus à tout prix dépoussiérer le « Bossuet de la Troisième République », ni encore moins faire de lui un chantre du postmoderne. Je voudrais suggérer par contre que, dans son écriture, dans les *Cahiers* en particulier, il aura peut-être vécu une question qui, aujourd'hui, veut dire quelque chose pour le lecteur, le lecteur comme l'autre, doublement. Et cette question, ce quelque chose, ce serait le rapport du sujet à la langue. Le rapport entre le consommateur et l'œuvre, a peut-être après tout, quoi qu'en dise Valéry, quelque chose à faire avec le rapport entre le producteur et son œuvre. Le cas de Valéry est instructif à cet égard.

Jean Paulhan, critique avant toutes choses, et lecteur des *Variétés,* est le premier à ma connaissance à tenter de relier d'une façon explicite le travail du poète-lecteur à la réflexion du poéticien. Il a beaucoup reproché à Valéry, on le sait, d'avoir mal compris les textes des autres, « la majesté des souffrances humaines » de Vigny par exemple, ou « La Servante au grand cœur » de Baudelaire, « Un affreux soleil noir » de Hugo[13]. Au dire de Paulhan, ces « erreurs » de lecture ont pour point de départ une certaine « doctrine du faux », ce qui lui permet de prendre à partie la notion valéryenne de la fabrication langagière. Mis à part les très évidents partis pris personnels chez Paulhan, on pourrait résumer sa critique de Valéry dans les termes suivants : l'écrivain ne peut que mal lire puisqu'il se lit quand il lit les autres, l'écrivain lisant d'après ses propres principes théoriques – ce que d'ailleurs prouve et illustre Paulhan à son tour dans sa lecture de Valéry. Un tel reproche contient une part de vérité en ce qui concerne la lecture, dans la mesure où cette dernière (chez Valéry tout particulièrement) implique la problématique centrale du rapport du sujet à la parole – rapport à la parole de l'autre comme à la sienne propre, c'est-à-dire à l'écriture. Le tort de Paulhan (si l'on peut encore parler de « tort » dans ce cas) aura été de mettre entre parenthèses sa propre réflexion sur le langage et de fonder sa critique des « malentendus » valéryens sur la seule question du sens, d'un sens stable et transmissible. Or, pour le poète-poéticien, l'approche du texte est une expérience qui suppose, en premier lieu, l'intransitivité du langage poétique.

A la limite, la résistance du texte, que Valéry souhaite trouver et qu'il trouve, dit-il, si rarement, on pourrait l'appeler par un autre nom : obscurité. Non pas pour dire que le texte, en soi, est obscur, mais pour marquer le rapport du sujet à la langue. Au regard de Valéry lecteur, la perfection d'une œuvre est à la mesure de sa capacité de résister à l'acte corrosif de la lecture active, à la mesure de sa résistance à la « manie des substitutions ». Là où toute substitution est impossible, c'est le point de la plus grande résistance, c'est là que réside la nécessité, cette « nécessité d'origine intérieure » dont il est question dans l'essai « L'Homme et la coquille » (*Oe,* I, 904). Et c'est là également que réside la plus grande obscurité. Écriture et lecture supposent avant tout, en premier lieu, un séjour dans le langage – le langage comme lieu de séjour, un lieu en creux – dans l'ombre du creux de la coquille. Et l'homme à la coquille ne comprend pas, cet homme qui découvre « dans le repli de la plus douce nacre, le départ, en rampe lisse, d'une vis intérieure, qui se dérobe et gagne l'ombre » (*Oe,* I, 889). L'avantage que la moindre coquille a sur l'homme qui l'observe, sur le sujet de la parole, c'est « la liaison indissoluble et réciproque de la figure avec la matière », qui fait que la coquille forme « un tout ». Ce serait proprement la poéticité de l'être spiralé, c'est ce que le texte appelle « la perfection dans l'art » (*Oe,* I, 904-905). Donc, coïncidence entre l'intérieur et l'extérieur, la forme et le sens, le savoir et le pouvoir, car : « je ne sais que ce que je sais faire » (*Oe,* I, 899)[14].

Une telle vérité, c'est-à-dire le réel de la coquille – car, dans cet essai, il est aussi question de la vérité et du réel – celui qui la regarde ne la comprend pas. Le sens de « l'hélice spiralée » (dans le double sens du terme) lui échappe. Je rappelle ici la dernière phrase du dernier poème, ultime pensée consacrée à ce moi/autre qu'est l'Ange : « Et pendant une éternité, il ne cessa de connaître et de ne pas comprendre ». Une note des *Cahiers* dit à la fois le désir et l'impossible inscrits dans toute tentative de dialogue du moi avec l'autre, du moi avec moi : « Une seule chose importe – celle qui se dérobe, infiniment, indéfiniment, à l'analyse, ce rien, ce reste, cette décimale extrême » (C1, 792). Ce reste, qu'il reste toujours à comprendre, il peut bien être la décimale extrême, il n'en reste pas moins un rien. Et je remarque ici, comme toujours avec un certain étonnement, combien « ce rien » en français est affirmatif ! plus que dans d'autres langues. Rien donc de plus présent qu'un rien. Il est doté de toute une charge de positivité, qui nourrit le désir de la parole et la parole elle-même. C'est ce qui s'appellerait la présence de l'absence. Dans le cadre de la note de Valéry, l'existence, la réalité de ce rien ne saurait être mise en doute, précisément parce qu'il se dérobe, infiniment, indéfiniment. Et ce serait alors la seule réalité qui vaille la peine d'être retenue, peut-être précisément parce qu'elle est toujours « imprenable » (selon le mot de Philippe Jacottet), parce qu'elle est déjà manquante. Maurice Blanchot, lecteur-créateur de Valéry, définit l'expérience de la littérature comme l'approche de « ce qui est sans entente, sans accord, sans droit, l'erreur, le dehors, l'insaisissable, l'irrégulier ».

La parole est en effet « plurielle », qui s'interroge dans les fragments des *Cahiers.* Propulsée par le désir de comprendre, d'année en année et de fragment en fragment, elle est aussi désancrée, en exil – malgré ses retours et ses reprises inlassables. La problématique moderne du sujet de la parole, c'est Blanchot qui aura su, lui aussi, la représenter, en la présentant sous la forme du dialogue et par la figure manquante d'une double « je » jamais nommé :

> – Et pourquoi un seul parlant, une seule parole ne peuvent-ils jamais réussir, malgré l'apparence, à le nommer ? Il faut être au moins deux pour le dire.
> – Je le sais. Il faut que nous soyons deux.
> – Mais pourquoi deux ? Pourquoi deux paroles pour dire une même chose ?
> – C'est que celui qui l'a dit, c'est toujours l'autre[15].

Mais la figure de l'Autre, c'est également celle, silencieuse, dont il est question dans un texte de Walter Benjamin intitulé, justement, « Le Dialogue » : « Le dialogue tend au silence et celui qui écoute est d'abord celui qui fait silence. C'est de lui que celui qui parle reçoit le sens, le silencieux est la source non captée du sens. Le dialogue lui tend des mots comme on tend des récipients, des cruches »[16]. S'il est vrai, comme on a eu l'occasion de le dire ici même, qu'un colloque (comme le nôtre) est un dialogue « qui ne termine rien », je dirai : et pour cause ! l'autre étant à la fois celui par qui quelque chose est dit et celui qui fait silence. Toute parole serait proprement un « entretien infini ».

Dans le poème *« An die Nachgeborenen »* de Bertolt Brecht, écrit au temps de l'exil, à l'époque de l'instauration étatique de l'idéologie fasciste, une question se laisse entendre, posée comme en sourdine : la question de savoir comment, face à une telle catastrophe, le poète pourrait encore parler des arbres (platanes, hêtres, ou palmes, dirait-on). Beaucoup plus tard, en écho à Brecht, et comme en filigrane, une autre question se laisse entendre dans un poème de Paul Celan, celui qu'on a (aussi) appelé « poète de l'Holocauste » : après tous les mots déjà dits pour parler des arbres, comment ne pas parler des arbres ? Ou disons, plus succinctement, « comment ne pas parler » ?[17].

A la fois nécessité et impossibilité du silence, à la fois nécessité et impossibilité de la parole, dans la rencontre toujours souhaitée avec le dehors du réel, avec l'Autre.

NOTES

1. « Réflexions sur l'art », *Bulletin de la Société française de philosophie*, XXXV/2, mars-avril 1935.
2. René Wellek, *Four Critics : Croce, Valéry, Lukacs, Ingarden*, Seattle : University of Washington Press, 1981, p. 36.
3. Hans-Georg Gadamer, *Wahrheit und Methode*, Tübingen : Mohr, 1960, pp. 89-90.
4. Wolf-Dieter Stempel, « Comment contrôler la lecture ? », in *Problèmes actuels de la lecture*, Paris, Clancier-Guénaud, 1982, pp. 109-121. L'essai ne porte pas sur Valéry.
5. Pour un point de vue différent, voir les pages importantes de Michel Jarrety, « Critique restreinte, poétique généralisée » in *Valéry Pour Quoi ?*, Paris, Les Impressions Nouvelles, 1987, pp. 55-63.
6. Voir Vincent Kaufmann, « Le Tiers-lecteur », in *Problèmes actuels de la lecture, op. cit.*, pp. 193-202, ainsi que le chapitre intitulé « Passages privés (Valéry) » dans son ouvrage *Le Livre et ses adresses*, Paris, Méridiens Klincksieck, 1986, pp. 151-182. 7.
7. Voir le très beau texte de Serge Bourjea, « L'Absent », *Bulletin des études valéryennes*, 42, juin 1986, pp. 41-60. Ma réflexion suppose la lecture de l'indispensable travail de Nicole Celeyrette-Pietri, *Valéry et le moi*, Paris, Klincksieck, 1979.
8. Cité par Serge Bourjea, *ibid.*, p. 50.
9. Cité par Tzvetan Todorov dans *Critique de la critique*, Paris, Seuil, 1984, pp. 60-61.
10. Hugo Friedrich, *Structures de la poésie moderne*, Paris, Denoël/Gonthier, 1976.
11. Jean Cohen, *Le Haut langage*, Paris, Flammarion, 1979.
12. Michael Riffaterre, « Sur la sémiotique de l'obscurité en poésie : 'Promontoire' de Rimbaud », *French Review*, LV, 5, avril 1982, p. 625. Voir également *Semiotics of Poetry*, Bloomington, Indiana University Press, 1978, pp. 150-163 en particulier.
13. Jean Paulhan, *Paul Valéry ou la littérature considérée comme un faux*, Paris, Éditions Complexe, 1987. Voir également *Les Incertitudes du langage*, Paris, Gallimard, 1970, pp. 174-175.
14. Voir l'analyse discursive de Jean-Claude Coquet, *La Bonne distance selon « L'Homme et la coquille » de Paul Valéry*, « Actes Sémiotiques--Documents », VI, 55, 1984.
15. Maurice Blanchot, *L'Entretien infini*, Paris, Gallimard, 1969, pp. 581-582.
16. Walter Benjamin, « Le Dialogue », traduit par Philippe Lacoue-Labarthe et Jean-Luc Nancy, *Aléa*, 6, mai 1985, p. 14.
17. J'emprunte cette formule au titre de l'essai de Jacques Derrida consacré à la théologie négative : « Comment ne pas parler. Dénégations » in *Psyché. Inventions de l'autre*, Paris, Galilée, 1987.

Ülrike HEETFELD
Aix-la-Chapelle

LE MODELE VALÉRYEN DE L'ESPRIT A LA LUMIERE DES SCIENCES NATURELLES DE NOS JOURS

Quand, en 1905, Ernst Mach[1] regrettait que peu de philosophes – et, au sens large, peu de penseurs dans le domaine des sciences humaines – soient prêts à participer sincèrement aux recherches en sciences naturelles et vice-versa, il avait sans doute raison. A cette époque comme aujourd'hui, l'échange et la coopération entre les diverses sciences se réalisaient de façon très limitée. C'est pourquoi il est d'autant plus intéressant de faire attention à ce que certaines exceptions – ce petit nombre d'hommes qui ont intégré dans leurs pensées les résultats des sciences naturelles ou ceux des sciences humaines – ont finalement atteint.

Dans ce contexte, l'intention valéryenne de trouver la formule de l'esprit se présente comme un exemple convenable pour montrer de quelle manière la tentative de résoudre un problème philosophique ou psychologique en intégrant des connaissances scientifiques, peut contribuer à indiquer une certaine direction pour des recherches d'avenir.

Les efforts de Valéry pour découvrir le secret de l'activité de l'esprit se sont développés sous l'influence du rationalisme répandu parmi les hommes de science à la fin du 19e siècle. Ce rationalisme se méfiait de la métaphysique, du mythe, de toute sorte de sentiment et se nourrissait de l'illusion du progrès infini, de l'indépendance de l'esprit libéré de toute contrainte.

Plus de 80 ans ont passé : nous sommes devenus plus critiques envers le progrès technique et plus sceptique envers l'omnipotence des sciences naturelles. Néanmoins, la conviction que la découverte du mécanisme intellectuel pourrait offrir à l'humanité des possibilités imprévues, tient toujours bon. Pendant les dernières 20 années, les neuropsychologues, les neurophysiologues et les spécialistes du traitement de l'information ont poussé loin leurs recherches sur le cerveau et sur l'esprit[2]. Certes nous sommes loin de comprendre toutes les fonctions du cerveau ou tous les processus qui rendent possible la connaissance, nous avons obtenu toutefois des résultats profitables, aussi bien aux recherches médicales empiriques du cerveau qu'à la théorie de la connaissance. Évidemment, cette dernière dépend des expériences des sciences naturelles comme des réflexions philosophiques. Reste encore toujours à résoudre le problème du *ter-*

tium comparationis, c'est-à-dire du médiateur entre le niveau physique et le niveau intellectuel ou niveau psychique.

Jusqu'ici, les sciences naturelles et la philosophie n'ont guère élaboré de base de discussion commune sur le sujet de l'esprit humain, comme cela s'était fait autour de la théorie de la relativité. Les impulsions qui pourraient avoir suscité une collaboration concernant l'esprit restaient inaperçues, cachées, dans l'œuvre d'un homme de lettres. Examinons donc les points de contact entre les pensées valéryennes sur l'activité de l'esprit et les recherches scientifiques actuelles sur le mécanisme intellectuel.

En cherchant la formule la plus générale qui soit inhérente à l'activité de l'esprit, Valéry arriva à la conviction qu'une telle activité exige un principe universel et absolument invariable : il inventa la construction du Moi pur. Sans celui-ci, une observation du processus de réciprocité, d'échange entre la personne et l'esprit, serait simplement impossible. Mais, si l'esprit veut se connaître lui-même, il faut qu'il crée une distance, qu'il s'invente dans la virtualité afin qu'il puisse observer sa propre activité.

Un tel principe absolu a – selon les résultats des recherches cérébrales – des correspondances dans les structures physiques ainsi que dans les structures psychiques de l'esprit. On a découvert que les jonctions nerveuses du cerveau suivent une formule particulière chez chaque être humain, ce qui veut dire, que leurs entrelacements, le plexus nerveux dans sa forme individuelle, sont congénitaux et invariables. En outre, au niveau psychique, existent aussi des structures formelles invariables. On a prouvé qu'elles sont intersubjectives : la connaissance des proportions, celle de l'analogie des formes, la limite temporelle concernant la vitesse de lecture et enfin celle de la présence d'un contenu conscient. Ces structures « virtuelles » sont congénitales et ne peuvent pas être apprises[3]. Les spécialistes du traitement de l'information appellent ce phénomène la « multi-stabilité du système intellectuel ».

A côté du rôle que le Moi pur joue comme principe général et universel, il représente simultanément la méthode d'abstraction qui sert – disons-le brièvement – à réduire le monde à une formule absolue. Une telle réduction contient deux aspects différents : par l'attention qui signifie un choix permanent des contenus pour la conscience, la *quantité* du monde est diminuée, et, par la transformation du monde dans un autre langage, par exemple dans un code binaire, la *qualité* du monde est modifiée.

Les sciences naturelles ont prouvé par maintes expériences une abstraction de l'information qui commence déjà avec le processus de la perception. Des stimuli font d'abord naître des réactions chimiques qui sont transformées en informations osmotiques-électriques de façon que les informations qui sont identiques ou semblables soient toujours transmises par le même chemin ; c'est dire que, pour chaque information particulière, se produit une formule correspondante qui est utilisée dès la naissance. De telles structures sont des structures acquises et relativement constantes sous la condition que certains événements se répètent dans la vie d'une personne. L'ensemble du plexus nerveux congénital et des structures acquises forme un système assez durable qui a deux fonctions principales : il est responsable de la mémoire à bref délai ainsi que de la codification qui réduit la quantité et la qualité de l'information.

Le processus de codification même, autrement dit : le processus d'abstraction, n'est pas traité en détail par Valéry. On apprend que la personnalité passe une « demande » au Moi pur qui y répond. Un tel échange que Valéry nomme « réciprocité » signifie un processus permanent où a lieu, en direction du Moi pur, une séparation continuelle du monde allant dans le sens d'une soi-disant dématérialisation. Ce qui se passe en direction inverse reste, pourtant, totalement incertain, pas seulement pour Valéry, mais aussi pour les sciences naturelles de nos jours. On a bien étudié les divers stimuli et leurs réactions chimiques et osmotiques-électriques, mais on ne sait guère de quelle manière l'information est décodée et comment la personne comprend la « réponse » de l'esprit. On sait que seule une partie de l'information est donnée à l'esprit, l'autre se perd en route ; c'est dire que l'information n'arrive jamais entièrement à l'intellect. A l'inverse l'information qui va de l'esprit à la personne y arrive toujours tout à fait complète. On voit bien que la codification, et plus encore le décodage contiennent des difficultés infranchissables et cela jusqu'à nos jours ; et on comprend bien l'embarras de Valéry pour ces problèmes, sur lesquels il ne nous donne guère de détails.

Un autre sujet, pourtant, avait inspiré à Valéry de nombreuses descriptions surtout au niveau symbolique : l'imagination créatrice que l'activité de l'esprit fait naître. C'est le Moi pur qui sert encore une fois de modèle pour l'esprit, afin que celui-ci dispose d'assez de distance pour s'observer lui-même. Le Moi pur est équipé d'une quantité infinie de réponses à cause de sa capacité à faire des combinaisons. Ces réponses existent pour certains éléments d'information qui se laissent combiner presque arbitrairement. Ce nombre de possibilités représente un potentiel inépuisable dont le Moi pur actualise les réponses variées. Ce processus de réponse fut pensé par Valéry comme un « centre de masse » (= Moi pur) qui, par une rotation centrifuge, perd l'unité en se séparant de lui-même, mais qui, par cette rotation, crée quelque chose de neuf. Pour un tel acte de création la vitesse de la rotation joue un rôle décisif : si elle est trop lente, l'esprit perd conscience et tombe dans un état de sommeil ; si elle est trop rapide, elle mène à une certaine irritation, à une sorte d'extase que Valéry apprécie comme nécessaire à l'imagination créatrice du poète.

Les sciences naturelles de nos jours confirment que les oscillations du cerveau, ou plutôt les potentiels d'action, fonctionnent dans des limites de vitesse très étroites et que déjà un écart minime change visiblement l'état de la conscience. Cela voudrait dire qu'à chaque degré de conscience correspond un rythme constant de l'activité de l'esprit, ou bien de l'imagination créatrice.

En ce qui concerne l'imagination créatrice entendue comme la capacité de produire des idées tout à fait neuves, les spécialistes du traitement de l'information se sont occupés profondément du volume de la mémoire. Ils se sont demandés comment il est possible d'avoir dans notre tête un potentiel de mise en mémoire d'une telle capacité, et ils ont trouvé une solution qui n'est encore qu'hypothèse, mais semble très probable à cause de sa validité pour d'autres explications : Imaginez une pensée comme point qui tourne dans un cercle. En plusieurs lieux arbitraires, celui-ci est influencé par des réactions d'excitation ou d'inhibition. Au cours de sa rotation, une deuxième, une troisième, etc. pensée surgissent en un certain point sur le cercle de la première pensée. Celles-ci sont provoquées par une soi-disant « inflammation », autrement dit, une association, et elles forment des nouveaux cercles qui passent tous par un point particulier du cercle dans lequel tourne la pensée n° 1. Toutes les pensées, toutes les « masses » ont ainsi le même centre. Ce « centre » voudrait en même temps expliquer le resserrement, le « Engpaß » dans le cercle de rétroaction, qui ne permet pas que plus d'une seule pensée soit exprimée à la fois – soit prononcée ou écrite. Il y a toujours une pensée qui a la priorité. En tout cas, l'idée valéryenne de la rotation des masses autour d'un centre montre une conformité frappante avec l'hypothèse d'une rotation de pensées autour d'un point central qui a pour fonction d'établir un ordre sériel[4].

Outre le problème qui concerne le volume de la mémoire, divers hommes de science se sont mis à observer quelques détails du processus de l'imagination créatrice. Valéry présente ce processus comme la méthode de *combinaison*, précédée d'une *comparaison*, des « demandes » transmises par la personnalité à partir d'éléments déjà connus. En intégrant les éléments nouveaux dans des structures existantes, le Moi pur décide de la question de savoir dans quelle mesure la réponse obtient des éléments tout à fait neufs, c'est-à-dire, quel degré d'imagination créatrice serait à trouver dans une certaine pensée.

D'une manière semblable, K.R. Popper et J.C. Eccles[5] ont énoncé l'hypothèse de l'intégration, quand ils se sont occupés des relations entre le Moi pur et l'esprit, dans les années 70. Récemment cette hypothèse a été vérifiée par la neuropsychologie : les événements qui sont transmis par des stimuli différents forment un entrelacement spécifique de façon que chaque information particulière reçoive un code fixe, et que chaque nouvelle information ajoutée – contenant une partie plus ou moins grande des structures déjà formées – soit comparée aux formules déjà existantes. Ces processus se passent à une vitesse tellement grande que les ordinateurs les plus modernes ne peuvent pas l'atteindre.

Naturellement, le parallélisme découvert entre les idées de Valéry et des résultats empiriques des sciences naturelles modernes ne s'établit pas toujours si facilement. La conception valéryenne du Moi pur en fonction d'un « Moi instantané », par exemple, contredit le fait que Valéry donne au Moi pur la capacité de se reconnaître. Car un « Moi instantané », qui est autre à chaque moment, à chaque réponse, et qui n'a pas de conscience de temps (ni du futur, ni du passé), ne peut se connaître que dans l'instant seul. Mais pour se *re*connaître, le Moi pur devrait absolument disposer d'une mémoire ou au moins de la rétention, ce qui veut dire, qu'il faudrait avoir du passé pour vraiment comprendre son identité. Comme le Moi pur est situé pourtant hors des conditions vitales, Valéry résout le problème à un autre niveau : l'esprit qui connaît le Moi pur comme sa propre construction, comme son image reflétée, se connaît à chaque instant de nouveau – sans rien savoir de son existence continue. L'identité y est gardée par la projection du Moi pur au niveau virtuel. On comprend bien que les scientifiques qui voient les problèmes qui concernent l'intellect directement en prises sur la vie humaine, apprécient les phénomènes de la reconnaissance et de l'identité tout autrement. Mais il y a d'autres aspects du temps pour lesquels la conception de Valéry et les résultats des sciences naturelles vont mieux ensemble. Bien que le Moi pur lui-même ne possède pas de conscience de temps, il installe par ses réponses un ordre temporel : chaque demande est suivie de la réponse correspondante, jamais inversement.

Il est prouvé par des expériences que l'organisation de l'intellect doit nécessairement remplir une condition formelle. Sans l'établissement d'un ordre sériel, aucune pensée ne pourrait être exprimée. Ce phénomène est appelé compétence syntactique. En outre, les sciences naturelles confirment que l'activité de l'esprit est vraiment « instantanée ». La présence consciente d'une pensée ou d'une perception dure – chez tous les êtres humains – environs 3 secondes[6]. De cette expérience on a peut-être dérivé la locution courante allemande : « ... *nicht bis 3 zählen können* » (... ne pas savoir compter jusqu'à 3... = être peu intelligent). Ces 3 secondes sont une valeur moyenne pour l'unité dans laquelle on met en pratique la combinaison, où l'on accomplit la comparaison, autrement dit l'intégration : ce qui signifie que l'esprit produit les pensées dans des unités temporelles de 3 secondes.

A un tel rythme correspond – selon les neuropsychologues – une certaine perception de la durée qui influence remarquablement l'imagination créatrice du poète. Dans n'importe quelle langue, les vers – ou du moins ses unités de signification – représentent des correspondances optimales avec la structure formelle de l'expérience de la durée qui est valable pour tous les hommes : ils s'étendent à 3 secondes. Peut-être, vaut-il la peine de vérifier dans l'œuvre poétique de Valéry, si *son* « Moi instantané » se trouve en conformité avec la cadence idéale de 3 secondes.

A cause de toutes les fonctions que le Moi pur accomplit, Valéry l'a appelé souvent le « Moi supérieur ». Ce « Moi supérieur » est donc libre dans son choix de répondre ou de ne pas répondre, il est indépendant de la structure de la personnalité. Il garantit l'identité de la personne, dispose d'un potentiel illimité de pensées et représente une identité absolue en gardant strictement son unité dans le domaine réel. En tout, l'esprit est supérieur au corps, auquel il donne l'essentiel d'un être humain, à la personnalité, à laquelle il accorde l'identité, et au monde, auquel il donne le sens.

Du point de vue de la neurophysiologie de nos jours, cette conclusion valéryenne n'est pas contestée. On considère les fonctions du cerveau comme prépondérantes pour le développement du corps, parce que l'intellect détermine la perception, surtout l'intensité des sentiments. En plus, il influence la formation de la personnalité qui dépend essentiellement de notre sensation. A l'aide de ses structures congénitales invariables, l'esprit porte un jugement sur la « valeur » de l'information reçue et forme par là la personnalité. Il représente ainsi un paramètre indispensable pour la nature de l'homme. Les scientifiques nomment cette influence de l'intellect sur la personne *« topdown »*, et l'estiment plus importante que l'autre direction, que les stimuli qui arrivent au cerveau. En outre, le cerveau avec son entrelacement de nerfs, avec d'innombrables facteurs d'excitation et d'inhibition, restitue continuellement un certain équilibre, surtout concernant la vitesse des oscillations, qui est d'une grande importance pour l'organisme entier.

Pour le corps ainsi que pour la personnalité, le mécanisme intellectuel joue enfin un rôle dominant : les résultats des recherches cérébrales, obtenus par maintes expériences pendant ces dernières années, confirment sans doute la thèse de la supériorité de l'esprit, thèse que Valéry avait développée en observant soigneusement l'activité de son propre esprit.

Bien que, dans tous les parallèles mentionnés, le niveau d'argumentation ainsi que les méthodes soient tout à fait différents pour Valéry et les sciences naturelles actuelles, leurs résultats manifestent une ressemblance surprenante. Cela est sans doute dû aux connaissances mathématiques, biologiques et physiques que Valéry avait acquises en s'occupant volontiers des sciences naturelles de son époque. Il est vrai que celles-ci étaient dans l'enfance dans les années 20 et 30, mais si Valéry n'avait pas connu leurs résultats, il n'aurait guère pu concevoir comme il l'a fait, l'activité de l'esprit[7].

J'aimerais renoncer en ce lieu à me livrer à la spéculation ; aussi ne me demanderai-je pas si les réflexions de Valéry (élargies à une théorie de la connaissance) auraient pu être fécondes pour les expériences projetées par les scientifiques. A condition que l'on ne regarde pas l'analogie entre résultats philosophiques et résultats expérimentaux comme effet du hasard, on incline à admettre que Ernst Mach avait raison de regretter le petit nombre de penseurs en sciences humaines qui s'occupent vraiment des sciences physiques et vice-versa. Il n'est pas impossible que dans le futur la collaboration entre sciences humaines et sciences naturelles devienne efficace. L'exemple des réflexions valéryennes montre qu'une coopération entre plusieurs sciences différentes pourrait mener à un enrichissement dont profiteraient beaucoup les efforts scientifiques. Et, simultanément cet exemple nous rappelle, une fois de plus, l'actualité universelle de Valéry, penseur.

NOTES

1. Ernst Mach, *Erkenntnis und Irrtum* (trad. française *La connaissance de l'erreur*, Paris, Flammarion, 1908).
2. *Cf. Wahrnehmung und visuelles System*, Heidelberg, 1986 (Édition allemande de *Scientific American*) et *Gehirn und Nervensystem*, Heidelberg, 1987 (Édition allemande de *Scientific American*).
3. Peter R. Gerke, *Wie denkt der Mensch*, München, 1987, p. 112.
4. *Ibid.*, p. 93 *sqq.*
5. Karl R. Popper, John C. Eccles, *Das Ich und sein Gehirn*, 1982, p. 558 *sqq.*
6. Ernst Pöppel, *Grenzen des Bewußtseins*, 1985, p. 77 *sqq.*
7. *Fonctions de l'esprit*, textes recueillis et présentés par Judith Robinson-Valéry, Paris, Hermann, 1983.

A. KAUFMANN
Ex-professeur à l'Institut Polytechnique de Grenoble

L'ART DE L'INGÉNIEUR ET LA PENSÉE VALÉRYENNE

Je voudrais, pour commencer, rappeler une considération de Paul Valéry que Madame Robinson-Valéry évoquait en ces termes :

« L'homme est un animal qui, au lieu de se contenter de s'adapter à son milieu, modifie gratuitement ce milieu pour pouvoir s'y adapter autrement. D'où tous les tourments que nous nous imposons, mais aussi tout ce qui stimule, excite et agrandit le domaine d'action et de pouvoir mental de l'humanité »[1].

Cette pensée peut servir de guide sur la manière dont un ingénieur peut prendre des inspirations profondes et fertiles dans l'œuvre de Valéry.

N'est-ce pas là une des meilleures explications de ce que les ingénieurs ont pu apporter en bien et en mal à la société humaine. Leur métier s'appuie sur la science et ses rigueurs mais aussi sur l'art d'inventer des technologies à partir de l'imagination. Et l'emploi de cette imagination, de cette « boîte d'or » propre à l'humain, est bien plus proche de l'art qu'on ne l'imagine habituellement. Comme je le soutiendrai plus loin, l'ingénieur est aussi et doit être, en plus de ses diverses spécificités, un spécialiste des sciences humaines. Dans son optique, Valéry est le véritable fondateur des sciences humaines.

Souvent, je me suis posé la question suivante : qu'est-ce donc qui sépare ce qui est qualifié de scientifique de ce qui, d'autre part, est qualifié d'artistique ? La science serait la connaissance objective qui, acceptée par tous, devrait être acceptée par chacun, un transfert de l'objectivité vers la subjectivité. L'art, la poésie, tout au contraire, sont des transferts en sens inverse, de la subjectivité du poète ou de l'artiste, vers tous les autres, vers tous les humains qui y trouveront le support de leur manière de penser et de percevoir leur environnement. Ainsi, les sciences humaines ne rejettent pas la subjectivité mais, au contraire, doivent véhiculer cette subjectivité pour augmenter et embellir tous les domaines de la pensée.

L'ingénieur a besoin de la connaissance objective et tout autant de cette subjectivité dispersée qui va contribuer à l'épanouissement de son imagination personnelle.

L'œuvre de Valéry est en quelque sorte une configuration formidable de la pensée sous ses deux formes qui devraient toujours s'associer : l'objectivité (pour la communication, pour comprendre les autres) et la subjectivité (pour affirmer sa personne, pour se comprendre soi-même).

Le métier de l'ingénieur, lequel, hier encore, était basé sur le nombre et la mesure, le calcul, a maintenant pris un tournant dans lequel l'informatique n'est pas étrangère. Dans l'œuvre de Valéry, la pensée collective et la pensée personnelle s'associent en permanence pour se fertiliser de façon on ne peut plus socratique. Et ne serait-il pas satisfait de se rendre compte que ses souhaits, la maïeutique qu'il espérait, est en cours de réalisation. L'informatique d'hier, c'était le traitement objectif des connaissances par des modèles mathématiques et de la programmation. L'informatique de demain (et en partie celle d'aujourd'hui), c'est un traitement de la connaissance où se mêlent l'objectivité et la subjectivité. Les systèmes experts et la mal nommée intelligence artificielle, n'est-ce pas cette association beaucoup plus souple du savoir des autres et du savoir de chacun, ceci en conversationnel avec les connaissances enregistrées (les bases de données). Dans ce conversationnel, la modification, l'adaptation, le perfectionnement, la recherche de la proximité du vrai, sont toujours présents. L'ingénieur et le poète se rejoignent pour promouvoir la connaissance par une alternance de rigueur et d'imagination.

L'ingénieur, au sens de Descartes, fixe ses attaches sur la raison, la logique, la rigueur et l'on observe maintenant que les ingénieurs évoluent vers une mentalité plus socratique. Et l'on ne doit pas s'y tromper, l'informatique sous ses formes nouvelles, sous ses formes avancées, n'est pas autre chose que la communication devenue reine des sciences. La mathématique n'étant en cela qu'une écriture de la communication. L'informatique dans ses formes nouvelles, c'est l'outil qui permet à l'humain de faire plus vite, de faire mieux pour son travail mental, comme les outils ont déjà aidé ses mains. Certes, le mathématicien pur peut se passer du traitement informatique et certains pensent qu'il devrait s'en passer. Mais ce n'est pas le cas pour le mathématicien qui s'intéresse aux applications, lequel est en fait un ingénieur. Et si je parle d'informatique avec une certaine insistance, c'est que le phénomène qu'elle représente ne peut être oublié dans le sujet que je me permets d'exposer. En insistant, bien sûr, sur les aspects nouveaux du traitement informatique, bien au-delà des préoccupations du calcul et de la programmation.

Paul Valéry espérait et prévoyait l'occurrence de cette interpénétration, de ce croisement de l'efficacité des technologies et de la variété des communications. D'autre part, toute son œuvre est une extraordinaire maïeutique. Et si tant de personnes savantes se penchent avec passion sur son œuvre, c'est aussi à cause de la richesse presque illimitée de la stimulation inventive qu'on y trouve. Un informaticien dirait : c'est une formidable base de données pour qui veut comprendre le phénomène humain. Quel extraordinaire système expert !

Une autre forme de progrès scientifique qui se rapporte plus spécialement aux sciences humaines existait dans les espoirs et prévisions de Valéry : l'évolution des mathématiques elles-mêmes pour mieux représenter les phénomènes humains. L'homme ne cesse pas d'ajouter des choses nouvelles à la nature et c'est une continuation transcendante par la pensée humaine des lois naturelles. Ce que l'homme ajoute à la nature est chargé d'incertitude. Le milieu est devenu un « système » où la communication est maîtresse. Tout se complique mais il est dans notre nature de compliquer et de chercher à simplifier alternativement. Valéry a connu les mathématiques déterministes et les mathématiques probabilistes mais cela ne lui semblait pas suffisant pour une représentation correcte du comportement de l'individu isolé ou en groupe. L'action humaine ne cesse pas d'introduire en alternance de l'ordre et du désordre et par là toujours plus d'incertitude. Or la façon de traiter les phénomènes dans l'incertain est sensiblement différente de celle, plus habituelle, qui utilise des modèles basés sur des hypothèses déterministes ou construits à partir de la théorie des probabilités. L'approche déterministe ou probabiliste se construit à partir de la *mesure*. Face à l'incertain, c'est la *valuation* qui va jouer ce rôle. La mesure et la valuation ne s'opposent pas mais se complètent ; toutefois il ne faut jamais les confondre ou substituer l'une à l'autre. Mais les mathématiques de l'incertain ont moins passionné les mathématiciens, elles semblaient contenir un péché originel : la subjectivité. Or, pour comprendre l'homme avec sa logique et son imagination, la mesure ne suffit pas. Face à un phénomène naturel suffisamment connu, une propriété est considérée comme vraie ou fausse et la position logique entre vrai et faux est écartée (tiers exclu, non contradiction). Et pourtant, la pensée humaine est chargée de nuances ; les jugements se font souvent, très souvent, à partir de niveaux de présomption, de degrés de vérité, cela implicitement et parfois explicitement. Le rôle du mathématicien est alors de rendre explicite l'implicite.

Depuis une cinquantaine d'années se sont développées, comme toujours sans succès au début, les logiques multivalentes, où à chaque proposition et à chaque inférence est attaché un niveau de vérité, voire un intervalle de confiance qui concerne cette vérité subjectivement. Plus récemment, il y a environ un quart de siècle, sont apparues les mathématiques du flou, la *théorie des ensembles flous*, où, pour être plus proche de la pensée et du comportement humain, la théorie des ensembles s'est nuancée, a pris en compte la subjectivité pour représenter des phénomènes instables et souvent difficiles à saisir dont *l'homo-*

sapiens-sapiens est le responsable et aussi parfois la victime.

Le pouvoir de traitement,la vitesse et les mémoires des ordinateurs d'une part, les mathématiques floues d'autre part, quand on sait les associer, permettent de saisir et traiter plus fidèlement les problèmes humains, individuels et collectifs. Les machines sont capables de traiter des problèmes où se rencontrent des millions de données. Je rappellerai que les plus récents des micro-ordinateurs travaillent à la nanoseconde pour un digit (une position binaire) et il y a autant de nanosecondes dans une seconde que de secondes dans trente ans. Et ce n'est rien, avec les machines à traitement parallèle qui existent déjà en laboratoire, ce sera un digit à la femtoseconde (et il y a autant de femtosecondes dans une seconde que de secondes dans trente millions d'années). Mais ce n'est pas, pour les sciences humaines, la vitesse des machines qui importe, c'est la flexibilité de leur emploi, la communication qu'elles installent par la télé-informatique. Un si haut degré de communication change les aspects de la vie. D'autre part, la possibilité, par toutes les nuances entre le vrai et le faux, par des procédures logiques aux variétés quasi illimitées, que l'on peut mettre en œuvre par les mathématiques floues, cela en conversationnel avec les machines isolées ou en réseau, cela est aussi une cause profonde de transformation. Le plus créatif des penseurs des temps modernes souhaitait ardemment l'occurrence de tous ces moyens de traitement et de raisonnement, pour mieux connaître l'humain noyé de plus en plus dans ses technologies.

Les progrès auxquels nous assistons maintenant commencent à introduire un traitement de la connaissance et non plus seulement du calcul. Et si l'on y rencontre des nombres, ce sont des positions ou des niveaux pour mieux expliquer des configurations. Car, ce qui est important dans la connaissance, c'est la configuration, la structure, la forme, les relations, les échanges, ce que les mathématiciens appellent le système. Tout cela forme l'esthétique. L'intelligence n'est-elle pas l'esthétique de la pensée ?

Il y a aussi un autre aspect où Valéry trouverait une satisfaction profonde, c'est dans la recherche de processus de créativité. Chacune de ses pensées est une molécule d'un objet nouveau qu'il convient d'interpréter et d'assembler avec d'autres pour constuire le système qui, non seulement expliquera, mais stimulera l'imagination plus loin encore.

On retrouve, dans les méthodes les plus efficaces de créativité, des concepts que Valéry a explicitement ou implicitement proposés[2]. Les processus de stimulation inventive les plus performants sont construits à partir de trois règles expérimentales. La première est celle de la plage d'entropie (mesure ou valuation du désordre). Trop d'ordre, la pensée est programmée, figée, l'homme se rapproche du robot parfaitement obéissant : est-ce encore un homme ? Trop de désordre, la pensée est sauvage, non significative, non transmissible même. C'est à l'intérieur d'une telle plage, entre la pensée programmée et la pensée sauvage, que la créativité peut naître et se développer. Et aussi se transmettre, s'amplifier par un croisement avec la créativité des autres. La deuxième règle est celle de l'alternance dans la plage d'entropie. Passer alternativement de l'ordre au désordre et progressivement construire l'innovation : aboutir à une esthétique nouvelle, à une configuration innovante, à des perfectionnements recherchés avec persévérance ou bien trouvés dans l'incertain exploré avec de l'intuition. La troisième règle concerne la fréquence de l'alternance ; elle doit convenir tout autant à la réflexion intérieure qu'à la communication. Un mauvais choix de la fréquence peut occasionner un dérapage de la pensée par excès de vitesse ou par excès de lenteur. Cette fréquence de l'alternance doit aussi être variable dans le temps et bien associée à la fréquence des autres. La pensée est un grand orchestre.

Trop longtemps préoccupés de logique avec notre demi-cerveau gauche ou trop longtemps débridés, perdant la structure pour le plaisir de l'aventure intellectuelle en notre demi-cerveau droit : ce n'est pas favorable à l'imagination constructive, à la promotion de l'esthétique. Nos deux demi-cerveaux ne sont d'ailleurs pas indépendants et sont constamment interconnectés, croisés, pour justement réaliser les nécessaires alternances. Le cervau humain, avec ses 20 à 30 milliards de neurones et ses dizaines de milliers de milliards de connexions différenciées, est une extraordinaire machine parallèle, transcendante, comparée aux plus performants des super-ordinateurs existants. Cette machine parallèle extraordinaire doit servir à son propre perfectionnement. L'humain ne devrait pas cesser d'inventer.

Je me sers souvent de quelques phrases de Valéry dans un séminaire de créativité. Cela est le point de départ d'une grande variété d'idées nouvelles, tellement fertile est la pensée du poète. Même dans la recherche normative vers le concret, la puissance évocatrice du poète agit en profondeur et fait sortir de l'inconscient des richesses cachées.

L'artiste, le poète d'une part, et le scientifique d'autre part, comme nos deux demi-cerveaux, ne doivent pas se séparer, unité constructive d'un tout. Ils forment ensemble ce qui convient le plus à l'humain : l'architecte, au sens le plus général et évocateur du mot.

Je voudrais maintenant revenir sur divers aspects qui se rapportent aux mathématiques floues. Ces mathématiques sont particulièrement utiles dans les sciences humaines. Bien que le courant d'idées qui a précédé leur spécification puisse remonter à d'autres mathématiciens, comme Lukaciewicz, Post, Bertrand Russell et d'autres encore, c'est le mérite de L.A. Zadeh, de l'Université de Californie à Berkeley, d'en avoir construit dès 1965 un corps de doctrine cohérent et chargé d'extensions les plus diverses... Il a introduit le concept d'ensemble flou comme généralisation de celui d'ensemble ordinaire. Par la suite, il a introduit le concept de possibilité mathématique pour remplacer celui de probabilité lorsque la mesure ne peut pas être acceptée. Il a permis de mieux comprendre ce qui sépare le hasard (mesurable en probabilité) de l'incertain (non mesurable en probabilité). Il a, en outre, introduit des processus sémantiques pour quantifier la subjectivité. Dans les vingt dernières années, plus de 8 000 articles, livres, thèses, mémoires, notes de travail, ont été publiés sur les mathématiques floues. Ce ne serait pas le cas s'il s'agissait d'une mode passagère ou d'une déviation illusoire de la pensée mathématique et des concepts utiles dans la théorie de la communication. Il s'agit réellement d'une importante extension qui rend et rendra d'exceptionnels services dans la modélisation et le traitement de tous les domaines des sciences humaines. Notons, on s'en doute, qu'il ne convient pas de prendre le mot flou dans son sens péjoratif. La théorie des ensembles flous est, comme doit être toute théorie mathématique, d'une rigueur sans faille. Mais, si la théorie des ensembles ordinaires est construite sur une axiomatique unique et universelle (laissons de côté certaines présentations simplifiées), il existe, en fait, diverses façons de définir axiomatiquement les ensembles flous mais, pour les diverses variantes, l'axiomatique reste rigoureuse). On devrait parler des théories floues. On l'admettra d'autant mieux en réfléchissant que ces théories se rapportent à l'incertain. Dans l'incertain on peut concevoir une multitude, voire une infinité, de façons de représenter mathématiquement les phénomènes qu'on y situe. Aussi doit-on citer la théorie des intervalles de confiance (R.E. Moore), celle de la crédibilité (Dempster-Shafer), celle des ensembles aléatoires flous (Feron-Hirota), celle des expertons (Kaufmann) et bien d'autres connues et utilisées. Filles ou cousines de la théorie des ensembles flous de Zadeh. Dans toutes ces théories on apprend, entre autres, à ne pas confondre l'incertain et le hasard, le possible et le probable. On apprend aussi à tenir compte de l'expérience individuelle ou collective des experts. Les experts ne sont pas forcément des personnes qualifiées pour construire des modèles mathématiques et établir des programmes informatiques ; de ce fait une nouvelle fonction apparaît entre les experts et les informaticiens : celle de « cogniticien » ou « ingénieur de la connaissance ». Ces ingénieurs doivent être capables de collecter convenablement la connaissance des experts et de la transmettre aux informaticiens sous une forme utilisable par ceux-ci. Entre ceux qui ont la connaissance et ceux qui vont la traiter, il convient, pour une bonne communication, qu'un étage d'interprétation, de classification, de sélection, existe depuis la constatation des faits jusqu'à leur exploitation. Comme je l'ai déjà précisé, l'informatique n'est plus seulement du calcul ou de la simulation mais présente maintenant des possibilités de traitement d'informations subjectives à associer à des informations objectives. Les systèmes experts qui intéressent maintenant tous les domaines de la connaissance matérialisent ce courant.

On ne peut parler des systèmes experts sans aborder ce qu'on nomme « intelligence artificielle » étant entendu qu'il ne s'agit pas de concurrencer l'humain dans son intelligence mais de reproduire au mieux certains mécanismes souvent assez délicats, de bien cerner la pensée face à des problèmes trop compliqués ou trop longs à traiter manuellement. Par exemple, il est très difficile de traiter sans l'aide de la mathématique et de l'informatique des chaînes de déductions assez longues ; on en rencontre de très longues dans beaucoup de domaines. Ces chaînes logiques sont parfois à traiter par l'avant (*modus ponens*) et par l'arrière (*modus tollens*). L'intelligence artificielle est maintenant un domaine qui occupe des milliers d'informaticiens de haut niveau. Depuis quelques années le traitement par intelligence artificielle s'appuie de plus en plus sur les concepts introduits dans les mathématiques floues. On le conçoit fort bien puisqu'il s'agit de reproduire des mécanismes de la pensée naturelle, lesquels ne se décrivent que dans certains cas en tout ou rien. Les nuances, les subtilités, la sémantique, doivent être prises en compte. Cet emploi plus subtil des ordinateurs, Valéry ne l'aurait pas désavoué.

La remise en cause permanente des connaissances, des métiers, des projets, l'adaptation inévitable de chacun dans son environnement et ses fonctions, cela ne peut plus être discuté. L'humain décrit presque explicitement par Valéry, le successeur de *l'homo-sapiens-sapiens* que j'appellerais volontiers le « sapiens 3 », possesseur de la souplesse de la pensée, combinant toujours plus habilement l'art et la science, il convient que nous préparions nos enfants à être tels. L'équilibre entre la raison et le sentiment, entre la logique et l'intuition, cela doit être réalisé dans toutes les formations. Mesurer ce qui est mesurable sans oublier la valuation (le niveau de vérité qui constitue notre liberté essentielle).

Le poète est là pour prévoir, pour guider, pour que l'on perçoive mieux, pour développer la sensibilité, et il est aussi un mathématicien comme Valéry le fut. Les plus belles formules, les plus vraies dans le sens de l'humain, elles passent aussi par le merveilleux ; pour que l'on puisse toujours s'étonner et admirer.

NOTES

1. *Paul Valéry, Approche du système*, sous la direction d'H. Laurenti, Paris, Lettres modernes, Minard, 1979, p. 192.
2. « Valéry a toujours dit que l'esprit, qui est un fonctionnement tendant vers l'ordre, a absolument besoin de doses continuellement renouvelées de désordre, d'informations nouvelles, de perturbations du système physique et mental causées soit par la sensation ou l'impression venue de l'extérieur, soit par l'activité interne du cerveau ». Intervention de Mme Judith Robinson, *Op. cit.*, p. 191.

Vittorio UGO
Université de Bari et de Milan

CONSTRUIRE, CONNAITRE, DOUTER

Comme celles sur la philosophie, la physique ou la géométrie, les idées de Paul Valéry portant sur l'architecture ont fort peu à voir avec le caractère rigoureux, systématique et exhaustif d'une discipline. Valéry était, dans ces domaines, un « dilettante » dans le sens plein et noble du terme ; et on sait que le seul texte qu'il ait explicitement consacré à l'art de bâtir – le dialogue *Eupalinos ou l'Architecte* – n'était que le fruit d'un travail de circonstance (ce qui, par ailleurs, n'amoindrit en rien sa valeur).

Cependant l'architecture – ou plutôt, si l'on me permet ce terme, l'*architecturalité* – est sans aucun doute une donnée constante de la pensée valéryenne. Et cela sous un triple registre : celui de l'esthétique, lié à la forme perceptible et reconnaissable ; celui de la structure, lié à la logique du système et à la syntaxe de la composition ; celui de la construction, lié à la dimension productive et « poïétique », aux processus du *ποιεῖν*. L'*Eupalinos,* tout aussi bien que certaines remarques de l'*Introduction à la méthode de Léonard de Vinci* et les nombreuses notes parsemées un peu partout dans les *Cahiers,* témoignent d'un intérêt persistant et d'une réflexion subtile, qui est souvent assez profonde. En outre, Valéry refuse tout compartimentage de sa pensée (et de la pensée) en des secteurs étanches l'un à l'autre. Aussi, l'architecture n'est pas, pour lui, un domaine clos, mais un aspect particulier du mode d'existence de l'espace et de son rapport avec la construction et le temps : *« L'édifice architectural interprète l'espace et conduit à des hypothèses sur sa nature, d'une manière toute particulière, car il est à la fois un équilibre de matériaux par rapport à la gravitation, un ensemble statique visible et, dans chacun de ces matériaux, un autre équilibre, moléculaire et mal connu. Celui qui compose un monument se représente d'abord la pesanteur et pénètre aussitôt après dans l'obscur royaume atomique. Il se heurte aux problèmes de la structure »* (*Oe,* I *(I M LdV)*, p. 1190). L'architecture devient ainsi la forme paradigmatique que l'espace assume physiquement dès lors qu'aux concepts philosophiques et aux propositions théoriques sont intégrées les données géométriques et culturelles et celles qui dérivent du désir d'habiter et du fait de la construction : *« Le mot* construction *que j'ai employé à dessein, pour désigner plus fortement le problème de l'intervention humaine dans les choses du monde et pour donner à l'esprit du lecteur une direction vers la logique du sujet, une suggestion matérielle, ce mot prend maintenant sa signification restreinte. L'architecture devient notre exemple »* (*Oe,* I *(I M LdV),* p. 1188).

De même, dans le domaine musical et à propos de l'œuvre d'Amphion, qui construit les murs de Thèbes par le moyen de la lyre d'Apollon : *« La* construction *est le passage du désordre à l'ordre et l'usage de l'arbitraire pour atteindre la nécessité »* (*Oe,* II *(H d'A),* p. 1277). Définition tout à fait classique, qui respecte l'étymologie : une « structure » ordonne et s'ordonne comme garantie des rapports logiques et de la synthèse entre les différentes parties, et par là même de l'unité, compréhensibilité et valeur esthétique du tout. Principe d'organisation, la structure est également résultat de l'acte de construire ; comme le dit le Phèdre de l'*Eupalinos, « Je ne sépare plus l'idée d'un temple de celle de son édification »* (*Oe,* II *(E),* p. 83).

Dans ce cadre, un rôle de première importance est joué par l'énergie générative et constitutive, aussi bien que par la capacité communicative et descriptive, du langage ; surtout dans la forme de la « parole », qui contrôle même le domaine de l'espace et de l'édification : *« J'appelle donc « géométriques »* – dit Socrate – *celles des figures qui sont traces de ces mouvements que nous pouvons exprimer en peu de paroles (...) Pas de géométrie sans la parole. Sans elle, les figures sont des accidents ; et ne manifestent, ni ne servent, la puissance de l'esprit »* (*Oe,* II *(E),* pp. 109 et 110). Mais un aphorisme surtout, noté à une époque contemporaine de la rédaction de l'*Eupalinos,* nous semble fixer et synthétiser de façon percutante, quoique métaphorique, le système de relations qui structure en un ensemble unitaire l'architecture, l'espace, la géométrie et la parole : *« La géométrie des grecs est le temple dressé aux dieux de l'espace par le dieu parole »* (*C.,* VIII, 459). Et, tout comme Orphée et Amphion agissant avec leur puissance lyrique, l'architecte Eupalinos était en mesure de transformer et d'ordonner, par la vigueur de sa parole, les *« informes amas de pierres et de poutres qui gisaient autour de nous ; et ces matériaux, à sa voix, semblaient voués à la place unique où les destins favorables à la déesse les auraient assignés. Quelle merveille que ses discours aux ouvriers ! (...) Il ne leur donnait que des ordres et des nombres »* (*Oe,* II *(E),* p. 83). Car *« véritablement, la parole peut construire, comme elle peut créer, comme elle peut corrompre »* (*Oe,* II *(E),* pp. 111-112). Et cette « parole qui peut construire » trouvera une formulation symétrique dans une phrase notée par Rush Rhees d'après une leçon de Wittgenstein sur l'esthétique : *« Quand nous construisons des maisons, nous parlons et écrivons »*[1].

La parole construisante se transforme, à son tour, en parole de l'édifice. Il y a des édifices qui sont muets, et qui *« ne méritent que le dédain » ;* ceux qui parlent, par contre, nous signalent leur fonction pratique ou morale. *« Ici, disent-ils, se réunissent les marchands. Ici les juges délibèrent. Ici gémissent les captifs (...) Mais les demeures de la justice doivent parler aux yeux de la rigueur et de l'équité de nos lois. La majesté leur sied, des masses toutes nues ; et la plénitude effrayante des murailles (...) Tout ici rend les arrêts, et parle de peines. La pierre prononce gravement ce qu'elle renferme ; le mur est implacable ; et cette œuvre, si conforme à la vérité, déclare fortement sa destination sévère... »* (*Oe*, II *(E)*, pp. 93-94).

On pourrait croire reconnaître, ici, encore un écho tardif de l'ancienne théorie de l'*Architecture parlante* que Germain Boffrand avait exposée dans son *Livre d'Architecture* publié en 1745. Et ce n'est pas un hasard, si Boffrand se réfère explicitement à l'*Art poétique* d'Horace et à sa formule bien connue *« ut pictura poesis »*. Ce texte prône ouvertement la valeur énonciative de l'art de bâtir : *« Un édifice par sa composition exprime comme sur un théâtre... »* ; les édifices *« doivent annoncer au spectateur... »*. Mais c'était là une théorie fondée sur la notion esthétique de « caractère », qui reste absente chez Valéry, alors qu'elle occupe une place bien centrale dans les théories architecturales du XVIIIe siècle, jusqu'à Etienne-Louis Boullée. Selon l'Auteur du célèbre *Architecture – Essai sur l'art*, *« nos édifices, surtout les édifices publics, devraient être, en quelque façon, des poèmes. Les images qu'ils offrent à nos sens devraient exciter en nous des sentiments analogues à l'usage auquel ces édifices sont consacrés (...) Mettre du caractère dans un ouvrage, c'est employer avec justesse tous les moyens propres à ne nous faire éprouver d'autres sensations, que celles qui doivent résulter du sujet »*. Et, à propos de son projet pour un Palais de Justice, il écrit : *« Il m'a semblé qu'en présentant cet auguste palais élevé sur l'antre ténébreux du crime, je pourrais non seulement faire valoir la noblesse de l'architecture par les oppositions qui en résulteraient, mais encore présenter d'une manière métaphorique le tableau imposant des vices accablés sous le poids de la justice »*. Beaucoup plus récemment, en 1910, Adolf Loos reprendra l'argument dans son article *« Architektur »* : *« Le Palais de Justice doit apparaître au vice secret comme un geste de menace. Le siège de la Banque doit dire : ici ton argent est solidement gardé... »*.

Il n'y a pas de doute Loos et Valéry (qui, de toute manière, ne paraît absolument pas avoir lu les écrits de l'architecte viennois – comme, par ailleurs, de bien d'autres !) divergent profondément sur ce qui constitue le statut essentiel de l'architecture en tant qu'œuvre d'art et sur son esthétique ; mais ils se rejoignent (ou, du moins, se rapprochent) en deux points, dont le premier est l'exigence de sincérité expressive, et donc le refus net de toute fiction scénographique. Loos avait horreur des architectures feintes, des villes « de façades », de ces villes hypocrites qu'il appelait « à la Potemkine », en faisant référence aux façades de palais éphémères, dressées par le favori de Catherine de Russie pour l'égayer lors de ses voyages dans les déserts de l'Ukraine. Pour sa part, Valéry se plaint que *« le public confond trop souvent les qualités véritablement architectoniques avec les effets de décor purement extérieurs. On se satisfait d'être ému, ou éton-*

né, ou amusé par des apparences théâtrales (...) Mais, au regard de l'esprit, ces bâtisses ne vivent pas. Elles sont des masques, des simulacres » (*Oe,* II *(I F),* p. 1003). L'autre point de contact – lui aussi lié à la morale de la sincérité – concerne ce niveau expressif minimal requis de toute œuvre, sa capacité de nous communiquer honnêtement sa fonction, de nous parler de sa raison d'être, faute d'une valeur plus grande et plus consistante. Quand celle-ci est atteinte, selon le dialogue valéryen, la parole se transforme lyriquement et l'œuvre « chante » ; la vieille analogie avec la musique est rétablie[2] et l'on peut alors *« entendre le chant des colonnes et* [se] *figurer dans le ciel pur le monument d'une mélodie »* (*Oe,* II, *(E),* p. 101).

Cette toute-puissante « parole » (qui n'a, bien entendu, rien à voir avec la réduction sémiotique) montre cependant deux aspects, différents et complémentaires. Si, d'une part, elle est la traduction du λόγος, de la logique, du discours, de la raison, du rapport, du calcul... de l'autre, elle correspond à la *φωνή*, à la sonorité sensible, à la production physique d'un corps, dont elle ne se sépare pas ; tout comme *« la véritable architecture est inséparable de la pierre de taille et de la taille de la pierre »*[3]. Il y a donc, chez Valéry, un intérêt constant envers la « matière » ; ce qui n'a, par ailleurs, rien de « matérialiste » au sens courant et banal du terme. Au contraire, cela montre plutôt une sorte de sensibilité presque anthropologique, une mise en valeur du corps et de ses rapports productifs et formatifs avec les matériaux. Face au masque des simulacres décoratifs contemporains et à leur dissociation de la structure authentique de l'œuvre, *« nos constructeurs des grandes époques ont toujours visiblement conçu leurs édifices d'un seul jet, et non en deux mouvements de l'esprit ou en deux séries d'opérations, les unes relatives à la forme, les autres à la matière. Si l'on me permet cette expression, ils pensaient en matériaux »* (*Oe,* II *(I F),* p. 1003).

« Le pittoresque d'abord – puis je m'en suis défait pour aimer l'organique », note Valéry dans un *Cahier* de 1918 (VI, 917). Il envisage ainsi une conception « organique » de l'architecture, elle-même assimilée à un corps vivant : *« La belle architecture tient de la plante »* (*C.,* VI, 441). L'œuvre architecturale est comme *« un être de pierre qui existe dans l'espace (...), un être complexe (...), une chose solide, résistante, hardie, avec des caractères d'animal »* (cette analogie appartient, de toute évidence, à la tradition la plus profonde et la plus classique, notamment celle de la Renaissance italienne) ; mais également une architecture comme *« une machine dont la pesanteur est l'agent, qui conduit de notions géométriques à des considérations dynamiques et jusqu'aux spéculations les plus ténues de la physique moléculaire, dont elle suggère les théories, les modèles représentatifs des structures »* (*Oe,* I *(I M LdV),* pp. 1190 et 1188).

La pesanteur est le *νόμος* de la construction ; elle *« travaille et juge à sa façon l'œuvre de l'architecte, qu'elle soumet à une critique constante et impitoyable ; ainsi en est-il en toute matière »*. Cette loi demeure un modèle en toutes les productions artistiques, *« et jusque dans la poésie. Même dans les pièces les plus légères, il faut songer à la durée – c'est-à-dire à la* mémoire, *c'est-à-dire à la* forme, *comme les constructeurs de flèches et de tours songent à la structure »* (*Oe,* II *(H d'A),* pp. 1278-79). Le corps architectural vit alors dans sa solidité durable, dans l'ordre permanent et dans l'équilibre statique et formel qu'il établit pour les matériaux, soumis jusqu'aux moindres molécules à la force et à la loi de la pesanteur. La «volonté» schopenhauérienne de s'y opposer et la «corporéité» qui loge la pensée nietzschéenne sont ici des présences plus que virtuelles ou secondaires. D'autre part, l'influence que ces deux philosophes ont exercée sur notre auteur est bien connue.

Le corps et la matière sont évoqués avec nostalgie par l'ombre de Socrate : *« Nous sommes trop simplifiés maintenant pour ne pas subir jusqu'au bout le mouvement de quelque idée. Les vivants ont un corps qui leur permet de sortir de la connaissance et d'y rentrer. Ils sont faits d'une maison et d'une abeille. (...) O matériaux ! Belles pierres !... O trop légers que nous sommes devenus!»* (*Oe,* II *(E),* pp. 79 et 82). Le long des rivages de l'Ilissus, où *« les projets eux-mêmes sont souvenirs »,* le discours sur l'architecture ne peut être que théorique et s'alimenter d'une vaine mémoire, de paroles détachées des choses. Mais l'architecte, le constructeur, sait apprivoiser et ordonner le chaos apparent de la matière ; il sait en expliciter les tensions et les propriétés cachées, rester à l'écoute de la nature et *« transformer une carrière et une forêt, en édifices, en équilibres magnifiques !... »* (*Oe,* II *(E),* p. 146). Il sait produire l'harmonie et la forme à partir du désordre, ou les fondre savamment suivant des principes rationnels et esthétiques ; car *« l'ordre et le désordre, convenablement maniés, expliquent, ou, du moins, rapprochent bien des choses »* (*Oe,* II *(E),* p. 125).

On remarquera dans le dialogue *Eupalinos* la même coprésence – qui demeure constante dans la pensée de Valéry – de deux dimensions : celle qui est le propre de l'intellect et celle qui relève du corps. Ces dimensions sont complémentaires, s'intègrent l'une à l'autre, travaillent ensemble à la formation de l'œuvre, s'opposent quelquefois dialectiquement, tout en constituant un système unitaire. Selon une approche que l'on pourrait qualifier de phénoménologique, les principes théoriques, les sensations, les signaux les plus ténus et les plus raréfiés, ne se laissent pas séparer entièrement de la réalité des choses, de leur « solidité ».

On le constate même dans la musique et dans sa parenté étroite avec l'architecture : *« toutes les deux occupent la totalité d'un sens (...) et chacune d'elles emplit notre connaissance et notre espace, de vérités artificielles et d'objets essentiellement humains »* (*Oe,* II *(E),* p. 104). *« Car de subtiles analogies unissent l'irréelle et fugitive édification des sons, à l'état solide, par qui des formes imaginaires sont immobilisées au soleil, dans le porphyre »* (*Oe,* II *(P A),* 1043). La musique crée un système de mouvements, un *« édifice d'apparitions, de transitions, de conflits et d'événements indéfinissables...* [Et – c'est toujours Socrate qui parle –] *toute cette mobilité forme comme un solide. Elle semble exister en soi, comme un temple bâti autour de ton âme ; tu peux en sortir et t'en éloigner; tu peux y rentrer par une autre porte...* » (*Oe*, II *(E)*, p. 103).

Non seulement, alors, la musique est reliée à l'architecture par l'intermédiaire classique du calcul des rapports harmoniques, par un λόγος qui leur serait commun ; mais aussi, comme l'architecture, elle est corps, édifice, spatialité[4], géométrie, solidité. On retrouve là des termes employés par Lobatchevsckij, qui définissait justement la topologie comme une « géométrie du corps solide ». Et l'intérêt porté par Valéry à cette branche de la géométrie et aux travaux de Félix Klein était plus qu'une simple curiosité.

« *Le problème fondamental est un problème d'analysis situs, de relations* dans *et de connexions* » (*C.*, VIII, 360). Cette citation est rapportée par Régine Pietra, qui ajoute : « L'expérience de l'espace, c'est d'abord l'expérience des corps, de mon corps, qui « *en son langage de corps* » (*M*, I, 340) parle de la spatialité. (...) Ce qui vaut pour l'espace physique vaut aussi pour l'espace mental. L'espace n'est qu'ensemble de rapports ; il ne réside nulle part, puisqu'il n'est qu'opérationnel »[5]. En fait, selon Valéry, « *Il n'y a ni temps, ni espace (...) Il n'y a que des opérations, c'est-à-dire des actes* » (*C.*, VII, 485).

« Corps », chez Valéry, est conjugué avec « acte ». Ils forment un couple qui est à la base de sa façon d'être et dont les termes tendent finalement à s'unifier et coïncider. « *Or, de tous les actes, le plus complet est celui de construire* » (*Oe*, II *(E)*, p. 143). Et encore : « *Me voici, dit le constructeur, je suis l'acte. Vous êtes la matière, vous êtes la force, vous êtes le désir ; mais vous êtes séparés* » (*Oe*, II *(E)*, p. 145).

Pour revenir au titre de l'exposé, le problème se pose alors, de savoir comment le « construire » – « acte » agissant sur les matériaux et aboutissant à la formation d'un « corps », auquel finalement il s'identifie – comment ce « construire » peut-il avoir un fondement gnoséologique. Comment peut-il, en somme, être homogène à la parole – λόγος, de même qu'à la parole – φωνή ?

Une courte phrase du dialogue, prononcée par l'ombre de Phèdre, semble enregistrer sans trop d'émotion cette irréductible antinomie : « *Je conçois maintenant comme tu as pu hésiter entre le construire et le connaître* ». Et l'ombre de Socrate, en retour : « *Il faut choisir d'être un homme, ou bien un esprit. L'homme ne peut agir que parce qu'il peut ignorer, et se contenter d'une partie de cette connaissance...* » (*Oe*, II *(E)*, p. 126). Il « *fabrique par abstraction ; ignorant et oubliant une grande partie des qualités de ce qu'il employe, s'attachant seulement à des conditions claires et distinctes...* » (*Oe*, II *(E)*, pp. 123-124). Ce partage de la réalité en qualités pratiques – visant l'accomplissement d'un acte particulier – et en principes gnoséologiques – impliquant la généralité théorique du concept – constitue la différence entre l'homme-artisan, qui construit des « choses », et le philosophe-penseur, qui élabore des concepts et produit des « vérités ». En fait, *« L'homme n'a pas besoin de toute la nature, mais seulement d'une partie d'elle. Philosophe est celui qui se fait une idée plus étendue, et veut avoir besoin de tout. Mais l'homme qui ne veut que vivre, n'a besoin ni du fer ni de l'airain « en eux-mêmes » ; mais seulement de telle dureté ou de telle ductilité »* (*Oe*, II *(E)*, p. 125).

Il faut donc choisir entre le statut d'homme et celui d'esprit, et résoudre l'hésitation entre le construire et le connaître. Dans un de ses *Cahiers*, en 1911, Valéry avait noté : *« L'architecture est une ode à l'espace lui-même. Elle doit faire voir des propriétés de l'espace et en particulier son hétérogénéité quant à l'homme et son homogénéité quant à l'opération de l'esprit – aux mouvements virtuels »* (*C.*, VII, 268). Socrate n'était point le même genre d'homme qu'Eupalinos ou que l'autre ami de Phèdre, le rusé Phénicien Tridon, qui pouvait se borner à construire un navire en pensant qu'il devait *« être, en quelque sorte, créé par la connaissance de la mer, et presque façonné par l'onde même »* (*Oe*, II *(E)*, p. 137). Pour ces deux dépositaires de l'art de Dédale, de la τέχνη, le « construire », pouvait bien coïncider avec le « connaître ». Socrate, par contre, voulait « avoir besoin de tout », connaître les choses « en elles-mêmes ». Il visait, par conséquent, une connaissance hétérogène à la construction et homogène à l'esprit ; et fit son choix net entre les deux étant encore adolescent. Lui qui était *« né « plusieurs » et mort « un seul »»* par éliminations successives de la *« foule innombrable »* qu'il contenait au moment de sa naissance, par effacement progressif des différents Socrates qui *« sont restés à l'état d'idées »*. Parmi ceux-ci, il étouffa en particulier l'architecte, le constructeur qui était en lui, et que *« les circonstances n'ont pas achevé de former »*. Comme son ombre le raconte à celle de Phèdre (*Oe*, II *(E)*, pp. 115-120), l'événement se passa quand le hasard le mit devant *« un pauvre objet, une certaine chose que j'ai trouvée, en me promenant. Elle fut l'origine d'une pensée qui se divisait d'elle-même entre le construire et le connaître »*.

Tout l'épisode eut lieu dans l'hésitation, dans l'ambiguïté de limites mobiles et incertaines, dans l'angoisse du « douter » (et nous retrouvons là, enfin, le troisième terme, qui est associé au « construire » et au « connaître » dans le titre de l'exposé). La scène où cet événement décisif se déroule est le rivage de la mer : un lieu de frontière et d'échange, de séparation et de continuité ; une ligne topologiquement déformable, qui poserait un problème typique en essayant de l'analyser par le moyen des fractales.

« Cette frontière de Neptune et de la Terre, toujours disputée par les divinités rivales, est le lieu du commerce le plus funèbre, le plus incessant. Ce que rejette la mer, ce que la terre ne sait pas retenir ; les épaves énigmatiques, (...) toutes les choses que la fortune livre aux fureurs littorales, et au litige sans issue de l'onde avec le rivage, sont là portées et déportées (...), ignobles trésors et jouets d'un échange perpétuel comme il est stationnaire... » (*Oe*, II *(E)*, pp. 117-118). Et

c'est exactement en ce lieu, que Socrate tombe sur cet objet singulier au statut indécidable, sur cette « chose » étrange rejetée par la mer : *« une chose blanche, et de la plus pure blancheur ; polie, et dure, et douce, et légère (...) Je la pris ; je soufflai sur elle ; je la frottai sur mon manteau, et sa forme singulière arrêta toutes mes autres pensées. Qui t'a faite ? pensai-je. Tu ne ressembles à rien, et pourtant tu n'est pas informe. Es-tu le jeu de la nature, ô privée de nom, et arrivée à moi, de par les dieux, au milieu des immondices que la mer a répudiées cette nuit ? »* (*Oe,* II *(E),* p. 118).

« Privée de nom », et néanmoins réelle ; c'est là, peut-être, la donnée la plus embarrassante ; la parole n'a aucune emprise sur la chose. Privée, également, de modèles de référence certains et de toute géométrie claire, et cependant non informe : la raison et le langage se trouvent impuissants à nommer, décrire et retenir quelque chose que les sens perçoivent avec évidence et plaisir. Et encore : la « chose » est en même temps apparition futile et objet concret ; oscillation incertaine entre l'humain et le divin, le naturel et l'artificiel, le résidu animal ou minéral ; elle peut être l'élément d'un organisme qui fut vivant, ou bien le fragment d'une roche modelé par les vagues. Évidemment belle, mais sans une raison précise ; sans temps, ou gardant peut-être en elle-même la mémoire indiscernable d'un temps infini..., la chose avait, de toute manière, une existence indiscutable ; elle possédait une matérialité précise et fascinante, qui saisissait la vue autant que le toucher.

De quelle matière était-elle faite ? *« De la même matière que sa forme : matière à doutes ».* Génératrice inquiétante de doute – et d'un doute comme matière – la « chose » est cependant tellement intéressante et perturbante (*unheimlich,* dirait Freud), qu'elle devient pour Socrate littéralement insupportable. Sans nom, elle ne peut être appelée en aucune manière, ni faire partie du discours. Sa fascination ne peut pas être rationnellement soutenue. *« Je l'interrogeai sans m'arrêter à une réponse... Que cet objet singulier fût l'œuvre de la vie, ou celle de l'art, ou bien celle du temps et un jeu de la nature, je ne pouvais le distinguer... Alors, je l'ai tout à coup rejeté à la mer »* (*Oe,* II *(E),* p. 120).

Ce geste décide probablement de l'élimination définitive du Socrate voué à la pratique architecturale et contribue à la sélection de celui *« qui était dû aux magistrats et à la ciguë ».* L'objet insaisissable rentre à nouveau dans son élément fluide et dans le mystère qui l'enveloppe. Mais le philosophe ne s'arrêtera pas de s'interroger ; jusque dans les profondeurs d'Hadès, il poursuivra à jamais une réponse ; car *« L'esprit ne rejette pas si facilement une énigme. L'âme ne se remet pas au calme aussi simplement que la mer »* (*Oe,* II *(E),* p. 120). Elle ne cessera pas de « douter », tant qu'il y aura des choses – pour ainsi dire – porteuses de problèmes ; tant qu'on hésitera, comme le fit Socrate, entre un « construire » et un « connaître » considérés comme étant hétérogènes l'un à l'autre.

Si Socrate doute et hésite, c'est qu'il se trouve en effet sur une ligne de faîte de l'histoire, sur la frontière qui sépare Parménide d'Aristote. Sa pensée est censée raccorder la conception poétique du monde avec la volonté de sa connaissance scientifique ; elle doit constituer le joint qui articule, tout en en sanctionnant l'irréductible écart, d'un côté la « sapience »[6] du discours parménidien et, de l'autre, la dialectique idéologique de Platon et la logique taxinomique d'Aristote. La poésie de l'âge mythique ne peut plus être atteinte dans sa plénitude ; mais la raison – production et enveloppe du langage – nous détache fatalement des choses. Elle les réduit à des noms et à des propositions, sans pour autant nous offrir la garantie d'une réalité autonome et exempte de contradictions. Éliminer les contradictions, c'est les réduire, les absorber et les concilier dans la primauté du λόγος.

L'opposition entre forme et matière est, littéralement (et étymologiquement), « diabolique » : elle est le signe testimonial et emblématique d'une séparation irréductible. Depuis ce tournant de l'histoire de la pensée qui pivote justement autour des philosophes que nous venons de mentionner, deux modes d'existence de la pensée deviennent désormais inconciliables ; et la fracture, après les faibles hésitations du Moyen-Age, ne fera que s'approfondir jusqu'à la Renaissance et aux Lumières, malgré qu'une circulation souterraine et constante d'idées différentes n'ait jamais cessé d'essayer de recoudre ces deux bords. Le code de la raison, dans son pouvoir de résoudre les doutes, réduit en même temps la complexité de la réalité en un système. Code et système qui semblent être éludés par la « chose » trouvée par Socrate au bord de la mer et dont la matière était comme sa forme : *« matière à doutes »*. C'est pour cela qu'il la rejette, bien que l'énigme persiste.

Cette fracture et ce doute demeurent inchangés chez Valéry, aussi bien que sa recherche d'un codage et son désir de réduction en système. La forme, pour lui, est système, permanence de lois et de structures, principe de connaissance, en même temps qu'aboutissement d'un travail : *« ... on ne sera pas étonné que je considère la France elle-même comme une forme, et qu'elle m'apparaisse comme une œuvre »* (*Oe*, II *(I F)*, p. 1005).

Dans l'architecture, il cherche *« la durée – c'est-à-dire la* mémoire, *c'est-à-dire la* forme *»*, qui est le résultat d'un acte, d'une œuvre dirigée par la pensée. De l'architecture, il essaye donc de construire une ontologie, puisque cette forme et cette mémoire, quand elles ne glissent pas vers la rêverie personnelle ou n'en jaillissent, tendent à se fixer comme paradigme, à être incorporées par le système et sélectionnées comme vérités. Jamais elles ne sont, en plein titre, « histoire ». Et c'est là – me semble-t-il – la grande absente de la pensée de Valéry sur l'architecture. Il s'efforce de filtrer impressions sensibles et intuitions par le crible de la science et de la rationalité, d'élaborer leur codage le formalisant en un système, mais il ne se préoccupe pas de comparer celui-ci avec les phénomènes historiques concrets et les mouvements de pensée qui ont constitué l'architecture en tant que construction, d'une part, et, de l'autre, en tant que théorie et art de bâtir et d'habiter.

La date même de parution d'*Eupalinos ou l'Architecte* (1921), par exemple, n'est pas sans importance dans le panorama culturel européen, où le débat sur l'architecture était en ce moment tellement intense, que ce serait vain propos que de prétendre le résumer en quelques lignes. Il suffit de citer le Bauhaus en Allemagne, De Stijl en Hollande, l'Esprit Nouveau en France, et puis l'Expressionnisme et Bruno Taut, Gropius, Mies van der Rohe, Le Corbusier, Loos..., et tous les Maîtres du Mouvement Moderne, tous bien actifs au début des années vingt. Valéry ne s'en occupe pas, tout pris qu'il est, par la lecture de Viollet-le-Duc, son unique maître en ce domaine. Et cela est d'autant plus étrange, que le côté « moderne » de ce théoricien du dessin et de la restauration lui échappe complètement. La distance historique que Viollet pouvait établir par rapport au Moyen-Age en intervenant directement sur les monuments de cette époque s'annule chez Valéry dans le rêve nostalgique pour les « belles pierres », les « pierres de taille » et la « taille des pierres ».

De même, les thèmes concernant la ville (et la métropole) – si actuels et si chers à des auteurs tels que Baudelaire ou Nietzsche – laissent Valéry assez indifférent. Son horizon se limite à l'édifice, alors qu'on habite la ville tout entière et qu'on est confronté à ses contradictions. Mais la ville du XXe siècle, dépourvue comme elle est d'unité et de « forme » géométrique précise, ressemble beaucoup trop à l'étrange « chose » trouvée par Socrate au bord de la mer. Incapable d'en soutenir le message perturbant, de la soumettre et de la soumettre au langage, Valéry la rejette (on dirait, aujourd'hui : la refoule). Mais son doute demeure, car *« L'esprit ne rejette pas si facilement une énigme »*.

On a donc essayé, suivant le tracé de l'*Eupalinos*, de faire le tour des termes qui forment le titre de l'exposé : *« Construire, connaître, douter »*. Ce titre – on l'aura certainement remarqué – n'est pas sans avoir une allure vaguement heideggérienne. Ces trois termes renvoyent en effet à une sorte de symétrie imparfaite (et l'écart n'est pas dépourvu de sens) par rapport au titre d'un essai bien connu de Martin Heidegger : *« Bauen, wohnen, denken »*[7].

Alors que le scepticisme et le doute séparent, dans l'esprit tourmenté du Socrate valéryen, la construction de la connaissance, la pensée poétique relie, chez Heidegger, la construction à l'habitation dans la plénitude du « séjour » et de l'*einräumen*. « Habiter » *(wohnen)* est le mot-clef, car l'homme habite *« entre œuvre et parole »*. Et le philosophe allemand cite justement le vers d'Hölderlin : *« ... dichterisch wohnet der Mensch / auf dieser Erde »*. Si l'on ne sait pas habiter, on ne sera pas en mesure de construire : même pas en « pierre de taille ». Or habiter, ce n'est pas simplement occuper un espace, mais établir un rapport constructif et poétique avec le « lieu » *(Ort)*, bien que cette notion – centrale, entre autres, en topologie – soit extrêmement ardue et complexe. Heidegger lui-même en est parfaitement conscient : tant et si bien, qu'il place en exergue de son *Die Kunst und der Raum* une phrase tirée du quatrième livre de la *Physique* d'Aristote : *« Il paraît que le τόπος est quelque chose de grand et de difficile à saisir »*. Pour sa part Heidegger ajoute que le lieu n'existe pas avant les choses, puisque il en est le résultat ; et que nous *« devrions apprendre à reconnaître que les choses elles-mêmes sont les lieux, et qu'elles n'appartiennent pas seulement à un lieu »*.

Il est évident que, dans ce contexte, ces « choses-lieu » ne sont plus du tout les mêmes que l'objet de Socrate ou les choses de Valéry. Tout en gardant entièrement leur puissance sémantique et leur densité de matière, elles ne séparent plus celle-ci de la forme et ne requièrent aucun recours à la psychologie pour être interprétées et connues en tant que « œuvres » ; elles possèdent, par contre, une dimension historique. Dans l'œuvre d'art – œuvre qui *« est l'origine de l'art »* et contient la trace du *« se mettre en œuvre de la vérité de l'étant »* – est en œuvre le *« se faire événement historique de la vérité »*.

On peut le remarquer à des niveaux très différenciés : des « souliers » de Van Gogh[8], au « pont », au « temple grec »[9]. Heidegger, lui aussi, parle de la « solidité » *(die Verlässlichkeit)*, qui *« rassemble toutes les choses en soi, selon le mode et l'étendue de chacune »*.

Aussi, *« Le pont est un lieu.* [Il] rassemble *autour du fleuve la terre comme région. (...) Le lieu n'existe pas avant le pont. (...) Le pont est une chose (...). Les choses qui d'une telle manière sont des lieux accordent seules, chaque fois, des espaces (...) Il s'en suit que les espaces reçoivent leur être des lieux, et non de « l' » espace »*.

Et le temple, *« dressé sur le roc, (...) ouvre un monde et le ramène, au même temps, à la Terre, qui alors seulement se révèle comme sol natal.* [Ce repos de l'édifice sur son embasement] *fait émerger de la roche l'obscurité de son support, solide et néanmoins non bâti. Se tenant là, l'œuvre tient tête à la tempête qui l'assaille et en révèle la violence (...) Son profil sûr rend visible l'invisible région du ciel (...) Cet émerger et ce surgir, en tant que tels et dans leur ensemble, c'est ce que les Grecs originairement appelèrent φύσις. (...) Se tenant là, dressé, le temple confère aux choses leur aspect et aux hommes la vision d'eux-mêmes »*.

Socrate serait peut-être content ; au moins une partie de ses doutes et de ses hésitations entre le construire et le connaître serait peut-être dissipée. Mais, de toute évidence, ce temple heideggérien n'a pas été construit par Eupalinos ; il n'est pas le simple résultat des discours – faits d'ordres et de nombres – que celui-ci tenait aux ouvriers. Sa solidité n'est pas le simple résultat d'une résistance des matériaux bien calculée et exploitée, ou de pierres soigneusement taillées ; du jeu des nombres ou des figures géométriques. C'est une solidité « totale », due à la solidarité intime entre le construire et le connaître, le construire et le penser, les choses et le lieu, dans la dimension de l'habiter. Pourtant Valéry en avait eu une sorte d'intuition : *« Un temple, joint à ses abords, ou bien l'intérieur de ce temple, forme pour nous une sorte de grandeur complète dans laquelle nous vivons... Nous sommes, nous nous mouvons, nous vivons alors dans l'œuvre de l'homme ! Il n'est de partie de cette triple étendue qui ne fut étudiée et réfléchie »*. (*Oe,* II *(E),* p. 101).

Il est bien correct de dire, comme le fait Valéry, que *« L'édifice architectural interprète l'espace et conduit à des hypothèses sur sa nature » ;* mais il faut ajouter, plus précisément, qu'il coïncide avec le lieu qu'il construit et définit en tant que lieu de l'habiter dans le sens le plus général du terme. Ce lieu est la forme elle-même, qui n'est plus séparable de la matière et des matériaux qui constituent les choses et la φύσις.

L'intérêt de Valéry pour la topologie ne semble pas l'avoir conduit jusqu'à l'élaboration d'une notion d'espace architectural affranchie des schèmes géométriques et conceptuels de la tradition et plus ancrée dans la conception moderne et complexe du « lieu ». Son activité de peintre a peut-être limité sa conception de l'espace et ses dessins et aquarelles relèvent plutôt du visuel que de l'architecturé. Lui-même note que *« Nous ne concevons pas les volumes, mais seulement les surfaces »* (*C.*, IX, 829) ; ce qui le place à côté de l'architecture et qui semble contredire sa passion envers la « construction ».

« A force de construire, – dit Eupalinos – *je crois bien que je me suis construit moi-même »*. Mais la construction n'est-elle pas une forme qu'on donne à la connaissance, une structure qui la lie aux lieux et à l'habiter ?

Valéry n'était pas architecte. En réalité, il ne parle jamais de « l'architecture » (en fait, il n'offre aucun paramètre théorique ni historique consistant), mais « d'architecture » (et « d'architectures »). Le sens que cette discipline assume dans sa pensée a une valeur essentiellement métaphorique ou psychologique. *« Je sens selon l'architecture, et pendant ce temps cette architecture me fournit images, métaphores pour toutes choses »* (*C.*, IV, 648). C'est pourquoi, au début, j'avais employé le mot « architecturalité ».

Enfin, comme le dit Giuseppe Ungaretti dans son *Commento* à une édition italienne de l'*Eupalinos*[10], *« Un poète nécessairement résout tout problème en proposant un art poétique »*.

ABRÉVIATIONS

Oe I et II	: *Oeuvres*, Gallimard, Paris, 1957 et 1960.
C.	: *Cahiers*, fac-similé, Éd. CNRS, Paris, 1957-62.
E	: *Eupalinos ou l'architecte.*
H d'A	: *Histoire d'Amphion*, conférence prononcée en 1932, à l'occasion de la représentation de l'Opéra homonyme d'Arthur Honegger.

I F	: *Images de la France.*
M	: *Mélange.*
I M LdV	: *Introduction à la méthode de Léonard de Vinci.*
P A	: *Paradoxe sur l'architecte.*

NOTES

1. Nous citons d'après l'édition italienne : L. Wittgenstein, *Lezioni e conversazioni,* Adelphi, Milano, 1967, p. 55.
2. Le texte classique de référence pour ce qui concerne l'analogie entre architecture et musique est demeuré pendant longtemps celui de R. Ouvrard, *L'architecture harmonique, ou Application de la doctrine des proportions de la musique à l'architecture,* 1679.
3. Le texte continue : *« L'art complet de bâtir ne m'apparaît que dans les constructions, même modestes, qui sont fondées sur la taille et non sur l'emploi des matériaux concrets ou métalliques (...) Le ciment et le métal envahissent la place et j'en éprouve du regret (...) Immense différence de qualité qui existe entre une œuvre taillée et une œuvre moulée »,* « Lettre à M. Fèvre » (7 sept. 1931), in P. Valéry, *Lettres à quelques-uns,* Gallimard, Paris, 1952, pp. 196-197.
4. Nous nous sommes déjà occupés de ce sujet dans l'article « L'espace de la sonorité », in *Critique*, n° 487, déc. 1987, pp. 1073-1086.
5. Cf. R. Pietra, *Valéry – Directions spatiales et parcours verbal,* Minard, Paris, 1981, pp. 12 et 13. On peut rapprocher la primauté accordée par Valéry aux opérations de l'*épistémé* opérationnaliste de Bridgmann.
6. Cf. G. Colli, *La sapienza greca,* Adelphi, Milano, 1977.
7. *« Bauen, wohnen, denken »* est traduit en français in M. Heidegger, *Essais et conférences,* Gallimard, Paris, 1958, pp. 170-193. Sous un point de vue différent du mien, le rapport entre Valéry et Heiddeger a été développé par M. Cacciari dans son article « Eupalinos ou l'architecte », in *Critique,* n° 476-477, jan.-fév. 1987, pp. 87-99. Dans ce même fascicule, consacré à « L'objet architecture », nous avons essayé d'approfondir la notion de lieu, en reprenant des thèmes heidéggeriens, dans notre article « Une hutte, une clairière », pp. 100-120.
8. Cf. les écrits de Meyer Schapiro (« La nature morte comme objet personnel ») et de Jacques Derrida (« Restitutions de la vérité en pointure » [sic]) sur « Martin Heidegger et les souliers de Van Gogh », in *Macula,* n° 3-4, 1978, pp. 3-37.
9. Outre l'article « Bauen, wohnen, denken », nous faisons surtout référence au chapitre « Vom Ursprung des Kunstwerkes » des *Holzwege.*
10. P. Valéry, *Eupalino o dell'architettura,* Edizioni Biblioteca dell'Immagine, Pordenone, 1986, p. 115.

Jean-Charles GATEAU
Université de Grenoble III

LE FOR ET LE BAN :
VALÉRY OU LA RÉCUSATION DE L'ART MODERNE

Eugène Tériade joua certainement un tour de cochon à son associé Albert Skira lorsqu'il obtint, en janvier ou février 1935, pour le numéro 6 de la fameuse revue *Minotaure* qu'ils co-dirigeaient, la collaboration de Paul Valéry, à savoir, extraits du *Degas, Danse, Dessin* en cours de rédaction, un article intitulé « Réflexion sur le paysage et bien d'autres choses », pp. 17 et 18, suivi p. 18 d'un court passage en trois paragraphes, portant un titre spécifique, « Art moderne et grand art » (*Oe,* II, pp. 1218-1221), qui, autant par la disjonction dans le titre que par la rigueur venimeuse de ses assertions, prend figure d'une récusation radicale de l'art du XXe siècle. Il s'agit là d'un épisode de la lutte entre Tériade et Skira, puisque ce numéro conflictuel affrontait des textes surréalistes (« Physique de la poésie », d'Eluard, « Apparitions aérodynamiques des êtres-objets », de Dali, « Phare de *La Mariée* » où Breton fait l'éloge de Duchamp) et des articles aux antipodes : outre celui de Valéry, « Réhabilitation du chef d'œuvre », de Tériade lui-même, ainsi que du Vollard, de l'Elie Faure et du Jean Wahl. Cette cohabitation ne brouilla pas Skira avec Valéry (auquel il demandera en 1938 cinq pages sur « Daumier » pour le tome consacré au XIXe siècle de sa collection « Trésors de la peinture française »), mais contribua à la rupture entre Tériade et Skira, et aggrava chez les surréalistes les remous tumultueux qui suscitèrent le retrait fracassant de Tzara et la retraite discrète de Char. Quant à Valéry, il confirmera sa mise au ban de l'art moderne dans le « Préambule » amer qu'il rédige pour le catalogue d'une exposition d'art italien au Petit Palais, « de Cimabue à Tiepolo » de mai à juillet 1935 (II, 1345 *sqq*).

Je voudrais m'interroger sur ce ban, et sur le tribunal intérieur qui le prononce. Comment se peut-il qu'un homme à l'intelligence subtile, à la sensibilité aiguë, à la sensualité vive, soit passé aussi systématiquement à côté de la révolution picturale du XXe siècle, et n'en ait perçu que l'écume ? A lui qui disait : « L'homme ne se développe et ne déploie ses ressources que pour défendre sa particularité et l'imposer aux autres » (*Oe,* II, 617), je voudrais adresser ce plaidoyer en faveur de mes goûts.

Parlons d'abord de cette écume. Valéry admire le contexte aristocratique de la production artistique du passé à Athènes, Florence ou Amsterdam, ces « milieux restreints et raisonneurs », ces « microcosmes où la température du désir des belles choses pouvait prodigieusement s'élever » (*Oe,* II, 1346). Il leur oppose le mercantilisme des galeries actuelles, l'affiliation à des chapelles qui recourent aux « prestiges de la plume » (*Oe,* II, 1347) pour imposer leurs adeptes (ce trait vise particulièrement les surréalistes, et il est particulièrement venimeux, puisque le dictionnaire définit « prestige » comme « artifice séducteur, apparence qui éblouit ». Il condamne enfin « l'ambition de précéder ou de suivre la mode » (*Oe,* II, 1347), seul moyen qu'ait l'artiste aujourd'hui de se faire connaître d'une clientèle futile et versatile, et de ne pas mourir de faim. Il regrette le mécénat d'un Laurent le magnifique, et déplore cette obligation de perpétuelle auto-publicité qui rogne le temps des artistes, gaspille leur énergie et compromet leur talent.

A dire franchement mon avis, je trouve que cette nostalgie passéiste ne vaut pas tripette, et que l'ironie d'un Juvenal fustigeant la dépravation de son temps et glorifiant ce qui se passait *in illo tempore,* au temps des Anciens, relève du topos littéraire rebattu plus que de la connaissance exacte des conditions dans lesquelles ont exercé les artistes du passé et de l'observation rigoureuse des artistes du moment. Il suffit de lire une vie de Michel-Ange pour voir à quel point les caprices de ses protecteurs ôtaient tout loisir au statuaire, lui imposaient d'humiliantes contraintes (par exemple le contrat draconien pour le tombeau de Jules II) et de stériles diversions (par exemple de se transformer en bâtisseur de bastions et de fortifications à Prato d'Ognissanti). Quant à l'actualité, on doute que les recherches d'un Braque, d'un Picasso, d'un Ernst, d'un Masson ou d'un Miro aient jamais été commandées par « l'ambition de précéder ou de suivre la mode ». Le succès leur est venu, et c'est tant mieux ; mais la longue obscurité dans laquelle ont vécu un Jacques Villon ou un Jean Hélion atteste qu'ils avaient d'autres exigences. Quels artistes alors pourraient tomber sous le coup de la diatribe de Valéry ? Je ne vois guère que les suiveurs et les épigones ; mais il y en eut à toute époque ; et puis Dali, qui érigea en principe l'exhibitionnisme et l'occupation du terrain par le scandale. C'est peu, et sur ce chapitre le procès m'apparaît truqué. Le regret du temps où les princes étaient mécènes et les artistes pensionnés par les souverains tient davantage de la frustration intime et du plaidoyer *pro domo* d'un homme qui aimerait vivre sans le tracas de monnayer les enfants de sa plume, de gagner sa vie à coup de plaquettes pour bibliophiles, et qui n'examine pas le revers de la médaille, la contrepartie que les mécènes attendent de leurs protégés.

Force est donc de chercher les vrais griefs ailleurs. La stridence et la hâte du monde moderne, explique Valéry, « ne permettent plus les recherches infinies ni les études multipliées, et troublent la formation de ces lentes et capricieuses organisations intérieures d'où se dégagent les très belles œuvres » (*Oe,* II, 1347). Je voudrais dans cette assertion repérer d'une part l'idéologie du travail et d'autre part l'idéologie du chef d'œuvre.

L'idéologie du travail en matière artistique est une vieille histoire, et ce n'est pas d'hier qu'on l'oppose à l'inspiration, à l'allégresse heureuse et à la facilité soudaine : voir Malherbe et Boileau. Elle revient sur le devant de la scène comme critique du romantisme, comme justification des « producteurs d'inutile » chez Gautier et Baudelaire, comme ingrédient nécessaire du réalisme flaubertien (l'excellence de la forme devant compenser la platitude et la désolante inanité des existences ratées que l'on peint), enfin comme contrepoids technique aux audaces du naturalisme. Ne vaut et n'est beau que ce qui a coûté du soin, de la patience, du labeur et de la peine. Écoutons Zola se désoler de la médiocrité du Salon de 1879, dénoncer la facture lâchée des impressionnistes, éreinter Monet : « apparemment il s'éteindra sur ses œuvres hâtives et se contentera d'une communication approximative, faute d'étudier la nature avec la passion des vrais créateurs. Tous ces peintres sont trop facilement satisfaits de leur œuvre. Ils ont le tort de mépriser la solidité des œuvres longuement mûries » (« Lettres de Paris » dans *Le Messager de l'Europe,* juin 1879). Ne croirait-on, dans cette dénonciation du *far-presto* et cet éloge de la maturation, entendre bougonner Valéry ? Il y a plus de naturalisme qu'on ne croit dans la pensée artistique de Valéry. Sans doute Valéry n'est-il pas adepte du leurre de la Nature avec un grand N et de la Vérité avec un grand V qui fascine Zola (« la Nature, ce mythe », écrit Valéry dans « Autour de Corot », *Oe,* II, 1311). Mais, comme lui, il réclame une « communication » qui ne soit ni approximative ni lacunaire, qui s'adresse à toutes les facultés, qui ne se borne pas à l'afflux sémiotique de la couleur (cette jouissance propre à Monet, mais aussi à Miro ou au dernier Picasso) ou à la gestuelle arabesque de la ligne (voir Masson ou Dali), bref, qui ne soit pas bornée à l'émergence du fantasme et à l'impact pulsionnel. D'où : conscience, pensée, travail, maturation ; bref, socialisation de principe, contrôle permanent des processus primaires, ce contrôle, précisément, que les surréalistes tentaient d'éluder par tous les moyens. Valéry, dès vingt ans, a décidé de « tout évaluer en *quantité de travail conscient* » (« Réponse » dans *Commerce,* XXIX, hiver 1932, *Oe,* II, 1600). Le mot « quantité » au lieu de « qualité » est drôle, mais révélateur.

Il est difficile de ne pas soupçonner une peur et une autodéfense dans le bannissement du dionysiaque que prononce Valéry, dans l'exigence qu'il a de différer la jouissance chromatique ou gestuelle ou fantasmatique (ce qu'il appelle « délice ou merveille »), de lui imposer les alibis cognitifs et moraux de la peinture classique, le filtrage rationnel, la sublimation apollinienne, par la machination des effets, de l'émotif en conatif ; bref, l'antidote joint au toxique : la peur du déchaînement de forces libidinales qu'il faut tenir enchaînées. Par là, Monsieur Teste rejoint le nomothète de la *République* de Platon. Comme lui, il se défie des affects irrationnels, et des œuvres d'art qui les provoquent ou les irritent, qu'il s'agisse des arts non-symboliques (comme la musique pure ou la peinture), ou d'arts complexes débordant la simple discursivité (comme l'opéra ou le cinéma). Ce que Platon dit de la *« mousiké »* (interdépendance de la mélodie, du rythme, des paroles et de la danse), de sa puissance de suggestion qui surexcite dangereusement l'auditeur et *« sunteinei »*, c'est-à-dire tend son âme à l'extrême, peut s'appliquer, *mutatis mutandis,* à la peinture surréaliste et à l'abstraction « lyrique ». Là où Aristote voyait purgation, Platon et Valéry avec lui voient danger de contagion, et s'en défendent par le refus du débridement sauvage, la soumission de tout l'attelage au logos, cocher clairvoyant d'une pluralité équilibrée.

Reste que Valéry aurait fort bien pu, tout en condamnant l'expressionnisme centre-européen et le surréalisme « nordique », priser le purisme, le cubisme, admirer ce qui s'est inventé entre 1908 et 1913, et tout Braque. Or les quelques lignes qu'il consacre, 28 ans, soit une génération, après *Les Demoiselles d'Avignon,* (*Degas, Danse, Dessin, Oe,* II, 1222) au mouvement sont railleuses, quand il prête au *Démon du changement pour le changement* la proposition « de tout *construire* avec ces solides ou jouets d'enfants géomètres », et même franchement démagogiques quand il daube sur les « nus terribles » et prévoit un retour au Guide et à l'Albane, aux Nymphes, aux Madones et aux Vénus. On a touché au corps féminin ! Et pourtant, beaucoup de ce qu'il a écrit sur la nature comme dictionnaire plutôt que comme modèle, l'importance primordiale de la composition, la nécessité de l'ascèse et de la discipline, la patience, les « longues contraintes » et les longues recherches, sur l'autonomie de l'art, son autotélie esthétique, tout cela peut servir à l'éloge du cubisme analytique et synthétique. Or, si Valéry se félicite, dans « Pensée et art français » de « l'œuvre de la peinture française entre 1800 et notre époque (*Oe,* II, 1058), il se refuse immédiatement à donner des noms. Ceux qu'il a donnés ailleurs (Degas, Morisot, Corot, Manet) se situent en deça du cubisme. Notons, en passant, la prédilection (latine) pour « l'art français ».

Si, comme il le dit dans *Rhumbs,* « L'idéal est une manière de bouder » (*Oe,* II, 623), ce que Valéry écrit sur l'art italien nous aidera sans doute à comprendre. « Il ne s'agit du tout d'exciter à l'imitation de ces maîtres. Leurs manières de voir et de faire ne furent, peut-être, que trop reprises et reproduites. Mais ce sont les vertus que suppose et qu'exigea leur maîtrise qui doivent faire envie et donner à penser » (*Oe,* II, 1349). Foin donc de l'académisme et de l'imitation des classiques. Mais « Aucun d'eux n'a pu croire que chaque artiste se dût créer une « esthétique » propre et se faire de la nature une déformation qui lui appartînt exclusivement » *(ibid.)*. Ce grief contre les modernes résiste mal à un examen un peu attentif, et donne la clé de la myopie valéryenne. D'abord parce que chaque artiste *a* une esthétique propre, c'est même ce qui le définit comme artiste : il sent et exprime différemment du commun. Le contempteur de l'inconscient accorde ici, tout d'un coup, une hyperconscience suspecte à l'artiste d'aujourd'hui : il « croit qu'il doit se créer une esthétique » ; autrement dit, il se sentirait tenu d'adopter, en fonction du marché, des façons singulières, un « maniérisme » en somme, de nature à le faire remarquer et acheter. Bref, ce serait un faiseur et un truqueur. Ce grief vaut pour un Carzou ou un Bernard Buffet, et encore ! Vaut-il pour un Picasso, un Léger ou un Miro plus que pour un Greco, un Hercule Seghers ou un Goya ? Valéry me fait songer ici aux critiques qui reprochaient à Baudelaire son diabolisme et y dénonçaient un artifice insincère. Cette esthétique que l'artiste « se crée » est-elle invention *ex nihilo* ou approfondissement à la fois d'un tempérament et de ces recherches infinies que loue tant Valéry ? Et dans ce dernier cas qui est bien celui de Braque ou de Picasso, qu'y redire ?

Ce que Valéry y redit, ce qu'il reproche au contemporain, c'est « se faire de la nature une déformation propre et qui lui appartînt exclusivement ». Eh diable ! Cette mythique nature dont on parlait tout à l'heure, voilà qu'on la valorise et qu'on entend la garantir contre la déformation subjective ? (pour déformer la nature, encore faudrait-il qu'elle eût une *forma* !). Ce que cela implique, c'est que Valéry n'est pas sorti de l'esthétique de représentation inaugurée à la Renaissance. Il le confirme quelques lignes plus loin : « L'Italie avait compris que ni l'imitation du réel, ni l'affirmation d'une sensibilité ne contentent tout l'être, et que ces deux conditions de l'art plastique, qui sont indépendantes l'une de l'autre, puisque l'on peut y satisfaire séparément, ne l'unissent dans une œuvre que moyennant toute cette subtilité et cette rigueur savante qui en ordonnent le travail *selon la hiérarchie même de l'esprit* (*Oe,* II, 1351). C'est dit en toutes lettres : l'imitation du réel est à ses yeux une des deux conditions de l'art plastique souverain. Cette vue est détaillée dans une lettre de 1922 à Maurice Denis, où il range parmi les « conditions » dont l'art de peindre « se propose le mélange ou l'équilibre », non seulement la distribution des couleurs et le mouvement des lignes, mais encore « la ressemblance des objets, la ressemblance de l'espace, la ressemblance de l'illumination-le clair-obscur » (*Oe,* II, 1586).

Il y a donc dans la peinture moderne une intolérable agression contre le réel, et c'est la raison essentielle du refus de Valéry. Mais cela nous renvoie à la question : qu'est-ce que le réel ? Une apparence optique, universelle et anhistorique du monde, susceptible d'une *mimésis* de « ressemblance » ? Le réel des Iroquois et des Byzantins serait le même que celui de Valéry ? Une convention historique élaborée dans une culture donnée ? Valéry est trop intelligent pour l'ignorer, et pourtant son attachement au patrimoine veut l'ignorer, dans une sorte de dénégation freudienne. Tout se passe comme si son réel était tabou, comme si, pas plus qu'au vers, il ne fallait toucher à la perspective ou à la figure reçues, comme si les coups de boutoir portés, au XXe siècle, contre la tradition l'atteignaient personnellement, comme si ces attentats étaient *non pas* le fruit nécessaire et collectif d'une crise générale de la représentation, *mais* la manifestation de l'égocentrisme publicitaire d'une collection d'arrivistes narcissiques, avides de séduire par le choc et la surprise.

Or toute la révolte poétique de Rimbaud aux surréalistes, toute la révolte picturale des cubistes à aujourd'hui dénonce l'inadéquation des formules reçues au « grand réel » pour emprunter un terme à René Char. On pourrait formuler l'idée simplement, en modifiant un peu Shakespeare : « Il y a plus de choses sur la terre et dans le ciel que le cadastrage de la raison représentative n'en peut montrer ». Comment « imiter le réel » quand on doute de la stabilité du décor (Einstein), des étiquettes et des types (Freud), des signes mêmes (Paulhan et la linguistique)? La tension entre le pessimisme de l'entropie et l'optimisme de l'expansion a fait exploser les cadres, la barbarie refoulée revient avec les armes de l'industrie. Le Sens du monde, tant bien que mal rapetassée, après la mort de Dieu, par les idéologies du Progrès ou de la Révolution, se démaille et se défile. Traiter de malins futiles et d'exhibitionnistes impatients les peintres que traverse cette fracture, cette perte du sens, et qui l'enregistrent manque autant de générosité que de lucidité. A ce point de réduction psychologique, à ce point d'ignorance idéologique, c'est de la cécité volontaire pure et simple. Valéry lui-même a écrit dans « Analecta » de *Tel Quel :* « Il faut être *deux* pour inventer – l'un forme des combinaisons, l'autre choisit, reconnaît ce qu'il désire ou ce qui lui importe dans l'ensemble des produits du premier. Ce qu'on appelle « génie » est bien moins l'acte de celui-là – l'acte qui combine – que la promptitude du second à comprendre la valeur de ce qui vient de se produire et à saisir ce produit » (*Oe,* II, 717). Je voudrais retourner cet éloge de l'auto-critique réflexive en éloge du lecteur ou du spectateur second. Par refoulement, Valéry a refusé de « reconnaître ce qu'il désire » dans les composantes pulsionnelles de la peinture moderne. Par confort intellectuel, il a refusé que « lui importe » l'effervescence déconstructrice et transformatrice dont cette peinture est à la fois un lieu, un témoin, et un agent.

Karl Alfred BLÜHER
Université de Kiel

VALÉRY ET L'ESTHÉTIQUE DU CINÉMA

Bien que l'intérêt que Valéry a manifesté à l'égard du cinéma soit resté plutôt marginal et limité, il est incontestable que les quelques textes qu'il a consacrés depuis 1922 à l'esthétique cinématographique présentent des vues fort pertinentes et originales. En ce qui concerne son approche du film muet des années vingt, il convient même de dire qu'elle se rapproche, ainsi que nous allons le voir, des positions d'avant-garde du cinéma expérimental de l'époque. C'est ce que démontrent un texte très suggestif intitulé *L'écran* (publié en 1922 et à nouveau en 1928, repris en 1944 avec le nouveau titre *Cinématographe*)[1] et la réponse à une enquête (parue en 1923)[2] à laquelle Valéry confie ses réflexions sur ce qu'il appelle « un art du pur cinéma ». Contrairement à d'autres écrivains comme Anatole France ou Georges Duhamel qui refusaient au cinéma toute qualité esthétique[3], Valéry a reconnu très tôt que les films muets représentaient bien un 'septième art' qui, manié par des cinéastes ingénieux, pourrait rivaliser avec les autres arts déjà établis.

Il est vrai que les rares films muets que Valéry est alors allé voir (et dont on aimerait bien connaître les titres) ne semblent pas avoir été à la hauteur de son idéal d'un cinéma 'pur'. L'introduction du film parlant n'a d'ailleurs eu comme résultat que de le confirmer dans son opinion négative. Comme les surréalistes et en particulier André Breton[4], il exprime en 1930 sa méfiance à l'égard du cinéma en réponse à une enquête *A propos du film parlant*[5]. En 1931, on retrouve cette même attitude de refus dans l'*Idée fixe* (*Oe*, II, 275). Et dans deux textes postérieurs sur le cinéma des années trente, son important *Discours* prononcé à l'issue de la conférence faite par M.P. de Rothschild sur le cinéma le 4 mars 1938 (publié la même année)[6], et ses *Impressions de Cinéma (Le plus passionnant des films serait le film du film),* datant de la même époque[7], il précise pourquoi il ne se sent pas attiré par les productions médiocres du cinéma sonore. « J'y vais généralement une fois par an, confesse-t-il dans son *Discours,* conduit ou plutôt traîné, par des amis. Ce n'est pas que je méprise l'art cinématographique, mais je n'ai jamais trouvé de satisfaction totale quand je vais dans un cinéma, surtout depuis que le cinéma est parlant » (D 157-158). Ce n'est pas seulement le fait que la commercialisation du cinéma qui le transforme en un produit de consommation facile, offense les exigences esthétiques de Valéry et provoque son dédain. Ce sont également les insuffisances qu'il observe dans le langage peu nuancé du cinéma parlant qui le font douter qu'un film sonore puisse s'élever au niveau d'une forme artistique parfaite.

Son attitude plutôt critique à l'égard du cinéma n'a cependant pas empêché Valéry de proposer dans les textes cités, ainsi que dans certaines notes insérées dans les *Cahiers,* des vues d'une grande pénétration sur de nombreux aspects d'une esthétique cinématographique. Il convient, en effet, de distinguer entre les appréciations défavorables et les objections parfois assez sévères que Valéry n'a pas hésité à formuler à propos de ce qu'on appelle aujourd'hui le film 'narratif' des années vingt et trente, et les multiples considérations d'ordre général sur les nouveaux procédés esthétiques du cinéma qu'il réussit à dégager en se basant principalement sur une analyse des effets visuels et acoustiques que le film produit sur le spectateur. Ce sont ces réflexions esthétiques générales sur le cinéma qui retiendront surtout notre attention. Nous verrons ainsi que Valéry, si l'on excepte quelques rares remarques notées d'un point de vue producteur, s'est essentiellement intéressé au rôle exercé par le film sur le spectateur, essayant de définir les caractéristiques distinctives d'une esthétique de la réception cinématographique.

– *Un art moderne créé à partir de technologies nouvelles*

Valéry a vu très tôt que c'est le progrès des sciences entraînant l'évolution spectaculaire des technologies nouvelles qui a transformé profondément le système traditionnel de l'Art. « Les inventions de la Photographie et du Cinématographe, note-t-il par exemple en 1935, transforment notre notion des arts plastiques » (*Notion générale de l'art, Oe,* I, 1412). Il insiste sur le fait que ce ne sont pas les artistes eux-mêmes, mais les scientifiques, les techniciens, soutenus par les capitaux des industriels, qui ont permis la « fabrication de machines à merveilles » telles que le cinématographe et le phonographe qui, en rendant possible « l'apparition des choses absentes », ouvrent de nouvelles perspectives à l'activité artistique : « Le fabuleux est dans le commerce. La fabrication de machines à merveilles fait vivre des milliers d'individus. Mais l'artiste n'a pris nulle part à cette production de prodiges. Elle procède de la science et des capitaux. Le bourgeois a placé ses fonds dans les phantasmes et spécule sur la ruine du sens commun » (*Propos sur le progrès,* 1929 ; *Oe,* II 1024). Ce sont les réflexions sur *La conquête de l'ubiquité* (1928) qui ont souligné, plus que tous les autres textes de Valéry, les conséquences qui résultent de ces inventions en ce qui concerne les possibilités infinies de 'reproduction' et de 'transmission' des œuvres d'art. De même que Walter Benjamin à la même époque, Valéry constate que la notion même de l'art est sensiblement transformée par le fait qu'une œuvre d'art peut être reproduite à volonté « en tout point du globe ». « Ainsi serons-nous alimentés, ajoute-t-il, d'images visuelles ou auditives, naissant et s'évanouissant au moindre geste, presque à un signe » (*Oe*, II, 1285). Il ne fait d'ailleurs aucun doute que Valéry a prévu l'apparition de la télévision (*Notion générale de l'art*, *Oe*, I, 1412). Et c'est dès 1928 qu'il prédit l'introduction du film en couleur (*Oe*, II, 1286).

– *« Un art du pur cinéma »*

Quels sont donc pour Valéry les traits spécifiques du signifiant cinématographique, ceux qui le distingue des signifiants des autres arts ? Comme nous l'avons déjà indiqué, on peut constater à cet égard une évolution de la pensée de Valéry qui s'explique en partie par la transformation du cinéma muet en cinéma parlant, mais aussi par la prédominance progressive d'un cinéma fortement commercialisé destiné au grand public.

Il est pourtant certain que Valéry a songé au début des années vingt à une conception artistique, expérimentale du cinéma, à ce qu'il appelle alors « un art du pur cinéma » qui présente des analogies étonnantes avec sa notion de 'poésie pure'. « Je pense, observe-t-il en 1923, qu'il y aurait à instituer un art du pur cinéma, ou du cinéma réduit à ses propres moyens. Cet art devrait s'opposer à ceux, théâtre ou roman, qui participent de la parole. Je n'aime pas ces légendes que l'on projette sur l'écran entre les épisodes. Je n'aime pas non plus de voir des personnages parler, et ne rien entendre. Pantomine et paysages combinés doivent permettre de composer des spectacles complets en eux-mêmes. On inventera une musique toute spéciale pour les accompagner. En somme, je crois que certains 'films', pourraient être des ouvrages aussi raffinés et aussi parfaits que certains poèmes... Mais, je ne connais pas grand'chose à ces questions où la considération du grand public est capitale » (AC). Valéry entrevoit donc, à l'instar d'autres théoriciens privilégiant un cinéma entièrement muet, un art cinématographique où les signifiants visuels des images filmiques joueraient le même rôle qu'assument selon lui les signifiants verbaux dans la 'poésie pure'. L'univers purement visuel d'un film, composé savamment d'images raffinées, parviendrait ainsi à créer une sorte de poème cinématographique. Agissant sur la sensibilité sensorielle du spectateur, un tel poème visuel pourrait provoquer une résonance analogue à celle causée par un poème verbal sur les sens et l'esprit d'un auditeur. Comme Valéry n'a pas précisé davantage sa conception d'un 'cinéma pur' d'essence poétique, il est cependant difficile de répondre à la question de savoir quelle sorte d'images visuelles il aurait choisie pour un scénario éventuel

– *« Le plus passionnant des films serait 'le film du film' »*

Lorsque quinze ans plus tard, Valéry est à nouveau amené à réfléchir sur le cinéma idéal, il n'est plus question d'un 'cinéma pur' produisant des poèmes filmiques visuels. C'est une tout autre idée que lui suggère une conférence de M. de Rothschild sur le cinéma dominant des années trente : l'idée d'un 'film du film', c'est-à-dire d'un projet de métafilm où serait figuré en images filmiques le processus même de la création cinématographique. Dans le *Discours* que Valéry a prononcé à l'issue de cette conférence, il imagine « ce que serait, si on pouvait le réaliser, l'agrandissement aux proportions de l'écran du travail qui se passe dans un cerveau qui pense ». Et il ajoute que « le cinéma, avec ses situations successives, avec ses grandes recherches, fait songer au travail microscopique par rapport à celui de l'écrivain et de l'artiste, et j'ai eu l'impression, que le cinéma développait à une échelle considérable en remplaçant chaque élément des cellules du cerveau par un ou plusieurs individus, le travail du cerveau » (D 163). Mais c'est surtout dans un article intitulé d'abord *Impressions de Cinéma* et finalement *Le plus passionnant des films serait 'le film du film'* que Valéry développe son idée d'un métafilm fort original qui mettrait en images tous les aspects essentiels qui interviennent dans la production d'un film. Tout fasciné qu'il est par les problèmes que soulève la 'poiesis' des œuvres d'art, il propose de projeter sur l'écran « en gros plans » les images mentales qui se rapportent à la réalisation prévue du film, non seulement celles de l'auteur-scénariste, mais également celles du réalisateur et des interprètes, celles des producteurs et des techniciens, mettant ainsi en évidence que la production d'un film est une création 'impersonnelle' qui dépasse les capacités d'un unique individu créateur :

> « En fait d'œuvres de toutes espèce je dois avouer que je m'intéresse plus à leur élaboration et à leur gestation qu'à elles-mêmes ; et qu'il s'agisse de science, de poésie, ou de films, ce sont beaucoup moins les résultats que les recherches et les actes de production qui excitent mon esprit. Pour mon goût, le plus passionnant des films serait donc *le Film du Film.* C'est-à-dire une vision de toutes les activités que suppose un film : travail des studios, sans doute ; travaux de laboratoires et d'usines ; fabrications et mises au point... Mais surtout l'idée première, en *gros plans,* ses aventures et vicissitudes : les cerveaux d'auteurs, de banquiers, de techniciens, d'intermédiaires, au travers desquels elle s'avance vers la réalisation. Dans chacun de ces différents cerveaux, l'image essentielle du cerveau moyen du public (...) (IC).

Comme Valéry a en vue le cinéma commercial visant à séduire le grand public, c'est évidemment l'image du consommateur moyen qui se présente à l'esprit, à celui du banquier qui finance l'entreprise, à celui de l'acteur qui s'évertue à plaire aux spectateurs. L'idée de Valéry est de montrer sur l'écran que l'institution du cinéma parlant tout entière est dominée par le désir de s'assurer une diffusion optimale du film en question. Un tel 'film du film' démontrerait en effet qu'« il ne peut y avoir de petit public pour le Cinéma » et que tout concorde dans cette « œuvre impersonnelle [dont] le nombre des participants et exécutants (...) est considérable » pour produire un « rendement maximum ». En somme, le projet métafilmique de Valéry servirait à dévoiler les mécanismes qui interviennent dans la production d'un film représentatif-narratif à grande diffusion, tel qu'il fut couramment réalisé à cette époque.

– *Le point de vue du spectateur-consommateur*

Ce n'est, cependant, pas le point de vue de la 'production' qui domine dans les réflexions de Valéry sur une esthétique du cinéma, c'est celui de la 'réception', de l'analyse critique des effets que le texte filmique, véhiculé par la pellicule, produit sur l'imaginaire du spectateur-consommateur. Il est utile de rappeler à ce propos que Valéry applique également au film la distinction habituelle qu'il fait entre ces deux approches critiques, distinction qui correspond à sa conception générale d'une esthétique sémiotique[8]. En s'appuyant sur ses propres observations recueillies pendant qu'il assistait à des représentations cinématographiques et utilisant les résultats de ses recherches sur le système C.E.M., Valéry a essayé à plusieurs reprises de décrire et d'expliquer les nouveaux modes de perception visuelle que l'art cinématographique impose au spectateur-récepteur. C'est dans ces formes inédites de communication médiatique et de réception sensorielle que réside pour Valéry la spécificité du 'septième art'. Et il est tout à fait conscient du fait que ce nouvel 'art cinématographique', tout commes les nouvelles formes d'expression esthétique introduites par la photographie et la radio, affecte profondément la sensibilité du public moderne et tend même à se substituer, du moins en partie, aux anciens arts que sont la peinture, la sculpture, la gravure, la musique et la littérature. « Il n'est pas dit, note Valéry à cet égard en 1938, que la peinture, la sculpture, la littérature, etc., aient un avenir indéterminé, indéfini, au point de vue même de leurs moyens d'expression » (D 161 ; cf. également IC).

C'est en étudiant sur lui-même l'action qu'un film exerce sur la sensibilité que Valéry arrive à comprendre certains processus qui caractérisent la sémiosis cinématographique. Ce sont, bien sûr, tout d'abord les effets des signifiants visuels, tels qu'on peut les observer dans le cinéma muet, qui attirent son attention. Dès 1922, il note dans le texte court, mais très dense, intitulé *L'écran*, plusieurs observations qu'il a faites sur lui-même en regardant quelques films. Et il procèdera de même à l'égard du film parlant dont il relèvera certains traits spécifiques dans des textes postérieurs.

– Le cinéma : « un rêve artificiel »

Une des caractéristiques essentielles que Valéry décèle dans la nouvelle invention du cinéma, c'est sa capacité de simuler *artificiellement* des activités mentales de l'homme. La machine cinématographique peut, grâce à des techniques sophistiquées, se substituer aux fonctions naturelles du cerveau humain, en augmentant ou en transformant son potentiel disponible. Ainsi, le cinéma peut-il être considéré selon Valéry comme une « mémoire extérieure (...), douée d'une perfection mécanique » (E ; *Oe,* I, 1724), et donc capable de retenir artificiellement des expériences antérieurement vécues. De même, les techniques multiples et subtiles qu'utilise le cinéma pour manipuler les images animées arrivent à créer des phénomènes visuels analogues à ceux qu'on observe dans le fonctionnement de l'attention humaine (et dont Valéry a analysé différents aspects dans ses *Cahiers* (C 2, 251 *sq.*) : Au cinéma, note-t-il, « par le moyen des arrêts et des grossissements, l'attention elle-même est figurée » (E ; *Oe,* I, 1724).

Mais l'aspect qui a le plus attiré l'attention de Valéry dans le cinéma muet des années vingt, c'est sa capacité d'imposer au spectateur de nouvelles formes de perception visuelle qui imitent artificiellement l'activité onirique. En qualifiant dès 1922 l'effet produit par les signifiants visuels du film sur le psychisme du spectateur de « rêve artificiel » (E ; *Oe,* I, 1724), Valéry rejoint évidemment les vues d'autres théoriciens du cinéma de l'époque, et notamment celles exprimées couramment par les surréalistes[9]. A la différence de ces derniers, cependant, qui souhaitaient faire régner inconditionnellement l'imaginaire onirique de l'inconscient sur l'écran, cherchant à recréer ainsi, grâce aux images animées des films, l'aventure authentique des rêves, Valéry, lui, s'est borné à établir une comparaison entre l'action des images visuelles d'un film sur le spectateur et celle des images mentales d'un rêve.

En effet, les images physiques que la pellicule projette sur l'écran et que le spectateur décode sous forme d'images psychiques chargées de connotations sémantiques les plus diverses, présentent lorsqu'elles sont perçues les unes après les autres, une certaine analogie avec une séquence d'images oniriques. Il est donc exact de dire que le film crée artificiellement un univers d'images animées qui agissent sur le plexus du spectateur à la manière d'un rêve ou d'un demi rêve. Citons à ce propos Christian Metz qui dans son étude sur *Le signifiant imaginaire* (1975) affirme que le spectateur se trouve au cinéma dans un positionnement intermédiaire entre la veille, la rêverie et le rêve[10].

L'iconicité des images figuratives d'un film est, en plus, capable de subjuguer le spectateur avec la force d'un envoûtement quasi magique, aliénant momentanément ses facultés conscientes. Celui qui regarde un film n'est nullement choqué lorsqu'il voit que les lois physiques semblent abolies ou soumises à un traitement inexplicable. Mais l'aspect le plus surprenant réside peut-être dans le fait que toute cette action véhémente sur le psychisme du spectateur est provoquée par des mécanismes purement superficiels, une mince pellicule en cellulose :

> « Sur la toile tendue, observe Valéry, sur le plan toujours pur où la vie ni le sang même ne laissent point de traces, les événements les plus complexes se reproduisent autant de fois que l'on veut.
> Les actions sont hâtées, ou sont ralenties ; l'ordre des faits peut être renversé.
> Les morts revivent et rient.
> Chacun voit de ses yeux que tout ce qui est, est superficiel.
> Tout ce qui fut lumière est extrait du temps ordinaire. Cela devient et redevient en milieu des ténèbres. On voit toute la précision du réel revêtir tous les attributs du rêve.
> C'est un rêve artificiel » (E ; *Oe,* I, 1724).

Valéry a reparlé à plusieurs reprises dans d'autres textes des prodiges que le cinéma est capable d'accomplir. Il note par exemple les « effets de miroir » surprenants qui permettent de voir grâce à cet « artifice » le corps en acte (...) sans (...) angles interdits » (XII, 343-344 ; C 1, 109-110), rêvant aux conséquences qui en résulteraient si l'on parvenait à appliquer cette invention à l'esprit : « Quelle conscience se ferait-on, quel effet sur le sentiment de soi-même ? – Se percevoir pensant, répondant, s'endormant ? » *(ibid.).* Ailleurs il constate que « le ralenti du cinéma est ce qu'il y a de plus irréel – Il consiste à donner par apparence le mouvement d'un mécanisme à n'importe quel mouvement vrai » (XX, 645 ; C 2, 976). En observant les capacités techniques presque illimitées du cinéma, il s'émerveille des 'prestiges' de ce nouvel art créateur de 'rêves artificiels'.

– Une machine à produire l'illusion du réel

Mais les résistances naissent dès qu'il s'aperçoit que le cinéma est aussi et surtout une machine à produire l'illusion du réel. Le dispositif iconique du cinéma sert en effet dans les films narratifs auxquels se réfère évidemment Valéry dans ses analyses, à simuler une perception authentique de la réalité : « on voit toute la précision du réel, souligne Valéry, revêtir tous les attributs du rêve » (E ; *Oe,* I, 1724). Valéry voit dans la puissance illusionniste du film narratif feignant de présenter au spectateur un reflet exact de la réalité extérieure, une séduction analogue à celle qui guette le lecteur du roman réaliste[11]. Oubliant qu'il s'agit d'un simulacre technique, le spectateur a tendance à s'identifier à l'univers filmique qu'il perçoit alors comme une image vraie de la réalité. C'est en s'appuyant sur ses propres expériences de spectateur que Valéry note à propos du film muet en 1922 que son « âme (...) vit sur la toile toute-puissante et mouvementée ; elle participe aux passions des fantômes qui s'y produisent. Elle s'imprègne de leurs manières : comment on sourit, comment on déclare son amour ; comment on franchit un mur ; comment on tue ; comment on réfléchit visiblement... » (E ; *Oe,* I, 1724).

Ce qui inquiète Valéry avant tout dans l'art illusionniste du cinéma c'est que le film narratif-représentatif aliène le spectateur en le plongeant dans une passivité qui réduit ou supprime même entièrement, comme dans un vrai rêve, ses facultés conscientes. Il est vrai que le spectateur, contrairement au vrai rêveur, peut toujours interrompre le 'rêve artificiel' de l'univers filmique : « Ce qui distingue la vue d'un cinéma, d'un rêve, c'est mon aparté (...) » (VII, 482), précise Valéry. Toutefois, la tentation reste puissante de s'abandonner au jeu des images visuelles qui inondent l'imaginaire inconscient, empêchant ainsi toute intervention consciente de l'esprit lucide.

Valéry remarque d'ailleurs que les nouvelles techniques du film parlant, tel qu'il put le voir pendant les années trente, n'ont apporté aucune modification en ce qui concerne le comportement généralement plutôt 'passif' du spectateur. Ainsi qu'il le note en 1938, le rôle du langage dans le film sonore de l'époque reste pour la plupart assez faible et soumis à la présentation des images visuelles qui essaient surtout de distraire et d'amuser le public. « L'œil s'amuse, note Valéry, et l'intellect s'abandonne au regard, c'est-à-dire, à l'instant même ». Et il affirme qu'en de tels films on trouve « en somme, 'l'amusement' sans le moindre effort, sans participation active du spectateur : une succession d'effets qui ne laissent rien à deviner, un langage qui ne fait guère qu'expliquer cette fantasmagorie, et lui est tout subordonné ». C'est qu'au cinéma, « il n'y a rien à comprendre, le plaisir y est de subir » (IC).

– Le cinéma opposé au théâtre

C'est en comparant le cinéma au théâtre que Valéry met en évidence d'autres points faibles de l'esthétique cinématographique, tout en concédant que ses observations se rapportent à des spécimens de films qui souffrent encore d'imperfections techniques. Ce sont des adaptations cinématographiques d'œuvres dramatiques qui lui servent d'exemples pour démontrer l'infériorité de l'art cinématographique par rapport à l'art théâtral. Sa critique essentielle concerne le fait que le cinéma, à son avis, demeure incapable de conférer à la parole la complexité significative et le raffinement formel auxquels peuvent atteindre les dialogues d'une pièce de théâtre, surtout ceux d'un théâtre littéraire. « Le rôle du langage dans les pièces filmées, constate-t-il, [est] assez misérable ». Et il précise : « Au cinéma, la parole ne peut assumer que le rôle le plus modeste : elle frise le ridicule dès qu'elle s'attarde. La moindre recherche de forme lui est néfaste ; la moindre apparence de pensée est ici insupportable » (IC). En noyant les signifiants verbaux dans le flux ininterrompu des signifiants visuels, le film défavorise le langage qui est toujours resté au centre des préoccupations esthétiques de Valéry. En effet, Valéry semble admettre que la « participation active » du spectateur ne peut être obtenue que grâce à la présence constante d'un langage qui se rapprocherait de l'art subtil de la poésie.

Un autre point qui désavantage le cinéma selon Valéry c'est que contrairement au théâtre où le statut conventionnel de la représentation est toujours ressenti par le spectateur, on trouve dans les films en général un « mélange » de fiction et du réel reproduit par les images visuelles. « Cet art, observe-t-il, emploie un mélange quelquefois assez gênant, que je trouve impur, du réel saisi d'une manière immédiate par l'appareil de prise de vues, et de la fiction qui est en original le reflet de l'œuvre. Il y a là quelque chose qui me gêne. La convention est une manière d'être, une vie qui est complète par elle-même ; d'autre part, l'observation de la réalité est également une chose qui a sa justification par elle-même. Le mélange est toujours délicat » (D 161-162). Tandis que la théâtralité de l'univers dramatique ne peut jamais être effacée, le cinéma introduit des modes de représentation iconiques qui tendent – comme nous l'avons déjà vu – à produire une illusion du réel, se mettant ainsi en contradiction avec les signifiants verbaux de l'histoire qui véhiculent la fiction de l'histoire narrée. « Au cinéma, le mélange du réel et du fictif, de l'observation photographique et de la comédie photographiée, du truc et de la nature, est malheureusement inévitable et trop sensible. Au théâtre, la convention l'emporte : la mer et la forêt proclament franchement qu'elles sont toile peinte, et il n'y a pas de contraste gênant entre une toile peinte et un acteur déguisé en roi. La convention institue un monde qui n'est ni vrai ni faux, et dans l'intérieur duquel tout se passe entre éléments d'existence équivalente. Ce parti-pris bien établi a l'admirable avantage de donner toute liberté à l'auteur et au spectateur. Celui-ci ne chicanera pas sur le plus ou moins de réalisme des décors et des accessoires : en d'autres termes, l'essentiel du spectacle et de l'intérêt consiste pour lui dans ce qu'il y a de *créé par la parole* sur la scène » (IC). Notons encore que ce que Valéry reproche au cinéma et, en particulier, au film représentatif-narratif, correspond à ce qu'il a toujours objecté au roman, ou plus exactement au roman réaliste qui, lui aussi, est un « mélange de fiction et d'observation » (D 162).

– La fonction culturelle du cinéma

Ajoutons, pour terminer, encore quelques brèves remarques sur la fonction socio-culturelle que le cinéma remplit selon Valéry dans la vie sociale de son temps. Pour lui, le cinéma est évidemment une des formes de cet art moderne, qui « tend, comme il l'a exprimé à plusieurs reprises, à exploiter presque exclusivement la sensibilité *sensorielle,* aux dépens de la sensibilité générale ou affective, et de nos facultés de construction, d'addition des durées et de transformation par l'esprit. Il s'entend merveilleusement à exciter l'attention » (*Art moderne et grand art ; Oe,* II, 1220). Il est vrai qu'il n'ose pas donner une réponse définitive à la question de savoir « dans quelle mesure le cinéma peut servir ou desservir l'esprit humain en général » (D 159). Cependant, en ce qui concerne la production cinématographique de son époque – du moins celle dont il a eu connaissance – Valéry croit pouvoir constater que le film sert avant tout, comme il dit, « à cette sorte d'administration des esprits par masse, qui est la caractéristique de l'époque » (D 159). Le cinéma devrait donc, ainsi qu'il note par exemple en 1941, figurer dans un « traité de l'abrutissement de l'espèce humaine par voie industrielle » (XXIV, 427 ; C 2, 1518). Comme un cinéma 'pur', un cinéma « véritablement très artistique » (D 160) appartenant au 'Grand Art' lui semble loin de pouvoir être réalisé, il n'hésite donc pas – en 1934 – de recommander : « N'allez pas au cinéma ! » (XVII, 565 ; C 1, 367). Il n'a donc probablement jamais eu l'occasion de voir certains films qui exploitent déjà, comme les films surréalistes ou ceux de Cocteau, les moyens esthétiques d'un art cinématographique.

NOTES

1. Paul Valéry, *L'écran ; Oe,* I, 1724-1725 (= E) ; *Cinématographe ; Oe,* II, 1580-1581 (texte identique). Cf. les notes de Jean Hytier, *Oe,* I, 1719.
2. Paul Valéry, Réponse à l'enquête : *Appel à la curiosité,* in *Films n° 4, Supplément à la revue Le Théâtre et Comoedia,* XXVI, n° 15, mars 1923, s.p. (= AC).
3. Cf. F.J. Albersmeier, *Die Herausforderung des Films an die französische Literatur,* Heidelberg (Carl Winter), 1985, 327 *sq.*
4. Cf. André Breton : « Je suis résolument hostile au principe du cinéma parlant » (réponse à l'enquête : *A propos du film parlant,* cf. note 5).
5. Paul Valéry, Réponse à l'enquête : *A propos du film parlant* (1930), texte réimprimé dans *A l'aube du parlant, huit poètes s'écriaient : Méfions-nous du cinéma,* in *Arts,* n° 432, 8-14 oct. 1953, 10.
6. Paul Valéry, *Allocution* et *Discours* prononcés par Paul Valéry à l'issue de la conférence faite par M. Philippe de Rothschild, *Le Cinéma,* le 4 mars 1938 ; in *Les Techniques au service de la pensée,* Paris (Alcan), 1938, *Discours,* 157-164 (= D).
7. Ms. inédit : *Impressions de Cinéma (Le plus passionnant des films serait le film du film),* Bibliothèque Nationale, Département des Manuscrits (= IC).
8. Cf. mon article *Valéry et la sémiotique du théâtre,* in *Paul Valéry – Perspectives de la réception, Oeuvres et Critiques,* IX, 1 (1984), 181-209.
9. Cf. A. et O. Virmaux, *Les surréalistes et le cinéma,* Paris (Seghers), 1988, 25 *sq.*
10. Christian Metz, *Le signifiant imaginaire,* in *Communications,* 23 (1975).
11. Cf. S. Yeschua, *Valéry, le roman et l'œuvre à faire,* Paris (Minard), 1976.

Brian STIMPSON
Institut Froebel Londres

LANGAGE MUSICAL / LANGAGE POÉTIQUE :
Valéry à la recherche de son chinois poétique

Quand Valéry définissait le Symbolisme comme « l'intention commune à plusieurs familles de poètes (...) de « reprendre à la Musique leur bien » » (*OE,* I, 1272), rappelant sans doute le mot de Mallarmé qui avait parlé dans une lettre à René Ghil de « cet acte de juste restitution qui doit être le nôtre, de tout reprendre à la musique »[1], il posait comme principe général une volonté qui réunissait en effet des prises de position toutes différentes. La phrase célèbre résume une croyance fondamentale dans la primauté du langage sur la musique et, malgré – ou peut-être à cause de – la grandiose puissance comme la subtile intimité de la musique des dernières décades du 19e siècle, un désir de se remettre en contact avec l'origine de la parole, avec les « prestiges » et « prodiges de l'antique magie » (*OE,* I, 1333)[2]. Le jeune Valéry s'y associait pleinement et, à la différence de la complexité orchestrale du projet mallarméen, envisageait la musique poétique surtout comme la fluidité de la substance sonore moulée dans des formes rythmiques fixes, le tout cherchant à créer une atmosphère de nuances, de rêveries, de nostalgie, « la douce musique de la vie intérieure, la suave mélodie que l'âme se joue à elle-même »[3]. Les poètes s'étaient donné en Beethoven, en Schumann, en Wagner surtout, des rivaux difficilement surpassés, et il n'est pas surprenant que, malgré les éloges de Mallarmé pour sa « grande subtilité musicale »[4], Valéry eût l'impression d'une partie perdue à l'avance, comme il l'avouait à Gide en mars 1891 : « Cette musique m'amènera, cela se prépare, à ne plus écrire. Déjà trop de difficultés m'arrêtaient » (*Corr. GV,* 74) : difficultés qui devaient bientôt provoquer le désespoir, ajoutant à celui plus direct devant l'œuvre de Mallarmé, celui plus puissant de la musique de Wagner (XXIV, 564).

Il ne faut pas cependant nous attarder trop sur cette première tentative de musicalisation du langage poétique, puisque les développements ultérieurs dans la pensée de Valéry ont occasionné une mise en question radicale de la notion. Au lieu d'affirmer la prédominance du langage, Valéry se servira de la musique pour récuser le rôle et l'action du langage et pour définir les attributs d'un nouveau langage, un langage dans le langage, qu'il appelle son « chinois poétique », un langage-musique. La musique ne sera plus l'art des sons qu'il faudrait approprier aux besoins des vers, mais le système le plus complet de l'être, au-delà du langage, au-delà de tout cas particulier, étant « presque toute entière ce dont les autres arts font une de leurs parties, essentielles, mais parties » (XXVII, 17). La musique, écrit Valéry, lui aurait manqué : « il me semble que j'aurais fait quelque chose dans ce moyen. Mon « Système » trouvait là SON moyen » (XVI, 18)[5]. S'il envisage la possibilité de « dépasser » la musique, de combler son effet, c'est précisément en développant ses moyens à un point encore plus efficace et conscient ; tout en saluant la réussite de Wagner, « l'heureux succès dans la voie royale du grand art » (XXIV, 438), fondée sur cet ensemble évolutif de changements qui agit sur le système nerveux général, Valéry insiste, par surcroît, qu'il faut « *aller plus loin* et faire de cette musique, le langage, un langage du syst. nerveux »[6]. Envisageant ce système exprimé par l'ensemble des sons et des *opérations* de ce groupe aussi bien que par un traité de philosophie ou les équations d'une analyse mathématique, un Valéry musicien aurait bien voulu démontrer la puissance de ce mode d'expression que les musiciens eux-mêmes semblaient ignorer :

> Prenez un musicien, virtuose – critique – etc. Interrogez-le s'il perçoit la nécessité de tel développement. Pourquoi finit à ce point le concerto ? Et quoi commande cette suite, ce retour, ces similitudes, ces transformations réglées, cette rupture, etc. N'a-t-il pas l'impression de pouvoir supprimer ces dix pages ? Et que dit-il, disant qu'il comprend le morceau ? Quelle nécessité – etc. On lui montre ainsi qu'il n'y comprend presque rien. Comprendre une pièce de musique – c'est fournir de quoi la déterminer entièrement (IV, 58).

Il importe donc de souligner que, malgré l'enthousiasme parfois débordant pour le maître de Bayreuth, malgré les limitations du discours poétique – « production toute locale » (XIV, 27) par rapport à la puissance universalisante de la musique – le projet valéryen refuse toute la subordination implicite de la vision symboliste et affirme à la fois la virtualité d'une expression musicale totalisante aux mains d'un musicien capable d'appliquer et de surpasser la leçon wagnérienne, et dans le domaine du langage, l'objectif de créer son propre discours musical :

> (...) la musique, telle qu'elle est constituée maintenant [il écrit en 1906] dans sa puissance physique et sa liberté – sera peut-être aux mains de quelque grand individu – le moyen par excellence d'expression pure, elle qui permet de simuler et imposer tout ce que la littérature ne peut que désigner – toutes les feintes et les démarches réelles du penser, retours, symétries, tendances vers – durées nulles, absences, spontanéité, attentes, surprises, niaiseries, éclairs.

(...) tout ce qui se sent, et se meut intérieurement, *moins les objets,* rien que leurs effets ;
ce que Wagner a pressenti, et qu'il eût vu, qu'il eût fait si la folie de la gloire du Théâtre et la séduction inutile des grandeurs artificielles ne l'eussent détourné de son meilleur pouvoir (IV, 58).

La musique sert à définir l'idéal et à préciser les modalités d'opération dans les domaines de l'expression esthétique, intellectuelle et sensible. Le domaine de la musique est celui des « combinaisons des événements auditifs entre eux avec les produits et valeurs motrices et les transformations en *figures énergétiques,* actes et émotions *virtuels,* (...) tout le substrat d'action du *langage* développé, étendu quant aux durées et intensités (...) l'*homogénéité* et *tessiture* par les sons» (XXIV, 465). Cet aspect énergétique est très important pour Valéry et explique la comparaison qu'il propose plusieurs fois entre la musique et le pouvoir scientifique ou même politique. La relation entre la puissance produite par la musique et « l'énergie libre dégagée » semble instaurer un cycle d'activité qui va momentanément à l'encontre du principe habituel de l'entropie et qui explique « la croissance de la vigueur actuelle, l'accélération – cf. ἔρωϛ. La dépense excite » (XII, 657). En tant que système énergétique, « faisant percevoir par les sensations, des formations et relations *abstraites* », la musique évoque la vie de l'esprit, composant l'ordre contre l'informe, opposant l'état de désordre toujours croissant de la matière pour donner des « figures délicieuses (...) du changement, du mouvement, du mélange, du flux, de la transformation » (*OE,* II, 22).

L'admiration de Valéry est fondée sur deux aspects distincts qu'il nomme le « versant combinatoire » et le « versant affectif » qui tendent vers les aspects structuraux, opératoires, transformationnels d'un côté et vers le corporel, l'affectif, le viscéral de l'autre : la prédominance de la musique sur les autres arts et sur toute activité humaine – de sorte que « notre être entier illustre la musique » (III, 335) – réside dans la liaison réciproque qui s'anime entre ces deux tendances, l'une servant d'excitant à l'autre. Elle réunit ainsi dans un ensemble sonore unique, perçu directement par moyen de la sensibilité particulière auditive, les possibilités compositionnelles qui sont fonction de l'abstraction et les réactions individuelles comme fonction de la sensibilité générale. Elle instaure le « monologue d'un état complet (...) le *monologue volume* »[7] qui est capable de toucher directement, comme physiquement, notre affect, suscitant des réactions qui, par l'intermédiaire de la mémoire, entrent en liaison avec d'autres circonstances vécues ; grâce à une synthèse reliant dans la simultanéité le physique, l'affect et les souvenirs, une sorte de recul intellectuel instantané s'effectue qui laisse place à l'interprétation, aux idées, aux mots (IV, 482). La musique fonctionne, explique Valéry, par pouvoir d'opération inverse, nécessitant la participation active de l'auditeur : « Le phénomène construit sa *cause*, sa machine productrice – et plus avant parfois les désirs, images, émotions qui construiraient sa machine » (V, 896). C'est ainsi que la musique exprime l'amour, la douleur, l'aspiration mystique, autant que les sensations physiques, sans se figer dans aucun message qui épuiserait le présent de l'expression : elle demande une collaboration créatrice, elle donne et demande force, énergie, acte, elle ne se résume pas dans une chose accomplie, complète, mais suggère toujours « une *chose à faire* » (VI, 573). « Il n'y a que du présent en musique et ce présent ne garde du passé que l'élan communiqué, la force, la disposition créés – non la figure à jamais effacée » (IV, 207).

Bien souvent les notes de Valéry insistent sur la valeur constructive de la musique en tant qu'idéal poétique, puisqu'elle présuppose un compositeur lucide procédant par la division de ses moyens et une organisation volontaire des parties de son discours[8], mais ce mode d'opération est d'autant plus séduisant qu'il légitime une valorisation de tous les aspects affectifs qui accompagnent irrémédiablement le versant combinatoire – tout le flux (et le flou) de notre être entier. Le but littéraire se précise, non en fonction d'un vouloir-dire, ni même d'un vouloir-faire-ressentir – qui est le domaine privilégié de la poésie lyrique (IV, 592) – mais surtout comme attitude productrice, comme un schéma d'actes vides créé par et créant à son tour « une figure motrice de *production* et *d'accompagnement* » (XXI, 279).

La conception de la musique étant si compréhensive, il n'est pas surprenant de constater l'occurrence du terme « musique » pour référer tantôt à l'une tantôt à l'autre de ces fonctions, sinon à l'unité d'ensemble des sens. Regardons à titre d'essai sa conférence *Poésie et pensée abstraite*. La « musicalisation » est employée pour définir le caractère spécifiquement poétique du langage qui met en correspondance tous les objets possibles du monde ordinaire, extérieur ou intérieur, et provoque des résonances avec « les modes de notre sensibilité générale » (*OE*, I, 1320-1) ; par contre « l'univers musical », qu'évoque un seul son pur, est défini dans le sens le plus complet comme un monde, un ordre nouveau comprenant sensation, organisation, réception, idée, système (1327) ; l'image du pendule poétique entre le son et le sens présente une utilisation plus restreinte du terme afin de mettre en contraste les éléments musicaux et significatifs : la Voix en action ou « la forme musicale » qui comprend les caractères sensibles du langage, le timbre, le mouvement, fait contrepoids au domaine de la signification qui comprend images, idées, sentiments, mémoire, compréhension (1332). Or, deux pages plus loin, Valéry affirme que la parole poétique agit sur nous « à la façon d'un accord musical », en provoquant un effet sonore, certes, mais l'impression « résulte aussi du simple rapprochement des significations », du charme, de « l'accord des idées vagues » (1334). Quatre sens qui indiquent l'importance de ne pas limiter la musique des vers à son aspect sonore : la musique comme état complet, comme liaison avec la sensibilité générale, comme aspect vocal et comme partie de la signification.

Un autre problème, parallèle à celui du son et du sens, est la polarité, encouragée par l'œuvre publiée de Valéry, entre la fonction poétique ou expressive et la fonction transitive ou instrumentale du langage, selon laquelle, dans la première, prime la forme sensible, la composition des signifiants, la suite rythmique, le plaisir esthétique, tandis que dans la seconde prime le contenu, le langage comme véhicule d'un message, signe qui s'éclipse dès sa fonction communicative accomplie. Or, dans les *Cahiers*, cette opposition est beaucoup plus nuancée, puisque ces deux zones, loin de s'opposer implacablement, offrent au contraire la possibilité d'échanges dans des combinaisons et des proportions variables et inversement proportionnelles[9]. Au lieu d'un pendule oscillant entre deux pôles opposés, il faudrait parler d'une gradation ou d'une courbe ellipsoïde. La notion du « spectre de l'expression » tente par exemple de figurer la proportion de la sensation à la signification en représentant sur une abscisse (ou coordonnée horizontale) le quantum de sensation directe, commençant du zéro d'une formule algébrique et passant du « Prose A sèche » et « Prose B » au « Vers », « Vers A » et « Chant » (XI, 475). Cette représentation presque graphique d'un rapport variable mais égalisant, rappelle évidemment la formule $I + R = K$, d'autant plus qu'il expérimente avec une nomenclature différente des axes ; par exemple « Voix et Langage. Langage sans voix, et voix sans langage. Algèbre et musique. Rien qu'actes et rien que sens » (XXII, 452) ; une autre fois, pour faire une classification des usages de la voix, un contraste s'établit entre « énergie et appareils moteurs » et « quantité de prévision » :

discours ordinaire – quasi automatique
discours animé – *Ton*. mouvement. *Action du sens*. but
discours poétique – son = sens (valeur)
discours versifié – *prévision*
chant sur paroles
chant sans paroles[10]

Mais une difficulté s'impose qui nous avertit du danger d'une opposition trop simpliste, extrapolation de l'opposition son/sens, parce que si, selon certains critères,algèbre et chant se trouvent aux deux extrémités du spectre, selon d'autres critères, dans une représentation par exemple à trois plutôt qu'à deux dimensions, les deux modes d'opération se rejoignent par différenciation avec certains aspects du langage : « Algèbre et musique – pôles du langage et ont ceci de commun – la rigueur et l'indéfini possible des « développements » (dont le nom même leur est commun) tandis que le langage ordinaire n'est fait que d'incertains ou de vains » (XIV, 382). Et cette action commune est celle présicément qui est le domaine propre de la poésie : « Poésie et algèbre – ont en commun ce caractère de *conserver le moyen* au point qu'il soit aussi important que la *fin* –, que toute signification » (XII, 771) ; ou bien « Action directe. Il faut pour se remettre aux vers y penser d'abord in abstracto – tout musicalement car l'abstraction en poésie est musique » (XIV, 268).

Dans quelle mesure pouvons-nous donc parler de la musique en tant que langage ? Qu'elle évoque l'activité mentale et les émotions, qu'elle ait formé l'expression idéale du « système » est évident, mais constitue-t-elle un véritable langage autonome permettant la communication entre des personnes ? Le langage des animaux est un langage analogique auquel certains linguistes refusent même le statut de langage. Le chant des oiseaux, les combinaisons de sons, les trilles, les duos, montrent selon Valéry une *tendance* au langage, sans constituer un véritable discours articulé[11]. Faut-il traiter la musique de langage analogique aussi ? Valéry semble hésiter à lui accorder le plein statut langagier : « Pourquoi la musique n'est pas encore un langage ? Elle n'a encore, à l'état indépendant, que des *cellules* pas de groupes complexes » (IV, 242). Elle est une « langue toujours étrangère, langue toujours *multiforme, portant* des lois qui s'appliquent toujours à une pluralité de cas» (IV, 296). Ce serait plutôt un «langage spécial» comme l'algèbre, suggère-t-il dans le cahier *Analyse du langage,* dans lequel « toute combinaison est plausible » (*Cah.,* I, 246). Valéry avait annoncé dans son compte rendu du livre de Bréal en 1898 qu'il envisageait la possibilité d'une approche de la musique que nous appellerions maintenant sémiotique, et il est fascinant de voir dans les *Cahiers* des esquisses d'analyses qui cherchent à définir la musique en tant que système de signes ou de fonctions, comme « système clos » ou « groupe » :

> La musique système de notations et représentations (...) fournit lois instantanées et énergie (XV, 710).
>
> Une mélodie s'exprime f (h, t) = O [veille (hauteur, temps) = constante]. Une mélodie est une loi partielle (III, 826).
>
> Les signes en musique se confondent avec les significations (XXIV, 586)[12].

Dans le déroulement d'un morceau de musique certaines combinaisons de sons acquièrent une certaine fixité ou solidité, parce que reconnaissables comme unité – un point de repère dans le mouvement perpétuel de la musique et de par sa reconnaissance même, susceptible d'être identifié comme une seule unité de compréhension, de telle sorte que « la conservation l'assimile à un corps, espace – à un objet que l'on peut désigner d'un seul signe » (XII, 34). Ainsi, l'obsession par un air, qui en fait « un *anneau* de conscience et de fonctionnement, STA-

BLE » (XIV, 121). Si ce processus offre quelques similarités avec celui de la compréhension du langage – transmission, remplacement par un seul signe – il n'en reste pas moins des différences importantes : non seulement en musique le signe loin de s'effacer, au contraire se répète, se développe, se modifie ; mais qui plus est, à l'exception des sons qui miment directement des bruits du monde naturel (des sons onomatopéïques pour ainsi dire), le rapport entre les unités de signification – déjà assez difficilement précisées – et ce qu'ils signifient – les images, les concepts, les émotions – est beaucoup plus ambigu ; la musique est plus généralisée, plus complète que le langage, pour être moins spécifique : « La musique peut agir sur *le souvenir* et la poésie sur *les souvenirs*. L'une, sur la forme de la mémoire (...). L'autre, suscite des images dont l'effet varie avec leur figure » (XX, 69). La musique offre une possibilité infinie de combinaisons de sons, limitée uniquement par les conventions et non par un rapport avec le monde réel ; le langage quotidien par contre, opère par référence principale au monde des choses, s'occupe surtout d'opérations pratiquées sur ce monde sans prendre en considération la manière dans laquelle les mots se combinent entre eux : « Musique – Point de « choses » (...) émission et réception d'énergie motrice par excitation directe *sans objet* » [c'est-à-dire sans but] (XXI, 797), tandis que l'état normal du langage est « la confusion de nos mots avec les choses (...). Connaître c'est confondre » (X, 557). La musique est « vide par essence », mettant, dans la fugue par exemple, une mélodie en relation avec elle-même, alors que « les significations du discours sont des « choses », des extériorités » (XXIV, 586) qui renvoient finalement (même si c'est par l'intermédiaire des images ou de la mémoire) au monde.

Or, à la suite de cette « immense découverte » faite à l'âge de 21 ans que « les mots sont des mots ; les images, des images » (X, 557), il importe de distinguer l'opération de la pensée de celle des mots et des choses : même si « tous les mots signifiant l'esprit sont des mots signifiant d'abord des choses ou des actes » (XX, 195), « le langage n'est pas la reproduction de la pensée. Il ne s'occupe pas des phénomènes mentaux réels – mais d'une image simplifiée et très lointaine de ces phénomènes »[13]. Valéry penseur insiste sur cette distinction et cherche à la préciser, en chassant les faux concepts, en créant un langage homogène, un langage des *pouvoirs réels*. Et ce pouvoir qui demande un écrivain hautement conscient de ses moyens, une reconnaissance que le sens est à créer par le réseau des relations dans lequel le mot baigne, n'est pas si loin du langage-musique, ce langage poétique qui fonctionne selon des principes musicaux : « Un mot est une chose fonctionnelle et n'est ce qu'il est que dans le fonctionnement non à part de lui » (XX, 192). Comme le dit fort bien Nicole Celeyrette-Pietri, les « deux efforts apparemment distincts » de ses travaux sur le langage, qui vont « tantôt vers la logique et tantôt vers la symétrie » sont « plus convergents qu'il ne paraît »[14] : « algèbre » et « chant » se rejoignent, rappelons-le ; langage-musique et langage-pensée se retrouvent tous les deux plus proches de la musique que du langage ordinaire. Les ressemblances entre les modes d'opérations, entre les manières de traiter le matériel afin de créer de l'ordre et de la signification dans la masse mentale, permettent un échange analogique entre les termes de l'analyse : « le musicien est un poète du système neuro-moteur » (XIV, 34) ; « la Poésie, en somme, traite indirectement, par la facilité des mots, – les *choses* comme des *notes* le musicien. Elle fait de *quoi que ce soit qui a un nom,* un élément de combinaisons » (XIX, 802), bien que ce soient, précise-t-il, *« les images des choses »* qu'il traite ainsi (XVII, 790).

Ces images sont d'ordre mental, visualisées par l'œil de l'esprit, ajustées par la mémoire personnelle. On se trouve devant ce paradoxe que les mots sont actuels et immuables dans leur aspect physique, absents et foncièrement instables dans leurs associations, attachés au passé par la mémoire et à l'avenir pour la signification demandée ; alors que les sons tout en étant beaucoup moins précis dans leurs associations sont plus directs, plus actuels, attachés surtout au présent par l'état créé, mais susceptibles d'évoquer le souvenir d'autres états.

En poésie il s'agit donc de distinguer la référence commune et primaire, définie par rapport au monde des choses, des images mentales qui s'attachent de façon plus personnelle et aléatoire aux mots, différence entre la dénotation et les connotations, ou, comme dira Valéry dans son langage musical, entre la note fondamentale et la série d'harmoniques :

> Il y a une partie du langage qui tient à la signification – et qui est une simple transmission d'homme à homme ou à soi-même (...).
>
> Il y a une autre zone du langage qui tient à demi aux combinaisons *libres* des signes et des sens de mots, à demi aux procédés libres de l'imagination (II, 896).

La dénotation, étant orientée vers la réalité, constitue une sorte de message direct, une structure informationnelle qui, une fois saisie, épuise son mode d'existence, que ce soit au niveau du mot, de la phrase ou du texte. C'est la fonction dénotative, glissant trompeusement du mot à l'image à la chose, qui permet le système du « faire croire », le « trompe-l'œil » du théâtre, du roman d'aventures, de l'évangile[15]. Dans la poésie, par contre, il s'agit de traiter les mots comme des notes en découplant la dénotation du mot et en composant avec les connotations. Le refus du langage quotidien se précise dans la déstabilisation du signe, la tentative d'évacuation de la dénotation et l'effort pour créer à partir de la libre association des signifiés de la connotation : il s'agit de faire abstraction du sens unique de la chose pour laisser place au flou, à l'incertain des images qui s'affirment et se dérobent, qui n'ont aucune stabilité a priori, ne trouvant leurs significations que dans le réseau des connexions avec d'autres.

Parmi ses « Axiomes de poésie », Valéry note :

> il est possible de construire un discours à double loi – un système de signes successifs à doubles effets – c'est-à-dire une suite ayant une loi sensible et d'autre part engendrant par sommations de significations partielles, un état significatif, des choses, des actes imaginés, etc.[16].

Dans cette conception musicale de la poésie, même les *idées* sont ordonnées « conformément aux lois élémentaires de la sensibilité pure » (XI, 618).

Ce langage-musique va en même temps essayer de combler les différences entre la musique et le langage ordinaire dans d'autres domaines problématiques, celui de l'opposition continu-discontinu et celui des relations rationnelles-irrationnelles. Valéry développe très tôt la distinction entre le continu de la pensée et le discontinu du langage, rapport dynamique, tensionnel qui montre le pouvoir récupératif de l'esprit dans sa volonté de comprendre, de dominer l'incohérence de la suite des syllabes. La note d'autre part, quand elle fait partie d'une suite mélodique rythmée, se combine avec les autres pour former un effet continu, effet qui rivalise avec le continu de la pensée au lieu de se laisser dominer : « en musique (...) les notes ne sont pas incohérentes au point des mots » (III, 192) ; « sa continuité résulte de ce fait qu'elle ne peut exister que si le son *n* se produit tandis que le son *(n-1)* dure encore dans la mémoire ; et que si *rien* n'est intercalé » (II, 172). Ceci explique certains aspects de la réaction de Valéry devant la musique – la frustration de ne pas pouvoir suivre aussi vite (« si la dixième note [ajoutée aux 9 autres] – me dit quelque chose, je perds la onzième » (II, 157)) – la soumission temporaire à sa puissance (« Nous n'avons plus la force de nous maintenir *toujours et toujours* dans le domaine de l'Articulé. Cette faiblesse = la puissance de la Musique »[17]) – ou bien le refus de la musique dans l'affirmation de soi. Mais c'est précisément ce même effet de continuité, de liaison nécessaire entre les mots qu'il cherche à créer dans son langage poétique, par le moyen d'une imbrication de toutes les strates du discours de telle sorte que « la sonorité et l'enchaînement des mots, leur effet significatif et leurs résonances psychologiques, les rythmes, les dispositifs syntaxiques sont liés si étroitement que la mémoire en est nécessairement saisie, (...) toutes les « qualités » sont indissolublement liées en acte » (VIII, 586).

Il en est de même de la classification des opérations mentales en liaisons irrationnels et rationnelles, la première étant la situation du langage, du manque de rapport entre les composants, la dernière étant celle d'une liaison commune, d'une sensation imitée directement. Le cas de la musique est ambigu : elle est sensation, elle provoque des réactions directes, mais « c'est une imitation à l'infini. Une propagation profonde qui va se dépouillant. L'effet d'une musique n'est pas une musique » (II, 245). Elle a ce caractère puissant de véhiculer les forces de la sensation et du langage, de relier dans un même moment existentiel présence et absence, être et connaître :

> Entre la chose qui est ce qu'elle est, et la chose dont la fonction est d'être autre que ce qu'elle est, il y a un intermédiaire. C'est cet intermédiaire, le moyen de la musique (*OE*, II, 704).

Comment donc construire une grammaire musicale en utilisant le langage ? La grande originalité de Valéry – et je le dis sans ironie – a été d'aborder l'analyse des constituants d'un langage musical sans connaissances techniques, en utilisant des termes plus psychologiques que musicaux. De cette manière il arrive à une mise en valeur de la contiguïté entre certaines opérations de la musique et le fonctionnement de la conscience et la sensibilité humaines, beaucoup plus efficacement que maint traité consacré aux rudiments de la théorie musicale. Traçons le schéma allant arbitrairement et hâtivement du son isolé à l'œuvre complète. La première perception est le fait « musique », phénomène reconnu comme tel, même à grande distance, action qui installe une sorte de tension, « un état chantant général étendu à tout l'espace » (IV, 901). L'émergence du son dans le monde des bruits, annonciateur de l'univers musical, est une notion valéryenne bien connue : mais le son n'est pas indispensable, précise Valéry dans une note de 1918. S'il est vrai que le système des sons s'y prête « particulièrement bien », « le son ne contient pas la musique (...) et réciproquement l'essentiel de la musique n'est pas le son ». Cette idée, d'une modernité frappante, déplace l'accent de la qualité particulière du son pour le mettre sur la fonction combinatoire, sur la musique en tant que « l'art des combinaisons et substitutions » (VII, 146).

Un son unique n'est musique que par l'attente, l'énergie qu'elle suscite : isolé, il reste indéterminé, n'existe que par ses harmoniques ou timbres pendant un temps déterminé ; mais il reste lourd de possibilités, une sensation qui se détend dans le vide tout en engendrant ses complémentaires et le désir de la sensation nouvelle qui viendra la relever, lui répondre. Cette tension de la virtualité évoque un projet parallèle en littérature :

> Je voudrais commencer une fois par un *mot isolé,* substantif ou qualificatif comme pour donner à entendre un *son* dont on laisse s'épanouir la résonance, les harmoniques. Puis les reprendre, et comme chercher dans cette atmosphère une direction, et particulariser jusqu'à... *comme trouver la voie des combinaisons complètes* qui constitueront l'ouvrage (XXIII, 67).

La note musicale, définie par la hauteur, l'intensité, le timbre, la durée, en attend une deuxième non seulement pour y répondre, mais pour indiquer de par son écart même quelles lois régissent leur développement dans l'espace-temps de la sensation, parce que « la différence de 2 sons n'est pas un son. Elle est une sensation nouvelle – un mouvement caché » (III, 873). Dans l'attente de la deuxième note, tous les éléments sont intéressés mais menacés par le vide : quelle est la limite de la durée possible entre la première et la deuxième pour qu'une modification successive puisse se réaliser ? « Il n'y aurait point de musique si les sons ne s'amortissaient rapidement, et il n'y aurait point de musique s'ils amortissaient trop rapidement » (XII, 303). Selon Valéry cette liaison s'opère au moyen d'une relation intime entre monde, sensation et esprit, avec tendance à la disparition dans le milieu extérieur et tendance à la conservation par l'ouïe. La liaison est aussi fonction du temps, « un temps de superposition des vibrations qui leur permet de s'ajouter – et un temps de conservation qui permet aux sons successifs de s'influencer » *(ibid.)*. Cette remarque capitale fait preuve d'une grande sensibilité auditive à la musique et d'une compréhension approfondie du problème de la linéarité. Combien de musiciens (les pianistes surtout) n'écoutent pas l'affaiblissement de leurs sons dans la durée, de sorte que le passage d'une note à la suivante présente une série de petits chocs, chacune commençant au même volume et donnant une ligne saccadée, au lieu d'émerger de la légère diminution de volume de la précédente pour créer ainsi la divine continuité.

Mais quelle note jouer ? La distance entre deux sons implique les valeurs intermédiaires, comme en mathématique entre deux nombres, et montre déjà la formation d'un certain enchaînement, de contrainte et de suite : la différence elle-même fait partie d'un groupe implicite, résultat d'une substitution ou d'une décomposition-recomposition et propice au développement et à l'analyse. Les principes de formation de groupe ne peuvent être explicités qu'avec un degré de connaissances techniques : pour Valéry « il y a quelque principe de transformation mais absolument caché » (II, 823). Par contre il s'intéresse manifestement à l'analyse de la division des composants d'un groupe et s'interroge plusieurs fois sur la possibilité d'un développement indépendant des parties par système de « prélèvements » : « l'opération par laquelle on considère un son *moins* son timbre ou son timbre *moins* sa hauteur » (III, 110). Il tente d'élaborer des classifications du matériel musical en assignant des valeurs aux éléments spécifiques. Ainsi l'intensité donnerait la notion de puissance, d'attention, d'espaces ; le timbre donnerait les références aux sens du 3e ordre (goût, couleur, odeur) , hauteurs, rythme et mesure donneraient mouvement et travail, spontanéités (II, 683-4) ; une autre fois les hauteurs et intensités donneraient les images et émotions, le rythme donnerait la machine, le mécanisme, le mélos donnerait la force et les motifs (V, 896).

L'accouplement de deux sons, que ce soit simultanément ou successivement, forme donc l'unité constructive de base, première indication des lois et conventions, à la fois réponse et attente, manifestation elle-même problématique de la composition de l'espace musical et de son déploiement dans le temps : « Musique (...) Série de points jetés sur le temps » (II, 172). Le simultané ouvre la voie à l'analyse de la composition de timbres, de l'instrumentation, de l'addition des voix, du problème de l'harmonie et des harmoniques ; le successif posera le problème de la mélodie (combien de notes faut-il pour que la mélodie existe ?), de la suite, du rythme. Chaque élément est examiné dans son caractère à part et dans sa fonction d'échange avec d'autres éléments, de telle sorte que le mouvement de la mélodie devient unité solide, point stable, ou que l'harmonie prend une fonction rythmique de retard ou de relancement. Dans un troisième temps il faudrait considérer l'aménagement de ces groupes d'éléments dans des structures d'ensemble plus vastes, les problèmes d'orchestration générale, d'architecture, de structure rythmique, de la modulation entre les parties. Le temps ne le permettant pas aujourd'hui, je voudrais simplement relever un seul aspect de cette problématique. Pour que tous ces éléments s'additionnent de façon cohésive, il faut qu'il y ait quelque principe de combinaison et de transformation qui sous-entend ou gouverne toutes les opérations ; il faut créer ou laisser supposer un système de règles par référence auquel les explorations et les infractions peuvent se faire ; ainsi, dans le domaine de la mélodie : « La Musique exige une connaissance a priori d'un certain ordre des sons, et par rapport à cet ordre une connaissance de la déviation que chaque mélodie ou couple de notes emporte » (II, 269) ; dans le domaine du rythme : « *mesures* fondées sur un classement préexistant et dont le donné s'écarte plus ou moins » (II, 250). Il s'agit en effet de ce que Valéry appelle la gamme : la classification ou système d'éléments permettant la construction des relations entre les parties. Il n'est pas sûr que Valéry ait compris la possibilité de plusieurs sortes de gammes. Tenait-il la diatonique pour l'unique ? La fameuse lettre à Albert Coste en 1915 (« Mon idéal serait de construire la gamme et le système d'accords dont la pensée en général serait la Musique »[18]) semble envisager les développements les plus récents de la musique comme multiplication et enrichissement des possibilités de la gamme et du timbre (on se souvient de sa définition de la littérature comme extension des propriétés du langage), mais d'autres notes indiquent que la gamme doit être *trouvée* pour chaque œuvre, correspondant davantage à ce qu'il appelle en poésie «bouche-oreille», le système de jugement intérieur, cohérent avec l'œuvre, qui accepte ou refuse, qui attend et désire : « un système d'éléments étant donné certaines combinaisons des éléments de ce système (...) sont exclues du développement du système. D'où on tire une loi arbitraire mais pas conventionnelle » (II, 797). La conception de la gamme est ainsi plus étendue que la définition musicale qui fonde l'harmonie classique ; elle se définit, ainsi que dans la musique moderne, comme la recherche d'un principe capable de servir de règle : la gamme est chose à créer et non l'application d'une série de recettes :

Construction de la gamme – Attentes
Chaque phase a sa gamme
Je veux dire que chaque instant se trouve nécessairement pourvu d'un systè-

me d'*attentes* – avec des *tons* et des contrastes, – des harmoniques (XI, 505). La sonorité littéraire doit chercher cette même impression musicale pour faire sentir que chaque mot *travaille* :

> le bon écrivain a conscience de chaque mot et de ses harmoniques, et donc possède une classification ou gamme cachée –, il ne saurait la construire – Et cette gamme des mots, gamme d'éléments à plusieurs caractères ou variables est le guide, et aussi le but caché de son ouvrage (X, 57).

Essayer de circonscrire le domaine de la musique c'est non seulement la considérer par rapport au « système » et au « langage », c'est aussi tenter une réponse à la question : pourquoi la musique, c'est-à-dire, pourquoi, chez cet ignorant avoué en matière musicale qui arrive parfois à haïr la musique, cette abondance de notes dans les *Cahiers* qui essayent de saisir les secrets de son charme ? Les contradictions mêmes de ses réactions sont révélatrices ; l'intensité de son attirance comme de son refus indiquent que la question n'est pas simple et touche à quelques aspects fondamentaux de son être. Toute cette ambivalence résonne brillamment dans la lettre à Louÿs du 10 juin 1917. S'il est intellectuellement d'accord avec ses Anciens hypothétiques qui sont censés avoir étouffé la musique en faveur de l'équilibre, la mesure, l'ébriété dominée, il admet que cette vision d'un passé sage et pure est sa propre invention, un modèle de clarté et d'harmonie pour mieux s'opposer au goût moderne de l'excès, de l'ivresse totale. Bien qu'il écrive pour le vers, contre la musique, pour les Anciens, contres les modernes, il l'avoue ouvertement : « Nous ne sommes plus ces gens-là ». Et loin de se présenter comme avocat de l'arrière-garde, défenseur des valeurs périmées, il goûte lui-même la *jouissance* de la démesure (« cette jouissance qui se passe d'idées nettes » – jouissance dans un sens très Barthien) et il figure parmi la liste des dangers modernes, « l'alcool, la mystique, l'aéro, Pelléas, Apollinaire, P.L., P.V., etc. ». L'ironie, les plaisanteries, les bribes de dialogue agissent pour brouiller la piste d'une interprétation définitive ; quelle est la position de Valéry devant cette puissance libératrice et subversive ? Il faudrait parler, je crois, de la *tentation de la musique* pour Valéry ; son attitude équivoque envers la musique masque son attrait pour ces puissances de l'inconnu et en même temps lui permet de les aborder d'une manière plus sûre, moins dangereuse. La musique c'est la « puissance de l'incomplet, l'extension illimitée de ce qui n'est pas viable » (IV, 469), « un mystérieux en soi – un menaçant, inférieur, incommensurable état de l'être » (IV, 673). La situation idéale de Valéry devant la musique est une situation double, réunissant dans un seul instant la perte de soi, la participation active dans cet « inachevé plein de terreur qui dort si mal en nous » (XXII, 608), et le recul, cette portion d'écart dans la conscience qui s'observe en train de participer : « je ne sais si je suis le sujet ou l'objet, si je danse ou si j'assiste à la danse, si je possède ou suis possédé. Je suis à la fois au plus haut de la vague et au pied d'elle qui la regarde haute. (...) Il y a, par [la musique], quelqu'un en moi qui agit ou subit et quelqu'un qui n'agit pas » (V, 224). C'est cet effet double de présence sensible de l'écart qui résume le mieux pour Valéry tout le possible de son Moi : la musique, langage de la vie intérieure, donne forme et expression à tout ce qui échappe au langage quotidien. En cherchant un langage-musique Valéry cherche précisément la syntaxe de l'indicible, un langage dans le langage qui lui permettra de dire tout ce qui ne se dit pas, de désigner ce qui n'est pas encore désigné par un mot.

Il s'agit de former un nouveau langage dans l'ancien, un « style artificiel, comparable à la musique *après* la gamme », qui « retrouve comme des *effets,* les accidents du discours ordinaire » (III, 482). Ne pouvant pas créer un langage tout nouveau, il est séduit par cette approximation qui serait aussi différent du langage ordinaire que le chinois du latin :

> Poésie = un chinois d'origine individuelle et spontanée (...)
>
> Cette langue *poétique* (...) emprunte ses mots d'une autre langue. Elle n'a pas de formes propres. Mais mots et formes empruntés, elle les combine – suivant des règles particulières (...)
>
> Le *chinois* poétique s'occupe, lui, des relations [entre les mots] en général, en tant qu'excitantes. Il les découvre par l'intensité et la vitesse ou l'*élan* qui lui fait dépasser chaque objet particulier. Voilà pourquoi l'intensité est *poétique* (IV, 224).

Contraindre le langage à être musical, c'est donc non seulement imposer le modèle du compositeur lucide, c'est donner voix à cette source silencieuse de la parole intérieure, « parole intérieure » qui « n'est la voix de rien – – Le chant et musique silencieux » (III, 483).

NOTES

1. Lettre du 7 mars 1885 ; cf. S. Bernard, ***Mallarmé et la musique,*** Paris, Nizet, 1959, p. 75.
2. Cf. XIII, 302 ; « Synthèse poético-musicale à l'origine langage complet. (...) Le commencement phonétique des langages a dû être un leit-motiv. Le cri des animaux imité désignant l'animal.
3. P.-O. Walzer, ***La Poésie de Valéry,*** Genève, Cailler, 1953, p. 28. « Le symbolisme », écrit Valéry, « n'est que la théorie rhétorique de l'***ambiguïté***. L'ambiguïté en tant que système. Ce mode équivoque est le plus grand rapprochement possible de la poésie avec la musique en tant qu'effet » (VII, 69).
4. Mallarmé à P. Louÿs, rapporté dans une lettre à Valéry du 15 octobre 1890, in ***Paul Valéry Vivant,*** Marseille, Cahiers du Sud, 1946, p. 59.
5. Cf. XIX, 863 ; « Poétique de l'Intellect / Il n'y a pas de ***frontières nettes*** entre poésie et

philosophie, entre poésie et musique, entre marche et danse, et (...) si l'on diminue la considération du matériel externe, (...) on se trouve en présence d'un travail mental (...) semblable dans les divers arts ».

6. IV, 206. C'est moi qui souligne.
7. XXI, 390. Voir à ce sujet N. Bastet, « Eros et Wagner », *Paul Valéry 5 : Musique et Architecture,* Paris, Minard, 1987, p. 99.
8. Voir par exemple, XXV, 617, ou *Propos me concernant, OE,* II, 1533.
9. Voir à ce propos l'article de N. Celeyrette-Pietri, « La quête de l'œuvre en prose », in *Valéry, la logique, le langage, Sud,* Paris, 1988, pp. 157-174.
10. XXVIII, 425. Cf. XXVIII, 412.
11. XXIV, 465. Voir à ce sujet par exemple, R. Barthes, « Rhétorique de l'image », *Communications 4,* 1964.
12. Cf. XVIII, 704 : « Un phénomène est *signe* quand il est substitué aussitôt par des idées préexistantes – ou des actes tout prêts, tout construits en puissance – sans délai – de manière que ce phénomène ne produise que cet effet et s'annule dans l'instant devant lui. Il n'est rien dans la conscience, (même du sensible) qu'on ne puisse considérer comme *signe* car tout est par essence *transitif* ».
13. *Essai sur Mallarmé,* B.N. Ms. fo. 50 ; in N. Celeyrette-Pietri, « Entre Bréal et Mallarmé », *Problèmes du langage chez Valéry,* Paris, Minard, 1987, p. 79.
14. *Ibid.,* p. 96.
15. Devant une certaine représentation encodée qui « exige que l'on ne s'en doute pas », le lecteur/spectateur se trouve obligé de légitimer tout ce qu'il lit/voit en croyant à la réalité qui est censée exister de l'autre côté de la scène, après la fin du roman, éternellement.. « Douter de ce que l'on voit, ce n'est pas douter qu'on le voie, c'est douter de ce que l'on ne voit pas et qui serait signifié ou causé ou exigé par ce que l'on voit » (XXIV, 564-5).
16. XII, 213. C'est le sens de cette écriture par glissando de métaphore en métaphore dont il parle à propos de Mallarmé (XXIX, 351).
17. Lettre N, *XV Lettres de Paul Valéry à Pierre Louÿs,* Paris, 1926.
18. *Lettres à quelques-uns,* Gallimard, 1952, pp. 107-8.

M.T. GIAVERI
Université de Milan

« OCÉAN SONORE » : LA GENESE DU *CIMETIERE MARIN*

1. Valéry a souvent évoqué l'origine « sonore » du *Cimetière Marin*, sa genèse à partir d'une « figure rythmique vide » qui se fait défi métrique et qui s'enfle progressivement d'images étincelantes et de mémoires profondes ; origine sonore quelquefois méconnue par la critique. En effet des exégètes enthousiastes et pleins de bonne volonté ont proposé, pour ce texte né à Paris, une improbable origine sétoise, ou supposé, dans ces premiers feuillets en noir et blanc, la suggestion marine d'une encre bleue sur une vaste étendue candide.

Les affirmations de Valéry sur la priorité de la « forme » par rapport au « fond », sur les contraintes formelles de plus en plus rigides (du rythme au mètre, à la strophe, à l'architecture du texte) qui imposent progressivement un certain sujet, sont apparues analogues à la *Philosophy of Composition* de Edgar Allan Poe, genèse idéale et a posteriori d'un poème trop célèbre et dangereusement autobiographique.

L'analyse des manuscrits, et plus particulièrement des feuillets de carnets écrits au crayon et à la plume – témoignage presque inconnu d'une toute première phase de fabrication textuelle[1] – confirme au contraire les souvenirs et les pages. de *Au sujet du « Cimetière Marin »*, publiés par le poète dix ans plus tard.

Au commencement il y a le rythme. C'est un dessin pur, abstrait, obsédant, engendré en ces heures matinales que, depuis vingt ans, l'insomnie consacre aux *Cahiers*, ou venu peut-être de plus loin, de ce passage sibyllin entre le sommeil et la veille qui, depuis toujours, fascine la pensée valéryenne. La conscience s'en empare, l'enracine en un modèle métrique précis, et la culture l'analyse, le situant au sein d'un réseau de rapprochements. Valéry reconnaît virtuellement dans ce rythme la charpente métrique d'un vers un peu désuet, le décasyllabe, et en fait l'élément de défi avec le vers le plus riche et le plus élaboré de la poésie française : l'alexandrin.

A partir de ce premier moment (moment intérieur, discours intraphasique antérieur à tout corpus) les manuscrits suivent pas à pas l'enracinement du rythme aux mots.

Dans les marges du premier feuillet qui documente la genèse du texte apparaissent les « notes » d'un choix métrique précis et d'un parcours d'écriture progressif.

En haut, à la plume, il y a un calcul de syllabes :

« 10 = 5 + 5 = 6 + 4 = 4 + 6 = 4 + 4 + 2 »

D'un côté, toujours à la plume, apparaît un schéma de l'alternance de rimes dans le sizain :

« a c
a b
b c
— —
c b
b a
c a »

Une « note de régie », écrite au crayon dans l'autre sens du feuillet, explicite le sens de ces éléments préparatoires :

« à l'aide des mots trouver rythme
à l'aide des rythmes trouver la phrase
à l'aide des phrases allitér[ations]
Car comme peut se faire le vers »

Les mots à l'aide desquels Valéry cherche à « trouver le rythme » sont empruntés à des poèmes contemporains, souvenirs de vers de jeunesse, fragments d'une description marine qui peut être indifféremment solaire ou nocturne.

On lit au centre du feuillet[2] :

« *Honneur des hommes* / Saint langage / aurore,
Idéale mer, Océan sonore
rumeur au
Chaleur tranquille et *douceur du* soleil
qui *te* / se balance et *frappe* et t'illumine
Toute silence
D'une volupté pleine de sommeil
Sur+ *Tandis*+si la lune étrange chemin
C'est toi, désir, c'est toi qui »
mon

Dans la même page, en bas, on trouve un autre troublant avant-texte :

« Quand l'immortalité toute laurée
Le crâne vide et le rire éternel
Vient+ Veut consoler une vie ignorée
Et *montre*
de la mort fait un sein maternel
Elle fait l'ombre un

Le beau
Mensonge noble, et très pieuse ruse »

Si cette ébauche, qui annonce la XVIII strophe, témoigne évidemment d'un deuxième moment d'écriture (dont il n'est pas facile d'apprécier l'intervalle temporel), le premier avant-texte illustre avec une précision bouleversante ce complexe processus de commencement dont Valéry a souvent parlé : de ce mélange de *La Pythie* (« Honneur des hommes, Saint langage ») et d'*Aurore* naît le célèbre *incipit* du poème

« Ce toit tranquille où marchent des colombes »[3].

De ces bribes – qui soulignent l'« état chantant » de l'année 1917, si riche en *Charmes* – se développe tout le jeu de rapports et d'antithèses phonosémantiques qui structure le « drame solaire » du *Cimetière Marin.*

2. Au commencement – avons-nous dit – il y a un rythme, « Tel ... poème a commencé en moi par la simple indication d'un rythme *qui s'est peu à peu donné un sens* »[4]. Enraciné au corps, plus profond que la parole, le rythme peuple le silence, scande la mesure, forme des figures, impose la répétition (« Rythme. Système de sensations tel qu'il impose sa répétition », notent les *Cahiers*). Il naît de l'ombre, au moment où « nous ne serions *pas encore* entièrement nous-mêmes » ; dans *Fragments des mémoires d'un poème* Valéry le situe dans cette famille de stimulations intellectuelles qui comprend des excitants biens connus : « idées..., souvenirs... , images..., inventions ». En réalité, et surtout dans le cas du *Cimetière Marin,* c'est la mémoire qui paraît originer et sustenter ce dessin qui se fait parole. Un élément mnésique s'avère la « Muse » du poème (« Muse » dans le sens classique de «parole rythmée»), comme dans le mythe grec la vierge Mnémé – Mnémosyne – engendrait les muses.

Le choix et la réinvention du décasyllabe semble en effet la traduction française d'une figure rythmique plus séduisante et lointaine. Les notes consacrées par Valéry à l'« endécasillabo » (le grand vers de la poésie italienne dont il déplore le manque dans l'aventure poétique française), les citations dantesques (le « ton de soi à soi » et « le vers ») à propos du *Cimetière Marin,* la recherche d'une formule rythmique et sémantique à travers laquelle « tenter de porter [le] *Dix* à la puissance du *Douze* », tous ces éléments – que j'ai analysés en détail à l'occasion d'un autre « Colloque Valéry » – convergent à situer ce rythme originaire au sein et dans la tradition littéraire de la langue maternelle du poète : l'italien. L'hypothèse d'un fantasme d'« hendécasyllabe » dans l'obsession rythmique qui engendre le puissant décasyllabe du *Cimetière Marin* permet de comprendre le rapport de nécessité (souvent souligné par l'auteur, souvent négligé par les critiques) entre cette structure vide, cette coque formelle et « les thèmes les plus simples et les plus constants de [sa] vie affective et intellectuelle... associés à la mer et à la lumière d'un certain lieu »[5]. C'est ce rapport qui fait du poème (à l'envers de l'« autobiographie dans la forme » témoignée par *La Jeune Parque* ») la seule œuvre ouvertement autobiographique de la production publique de Valéry.

Dans la coque d'un rythme obscurément affleuré à la mémoire et lucidement reconstruit, on voit prendre forme une « matière de Cette », un drame de la sensation et de la pensée qui plonge ses racines dans la plus ancienne et la plus profonde expérience sensorielle. Sète est le lieu premier de la sensibilité (« cette faculté qui est fondamentale et que l'on oppose à tort à l'intelligence dont elle est, au contraire, la véritable puissance motrice »), de la pensée (« la pensée la plus générale, la question la plus compréhensive »)[6] et du langage, dans ses valeurs heuristiques, expressives et affectives.

C'est le lieu des souvenirs profonds : une expérience d'intensité émotionnelle absolue, associée dans la mémoire à une voix féminine[7], une « Italianité » revendiquée et analysée comme valeur familiale et personnelle[8], une langue qui connote le rapport avec la figure maternelle.

La « matière de Cette » c'est l'enfance, « folie de lumière » regard sur la mer » ; c'est un enchaînement d'espaces ouverts et de lieux rassurants (le port, la maison, l'école qui domine la ville et la mer), une idylle brisée – à 13 ans – par le transfert à Montpellier et par la rigidité inattendue d'un système scolaire depuis lors détesté.

A partir de ce moment, si le français est la langue de la culture et des institutions officielles, l'italien demeure la langue des affects et de la sensibilité. C'est le lien avec sa mère, dans le long rapport qui touche en 1917 à une intensité émotionnelle qui se fait identification[9] ; c'est le sceau de Bios et Thanatos qui intervient, comme on peut voir dans les *Cahiers,* lors des moments de plus forte tension biographique. A juste titre, donc, le patron métrique italien peut ressusciter, de par ses valeurs purement formelles, la « matière de Cette » ; à juste titre il peut être ce rythme « inter-dit » qui engendre la texture du *Cimetière Marin.*

3. Cette interprétation du choix rythmique peut suggérer une lecture psychogénétique des manuscrits du poème – tentative incertaine et pourtant tentation séduisante.

En superposant les différents états de « fabrication textuelle » on pourrait identifier un couple d'homophonie, présent dans tout le corpus, comme le noyau de la genèse textuelle, la structure dont la tension – et la torsion sémantiques donnent lieu à l'aventure de l'écriture. C'est le couple /mɛr/ – /twa/ (mer-mère) (toi-toit), dans ses différentes combinaisons, explicitées (mer-toit ; mer-toi ;

mère-toit), ou implicites (mère-toi), et tues si ce n'est dans l'élément métrique qui en constitue et en commémore le lieu originaire[10]. Le couple, déjà annoncé par les « vaines » (ou plutôt sibyllines) syllabes du premier avant-texte (« Idéale MER / C'EST TOI mon désir »)[11], paraît déterminer le ton et la suite d'images du *Cimetière Marin.*

« Mer-toit » définit l'axe sémantique de la spatialité : c'est l'opposition d'une surface plate et d'une verticalité qui renouvelle l'image marine[12]. « Mère-toit » active progressivement les valeurs « humaines », et même « féminines », « maternelles » de l'opposition entre les unités de sens « animé/inanimé »[13]. « Mer-toi » donne le ton au poème, à ce poème qu'on pourrait définir une « apostrophe ponctuée d'exclamations », à l'envers de *La Jeune Parque,* structurée comme une question, ou une chaîne de questions[14]. La combinaison « mère-toi » n'est jamais explicitée dans le texte : mais c'est là que coïncident forme et fond, biographie affective et intellectuelle ; là est la première empreinte linguistique.

Et même si on abandonne la suggestion psycho-critique[15], il suffit de reparcourir les témoignages de Paul Valéry, de les situer en cette année 1917 – favorisée par l'écriture poétique et si profondément imprégnée d'angoisse[16] – pour lire le *Cimetière Marin* comme le poème du retour aux origines : aux origines du jeu entre le rythme et la parole, entre la sensation et la pensée.

4. Si « au commencement est la Fable », si au commencement de l'écriture poétique il y a quelque chose qui n'est pas dit – ou un interdit –, aux commencements de la pensée il y a la sensation ; et aux commencements de la vie intellectuelle, dans l'individu singulier ou dans l'histoire des peuples, il y a une activation de « cette sensibilité intellectuelle particulière qui se distingue à peine de la pensée »[17].

C'est un paradis d'harmonie que le développement d'une altérité entre la vie et la conscience, entre la sensation et l'abstraction[18] nous fera perdre ; c'est un Eden où le Serpent de la connaissance n'a pas encore introduit « la mort... et la pensée pure ». Comme tous les paradis, on ne peut l'identifier qu'après l'avoir perdu, à travers le vide obsédant de la nostalgie et l'obscure connaissance du souvenir ; comme tous les paradis, c'est un lieu et un temps que le désir élargit à des dimensions universelles.

C'est ainsi que Valéry esquisse dans *Inspirations méditerranéennes* une histoire de la pensée occidentale qui est sa propre biographie intellectuelle. Pour lui, en effet, comme pour son idéal « homme de l'Occident », la plénitude de l'expérience sensible, d'où naît le goût de l'expérience intellectuelle, a été vécue en des heures « distraites en apparence, mais vouées dans le fond au culte inconscient de 3 ou 4 déités incontestables : la Mer, le Ciel, le Soleil ». Pour lui, comme pour son « homme de l'Occident », la mer a signifié l'initiation à la « pensée universelle » ; puisque – depuis que l'homme est parvenu aux bords de la Méditerranée – « un regard sur la mer, c'est un regard sur le possible ».

Ned Bastet a déjà montré que la poésie valéryenne est une recherche de ce « paradis perdu de la sensibilité » qui palpite et miroite au fond du lucide chemin de l'esprit. Il a souligné ce miracle d'une unité esthétique retrouvé, face à l'angoisse de la pensée divisée.

Or, tout cela est visible dans le *Cimetière Marin.*

Poème du retour aux origines, le *Cimetière* fait renaître cet univers où l'expérience sensible se structurait à travers des signes et des correspondances, en donnant naissance aux dieux et aux mythes. Ce n'est pas le monologue d'un MOI devant le paysage marin : la mer, les blancheurs et les ombres du *Cimetière,* le soleil dans la gloire du Midi reprennent, dans le poème valéryen, ce rôle actif, cette omnipotence de divinités originaires et génératrices qu'elles ont eus aux origines de sa sensibilité et de sa pensée.

Un univers harmonique de sensations réapparaît dans l'harmonie retrouvée de la parole poétique : le soleil, créateur de ces belles apparences qui sont la seule réalité qu'on puisse percevoir ; la mer « toujours recommencée », toujours changeante (toit étincelant, paupière de lumière sur le sommeil infini du midi, ou bien écume, mouvement, violence). En complément du premier, la terre, surface opaque, contour d'une scène de théâtre « où ne viendrait agir, chanter, mourir parfois qu'un seul personnage : la lumière » ; en allié de la deuxième, le vent, puissance dynamique, vitale.

Ce sont les forces et les formes symboliques qui apparaissent constamment dans l'œuvre de Valéry. En général elles sont mises en rapport avec un MOI au visage emprunté à un répertoire classique, donc rassurant : Narcisse ou Sémiramis, Orphée ou Amphion. Mais ici elles sont en face de ce MOI – universel dans ses caractères particuliers – qui s'était formé, presque un demi siècle avant, avec leur concours.

La parole poétique mime une ancienne intensité de sensations et retrouve – en exploitant la richesse étymologique et l'intéraction dynamique entre « le son » et « le sens » – une unité conceptuelle originaire. Selon l'heureuse formule de Simon Lantieri, « le sensible se fait chiffre de l'intelligible » ; à travers les temps, le langage redécouvre une fraîcheur de perception et reparcourt tout un itinéraire d'abstractions intellectuelles.

Si, par exemple, la mer est « toit » et « comble d'or aux milles tuiles », c'est parce que la vision verticale d'une obscure profondeur couverte d'une surface étincelante se double de l'histoire même des mots : « tegere » (couvrir), « cumulus » (partie d'un bâtiment qui supporte le toit). Ainsi la mer est « hydre », serpent couvert d'écailles (« tuiles ») qui se déchaîne (« absolue ») et en même temps, selon l'étymologie souligné par S. Lantieri, ὕδρα, ὕδωρ, eau, dans un sens

« absolu », essentiel. Midi « le juste », est le point « exact » d'un certain parcours, mais il renvoie aussi à « jus » et à sa forme archaïque « joves » ; « le soleil – avait observé Valéry – a dû imposer aux premières réflexions de l'humanité le modèle d'une puissance transcendante, d'un maître unique ». Le vent est « âme », souffle de vie ; « mais vous avez certainement – suggère-t-il encore dans *Inspirations* –, que le mots d'*hypothèses,* ou de *substance,* d'*âme* ou d'*esprit,* ou d'*idée,* les mots de *penser* ou de *comprendre,* sont les noms d'actes élémentaires comme de *poser,* de *mettre,* de *saisir,* de *souffler* ou de *voir,* qui, peu à peu, se sont chargés de sens et de résonances extraordinaires, ou bien qui se sont, au contraire, dépouillés progressivement (...). Ces créations d'abstractions que l'histoire du langage nous a fait connaître se retrouvent dans nos expériences personnelles... ». *Le Cimetière Marin* en mime le processus.

Grâce à un lexique qu'un savoir vertueux a refait ingénu, on peut goûter à une ancienne plénitude ; mais après avoir récupéré un paradis de sensations, la parole répète la coupure qui a fait naître le doute et le savoir. « Temple du Temps, qu'un seul soupir résume » ; c'est le même verbe, « temno », couper, pour circonscrire l'espace (« temple », la partie du ciel où l'on observe le vol des oiseaux) et définir la mesure, la partition du « temps ».

Si la réinvention linguistique a pu recréer, à travers un travail d'enrichissement phonosémantique, l'univers de la première découverte sensible, l'emploi métaphorique du langage philosophique nous rend en images le traumatisme d'un morcellement de l'harmonie originaire dans le miroir de la réflexion.

« Le son m'enfante et la flèche me tue ! ». « C'est-à-dire – écrit Valéry dans les *Cahiers* – la sensation me crée conscience – m'éveille// la réflexion/ le sens/ qui la suit me perce ».

5. « La fabrication du livre, en l'ensemble qui s'épanouira – a écrit Mallarmé – commence dès une phrase ».

Si l'analyse d'un schéma rythmique « rempli de vaines syllabes » a été le point de départ pour un itinéraire critique vers le « fond » du *Cimetière Marin,* dans ce premier feuillet on peut suivre aussi le travail de fabrication et en identifier certaines lois.

Une tension de sens apparaît être le premier vecteur de l'écriture valéryenne. L'évocation marine confusément esquissée dans l'avant-texte f. 261 se dessine dans le f. 262 où l'on peut observer la formation de la célèbre métaphore initiale du poème[19] ; mais la vision euphorique d'une mer calme et palpitante entre les pins est accompagnée – dès le début – d'une méditation disphorique sur la mort (f. 261 : « Quand l'immortalité toute laurée/ le crâne vide et le rire éternel... »).

Les manuscrits qui suivent immédiatement confirment ce contraste ; le f. 262 montre, à côté de la première strophe, le début de la XXI : « Zénon, Cruel

Zénon ! Zénon d'Elée ! ».

Le dynamisme sémantique est doublé – et contrasté – par un besoin de symétrie, qui se traduit en répétition des mêmes images, itérées en arabesque ou en miroir. Tout de suite, par exemple, Valéry prévoit la réapparition de l'*incipit* dans le vers final (cf. f. 264, où le poème est une ébauche de deux strophes). Tout de suite il exploite les jeux les plus simples d'itération, quitte à se maîtriser progressivement à travers des substitutions ou des modulations : le vers 2 oscille au début entre la duplication et la triplication (f. 262 et 263 : « entre les pins (...) entre les tombes » ; « seul sur les pins sur les heures sur l'âme » ; « seul sur les pins sur les heures sur toi ») et le premier vers de la strophe XXI apparaît, dans le f. 262, « Zénon Zénon Zénon Zénon d'Elée ».

Un autre élément vectorial de la fabrication textuelle est l'itération phonétique, mécanisme bien connu que Valéry définit « mon propre système de rassemblances prolongées des vocales et des consonnes ». Elle préside souvent à la genèse du vers, mais d'une façon plus discrète que dans *La Jeune Parque.*

Finalement on pourrait identifier dans l'ébauche de cette première strophe aussi le patron du futur développement syntaxique. Le « toit tranquille où marchent des colombes », est une description – qui introduit en même temps un doute subtil sur la « vérité » de la perception visuelle – suivie, après quelques vers, par une exclamation qui en résume la sensation.

Le poème va développer le problème de la connaissance en rapport avec les données de l'expérience sensible ; il va souligner l'exaltation, euphorique de la sensation et, par contraste, la rigueur de la réflexion intellectuelle. Le choix rhétorique et la structure syntaxique sont proches de ce schéma, l'un multiplie les métaphores, l'autre alterne la démarche calme (et souvent paradoxale) de la syntaxe démonstrative[20] avec les bonds aigus des exclamations (quelquefois masquées).

Si « le lyrisme – tel que l'a défini Paul Valéry – est le développement d'une exclamation », *Le Cimetière Marin* en apparaît comme l'exemple le plus ponctuel et extraordinaire.

NOTES

1. La genèse du *Cimetière Marin* a été magistralement étudié par L.J. Austin (cf. *P. Valéry compose « Le Cimetière Marin »*, « Mercure de France », n. 1076-1077, 1er avril et 1er mai 1953 ; *La Genèse du « Cimetière Marin »*, « Cahiers de l'Association Internationale des Études Françaises », n. 3-4-5 juillet 1953 ; et *Genèse du poème* dans P. Valéry, *Le Cimetière Marin*, Grenoble, 1954).

L.J. Austin a travaillé sur un corpus composé de trois séries de manuscrits se rapportant à trois états différents d'élaboration : a) 2 feuillets avec l'ébauche de 7 strophes du poème, intitulé *Mare Nostrum – Le Cimetière Marin (dans le vieux Cimetière de Sète)* (Sète, Musée de la Ville et Paris, Bibliothèque J. Doucet) ; b1) un manuscrit avec 10 strophes du *Cimetière Marin* et des ébauches de 6 strophes nouvelles (Paris, Bibliothèque Nationale, Département des Manuscrits) et b2) un exemplaire de travail, c'est-à-dire une transcription dactylographiée du même manuscrit, avec d'autres variantes (Paris, *ibid.*) ; c) un manuscrit avec 23 strophes, intitulé *Le Cimetière Marin* (Paris, *ibid.*).

L'analyse, ici proposée, au contraire, est consacrée à la toute première phase de la genèse du poème, telle qu'on peut la suivre à travers les feuillets recueillis dans le petit dossier *Mare Nostrum ou Cim. Marin – Débris* (Paris, Bibliothèque Nationale, Département des Manuscrits), et en particulier à travers le feuillet f. 261).

2. Le f. 261 a été transcrit selon une description critique simplifié des variantes :
   Honneur élément biffé sur le ms (italiques)
   Sur+*Tandis* surcharge du premier élément par le suivant
   Les ajouts inférieurs ou supérieurs sont indiqués par leur position dans la transcription.
3. Cf. f. 262 :
   « *Le*+Ce toit tranquille/ le toit de la mer/ maritime
   où marchent des colombes
   pose sur le pins
   Entre le pins *se fixe*+palpite +entre les tombes ».
4. P. Valéry, *Fragments des mémoires d'un poème, Oe,* I, 1474.
5. P. Valéry, *Au sujet du « Cimetière Marin », Oe,* I, 1503.
6. P. Valéry, *Inspirations Méditerranéennes, Oe,* I, 1093 et passim.
7. « Á un certain âge tendre, j'ai peut-être entendu une voix, un contr'alto profondément émouvant... Ce chant me dut mettre dans un état dont nul objet ne m'avait donné l'idée. (...) Et je l'ai pris sans le savoir pour mesure des états et j'ai tendu, toute ma vie, à faire, chercher, penser ce qui eût pu directement restituer en moi, nécessiter de moi – l'état correspondant à ce *chant de hasard* (...) ». C, IV, 587.
8. Cf. P. Valéry, C, VII, 170, XII, 521, etc.
9. Cf. P. Valéry, *Le Vieil Homme,* Roma, Bulzoni, 1984.
10. Il me paraît superflu d'évoquer les deux dernières combinaisons du jeu « homophonique », exaltées par la théorie valéryenne sur la diction des vers : « mère-mer » et « toit-toi ». Cf., pour la première, l'image de la Grande Mère Méditerranéenne lisible dans la strophe XXIII et, pour la deuxième, l'apostrophe de la strophe III.
11. Cf. aussi « sein maternel », f. 261.
12. A côté des célèbres citations valéryennes (« La mer debout... ») et des troublantes images spatiales du *Cimetière Marin* (« La mer fidèle y dort *sur* mes tombeaux »), j'aime citer la remarque de J. Hytier que « un cimetière au bord de la mer n'est pas marin, mais maritime. Un cimetière marin devrait se trouver sous les flots, comme celui de *Vingt mille lieues sous les mers* ».
13. Ces valeurs triomphent dans le final, qui exalte l'aspect « nourricier » du « toit » : « Ce toit tranquille où *picoraient* des focs ! ».
14. Cf. J. Levaillant, *La Jeune Parque en question,* in *Paul Valéry contemporain,* Paris, Klincksieck, 1974.

15. Mais la lecture psycho-génétique de J. Bellemin-Noël a proposé une image maternelle à l'origine d'un autre poème marin de Valéry, *Été*.
16. À l'horreur de la guerre mondiale, de la fin d'une civilisation, s'ajoutait la tristesse pour le sort de sa mère, aveugle et désormais impotente, et l'anticipation de sa propre vieillesse (voir *Cahiers*, 1917 et *Le Vieil Homme, op. cit.*).
17. P. Valéry, *Inspirations méditerranéennes, Oe*, I, 1095 et *passim* pour les citations qui suivent.
18. Selon la célèbre formule valéryenne « Parfois je pense, parfois je suis ».
19. Voir n. 3.
20. Dont les exemples les plus frappants sont les oxymores résumant les données de la connaissance : « Le Songe est savoir », « L'avenir est paresse », « L'amertume est douce », « Ma présence est poreuse », Pères qui/Etes la terre »...

Le Groupe de Recherches sur la Philosophie et le Langage, **a déjà publié** :

Cahier nº 1 (septembre 1981 - 148 pages - 45 F)

- Présentation du Groupe de Recherches, par Janine CHENE
- Lecture, lecteurs, lettrés, littérature, par Pierre BOURDIEU
- Les origines frégéennes de la distinction entre ce qui « se dit » et ce qui « se voit » dans le « Tractatus Logico-Philosophicus » de Vittgenstein, par Jacques BOUVERESSE
- Valéry, Wittgenstein et la philosophie, par Régine PIETRA
- Essai sur la rationalité et la pensée mythique grecques, par Henri JOLY
- Le « Récit scientifique » à l'âge baroque : l'exemple du récit de la découverte de la circulation du sang, par Jacques LAMBERT.

Cahier nº 2 (juin 1982 - 180 pages - 57 F)

- Entre temps et récit : Concorde / Discorde, par Paul RICOEUR
- Le temps du conte et le non-temps de l'inconscient, par Monique SCHNEIDER
- Le rôle du récit dans l'avance en âge, par M. PHILIBERT
- La notion du sujet parlant, par Oswald DUCROT
- La peinture tirée du tombeau, par C. STANISLAS
- L'Etre (et le Néant) dans sa Lettre, par François HIEDSIECK
- Le corps-langage - Inscription, parole, phantasme dans l'hystérie de conversion, par Janine CHENE
- Le corps-langage - le corps anagrammatique, par Monique BORC-LAPEYRE

Cahier nº 3 (juin 1983 - 177 pages - 66 F)

- Vices et vertus des cercles (pour introduire aux problèmes de l'auto-référence), par Daniel BOUGNOUX
- La langue et le discours de la méthode, par Jacques DERRIDA
- Rêver de ses plaisirs. Sur k'onicrocritique d'Artémidore, par Michel FOUCAULT
- La philosophie entre le clair et l'obscur ou Kant et Hegel devant l'« Aufklarung », par Henri JOLY
- L'archipel et le signe (Sur la pensée kantienne de l'historico-politique), par Jean-François LYOTARD
- Secret, dissimulation et art de persuader chez Pascal, par Louis MARIN
- L'« Aufklärung » et la problématique de la langue : Enjeux culturels et université scientifique, par Marianne SCHAUB.

Cahier n° 4 (juillet 1985 - 219 pages - 69 F)

– Les formes fondamentales de la prédication : un essai de classification, par Jules VUILLEMIN
– Connaissance des mots, connaissance des choses : théorie du signe et épistémologie à l'âge classique, par Ulrich RICKEN
– Le synthétique a priori et la science moderne, par G. GRANGER
– Platon, Aristote, Descartes, sur l'espace, par Jean LARGEAULT
– Logique médicale, par Anne FAGOT
– Lecture et identification dans l'histoire naturelle : Cuvier et le déchiffrement des organismes, par Jacques LAMBERT
– La recherche contemporaine sur le mythe : une révolution pas encore conçue, par Kurt HUBNER
– Wittgenstein critique de Frazer, par Jacques BOUVERESSE
– Identité, désignation et matérialisme, par Pascal ENGEL.

Cahier n° 5 (2e trimestre 1985 - 175 pages - 69 F)

– La sophistique dans l'Antiquité : Grèce, Inde, Chine, par Régine PIETRA
– L'égalité du droit à la parole dans la démocratie grecque - la notion d'iségoria, par Janine CHENE
– Pourquoi Baubô a-t-elle fait rire Déméter ? par Monique BROC-LAPEYRE
– Epicure : un langage pour la sagesse, par François HEIDSIECK
– Remarques sur la logique du changement, par Frédéric NEF
– Le mot, la phrase, le romain et l'existence chez Flaubert, par Claude BOYARD
– Le langage des droits de l'homme, par Jean-François de RAYMOND.

Cahiers nos 6 et 7 (avril 1987 - 464 pages - 150 F)

Philosophie du langage et grammaire dans l'Antiquité - Actes du Colloque du 3 au 6 Septembre 1985

Avant-Propos d'Henri JOLY

– Les mots et les choses : la philosophie du langage chez Démocrite par Aldo BRANCACCI
– Dire et savoir *(legein - eidenai)* chez Xénophane et Parménide par Anna KÉLESSIDOU
– Observations concernant *legein* et *logos* chez Héraclite, par François HEIDSIECK
– Théorie et langage. Le langage comme *logos théorètikos,* par Georges ANTONOPOULOS
– Comment faire des choses avec des mots grecques. Les actes de langage dans la langue grecque, par Françoise LÉTOUBLON

Cahier n° 8 (année 1987 - 145 pages - 69 F)

- L'individuation des états psychologiques et le statut de la psychologie populaire, par Daniel LAURIER
- La linguistique aux frontières de l'Anthropologie et de la phénoménologie, par Françoise LÉTOUBLON
- La notion de système en Philosophie, par Daniel PARROCHIA
- Retour aux Grecs *Réflexions sur les « pratiques de soi »* dans l'Usage des plaisirs, par Henri JOLY

Cahier nº 9 (année 1989 - 338 pages - 90 F)

- Henri Joly (1927-1988)
- La philosophie comme métaphore, par Henri JOLY
- Métaphores sporadiques et linéarité du signifiant chez Gorgias de Léontinoi, par Alonso TORDESILLAS
- Métaφopa : le fonctionnement sémiotique de la métaphore selon Aristote, par Jean LALLOT
- Métaphore et mathésis dans la Rhétorique d'Aristote, par Alain PETIT
- L'Euphorie de la langue, par Pierre RODRIGO
- La question du sens figuré dans l'interprétation de l'écriture, par François HEIDSIECK
- Métaphore et théorie des classes de noms chez Hobbes, par Martine PÉCHARMAN
- Le problème de la métaphore et la controverse sur l'imagination à l'âge classique, par Ulrich RICKEN
- La métaphore chez Nietzsche, par Monique BROC-LAPEYRE
- Nietzsche et le métaphorique : des métaphores, des concepts et des catégories, par Monique DIXSAUT
- La métaphore et les philosophes, quelques réflexions sur l'invention philosophique de la métaphore, par Silvana BORUTTI
- Symbole et métaphore, par Lambros COULOUBARISTSIS
- La métaphore vive dans les langues mortes, par Françoise LÉTOUBLON
- Le sens littéral des métaphores, par P. ENGEL
- Les conditions d'acquisition de la métaphore chez l'enfant, par Joëlle GARDES-TAMINE
- Images et métaphores poétiques, par Régine PIETRA
- Dialogue de la musique et de la métaphore chez Michel Butor, par Jean SGARD
- Comique et jeu métaphorique, par Michel GILOT
- Le transfert à l'idiolecte sur Paul Celan et l'antagonisme des langages, par Jean BOLLACK

Cahier n° 10 (année 1989 - p. F)

– Introduction : la sémantique formelle a-t-elle un intérêt philosophique, par Pascal ENGEL
– La sémantique kripkéenne et les doctrines logiques de Leibniz, par Maurice BOUDOT
– Peirce ou la version sémantique-sémiotique de la logique formelle, par Claudine ENGEL-TIERCELIN
– Comparabilité et incomparabilité des théories physiques, par Jules VUILLEMIN
– Can there be a substantive account of Truth ?, par Thomas BALDWIN
– The sorites paradox and its significance for the interpretation of semantic theory, par Crispin WRIGHT
– Adverbial modification and perception reports, par Martin DAVIES
– States of affairs, *BEDEUTUNG* and the contingent *A PRIORI*, par Graeme FORBES
– Sémantique et psychologie : la sémantique des attributions de croyance, par Pierre JACOB
– The ontogenesis of mass concepts, par Andrew WOODFIELD
– Représentation du sens ou représentation des connaissances, par Daniel KAYSER
– Quelques propriétés formelles élémentaires des fantômes, par J. JAYEZ
– Événements et propositions : quelques aspects de la référence anaphorique en allemand, par Raiuer BAÜERLE
– Conclusions sur la table ronde par Frédéric NEF.

TABLE DES MATIERES

Ouvrage composé et imprimé grâce à la bienveillance
de Mme. E. Rostaing de l'Université Grenoble III
et de M. Collomb de l'imprimerie de la Bibliothèque
Interuniversitaire et des Sciences Sociales.
A tous deux le Groupe de Recherche exprime
sa reconnaissance.

Dépôt légal : 2ème. trimestre 1989

ISBN-VRIN 2-7116-8257-9